제프리 삭스

지리
기술
제도

THE AGES OF GLOBALIZATION
Copyright © 2021, Jeffrey D. Sachs
All Rights Reserved.

Korean translation copyright © 2021 by Book21 Publishing Group
Korean translation rights arranged with Jeffrey D. Sachs
through The Wylie Agency(UK), London

이 책의 한국어판 저작권은 The Wylie Agency를 통해 Jeffrey D. Sachs와 독점 계약한 (주)북이십일에 있습니다. 저작권법에 의하여 한국 내에서 보호를 받는 저작물이므로 무단전재와 무단복제를 금합니다.

제프리 삭스

지리 기술 제도

Geography
Technology
Institutions

THE
AGES OF
GLOBALIZATION

제프리 삭스 지음 · 이종인 옮김

arte

일러두기
- 이 책의 컬러 도판은 책의 말미(327~342쪽)에 따로 수록하고, 각각의 도판에 해당하는 본문 중간에 페이지를 병기했다.
- 본문에 활용된 자료들의 출처는 데이터 별첨 부분(353쪽)에 별도로 정리했다.

디지털 시대에 우리 가족의 막내로 태어난 니나에게
평화, 번영, 지속 가능한 환경에 대한
우리의 열망과 희망을 담아서

추천의 글

제프리 삭스는 세계사의 거대한 흐름을 훑는다. 이 책은 지난 7만 년 동안의 역사에서 우리가 반드시 알아야 할 사항들을 탁월하게 정리해 놓았다. 인류의 역사를 알고 싶다면 이 책 한 권만 있으면 된다. 이미 갖고 있던 수십 권의 역사 분야 책들이 모두 필요 없게 될 것이다.
— 재레드 다이아몬드 《총, 균, 쇠》 저자

걸작이다. 이 책이 다루고 있는 범위는 매우 광범위하고, 그 깊은 통찰력은 신선한 자극을 불러일으키며, 개념에서의 혁신은 아주 획기적이다. 인류가 어디서 왔는지, 그리고 어디로 갈 것인지에 대한 이야기를 찾는 사람이라면 이 책이 바로 그 책이다. 이 책은 우리가 손주 세대를 위해 할 수 있고, 또 해야 하는 일을 제시해 미래에 대한 교훈과 희망에 대한 감동을 준다.
— 고든 클라크 옥스퍼드대학교 지리환경대 교수

인류가 어떻게 발전해왔는지, 그리고 인류가 오늘날 직면한 과제의 근본적인 원인이 무엇인지 알고자 하는 사람들이 반드시 읽어야 할 책이다. 제프리 삭스는 우리가 현재의 상황을 명확히 파악해야 한다고 촉구하면서 미래로 올바르게 나아가는 길을 상세히 안내하고 있다.
— 이언 골딘 《발견의 시대》 공저자

경제학은 역사적 현상을 되돌아보면서 그 현상들의 뿌리가 무엇인지 탐구하는 학문이다. 그 결과로 나온 이 책은 제프리 삭스의 대가다운 솜씨를 보여주는 작품이고, 그만큼 독자들이 현재 상황을 깨닫고 신선한 통찰력을 갖게 해준다. 이 책은 지난 7만 년의 인류 역사를 간추리면서, 역사 속에 나타난 일정한 패턴을 바탕으로 오늘날 세계가 겪고 있는 여러 가지 문제들과 그에 대한 새로운 해결 방안을 제시한다. 여기에는 인류의 미래를 비관적으로 바라보게 하는 이유들도 있지만, 삭스는 그런 요인을 냉철하게 살펴보고 역사적 과정을 무시한 해결 방안은 현실성이 없다고 주장하며 우리가 낙관적으로 미래를 내다보게 하는 대안을 제시한다. 그러면서 세계 여러 나라들이 인류의 생활 조건을 개선시킬 수 있는 가능성을 반드시 받아들여야 한다고 간절하게 호소한다. 메시지가 강렬하면서도 아주 중요한 책이다.
―스벤 베커트 하버드대학교 교수, 《면화의 제국》 저자

역사를 이해하는 것은 미래를 향해 나아가는 가장 좋은 수단이다. 그러나 대학의 경제학 수업에서는 경제사 과목이 빠지는 일이 자주 벌어진다. 삭스는 지난 7만 년 동안 인간과 기술, 자연이 어떻게 상호작용해왔는지를 아주 거시적으로 파악하고 있다. 이 책의 주요 메시지는 기술의 발전은 기하급수적으로 이루어지는데 우리가 그런 발전에서 얻는 혜택은 사람들이 스스로 집단을 이루는 중세 시대의 방식에 따라 결정된다는 것이다. 즉, 오늘날 디지털 기술은 무한한 가능성을 제공하는 반면, 공공 정책이나 행정 기관의 의사결정 방식이 수혜자의 수를 제한하는 것이 문제가 된다. 따라서 삭스는 지속 가능하고 포괄적인 발전을 위해 다음과 같은 선결 조건을 제시한다. 의사결정에 대한 민주적 참여, 윤리적 기준, 모든 사람에게 혜택이 돌아가게 하는 공공 생활권을 창출하는 능력. 이 책은 이러한 메시지를 구체적 사례를 들어가며 전달하는 매력적인 책이다.
―마리아나 마추카토 《가치의 모든 것》 저자, 유니버시티칼리지런던 경제학 교수

오늘날 인류가 직면하고 있는 아주 커다란 도전들에 대해 간명하면서도 탁월하게 전달한다. 삭스는 지난 7만 년의 장구한 세월을 일곱 개 시대로 뚜렷이 나누고 지리, 기술, 제도가 세계화를 어떻게 진행시켜왔는지 설명하고 있다. 이어 인류의 놀라운 성공 사례들이 가져온 환경적·사회적·지정학적 재앙을 물리칠 수 있는 구체적 방안을 제시한다. 인류의 앞날에 관심이 있다면 반드시 읽어야 할 책이다.

—마틴 울프 〈파이낸셜타임스〉 수석 칼럼니스트

이 책은 이른바 교양 있는 시민들만 읽는 책이 아니다. 21세기에 반드시 읽어야 할 생존 지침서이다. 인류가 부를 축적하는 동시에 갈수록 자신을 파괴하는 수단을 창조하면서, 기후변화나 환경오염 등 단일 사회나 국가가 감당할 수 없는 문제와 직면하고 있기 때문이다. 삭스가 말하는 행동 지침에는 힘이 있다. 이 책을 통해 우리는 더 탐험하고, 배우고, 그리고 행동할 수 있다.

—미로슬라우 라이차크 전 유엔 총회 의장, 전 슬로바키아 부총리 겸 외무장관

인류가 맞닥뜨린 과제와 함께 생존을 보장하기 위한 대담한 발상들을 제공함으로써 세계화의 미래에 대해 소중한 조언을 해주고 있다. 삭스는 지속 가능한 발전이 오늘날의 핵심적 목표가 되어야 한다는 설득력 높은 논증을 펼치고 있다. 또한 유엔을 비롯해 핵심적인 국제기구들을 개혁해야 한다는 심오한 제안은 우리가 특별히 주목해 받아들여야 한다.

—부크 예레미치 전 유엔 총회 의장

세계 경제 질서의 기반이 도전받고 있는 이때, 인류가 세계의 장래를 위해 현명한 선택을 하려면 역사적으로 축적되어온 지식을 활용해야 한다. 이 책에서 삭스는 세계화의 과정을 이해하기 위한 독특한 역사적·분석적 틀을 제공한다. 그는 세계화의 역동성을 강조하면서 그 사

회적·경제적 파급 효과에 대응한다. 구석기 시대에서 오늘날의 디지털 시대에 이르기까지 이 책은 지리, 기술, 제도의 상호작용을 철저히 검토하여 세계화가 어떻게 출현하고 또 진행되었는지 포괄적으로 설명하고 있다. 연구자, 정부와 국회의 정치인, 사회 지도자들 그리고 시민들까지. 글로벌 경제의 미래에 관심이 있는 사람들은 이 책에서 귀중한 교훈을 얻을 수 있을 것이다.

— **펠리페 라라인** 전 칠레 재무장관

구석기 시대부터 디지털 시대에 이르는 세계화의 과정을 정리한 걸작이다. 역사의 긴 흐름에서는 뒤로 물러서서 볼수록 그 핵심적 추세가 더욱 분명하게 보인다. 좋든 나쁘든 글로벌 통합은 인류가 뚜벅뚜벅 걸어온 한결같은 스토리였고, 인류는 세계화로 세상이 전보다 축소되는 현상을 피할 수 없다. 인류가 이제 서로 비난을 퍼부어대는 민족주의의 바다 없는 심연으로부터 벗어나야 한다는 것은 너무나 명확한 사실이다.

— 〈포린어페어스〉

내가 유엔 사무총장으로 재직할 당시 제프리 삭스는 '지속 가능한 발전 목표에 대한 특별 고문관'으로 활약했었다. 그는 세계가 글로벌 수준에서 과감하면서도 전향적인 협력을 이룩해야만 지속 가능한 발전을 달성할 수 있다고 항상 강조했다. 세계화를 한눈으로 파악할 수 있도록 설명하는 이 책에서, 삭스는 평화로운 협력의 전제 조건이 어떻게 해서 전보다 중요해졌는지를 상세히 밝힌다. 인류가 하나의 종으로서 생존하려면 우리의 공동 운명을 깨닫는 것이 필수적이라는 것이다. 이 책은 우리가 이 점을 공유하는 방향으로 나아가는 방법을 보여준다.

— **반기문** 글로벌녹색성장기구 의장, 전 유엔 사무총장

글로벌 상호연계라는 인류 경험의 역사를 정리한 대작이다. 삭스는 저 옛날의 구석기 시대를 시작으로 코로나19라는 팬데믹이 벌어진 오늘날의 현상까지 모두 다루면서 감동적인 주장을 펴고 있다. 점점 더 상호의존성을 높여온 인류가 이제 인류의 생존 조건으로 규정지어진 여러 가지 현상을 받아들여야 하고, 그 현상들은 좋든 나쁘든 하나의 힘이 되어 이 지구상에 계속 머무를 것이므로 우리는 그에 대한 합리적 대응책을 마련해야 한다는 것이다.
— **존 아이켄베리** 프린스턴대학교 우드로윌슨공공정책대학원 석좌교수

삭스는 아주 명석한 저술가로 자신의 폭넓은 지식을 아주 가볍게 풀어내고 있다. 게다가 이 책은 생생한 색의 그림과 도표까지 덧붙어 있다.
— **다이앤 코일** 케임브리지대학교 공공정책학 교수, 《GDP 사용설명서》 저자

점점 더 '공유되고' 있는, 상호의존적인 인류의 여정에 대해 아주 권위 있는 목소리로 이야기하고 있다.
— 〈커커스리뷰〉

7만 년 전 아프리카에서 이주해 오늘날에 이른 인류의 역사를 추적하고 있다. 이 획기적인 이야기 속에서 그는 지리, 기술, 제도가 변화의 추동력이 될 수 있는 이유를 제시한다. 그의 분석은 오늘날 세계의 문제들을 이해하는 데 필수적이다. 오랜만에 나온 대작이다.
— **프라사난 파르타사라티** 보스턴칼리지 역사학 교수

이 책이 제프리 삭스의 저서라는 것을 알고서 당연히 분석적이고, 설득력 있으며, 가독성이 높을 것이라 생각했고, 읽어보니 실제로 그러했다. 이 슈퍼스타 경제학자가 펴낸 책은 역사와 지리를 아주 진지한 관점에서 파악하고 있으며, 온갖 복잡성과 우연함의 덩어리인 문명이라는 개

넘이 발전 과정을 직접 드러내도록 설명하고 있다. 역사적으로나 지리적으로나 다루는 범위가 아주 넓고 깊다. 그러면서도 간결하게 주장을 펴나가는 대작이자 글로벌 경제사의 위대한 안내서이다.
　　　　　―**케빈 오루크** 더블린 트리니티대학 경제학 교수, 《권력과 부》 저자

세계화가 어떻게 출현하고 전개되었는지 그 과정을 상세히 설명하기 위해 농업경제학, 경제학, 고고학, 인류학, 기술 등 갖가지 분야의 지혜를 동원하여 이처럼 지식을 폭넓게 직조할 수 있는 학자는 거의 없다. 전에도 그랬지만 지금도 삭스의 책은 흥미진진하다.
　―**고든 맥코드** 캘리포니아대학교 샌디에이고캠퍼스 국제정책 및 전략대학원 부학장

차 례

추천의 글   6
머리말   16

1장   세계화의 역사

역사를 바꾼 일곱 번의 세계화   28
세계화의 속도가 빨라지다   34
경제 규모와 변화의 속도   39
끝나지 않은 맬서스의 저주   43
세계화 시대의 산업 변화   45
지리, 기술, 제도의 상호작용   49
경제 발전을 가져온 지리 조건들   54
지정학과 세계화   64
세계화 시대의 세 가지 이슈   67

2장   호모 사피엔스의 세계화: 구석기 시대, 인류 최초의 세계화가 시작되다

호모 사피엔스의 대분산   74
문화가 발달하다   78
구석기 시대의 인간 사회   80
구석기 시대의 교훈   82

3장   농업의 세계화: 신석기 시대, 정착하여 땅을 일구다

농업의 확산   93
강, 문명을 만들다   95
행운의 위도   97
행운이 갈라놓은 문명의 운명   101

4장 말이 주도한 세계화: 기마 시대, 말이 세계를 연결하다

동물을 길들이다	105
말, 신석기 문명의 핵심 테크놀로지	108
낙타로 척박한 환경을 극복하다	111
금속의 시대가 시작되다	114
말이 가져온 문명의 나비효과	115
유라시아의 기마 사회	117
스텝의 정복자들	119
초승달 지대 문명의 흥망성쇠	120
기마 문명의 세 가지 핵심 기술	122

5장 정치의 세계화: 고전 시대, 동양과 서양이 만나다

축의 시대	128
해양국가와 지상국가	130
제국의 출현과 문명의 충돌	132
한나라, 중국의 기틀을 세우다	141
유라시아 3대 제국의 탄생	144
동서 문명의 고속도로, 실크로드	147
로마 제국의 몰락과 이슬람의 부상	148
송나라, 중국의 황금시대를 열다	151
스텝의 마지막 정복자들	153
고전 시대의 위대한 유산들	157

6장 제국주의의 세계화: 해양 시대, 제국의 야망이 충돌하다

중국과 유럽의 엇갈린 운명	161
유럽 국가들의 원양 탐험	164
콜럼버스 교환	167
유럽의 지식 혁명	172
글로벌 자본주의의 탄생	176
글로벌 제국을 향한 유럽 국가들의 각축전	178
제국주의의 끝없는 탐욕	185
국가와 자본이 결탁하다	188
글로벌 제국의 희생자들	189
유럽 공장의 원동력이 된 목면	195
글로벌 제국과 글로벌 전쟁	197
애덤 스미스의 예언	201
해양 시대의 명암	204

7장 기술과 전쟁의 세계화: 산업 시대, 패권국가가 등장하다

유기적 경제에서 에너지가 풍부한 경제로	213
산업혁명의 조건들	216
콘드라티예프 파도	221
유럽의 산업화와 영국의 역할	225
산업화가 가져온 글로벌 격차	228
제국주의에 맞선 아시아 국가들의 전략	230
제국주의 경쟁의 희생물이 된 아프리카	239
영국과 미국, 패권국가의 등장	241
30년에 걸친 유럽의 비극	245
미국의 시대가 도래하다	250
분화의 시대에서 집중의 시대로	254
산업 시대가 직면한 도전들	260

8장 불평등의 세계화: 디지털 시대, 불평등이 심화되다

디지털 혁명의 뿌리	266
집중적 성장과 중국의 부상	277
지속 가능한 발전의 문제	284
불평등의 문제	287
지구상의 경계들의 도전	289
디지털 시대에 잠재된 위험	294
디지털 시대를 위한 희망	295

9장 21세기 세계화를 위한 조언

지속 가능한 발전을 위하여	300
사회적 민주주의의 관습	308
보완성과 공공 영역	310
유엔의 개혁	314
공동 계획의 행동 윤리	319

감사의 말	343
옮긴이의 글	345
데이터 별첨	353
주	363
더 읽어야 할 책들	374
참고문헌	380
찾아보기	394

머리말

이 책의 영문판이 인쇄에 들어갈 즈음 코로나19가 전 세계를 강타했다. 이 팬데믹 현상은 갑자기 세계 각지에서 엄청난 반응을 이끌어냈다. 검역, 도시와 마을의 철저한 거리 두기, 국경 봉쇄와 무역 중단 등의 조치들이 취해졌다. 단 석 달 사이에 코로나 바이러스는 중국 우한에서 전 세계 140개국 이상으로 퍼져나갔다. 14세기에 중국에서 전파된 페스트균은 1331년에서 1347년까지 16년 동안 유럽 전역에 흑사병을 퍼뜨렸지만, 우리 시대의 병원균은 우한에서 논스톱으로 비행하여 단 며칠 사이에 로마에 도착했다.

이 책은 세계화의 복잡성을 다루고 있다. 세계화는 인류의 생활 조건을 극적으로 향상시키는 강력한 능력을 갖고 있는 반면에 그동안 의심하지 않았던 위협들도 함께 가져왔다. 인류는 온 세상의 구석구석까지 서로 연결되어 있기 때문에 여러 가지 아이디어를 공유하고, 다양한 문화를 즐기고, 광범위한 지역을 관통하여 특색 있는 다양한 상품들을 교환할 수 있다. 내가 아침에 마시는 커피는 동네의 길 건너 커피숍에서 나온 것이 아니라 수천 마일 떨어져 있는 에티오피아, 인도네시아, 콜롬비아의 열대 산등성이에서 나온 것이다. 나는 이런 나라들을 방문하여 커다란 발견을 하며 즐거움을 얻었고, 또 그들의 풍요로운 문화와 아름다운 자연 경관을 살펴보며 기쁨을 느꼈다. 이처럼 해외를 방문하고 새로운 것들을 조사하며 나는 다음과 같은 사실을 깨달았다. 인류의 친절함, 자녀에 대한 열망, 삶이 주는 기쁨 등은 문화적 배경이 아주 다르고 물질적 조건들이 서로 다르다 할지라도 모든 인간에게 공통된 가치라는 것이다.

새로 생겨난 코로나 바이러스는 국제 교역과 여행의 혜택이 언제나 글로벌 질병과 다른 해악들을 수반한다는 사실을 우리에게 상기시킨다. 이 책에서 나는 현대 경제학의 아버지 애덤 스미스가 크리스토퍼 콜럼버스와 바스코 다가마가 항해 중에 발견한 항로를 아주 위대한 업적으로 보고 있음을 밝혔다. 스미스는 유럽에서 아메리카와 아시아로 가는 해로를 발견한 것은 인류 역사상 가장 중요한 사건이었다고 말했다. 왜냐하면 이 발견은 세상의 모든 지역을 운송과 상업의 연락망으로 연결시켜서 엄청난 잠재적 혜택을 가져왔기 때문이다. 하지만 한편으로 스미스는 유럽 정복자와 식민지 개척자들이 이 새로운 해로들을 이용하여 아메리카와 아시아 사회를 대대적으로 탄압하지 않을지 우려했다.

스미스는 로베르트 코흐, 루이 파스퇴르, 조반니 그라시, 로널드 로스, 마르티누스 바이어링크 등 박테리아와 바이러스성 전염병을 연구한 사람들보다 한 세기 전에 살았기 때문에 구세계의 병원균이 아메리카 원주민 사회를 엄청나게 파괴해버린 사건에 대해서는 알지 못했다. 콜럼버스의 신세계 발견은 남북아메리카에 정복자들을 데려왔을 뿐만 아니라 대규모 생물학적 교환이 이루어지는 계기가 되었다. 유럽인들은 아메리카에 농업용 말, 소, 기타 식물들과 동물들을 가져오는 동시에 천연두, 홍역, 말라리아 등 많은 새로운 전염병을 가져왔다. 반면에 아메리카에서 유럽으로는 감자, 옥수수, 토마토의 경작 방법, 기타 곡식과 농장 동물이 건너갔다. 이러한 '콜럼버스의 교환'은 세상을 무역으로 통일시키는가 하면 국부와 국력의 불평등이라는 새로운 문제로 분열시켰다.

구세계에서 건너온 전염병 때문에 엄청나게 많은 아메리카 원주민들이 목숨을 잃었다. 원주민들은 구세계의 병원균을 전혀 "알지 못했고" 그래서 면역력이 전혀 없었다. 이와 마찬가지로 오늘날 전 세계 인구는 면역력을 갖추지 못했기에 온 세상을 휩쓸고 있는 신종 코로나 바이러스에 아주 취약하다. 코로나19에 의한 질병과 사망은 16세기에 아메리카 원주민 사회를 강타한 전염병보다는 강도가 낮을지 모른다. 하지만 현재의 코로나 팬데믹은 과거에 다른 전염병이 그러했던 것처럼 국제 정치와 사회에 영향을 미칠 것이다.

질병이 사회와 경제체제를 형성하는 데 엄청난 역할을 한다는 사실을 깨닫기 위해 14세기의 흑사병이나 16세기의 콜럼버스 교환을 떠올릴 필요도 없을 것이다. 아프리카의 전염병인 말라리아는 19세기 후반까지 유럽인들의 제국주의 침략에 대한 일종의 천연 보호 장벽 노릇을 했다. 서아프리카에 진출한 유럽 병사들이 매우 높은 비율로 말라리아에 걸려 사망하면서 서아프리카는 "백인의 무덤"으로 널리 알려졌다. 그러나 영국인들이 안데스 산맥의 신코나 나무껍질에서 추출한 키니네로부터 말라리아 퇴치 방법을 찾아내면서 이 천연 보호 장벽이 허물어졌다. 그리하여 키니네가 함유된 진토닉은 대영제국의 제국주의 침략을 도와주는 음료가 되었다. 그 이후 아프리카의 말라리아는 영아 생존을 위협하고 경제 발전을 가로막는 장애물로 바뀌었다. 비록 신약과 예방 조치로 이 오래된 저주를 퇴치하는 것이 가능해지기는 했지만 말이다.

보다 최근에는 또 다른 치명적인 병원균이 지구상을 돌아다니면서 황폐와 파괴의 살육을 저질렀다. 그것은 인간의 면역결핍 바이러스인 HIV로, HIV는 에이즈를 일으키는 병원균이다. HIV는 코로나19와 마찬가지로 인수공통전염병, 다시 말해 동물의 병원균이 이런저런 상호작용과 유전적 변이를 통해 인간에게로 옮겨와서 일으키는 전염병이다. 에이즈는 부시맨 부족이 고기를 얻기 위해 죽인 서아프리카 원숭이에게서 인간에게 전염되었을 가능성이 가장 높다. 코로나19는 박쥐류를 통하여 인간의 몸으로 들어왔을 가능성이 있다. 에이즈의 경우, 그 바이러스는 20세기 중반에 아프리카인들 사이에서 퍼졌다가 1970년대와 1980년대 초에 전 세계로 번져나갔다. HIV는 인간의 몸에 들어온 지 수십 년이 지난 1980년대 초에 샌프란시스코에서 처음 진단되었다. 그 무렵 아프리카인 수백만 명이 이미 HIV에 감염되어 죽어가고 있었다.

에이즈는 세계화의 가장 파괴적인 측면과 고무적인 측면을 동시에 보여주는 주요 사건이다. 에이즈 사망자는 급속히 수천만 명대로 늘어났고, 그에 따르는 고통 또한 엄청났다. HIV 감염자들 중 다수가 사회적으로 주변부 집단에 속한 사람들이었다. 그들은 아주 가난하고, 인종적으로 소수이고, LGBT(레즈비언·게이·양성애자·트랜스젠더) 공동체에서 살며, 정맥주사로 약물을 주입하는 사람들이었다. 이러한 사정 때문에 많은 정부들이 에이즈에 대한 대응을 서두르지 않았다. 그러나 HIV에 감염된 사람들이 주도하는 시민단체들이 지속적으로 에이즈 퇴치 운동을 펼치면서 정부들이 그에 호응하기 시작했다. 각국 정부는 많은 피해를 낳은 지연 정책 후에야 비로소 에이즈 퇴치에 적극 나서게 되었다.

이에 비하여 과학계는 아주 신속하게 행동에 나서서, 에이즈 바이러스의 성격, 질병의 원인, 퇴치 방안 등에 대한 근본적인 사항들을 발견해냈다. HIV가 새로운 동물 전염 바이러스임을 확인하고서 10년이 지나지 않아 과학자들은 HIV 감염을 치명적인 질병에서 통제 가능한 고질병 수준으로 완화하는 다수의 바이러스 퇴치 의약품을 발견했다. 이러한 획기적 발전과 그 후의 신속한 신약 분배 과정에서 세계화는 엄청나게 중요한 역할을 했다. 발견의 과학은 세계적으로 전개되었고, 새로운 의학 지식은 5대양 6대주에 신속히 전달되었다.

에이즈 신약의 분배 또한 협동이 잘 이루어진 국제적 노력 덕분이었다. 그중 주목할 만한 사업은 '에이즈·폐결핵·말라리아 퇴치를 위한 글로벌 펀드'였다. 나는 이 조직이 구성되고 발전되던 초창기에 직접 참여하여 기여할 수 있었던 것을 자랑스러우면서도 보람 있는 일이라고 생각한다. 시민 사회가 나서서 여론을 환기하고 앞장서서 행동에 나선 덕분에 이 보건 관련 정책은 신속하게 시행될 수 있었다.

코로나19도 마찬가지로 세계화의 대차대조표를 엄정하게 살펴볼 것을 요구한다. 코로나 바이러스를 억제하는 정책을 신속하게 추진하는 한편, 그에 따르는 부정적 결과를 최소화해야 하는 것이다. 코로나19에 맞서 싸우는 초창기 단계에서 우리는 무역과 여행을 금지하고 심지어 한 나라의 여러 도시들 사이에서 혹은 도시들 안에서 사회적 거리두기를 강조하면서 사람들의 이동을 중지시켰다. '검역'이라는 말은 이제 일상 언어가 되었다. '검역'을 의미하는 영어 단어 '쿼런틴quarantine'은 원래 이탈리아어 '쿼란타 조르니quaranta giorni'(40일)에서 온 것인데, 과거에 베네치아 당국이 전염병을 가져오는 것으로 의심되는 배들을 항구에서 40일 동안 격리시켰던 데에서 유래했다. 이러한 검역정책은 14세기 후반으로 소급되니 그 역사가 길다고 할 수 있다. 에이즈 위기 때 그렇게 했던 것처럼, 코로나19 팬데믹에 맞서 싸우는 여러 조치들을 취하는 과정에서 우리는 사회 정의를 아주 꼼꼼히 그리고 사려 깊게 보살펴야 한다.

우리 시대에 제기되는 몇 가지 우려들이 있다. 그중에 자유무역은 너무 위험하므로 각국이 국경을 봉쇄하고 자급자족 상태로 돌아가야 한다는 주장이 있다. 그런 제안은 터무니없는 망상에 지나지 않는다. 검역이 질병의 확산을 억제하기는 하겠지만, 병원균의 전파를 완전히 막을 수는 없다. 성공적으로 검역을 하기 위해서는 그에 따르는 비용도 만만치 않다. 무역 봉쇄는 그 나름의 엄청난 피해를 가져오는데, 가령 경제적 생산과 생계 수단이 대규모로 감소할 것이다. 인간의 역사에서는 세계화에서 생겨나는 (질병, 정복, 전쟁, 재정 위기 등의) 위협을 이해하고 거기에 정면으로 맞서는 것이 언제나 중요한 과업이었다. 그 투쟁은 세계화를 종식하는 것이 아니라, 국제적 협력의 수단을 잘 동원하여 글로벌 규모의 상호 연계성에 따르는 부정적 결과를 잘 통제하는 과정이었다.

이 과정은 새로운 형태의 국제적 협력을 만들어낼 것을 요구하고 있다. 그리고 국제적 협력이야말로 이 책의 가장 중요한 주제 중 하나이다. 18세기 후반기부터 철학자, 정치인, 행정가, 행동주의자들은 세계화의 해악을 통제하는 한편 그 혜택을 극대화하기 위해 세계화를 다스리는 새로운 방법들을 추구해왔다. 팬데믹 질병에 맞서 싸우는 것은 이러한 협력의 노력 중에서 주요 어젠다로 떠올랐다. 실제로 1851년에 시작되어 1938년까지 지속한 '국제위생회의'는 과학 정책의 국제적 협력을 집중적으로 추구한 초창기 현대적 사업들 중 하나였다. 이러한 질병 퇴치의 노력이 결실을 맺어 1948년 세계보건기구WHO가 설립되었다. 세계보건기구는 1945년 제2차 세계대전의 종전과 함께 설립된 유엔의 초창기 주요 기구들 중 하나였다. 현재 세계보건기구는 코로나19에 맞서 싸우는 글로벌 운동을 책임지고 있다. 지금까지 이 병원균에 대한 과학적 정보와 통제 방법을 충실하게 조율하고 있으며, 이번 팬데믹을 억제하여 종식시키기 위한 국제적 운동을 격려하고 감독하고 있다.

세계화 덕분에 세계의 한 지역은 다른 지역들로부터 재빨리 배울 수 있다. 한 나라가 코로나19의 확산을 억제하는 데 성공을 거둔다면, 다른 나라들은 그 방법을 신속히 배워서 그들의 환경에도 적용할 수 있는지 면밀히 살핀다. 코로나19를 퇴치하기 위한 신약과 백신의 개발 또한 세계적 노력이 집중되어야 하는 분야이고, 이것은 과거에 HIV를 퇴치할 때에도 마찬가지였다. 신약과 백신을 검증하는 임상실험에는 전 세계 연구자들이 참여해야 한다. 신약과 백신의 분배와 사용 또한 국제적 규모의 협력이 있어야 한다.

오늘날 코로나 관리만이 글로벌 협력이 필요한 유일한 분야는 아니다. 다른 여러 긴급한 사안들에 대해서도 국제적 협력과 제도가 필요하다. 가령 인간이 유발한 기후변화의 통제, 생물 다양성의 보존, 대기·토양·해양의 대규모 오염을 통제하여 원상회복하기, 인터넷의 적절한 사용과 단속, 핵무기 확산의 금지, 대규모 강제 이주 중단, 무력 충돌을 회피하거나 종식시키는 문제 등이 전 세계적 협력을 기다리고 있다. 이러한 문제들에 대하여 종종 분열되고, 불신하고, 부주의한 세계가 힘을 합쳐 맞서 싸워야 한다. 이런 어려운 상황 속에서 이제 세계는 갑자기 새로운 팬데믹으로 부상한 새로운 동물 감염인 코로나 바이러스와 맞서 싸워야 하는 과제까지 떠안은 것이다.

 이 책은 이러한 해악이나 위협에 대하여 간명한 해답이나 처방전을 제시하지는 않는다. 세계화의 역사는 인류의 영광스러운 업적, 잔인함, 스스로 가한 해악 등의 역사이고, 동시에 위기의 한가운데에서 발전을 성취해온 아주 복잡한 역사이다. 앞으로 살펴보겠지만, 세계화는 자연지리, 인간의 제도, 기술적 노하우가 복잡하게 상호작용하는 과정이다. 코로나19는 우연히 발생한 자연 현상이지만 우리의 정치와 생활에 갑작스럽게 끼어든 불청객이자 과학적 극복의 과제가 되었다. 코로나 바이러스는 인간이라는 종이 탄생한 초창기부터 인류 체험의 한 부분을 이루었던 일종의 지구적 현상으로 우리 앞에 등장했다. 나는 이 책이 전 지구적 상호연계성의 오랜 체험을 이해하게 하고, 더 나아가 인류의 생활과 사회를 형성해온 세계화의 역할을 더 잘 알게 해주는 밝은 빛이 되기를 희망한다.

1장

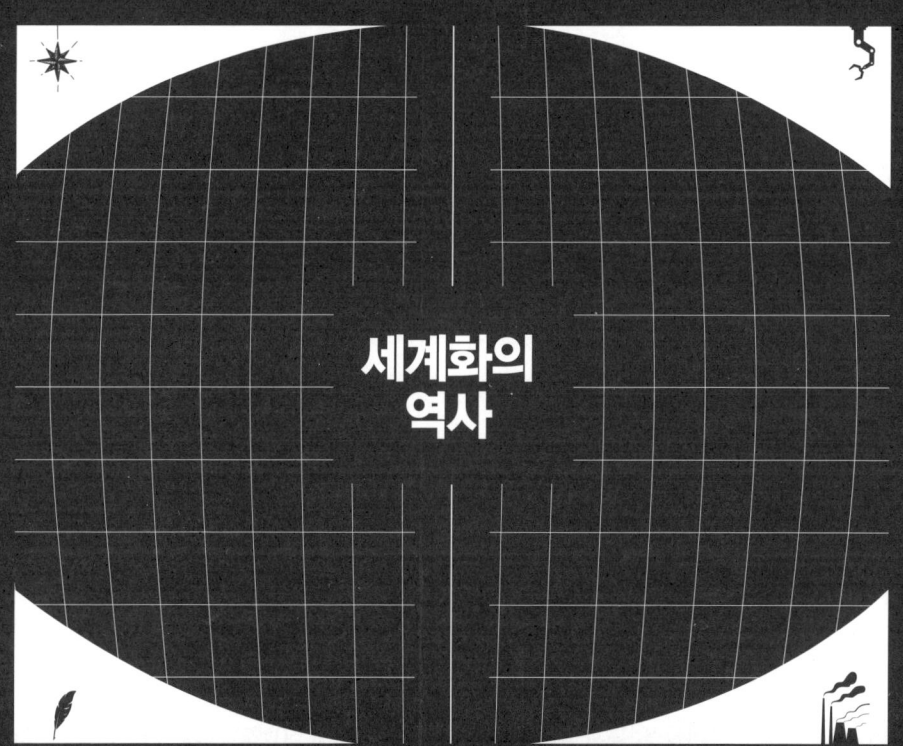

세계화의
역사

Geography
Technology
Institutions

THE
AGES OF
GLOBALIZATION

약 7만 년 전에 인류가 아프리카에서 다른 지역으로 흩어진 이래 인류는 언제나 세계화를 지향해왔다. 하지만 시대에 따라 세계화의 특성은 바뀌었다. 이러한 변화는 종종 아주 신속하면서도 급격하게 발생했다. 이제 21세기에 들어선 인류는 평화로우면서도 현명한 방식으로 변화를 추구해야 한다. 현재와 같은 핵의 시대에 세계대전이 발생한다면 생존을 위한 두 번째 기회는 아예 존재하지 않을 것이다. 우리는 과거에 세계화가 진행되어온 역사를 연구함으로써 21세기에 벌어지는 세계화를 합리적으로 이해하고 더 나아가 그것을 성공적으로 관리할 수 있다.

인류는 아주 먼 과거에서 오늘날에 이르기까지 일곱 번의 뚜렷한 세계화의 시대들을 통과했다. 일곱 번의 세계화가 진행되는 과정에서 자연지리, 기술, 제도가 상호작용하면서 전 지구적인 변화가 발생했다. 여기서 자연지리란 기후, 동식물, 질병, 지형, 토양, 에너지 자원, 광물 자원, 생명의 조건 등에 영향을 미치는 지구의 여러 과정을 망라하는 것이다. 기술은 우리의 생산체계와 관련된 하드웨어와 소프트웨어를 모두 가리키며, 제도는 정치, 법률, 사회에 적용되는 문화적 사상과 실천을 지칭한다. 지리, 기술, 제도는 놀라울 정도의 신축성과 가변성을 갖고 있으며, 서로 강력하게 상호작용하면서 시간과 공간을 통하여 각종 사회를 만들어낸다.

그리하여 지리, 기술, 제도의 상호작용을 이해한다는 것은 곧 인간의 역사를 이해하는 것이다. 이러한 이해는 21세기에 진행되고 있는 여러 가지 변화를 잘 헤쳐나가는 기본적인 길잡이가 되어준다. 우리는 세계화의 역사를 면밀히 살펴봄으로써 현재 사회와 우리 시대의 경제를 위해 더 현명한 선택을 할 수 있다.

철학자들, 역사가들, 신학자들을 비롯한 여러 학자들은 오랫동안 다음과 같은 질문을 제기해왔다.

- 역사는 일정한 방향으로 진행하는가?
- 우리는 장기적인 변화나 역사의 반복적 사이클을 자신 있게 예측할 수 있는가?
- 장기적인 발전이라는 것은 존재하는가?

나는 이런 질문들에 대해서 '그렇다' 혹은 '역사의 화살은 분명 있다'라고 말하고 싶다. 각각의 시대에 진입하면서 인류는 더 넓어지는 세계를 점점 더 많이 알게 되었다. 기술의 발전, 특히 운송과 통신 분야에서의 발전과 전 세계 인구의 규모 및 구조 변화 덕분에 우리는 세계적 수준의 상호의존과 상호이해를 더 잘 이해하게 되었다. 그 결과 정치 활동 또한 로컬(현지) 중심에서 글로벌(세계) 중심으로 이동했으며, 오늘날만큼 한 나라의 정치 행위가 전 세계에 영향을 미치는 시대도 없을 것이다. 그러면 이제 다음과 같은 다섯 가지 커다란 질문에 주목해보자.

첫째, 전 지구적 규모의 변화를 촉진하는 주된 힘은 무엇인가?
둘째, 지리, 기술, 제도는 어떻게 상호작용하는가?
셋째, 한 지역에서의 변화는 어떻게 다른 지역으로 확산되는가?
넷째, 그러한 변화는 어떤 방식으로 전 세계의 상호의존에 영향을 미치는가?
다섯째, 우리는 세계화의 각 시대로부터 어떤 교훈을 얻어서 오늘날의 과제에 현명하게 대처할 수 있는가?

역사를 바꾼 일곱 번의 세계화

세계화는 광대한 지리적 영역에 분포하는 다양한 사회 사이의 상호연계를 의미한다. 이러한 상호연계의 양상은 기술, 경제, 제도, 문화, 지정학 등 다양한 분야에 걸쳐서 발견된다. 또한 온 세상의 사회는 무역, 금융, 사업, 이민, 문화, 제국, 전쟁 등을 통하여 서로 상호작용한다.

세계화의 역사를 추적하기 위해 나는 우선 다음과 같이 뚜렷하게 다른 일곱 시대를 설정했다.

첫째는 구석기 시대로 인류가 아직도 수렵채집자로 살아가던 선사시대이다.

둘째는 신석기 시대로 인류는 이 시대에 처음으로 농업을 시작했다.

셋째는 기마 시대로 야생 말을 순치(길들이기)시켰고 원시문자가 개발되어 장거리 교역과 통신이 가능해졌다.

넷째는 고전 시대로 이 시기에 대규모 제국이 처음 생겨났다.

다섯째는 해양 시대로 제국들이 최초로 본국의 생태적 지역을 넘어서서 5대양으로 뻗어나갔다.

여섯째는 산업 시대로 대영제국이 선도하는 소수의 사회들이 산업 경제를 부흥시킨 시대이다.

일곱째는 디지털 시대로 온 세상이 디지털에 의해 즉시 연결되는 시대, 즉 우리가 현재 살고 있는 시대이다.

나는 구석기 시대를 기원전 7만 년에서 기원전 1만 년까지의 장구한 시기라고 본다. 이 시대에 발생한 장거리 상호작용은 소수의 집단이 한 장소에서 다른 장소로 이주하면서 생겨났다. 각각의 집단은 한 지역에서 다른 지역으로 이동하면서 그들의 도구, 노하우, 신생 문화 등을 함께 가지고 갔다. 호모 사피엔스(신체해부학적으로 현대 인류) 중에서도 이동하는 집단은 새로운 지역에 들어감에 따라 새로운 방식으로 그들 자신을 방어해야 했다. 가령 네안데르탈인이나 데니소바인 같은 (호모 속(屬)에 속하는) 다른 유인원들, 새로운 포식자와 병원균, 새로운 생태 환경(대기가 희박한 고지대 등)을 상대하며 적응해야 했다. 물론 현대 인류의 다른 집단들과도 경쟁을 해야 했다. 그 경쟁은 문화의 패턴을 형성하는 데 기여했고 그 패턴은 오늘날까지도 지속되고 있다.[1]

최후의 빙하 시대가 끝나고 날씨가 따뜻해지자 세계화의 다음 단계인 신석기 시대가 시작되었다. 그 기간은 대략 기원전 1만 년에서 기원전 3000년 사이다. 이 시대의 획기적 진전은 농업 분야에서 일어났는데, 곡식의 재배와 동물의 사육이 주된 특징이었다. 수렵채집 행위가 농업에 의해 밀려나면서, 유목생활이 자연스럽게 사라지고 마을에서는 정주 생활이 시작되었다. 인간의 상호작용 범위도 씨족에서 마을 단위로 넓어졌고, 마을 사이에서는 정치적 행위와 교역도 이루어졌다. 사람들은 보석, 조개껍질, 광물, 도구와 같은 소중한 물건들을 교역하기 위해 수백 킬로미터의 거리도 마다하지 않고 걸어가서 교환했다.

말의 순치는 세계화의 세 번째 시대인 기마 시대를 불러왔는데, 나는 이 시기를 기원전 3000년에서 기원전 1000년 사이라고 본다. 이 시대는 청동기 시대라고도 하는데, 나는 구리나 청동 같은 광물보다는 말의 역할이 더 중요했다고 본다. 인류는 말을 길들이면서 신속한 장거리 육상 운송과 의사소통을 할 수 있게 되었다. 말은 견인력(마력), 의사소통(메시지 전달), 군사적 목적(기병대) 등 여러 가지 기본적 역할을 수행했다. 현대의 전문용어를 빌어서 말하면, 길들인 말은 뛰어난 '단절적 테크놀로지 disruptive technology'로서, 증기 엔진, 기관차, 자동차, 탱크를 다 합친 것 같은 획기적 발명품이었다. 정치 분야에서 말은 국가의 출현을 앞당겼다. 말은 아주 먼 거리까지 공공행정과 공공기관의 강제력이 폭넓게 미치도록 도와준 소중한 자원이었다(말에서 마차로 이동하는 것은 연속적 테크놀로지이고, 마차에서 자동차로 이동하는 것은 단절적 테크놀로지이다 — 옮긴이).

그다음은 고전 시대인데, 나는 이 시기를 기원전 1000년에서 기원후 1500년까지로 본다. 이 시대에는 대규모 영토를 소유한 제국들이 생겨나서 서로 치열한 경쟁을 벌였다. 기원전 1000년경부터 (메소포타미아의 아시리아나 그 직후 페르시아의 아케메네스 왕조와 같은) 일부 국가들은 군사적·정치적 행정의 우월성 덕분에 방대한 영토를 자국의 판도 내에 거느릴 수 있었다. 제국이 일어서는 데에는 여러 가지 아이디어가 아주 중요했다. 주요 제국들은 새로운 정치적·철학적 전망에 의해 발전이 촉진되었다. 가령 그리스·로마 세계의 새로운 철학은 사회의 윤곽을 형성하는 데 결정적 영향을 미쳤다. 제국 시대는 유라시아를 관통하는 교역 행위를 가져왔다. 가령 서방의 로마 제국과 중국의 한나라는 육로로 교역을 하는 한편 인도양과 지중해의 연안 지역을 항해하는 해로를 통해서도 무역을 했다.

서기 1400년경에 이르러 바다를 항해하는 기술과 군사 기술이 발달하며 해양 시대라는 새로운 시대가 열렸다. 나는 이 시대를 1500년에서 1800년까지로 본다. 이 새로운 시대에 제국들은 대양을 항해하면서 역사상 처음으로 글로벌 제국이 되었다. 유럽의 온대 지역에서 탄생한 제국들은 아프리카, 아메리카, 아시아의 열대지대를 정복하여 식민지로 삼았다. 그에 따라 국제 교역에서도 혁명적 변화가 발생했다. 다국적 기업의 탄생, 대양 횡단 무역의 놀라운 규모 확대, 수백만 인구의 대양 횡단 이동 등이 이 시대의 주된 변화였다. 특히 인구의 이동과 관련해서는 수백만 명의 아프리카인을 노예로 데려와서 아메리카의 광산이나 농장에서 강제노동을 시킨 것이 주목할 만한 변화였다. 정치 또한 사상 처음으로 지구적 규모를 갖추게 되어 여러 대륙에서 동시다발적으로 최초의 제국주의의 글로벌 전쟁이 벌어졌다.

서기 1800년에서 2000년까지인 산업 시대 또한 전 세계적인 변화가 크게 촉진된 시대였다. 과거 같으면 몇 세기 혹은 몇 천 년에 걸쳐서 벌어졌을 법한 변화가 이제 단 몇 십 년 사이에 발생하게 되었다. 산업 시대에는 놀라운 기술 발전의 파도가 계속 밀려왔고, 과학과 기술 사이의 새로우면서도 역동적인 융합이 이루어졌다. 증기기관과 내연기관의 발명으로 화석연료를 개발하여 사용하게 되었고 그리하여 산업 생산력은 비약적으로 발전했다. 해양 시대가 대양 횡단의 제국들을 만들어냈다면, 산업 시대는 최초의 글로벌 패권국가인 영국 그리고 그 뒤를 이어 미국을 만들어냈다. 이 두 국가는 전례 없는 군사적·기술적·재정적 위력을 발휘하면서 전 세계를 주름잡았다. 그러나 대영제국의 종말이 잘 보여주듯이, 패권국가도 글로벌 경쟁의 정점에 도달한 이후에는 그 장엄한 지위를 순식간에 잃어버리게 된다.

우리는 이제 2000년에서 지금 이 순간에 이르는 디지털 시대에 들어섰다. 우리가 이 시대를 맞게 된 것은 디지털 기술의 놀라운 능력 덕분이다. 그 기술 중에서 몇 가지만 거론한다면 컴퓨터, 인터넷, 휴대전화, 인공지능을 들 수 있다. 오늘날 데이터는 너무나 빠른 속도로 광범위한 지역에 전파되고 있다. 컴퓨터의 계산 능력은 수십억 배로 증가했고, 정보 기술은 세계 경제, 사회, 지정학의 모든 측면을 뒤흔들고 있다. 지금 세계는 패권국가의 시대에서 다극화 세계로 옮겨가고 있으며, 실제로 현재 세계에는 지역 패권국가들이 여럿 존재한다. 정보는 온 세상으로 퍼져나가면서 산업 시대보다 훨씬 더 직접적이면서도 빠르게 경제와 정치를 전 지구적 현상으로 만들어놓는다. 우리는 세계 경제의 한 부분에서 재채기를 한 것, 가령 2009년 9월 14일 월스트리트의 리먼 브라더스 투자은행의 도산 같은 것이 며칠 사이에 전 세계 금융계에 공황과 경제 붕괴를 가져올 수 있다는 것을 직접 목격했다.

표 1.1은 지금까지 설명한 일곱 시대의 시간대, 주요 기술 변화, 행정 규모 등을 잘 요약하고 있다.

표 1.1_세계화의 일곱 시대: 연대와 획기적 발전 사항

세계화 시대	근사치 연대	일차적 에너지	정보, 미디어	농업	산업	수송	군사	행정
구석기 시대: 전 세계로 퍼져나감	기원전 70000~ 10000년	인력, 해류	언어, 돌에 새긴 것	수렵과 채집	석기	걷기, 뗏목, 카누	돌무기, 활과 화살	씨족
신석기 시대: 농업과 마을	기원전 10000~ 3000년	황소	상형문자	곡식, 목축	청동, 구리	걷기, 돛	청동 무기	마을
기마 시대: 승마 위주의 국가	기원전 3000~ 1000년	말	초기 문자 체계, 석비	쟁기	쇠, 바퀴, 수레	말, 당나귀, 돛	기병	국가
고전 시대: 제국 규모의 행정	기원전 1000년~ 서기 1500년	풍차와 수차	알파벳, 책	대규모 곡식 교역	엔지니어링, 기반시설	말, 도로망, 돛	보병, 기병, 화약	제국
해양 시대: 글로벌 제국	1500년~ 1800년	바다, 바람	인쇄기	곡식의 글로벌 교역	대양 항해	원양 항해 용 돛	대포, 머스킷 소총	글로벌 제국
산업 시대: 대규모 산업적 생산	1800년~ 2000년	화석 연료: 석탄, 석유, 천연가스, 수력	전신, 전화, 방송	화학 비료의 사용	증기기관, 직물, 쇠	원양증기선, 철도	기관총, 항공기, 탱크, 핵무기	글로벌 제국, 우주 입헌 정부, 난만한 자본주의
디지털 시대: 상호연결, 컴퓨터, 인공지능	21세기	태양력, 풍력	인터넷, 인공지능	정밀 농업	디지털 네트워크	버추얼 공간	사이버 전쟁	글로벌 법치(?)

세계화의 속도가 빨라지다

인류 역사가 시작되던 시기 모든 인간은 수렵채집자였기 때문에 생존하기 위해 사냥을 하고 먹을 것을 채집해야 했다. 마을도 없고 도시는 더더욱 없었으므로 도시와 농촌의 구분은 아예 존재하지 않았다. 신석기 시대에 들어와 농업혁명이 일어나면서 영농을 하는 마을이 생겨나고 정주생활이 시작되었으며, 그 결과 대부분의 지역에서(모든 지역은 아니다) 수렵채집 활동과 유목생활이 사라졌다. 그 후 산업화가 시작될 때까지 수천 년 동안 거의 모든 인류가 농촌 지역에서 자급자족하는 영농 행위를 하며 살았다. 각 농가는 자급자족을 하기 위해 힘겹게 노력해야 했으며, 아주 소량의 잉여 농산물(그런 것이 있을 경우)을 시장에서 판매하거나 세금으로 납부했다.

20세기에 이를 때까지 세계 대부분의 지역에서, 그리고 지금까지도 아주 가난한 나라들에서는 농산물 수확량이 너무 적어서 식량 부족과 대규모 기아의 위험이 상존하고 있다. 1789년의 프랑스 대혁명도 부분적으로는 널리 퍼진 기근이 그 원인이었다. 프랑스 정부는 국가 부채를 갚기 위해 세금을 인상했는데, 그것이 농촌 사회에 기아를 가져오는 원인이 되었다. 1840년대의 아일랜드 기근 사태는 약 100만 명의 목숨을 앗아갔다. 19세기 후반에는 영국령 인도와 기타 식민지 지역에서 기근이 반복되어 수천만 명이 굶어죽었다.[2]

산업화와 그에 따른 농업의 기계화와 영농 기술의 발달은 산업국가에서 농부 1인당 식량 생산량을 크게 높였다. 과거에는 국가의 모든 인구에게 식량을 제공하려면 거의 모든 가구가 영농에 매달려야 했으나,

영농 기술의 발달 덕분에 소수의 노동력만이 농업에 투입되어도 나머지 인구를 충분히 먹여 살릴 수 있게 되었다(이 노동력은 점점 줄어들고 있다). 이와 같은 식량 생산량의 증대는 전반적 기근과 광범위한 배고픔의 위험을 크게 낮추었다. 영농 기계에 의해 농업 분야에서 밀려난 '잉여' 농업 노동자들은 일자리를 찾기 위해 농촌 지역을 떠나서 도시 지역으로 이동했다. 세계 최초의 산업국가인 영국은 1880년경에 국가의 절반 이상이 도시화했다. 같은 시기에 세계 대부분 국가들은 여전히 농업 지역이 압도적으로 많았다. 비록 전 세계적으로 아주 불균형하게 전개되기는 했지만, 산업화가 확산되면서 도시화가 촉진되고 생활수준이 높아지기 시작했다.

여기서 한 가지 놀라운 사실은 늘 존재하며 인류를 위협했던 가난과 배고픔의 질곡을 인류가 아주 **빠른** 시간 내에 극복했다는 점이다. 인류의 체험을 장기적인 안목으로 살펴볼 때, 대부분의 경제·인구·통계적 변화는 눈 깜짝할 사이에 벌어진 것이었다. 그런 변화는 지난 200년 동안 발생했는데, 이 정도의 시간은 인류가 하나의 종種으로 존재해온 30만 년의 세월을 생각하면 잠깐 사이에 지나지 않기 때문이다. 그리하여 장기적인 전 지구적 변화에서 얻을 수 있는 첫 번째 교훈은 최근 200년 동안 벌어진 대대적 변화들이 초기하급수적으로, 즉 아주 빠른 속도로 진행되어왔다는 것이다.

장기적 변화의 세 가지 차원을 검토해보자.

첫 번째 차원은 인류의 총 인구 수이다.

두 번째 차원은 도시화 비율, 즉 세계 인구 중 어느 정도가 도시에 살고 있는가 하는 것이다.

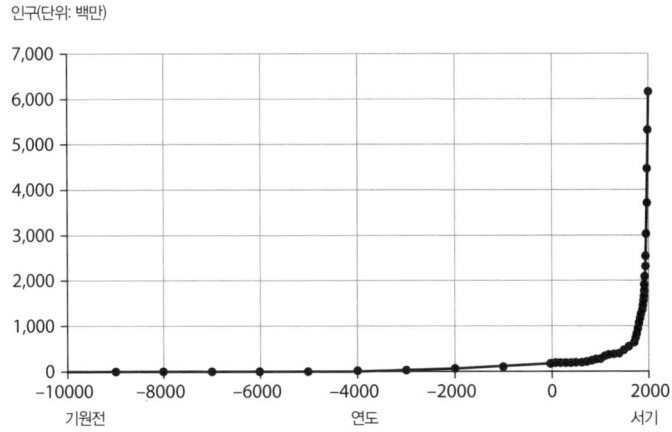

그림 1.1_기원전 1만 년에서 서기 2000년까지의 세계 인구

세 번째 차원은 1인당 전 세계 생산량이다. 하이드 3.1 프로젝트는 기원전 1만 년 이래로 전 세계적으로 또 국지적으로 인구 증가와 도시화가 진행되어온 경과를 보여주는 모델을 구축했다.[3] 이 프로젝트는 놀라운 업적이고 아주 중요한 증거물이다. 1인당 생산량에 대한 측정도 하이드 프로젝트에 못지않은 노력을 기울인 끝에 달성되었는데, 작고 한 위대한 경제사학자 앵거스 매디슨이 고안해낸 것이다.

지난 1만 2000년 동안 세계 인구가 증가해온 과정은 그림 1.1에 제시되어 있다. 기원전 1만 년에서 기원전 3000년 사이인 신석기 시대에 인구는 200만에서 4,500만으로 늘어났는데, 이것은 연간 0.04퍼센트의 증가율이다. 기원전 3000년과 기원전 1000년 사이인 기마 시대에 인구 증가율은 약간 높아져서 0.05퍼센트였다. 기원전 1000년에서 기원후 1500년까지의 고전 시대에 인구 증가율은 0.06퍼센트였다. 해양 시대인 서기 1500년에서 1800년 사이에 연간 증가율은 0.25퍼센트로

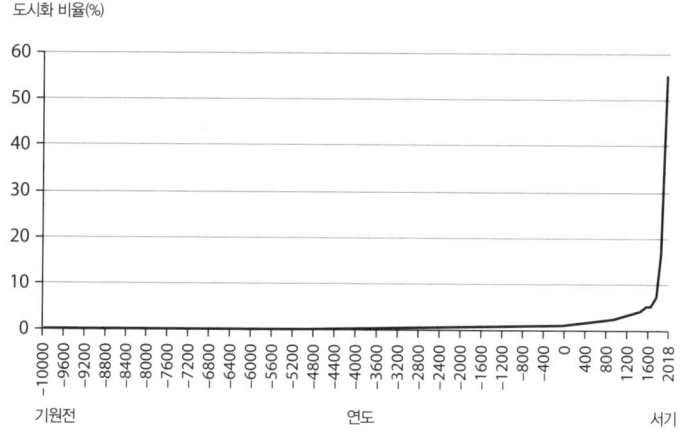

그림 1.2_기원전 1만 년에서 현재까지 세계의 도시화 비율

약간 높아졌고, 그리하여 세계 인구는 4억 6,100만 명에서 갑절로 늘어나서 9억 9,000만이 되었다. 그러다가 서기 1800년에서 2000년 사이의 산업 시대에 인구 증가율이 0.92퍼센트로 급등하여 전 세계 인구는 6배가 늘어나 9억 9,000만에서 61억 4,500만이 되었다. 이렇게 볼 때 지나간 인류의 역사에서 연간별 혹은 세기별 인구 증가는 거의 눈에 띄지 않을 정도였다. 그러던 것이 해양 시대와 산업 시대가 도래하면서 세계 인구가 폭발적으로 증가했다.

도시화 비율은 그림 1.2에 제시되어 있는데, 이는 그림 1.1의 흐름과 거의 비슷하다. 신석기 시대가 시작되었을 때, 거의 모든 인류는 여전히 수렵채집자였다. 도시화 비율은 제로였다. 그리고 1만 년 뒤인 서기 1년에도 인류는 대부분 농촌 정착지에서 살았고 도시 거주자의 비율은 겨우 1퍼센트였다. 1000년 뒤인 서기 1000년에 도시화 비율은 약 3퍼센트였다. 1500년에도 그 비율은 3.6퍼센트에 그쳤다. 1900년에 이르

그림 1.3_서기 1년에서 2008년까지 1인당 생산량

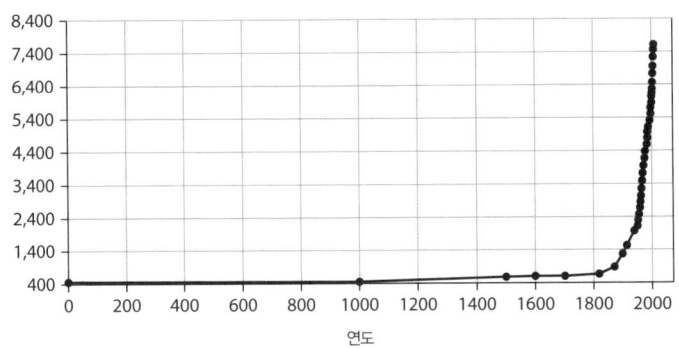

러서도 세계의 도시화 비율은 16퍼센트에 그쳤다. 그러나 21세기에 들어오면서 인류의 절반 이상이 도시의 환경에서 살고 있다(2020년 55퍼센트로 추정). 우리는 고대 로마의 도시 유적들이나 르네상스 시기의 피렌체와 베네치아의 현란한 도시 문명에 감탄하지만, 세계적으로 볼 때 아주 최근까지만 하더라도 도시는 소수의 인류가 사는 곳이었다.

서기 1년에서 2008년까지 세계의 1인당 생산량에 대한 매디슨의 추계는 그림 1.3에 제시되어 있다. 인구 증가율이나 도시화 비율의 변화와 유사한 패턴을 볼 수 있는 곳이 또 하나 있다. 서기 1500년 이전에는 1인당 생산량에 이렇다 할 변화가 감지되지 않는다. 이 시기의 연간 성장률은 0.01퍼센트에 불과하다. 서기 1500년과 1820년 사이에는 생산량이 약간 증가하여 연간 0.05퍼센트의 성장률을 보인다. 그리고 산업화가 시작되면서 결정적인 상승 추세로 돌아서서 1820년과 2000년 사이에 연간 성장률은 1.3퍼센트에 이르렀다. 서기 1820년에서 2000년 사이의 180년 동안 1인당 생산량은 대략 11배 증가했고, 그에 발맞추어 세계 극빈층의 비율이 극적으로 감소했다. 1820년에 90퍼센트이던 극빈층의 비율은 2015년에 대략 10퍼센트로 낮아졌다.[4]

초기하급수적 성장을 보인 이 세 가지 사례는 아주 극적인 것이다. 이 사례들은 산업화가 시작되면서 전 세계적으로 극적인 변화가 발생했음을 상기시킨다. 그렇다고 해서 1800년 이전의 사회가 정적인 사회였다고 추론해서는 안 된다. 산업화가 시작되기 전까지의 오랜 세월은 세계 경제가 도약하는 데 필요한 일종의 활주로 구실을 했다. 그 이전의 세계화 시대들이 과학, 기술, 행정, 상법 등의 기본 바탕을 마련해주었고, 산업 시대를 가져온 엄청난 야망을 불러일으켰다.

경제 규모와 변화의 속도

시장이 클수록 더 높은 수입을 올리고 더 빠르게 성장한다는 것은 경제학의 기본 원리이다. 대규모 시장이 있으면 직업이 전문적으로 더 세분화되므로, (농업, 건설업, 제조업, 운송업, 의료 보건업 등) 경제 활동의 각 분야에서 노동력의 숙련도와 능률성이 더욱 높아지고, 생산 비용은 낮아진다. 시장이 크면 새로운 제품을 발명하려는 욕구도 그만큼 더 커진다. 더 많은 소비자를 상대할 수 있고, 그만큼 획기적인 제품을 내놓는 발명가도 더 많아진다.

따라서 서기 1800년경에 경제가 비약적으로 성장한 가장 근본적인 이유는 경제의 규모라고 할 수 있다. 세계 인구는 1800년에 이르러 10억 명 가까이 되었고 인류는 교역, 운송, 이동, 정치 등의 분야에서 점점 더 서로 긴밀한 관계를 맺게 되었다. 물론 일부 지역들 가령 북대서양 지역은 이런 새로운 경제 규모의 혜택을 가장 많이 받았고, 다른 지역들 가령 사하라 사막 이남의 아프리카나 인도는 잔인하고 약탈적인 제국주의 세력에 굴복하여 신음하게 되었다. 그러나 1800년에 이르러 글로벌 사업의 규모는 기원전 1만 년 때와는 비교가 안 될 정도로 커졌다. 기원전 1만 년에는 인구라고 해봐야 겨우 200만 명이 드넓은 지역에 흩어져 살고 있었다.

따라서 세계화의 역사는 곧 일련의 규모 확대의 역사라고 말할 수 있다. 구석기 시대에 인류는 온 세상을 옮겨다니며 인간 정착지의 규모를 키웠으나, 대부분의 개인들은 30명 내지 50명 단위의 집단에 소속되어 한평생을 살았다.[5] 신석기 시대에 세계 인구는 대략 22배 늘어나서 기원전 1만 년에 약 200만 명에 불과하던 것이 기원전 3000년에는 약 4,500만 명으로 증가했다. 이때 사람들은 수백 명씩 모여 마을을 이루어 살았다. 기마 시대에 들어와 인구는 기원전 3000년의 대략 4,500만 명에서 기원전 1000년의 1억 1,500만 명으로 늘어났다. 이 무렵 과반수 이상의 인구가 점점 더 서로 연결되는 유라시아의 동쪽과 서쪽에 살았다. 그러다가 사상 처음으로 구체적 형태를 띤 국가로 조직되어 더 이상 점재點在하는 독립적인 마을에 살지 않게 되었다. 고전 시대에 들어와 인구는 서기 1년에 1억 8,800만 명, 서기 1000년에 2억 9,500만 명 그리고 1400년에 3억 9,000만 명이 되었다. 인류는 이제 로마 제국, 한漢나라, 마우리아 제국, 페르시아 제국, 비잔틴(동로마) 제국, 우마이야 제국, 몽골 제국 등 광대한 영토를 소유한 다민족·다종교 제국에 살게 되었다. 이런 제국들은 서로 전쟁을 벌였을 뿐만 아니라 아주 멀리 떨어진 거리를 극복하면서 서로 교역을 했다.

크리스토퍼 콜럼버스와 바스코 다가마의 항해로 해양 시대가 시작되면서 경제와 교역의 규모는 더욱 커졌다. 이번에 그 규모는 전 지구적 수준으로 증가했고, 대양의 항해를 통해 구세계와 신세계가 서로 연결되었다. 대양을 가로질러 다양한 곡식이 교환되면서 세계 인구는 폭증했다. 예를 들어 구세계에서 아메리카로 밀이 수입되었고, 아메리카에서 구세계로 옥수수가 수출되었다. 이로써 식량 생산과 인구가 획기적으로 증가했다. 그리고 1800년에 이르러 인구는 9억 9,000만 명이 되었다. 산업 시대에는 철도, 대양 증기선, 자동차, 비행기, 전신, 전화, 인공위성 그리고 인터넷 등을 통해 글로벌 상호의존성이 결정적으로 강화되었다. 인류 역사상 처음으로 전 세계 방방곡곡에 영향력을 미치는 진정한 정치적 패권국가가 등장했다. 처음은 대영제국이었고, 제2차 세계대전 이후에는 미국이었다. 이제 인터넷 시대에 들어서며 글로벌 권력은 여러 세력으로 이동하고 있다. 글로벌 상호작용은 점점 강화되어왔는데, 이번에는 세계 전역으로 데이터가 실시간으로 빠르게 침투해 들어가고 있다.

그런 의미에서 세계화의 여러 시대는 점증하는 글로벌 상호작용의 규모를 설명해주고, 또 그 규모에 의해 설명된다. 글로벌 상호작용 규모의 확대는 새로운 기술을 만들어내고 그 기술은 다시 인구와 생산량을 증대해왔다. 이와 같은 규모의 확대는 차례로 행정과 지정학의 성격을 바꾸어놓았다. 그리고 이제 우리는 우리 시대만의 독특한 현상에 직면하고 있다. 2020년 현재 세계 인구는 77억이고, 연간 7,500만~8,000만 명 수준으로 증가하고 있으며, 전 세계 1인당 생산량은 평균 1만

7,000달러에 도달했다(이는 구매력을 감안한 가격으로 측정한 것이다). 그리하여 인간 활동의 엄청난 규모는 기후, 물, 대기, 토양, 생물 다양성 등의 근본적 환경 과정에 위험할 정도로 영향을 미치고 있다. 이런 엄청난 규모 때문에 인류가 총체적으로 취하는 행동은 기후, 생물 다양성, 물과 질소의 순환(질소가 땅속에서 식물에게 흡수되고, 그 식물을 통해서 동물의 체내에 들어가고 또 거기서 배출되어 다시 땅속으로 돌아오는 순환 과정) 등의 지구 시스템을 위험할 정도로 바꾸어놓고 있다. 이 주제는 책의 후반부에서 다시 살펴볼 것이다.

 규모가 생산과 혁신에 아주 중요하지만 자연지리는 종종 그 규모를 결정하는 획기적 요소이다. 경제의 규모 혹은 서로 연결된 경제체제의 집단은 교역을 할 수 있는 능력에 성공 여부가 달려 있는데, 그것은 다시 말해 상품, 사람, 사상을 이동시킬 수 있는 지리적 조건에 달려 있다. 멀리 외따로 떨어져 있는 곳들은 접근하기 쉬운 곳들에 비해 교역 행위나 사상과 기술의 전파로부터 큰 혜택을 얻기가 어렵다. 예를 들어 아메리카 대륙은 구세계에 비하여 기술이 크게 뒤떨어져 있었다. 아메리카의 북반구와 남반구는 1만 년 동안 서로 분리되어 있었고, 1500년 이후에야 비로소 해양을 횡단하는 운송선에 의해 연결되었기 때문이다. 멀리 떨어진 산간지대에 위치했거나 본토로부터 떨어져 있고 해로로 접근하기도 어려운 소규모 섬에 자리 잡은 사회는 접근이 용이한 연안 지대에 비하여 기술이 많이 낙후될 수밖에 없었다. 유라시아는 규모를 달성하는 문제에서 오랫동안 아메리카, 아프리카, 오세아니아보다 폭넓은 지리적 우위를 점유해왔다. 잘 연결된 교역 활동, 수월한 의사소통, 공유된 생태 틈새 등이 기술, 제도, 문화적 관습의 유통과 확산을 촉진했던 것이다.

끝나지 않은 맬서스의 저주

불의, 불공정, 비상한 폭력 등으로 점철되기는 했지만, 지금까지 서술해온 기본적 역사는 끊임없이 발전해온 것처럼 보인다. 그러나 발전의 지속 가능성에 대해서는 의심을 표시하며 경계해야 한다고 강력하게 주장하는 이들이 있었다. 근대의 경제사상가 중 가장 강력한 비관론자는 의심할 나위 없이 토머스 로버트 맬서스였다. 이 영국인 목사는 18세기 후반에서 19세기 초반에 걸쳐 글을 쓰면서 놀라운 경제학 책을 써냈다. 맬서스는 가난한 사람들의 운명은 향상되지 않을 것이며 더 나아가 장기적인 경제 발전의 기회도 없을 것이라고 경종을 울렸다. 그는 생산성이 증가하면 이 세상에는 더 많은 가난한 사람들이 생겨날 것이고, 따라서 가난을 장기적으로 해결할 수 있는 방법이 없다고 주장했다. 맬서스의 도발적인 비관론은 맬서스의 저주로 알려졌다. 그는 생활수준이 장기적으로 향상되는 것에 대하여 근본적인 회의를 표시했다.

맬서스의 논리는 이러하다.

가령 농부들이 생산량을 곱절로 늘렸다고 해보자. 그러면 모든 사람이 전보다 두 배 더 많이 먹게 될 것이고, 기아와 가난은 그만큼 줄어들 것이다. 그러나 그 결과 인구가 늘어나고, 더 많은 아이가 어른으로 성장하여 더 많은 젊은 사람들이 결혼을 하게 될 것이다. 농지는 변함없이 그대로인데 인구가 두 배로 늘어난다면, 1인당 소비할 수 있는 생산량은 결국 원래의 지점으로 되돌아갈 것이다. 만약 인구가 두 배 이상으로 늘어난다면, 다시 말해 인구 증가가 폭발적으로 증가한다면, 생활수준은 원래 출발점 이하로 떨어질 것이다. 기아와 질병이 그런 인구 폭증을 막아주지 못한다면 말이다.

맬서스는 아주 도발적이면서도 중요한 주장을 펼쳤다. 하지만 다행스럽게도 그의 결론은 지나치게 비관적인 것이었다. 19세기와 20세기에 전 세계적으로 생활수준이 올라가고 더 많은 사람들이 도시로 몰려들면서, 각각의 가정에서는 아이를 덜 낳는 대신 태어난 아이의 교육, 영양, 보건에 더 투자를 했다. 인구 이동의 전문용어를 빌어 말하면 각 가정의 육아 방침은 '양'보다 '질'을 강조하는 쪽으로 옮겨갔다. 생활수준, 문자 해득 능력, 도시화 등이 전 세계적으로 확산하면서, 세계 대부분의 지역에서 출산율이 '대체 비율(현상 유지)' 수준으로 감소하여 어머니 한 명당 두 자녀 혹은 그 이하로 낳는 수준까지 떨어졌다.[6] 그 결과 생산성 향상은 인구 증가로 상쇄되지 않았다. 아직도 출산율이 매우 높은 소수의 지역이 있는데(특히 사하라 사막 이남의 아프리카), 이런 지역의 생활수준은 아직도 가난을 종식시킬 수 있을 만큼 향상되지 못했다. 하지만 이런 지역에서도 도시화가 확산되고 학업 기간의 연장이 기대되므로(특히 소녀들의 경우) 결국에는 출산율이 떨어질 것이다.

그러나 맬서스의 비관론은 오늘날에도 여전히 중요한 문제다. 우리는 아직까지도 그의 경고를 전면적으로 부정하지 못하고 있다. 지구상에는 80억 명에 가까운 인구가 있고, 2050년까지는 97억 명까지 늘어날 것으로 예상된다. 또 기후변화, 생물 다양성의 상실, 대규모 오염 등 엄청난 환경 위험도 도사리고 있다. 그렇지만 우리는 앞으로도 발전을 지속할 수 있다는 확신을 오늘날까지도 갖고 있지 못하다. 지속 가능성을 담보하려면 우리는 지구상의 인구 증가 추세를 안정시켜야 하고, 현재 우리가 저지르고 있는 대규모 환경오염을 종식시켜야 한다. 또한 재생 가능한 에너지, 지속 가능한 농업, 지상에서 나오는 폐기물을 안전하게 재활용하는 순환 경제로 전환해야 한다. 이러한 전환이 완수될 때까지 맬서스의 유령은 계속 우리 앞에 어른거릴 것이다.

세계화 시대의 산업 변화

세계화의 여러 시대가 진행되는 동안 우리는 인구, 경제 생산, 정치 등에서 규모가 증가하는 것뿐만 아니라 농촌 생활에서 도시 생활로의 획기적인 전환도 목격했다. 상당히 높은 비율의 인류가 도시에 살면서 비농업적 행위에 종사하게 된 것은 최근 수십 년 동안의 일이다. 이러한 변화를 이해하기 위해 경제의 구조를 자세히 살펴봐야 한다.

경제 활동은 보통 1차, 2차, 3차 산업이라는 세 개의 생산 부문으로 분류된다. 1차 산업은 곡식과 씨앗의 생산, 동물 제품, 다른 농업(목면, 목재, 물고기, 채소 등)과 광물(석탄, 기름, 구리, 주석, 귀금속 등)을 포함한다. 2차 산업 혹은 산업 부문이라고도 하는데, 이는 1차 생산품을 최종 생산품으로 바꾸는 것이다. 가령 건물, 기계, 가공식품, 전기 등이 여기에 해당한다. 3차 산업은 생산 활동(화물 수송, 창고 보관, 금융), 개인의 복지(교육, 건강, 레저), 행정(군대, 행정, 법원)을 지원하는 서비스 부문이다.

1차 산업은 노동자 1인당 대규모 토지와 해양 자원을 필요로 한다.

따라서 이 산업은 인구 밀도가 낮은 농촌 지역에서 주로 벌어진다. 반면에 3차 서비스 산업은 광범위한 대면 상호작용을 필요로 하고, 그래서 인구 밀도가 높은 도시 지역에서 주로 벌어진다. 2차 산업은 농촌 지역(가령 금속 제련 공장은 광산 가까운 곳에 있어야 한다)에 있을 수도 있고, 반대로 도시 지역(가령 건설 현장이나 의류 공장은 소비자와 가까운 곳에 있어야 한다)에 있을 수도 있다.

1, 2차 산업에서 나오는 제품과 3차 산업의 서비스는 인간의 노력과 기계의 사용을 동시에 필요로 한다. 인간의 노력은 대체로 신체 노동으로, 손으로 들판의 잡초를 뽑거나 숲을 벌목하거나 아니면 인지 능력(가령 질병을 진단하는 의사나 고소 사건을 판결하는 판사 등)을 사용하는 것이다. 일반적으로 말해서 신체 노동은 좋은 건강, 활기 넘치는 힘, 적절한 영양 상태를 필요로 하지만, 지적 노동은 공식 교육, 훈련, 좋은 스승, 경험 등을 필요로 한다.

시간이 흐르면서 인간은 신체적 완력을 대신할 수 있는 더 강한 힘을 가진 기계를 개발했다. 고대 사회에서 대부분의 생산은 인간의 노동력으로 달성되었고, 부싯돌, 송곳, 활, 화살, 용기, 망치 등 소수의 도구의 도움을 받았을 뿐이었다. 물품은 사람이 손에 들거나 등짐을 이용해서 이 장소에서 저 장소로 운송되었다. 의사소통은 구전口傳이 전부였다. 오늘날 대부분의 힘든 활동에서 기계가 인력을 대체하고 있고, 사람이 하는 일은 점점 더 사고력에 의존하는 인지적 업무가 되었다. 그러나 앞으로 수십 년 내에 스마트 기계가 이런 인지 작업 또한 대체하게 될 것이다.

경제학자들은 1~3차 산업 사이에서 반복되는 기본 패턴을 발견했다.

농업이 도래하기 이전인 구석기 시대에 모든 인간은 1차 산업에 종사했다. 생산 활동은 수렵과 채집이었다. 2차 산업은 아주 미약하여 도구와 무기 만들기, 피난처 짓기, 옷 짜깁기, 음식 준비하기 등에 그쳤다. 서비스업은 가정 내에서 이루어지거나 씨족 내에서 공유되었다. 신석기 시대에 농업이 시작되면서 인구의 약 90퍼센트가 1차 산업에 종사했고, 나머지 10퍼센트가 산업(건설, 야금)과 서비스업(종교, 공공행정)에 종사했다. 실제로 인류 역사가 진행되어온 대부분의 세월 동안 1차 산업이 인간 활동의 80퍼센트 이상을 차지했고, 나머지 20퍼센트 정도를 산업과 서비스업이 나누어 가졌다.

18세기에 들어와 (초창기 기계화와 토양 성분에 대한 과학적 지식을 이용하여) 과학적 영농이 시작되면서 1차 산업에 종사하는 비율이 줄어들기 시작했다. 이렇게 된 이유는 간단하다. 한 사회가 그 인구를 먹여 살리기 위해서는 충분한 노동력을 투입해야 하기 때문이다. 농업이 기본적인 상태에 있을 때, 각 가정은 비농업 가정에 제공할 잉여농산물을 생산하지 못하고 스스로를 겨우 부양할 수 있을 뿐이었다. 따라서 거의 모든 가구가 생존에 필요한 식량을 확보하기 위해 농업에 종사해야 했다. 농업이 현대화되어 농부 1인당 생산량이 늘어나면서 한 가정이 그 자신은 물론이고 다른 많은 가정을 먹여 살릴 수 있게 되었다. 오늘날 미국에서 한 농부가 약 70가정을 먹여 살릴 수 있기 때문에 농업 부문의 고용은 전체 노동력의 1.4퍼센트에 불과하다.

이러한 고용 효과는 그림 1.4에서 시대별로 제시되어 있는데, 핵심 사항만을 예시하기 위해 근사치의 숫자만 사용한 것이다. 구석기 시대에 모든 노동(수렵채집)이 1차 산업에 집중되어 있다. 오늘날 1차 산업(농

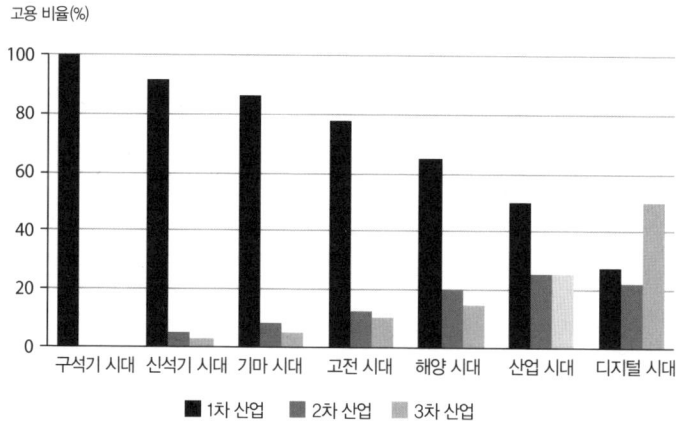

그림 1.4_일곱 단계의 세계화 시대에서 산업별 고용 담당 비율

업과 광업) 고용은 전 세계 고용의 약 28퍼센트를 차지하고, 2차 산업은 대략 22퍼센트, 3차 산업은 대략 50퍼센트를 차지하고 있다. 앞으로 일자리가 점점 서비스 산업 쪽으로 집중되면 1, 2차 산업이 고용에서 차지하는 비율은 줄어들 것이다. 미국에서는 1차 산업에서 3차 산업으로 크게 전환이 이루어졌다. 오늘날 미국의 1차 산업은 전체 고용의 2퍼센트 정도를 차지하며, 2차 산업(건설업과 제조업)은 13퍼센트, 서비스업은 85퍼센트를 차지하고 있다![7] 21세기가 진행되는 동안 기계류가 점점 더 농업, 광업, 건설업, 제조업의 업무를 떠맡으면서, 글로벌 고용은 서비스 경제 쪽으로 크게 편중될 것이다.

지리, 기술, 제도의 상호작용

어느 시간, 어느 장소가 되었든 경제체제는 지리, 기술, 제도에 달려 있다. 물론 이 세 조건은 상호의존적이다. 산업 시대의 가장 중요한 발명품이었던 석탄 증기기관을 한번 생각해보자. 증기기관은 공장과 수송에서 동력을 만들어내는 획기적인 방식을 제공하여 산업화를 가져왔고, 결국에는 생산성과 생활수준을 엄청나게 향상시켰다(그리고 단기적으로는 많은 사람들을 대체하면서 그들을 가난하게 만들었다).

18세기 영국에서 증기기관을 발명할 수 있었던 것은 그 나라의 자연지리 덕분이었다. 특히 영국에는 석탄이 많이 매장되어 있어서 낮은 비용으로 석탄을 캐내어 운송할 수 있었다. 증기기관의 발명과 활용은 영국의 경제제도에도 힘입은 바가 크다. 현대적 증기기관의 발명가인 제임스 와트는 수익을 올리기 위해 증기기관을 만들었다. 영국은 지적 재산을 법적으로 보호해주었고, 또 그런 제품을 판매할 수 있는 시장을 가지고 있었으므로 와트는 충분히 수익을 기대할 수 있었다. 와트는 자신의 발명품에 대한 특허를 얻었고, 그의 발명품을 이용하려는 사람들로부터 자신의 권리를 지킬 수 있었다. 더욱이 사업가들은 법률에 의해 회사를 설립할 수 있었기 때문에 와트의 증기기관을 사들여서 이용할 수 있었다.

경제학자들은 오랜 기간 동안 지리, 기술, 제도 중에서 어떤 것이 경제의 건전성과 발전을 위한 핵심 요소인지를 논의했다. 어떤 학자들은 제도가 핵심이라고 소리 높여 주장했다. 특허제도가 없었다면 증기기관도 없었을 거라는 얘기다. 어떤 사람들은 기술이 핵심이라고 말했다.

와트의 발명 능력과 숙련공으로서의 기술이 없었다면 특허도 산업혁명도 없었을 거라는 얘기다. 다른 사람들은 지리가 결정적 요인이라고 말했다. 석탄을 가까운 곳에서 캐올 수 없었다면 와트의 기술도 이론에 그쳤을 거라는 주장이다.

이러한 주장은 모두 어느 한 면만을 일방적으로 강조하는 잘못된 것이다. 산업혁명은 지리, 기술, 제도가 상호작용한 결과로 생겨난 것이다. 그런 복잡한 상호작용이 있었기 때문에 산업혁명이 그처럼 놀라운 사건이 될 수 있었다. 여러 가지 요인들의 결합으로 놀라운 돌파구가 마련되어 상업적 성공을 거둔 증기기관이 탄생한 것이다. 이런 변화의 동력학을 이해하기 위해 지리, 기술, 제도의 세 영역을 상호작용의 관점에서 생각해보아야 한다. 그 상호작용은 그림 1.5에 예시되어 있다.

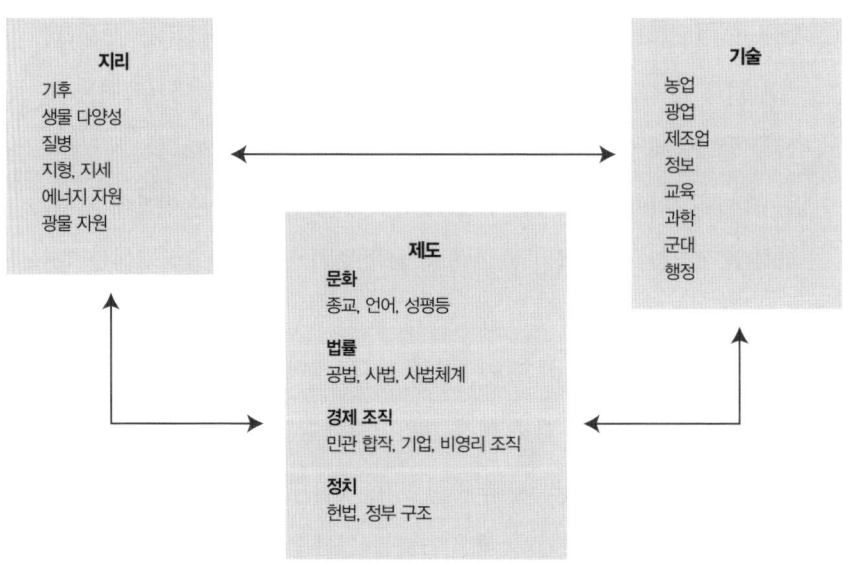

그림 1.5_지리, 기술, 제도의 상호작용

이 세 영역은 상호의존적이다. 이 세 요인을 모두 감안하지 않으면 경제사와 경제적 변화를 올바로 이해할 수 없다.

그러면 지리, 기술, 제도의 세부적 차원을 살펴보자. 지리는 적어도 다음의 여섯 가지 중요한 요소를 포함한다. 첫째는 기후이다. 기후는 한 해 동안의 날씨 패턴과 강수 현상을 통칭하는 것으로, 경작 가능한 곡식의 종류, 목축 가능한 농장 동물, 인간이 노동하고 거주할 수 있는 환경 등을 결정한다. 둘째는 생물 다양성이다. 이는 특별한 동식물 종의 서식 여부를 말한다. 셋째는 질병의 발생, 전파, 확산의 패턴이다. 이 패턴은 기후, 생물 다양성, 인구 밀도, 진화와 역사의 우연한 사건들에 의해 결정된다. 넷째는 지형 조건으로, 해안, 강, 산맥 등과의 인접성을 가리킨다. 다섯째는 1차적 에너지 자원이 얼마나 있는가이다. 여섯째는 구리, 철, 주석, 황금, 기타 금속의 매장량이다.

이러한 지리적 요소들은 이미 존재하는 기술에 비추어 고려되어야 한다. 경제는 물질자원과 그 자원을 활용할 수 있는 노하우에 달려 있다. 세계화의 각 시대가 노하우의 발전을 그 특징으로 삼고 있기 때문에, 지리에 내포된 의미도 기술 발전에 따라 변화했다. 스텝 기후 지역의 대규모 목초지는 말의 순치 이전보다는 그 이후에 더 큰 의미를 갖게 되었다. 석탄과 석유의 매장량은 증기기관과 내연기관을 발명한 이후에 더 중요한 요소가 되었다. 사막의 강렬한 햇빛은 저비용 태양광(열) 에너지가 사용될 미래에 훨씬 더 중요한 의미를 지니게 될 것이다.

이러한 사례들은 인간의 경험 속에 고루 분포되어 있다. 인류가 불을 통제할 수 있게 되면서 전보다 더 추운 생물군계 biome 에 접근할 수 있었다. 여러 지역에서 농사를 지을 수 있게 되자 인류는 충적평야에 인구가 조밀한 정착촌을 세울 수 있었다. 길들인 말은 농업 지역을 확대했다. 콜럼버스가 신대륙을 발견하면서 유럽인들이 대규모로 아메리카로 이주했다. 수에즈 운하와 파나마 운하는 국제 교역의 비용과 패턴을 크게 바꾸어놓았고, 지구온난화와 더불어 북극해에 개발된 새로운 무역로 또한 국제 교역의 비용과 패턴을 크게 바꾸어놓을 것으로 예상된다. 영국이 말라리아 치료제인 키니네를 대량 생산함으로써 유럽인들은 열대 아프리카를 정복할 수 있었다. 철도는 여러 대륙의 내륙을 개방하여 식량 생산과 교역을 더욱 쉽게 만들었다. 이렇게 볼 때 지리의 경제적 중요성은 변화하는 지식과 기술에 의해 끊임없이 다르게 규정되어왔다.

지구의 자연지리 자체도 장기적인 변화를 겪었다. 21세기에 들어서 인간이 자연지리를 위협할 정도로 바꾸어놓고 있다는 사실을 명심해야 한다. 인간의 진화와 세계화의 각 시대는 지구의 자연지리에 발생하는 여러 변화들에 의해 근본적으로 다시 형성되어왔다. 지구 궤도의 특징이 변화하면서 도래했던 마지막 빙하 시대의 종식은 농업, 정주생활, 문명의 길을 열어주었으나, 동시에 해수면이 상승하며 아시아와 아메리카를 잇는 베링기아(베링 지괴)가 물에 잠겼다. 기원전 5000~3000년 사이에 발생한 아프리카 사헬의 건조화는 광대한 사하라 사막을 만들어냈고, 나일강을 따라 인간 정착촌이 조밀하게 형성되는 원인이 되었으며, 그로 인해 파라오가 지배하는 이집트 왕국이 생겨났다.

1600년대에 유럽에서 발생한 소빙하기는 16세기에 아메리카의 원주민 인구가 급격히 줄어든 후유증일 것으로 추정된다. 원주민들이 많이 사망하면서 숲이 다시 조성되고 대기 중의 이산화탄소가 급격히 줄어듦으로써 그런 빙하 시대를 유발했을 수 있다. 아무튼 이런 기후변화는 유럽의 30년 전쟁을 비롯한 다른 정치적 격변을 유발했다.[8] 다른 환경 변화와 그것이 인간 사회에 미친 영향의 사례로는 다음과 같은 것들이 있다. 농지를 과도하게 활용하여 토양의 영양분이 고갈되었고, 아메리카 원주민 등 새로운 인구에게 병원균이 전파되었다. 인간의 남용으로 식물과 동물이 멸종되었으며(가령 아메리카의 말), 강의 흐름에 침니沈泥(모래와 점토의 중간 굵기인 미세한 암석 입자로서 물속에 부유하거나 물 밑바닥에 진흙처럼 침적해 있는 것 – 옮긴이) 작용과 다른 변화가 발생하여 천연 항구의 위치가 달라졌다.

사회 변화의 세 번째 핵심 추진력인 사회제도는 일상생활을 지배하는 일련의 문화적, 법률적, 조직적, 정치적 규칙들을 포함한다. 문화적 관습에는 종교적 기준, 언어의 사용, 철학적 사상의 준수, 젠더 관계의 일정한 패턴 등이 있다. 법률적 관습에는 상법(기업을 설립하고 계약을 맺는 행위를 지원하는 법), 민법(결혼과 상속을 관장하는 법), 공법(공공기관의 행정), 갈등을 중재하고 법률을 단속하는 체계 등이 있다. 경제 조직들로는 기업 파트너십, 주식회사, 비영리 법인 등이 있다. 헌법 같은 정치적 규칙은 국가 권력의 조직을 규정하는데, 막스 베버의 전문용어를 빌어서 말하면 "물리적 강제력을 합법적으로 사용할 수 있는" 국가의 독점적 권력이 그것(국가 조직)을 뒷받침한다. 이러한 제도의 혁신은 인간의 역사를 결정짓는 중요한 요소이다. 기술의 혁신과 마찬가지로 제도의 혁신은 이민자들에 의해 전 세계로 퍼져나가서, 군대, 학자, 외교관, 여행자들 그리고 심지어 세계 여러 지역의 발달상을 보고하는 스파이들에게까지 영향을 미친다.

경제 발전을 가져온 지리 조건들

불공정한 일이기는 하지만, 세계화의 각 시대가 진행되는 과정에서 세계의 일부 지역은 다른 지역보다 경제적 발전에 더 유리한 조건을 가지고 있었다. 유라시아는 아프리카, 아메리카, 오세아니아에 비하여 상대적으로 유리한 조건을 누렸다. 따뜻한 기후를 가진 지역(온대)은 다른 기후 지역에 비하여 상대적으로 유리했고, 해안 지역은 내륙 지역(대륙의 중심부)보다 비교적 유리했다. 또한 1차 에너지 자원을 가지고 있는 지역이 그렇지 않은 지역보다 유리했다. 이런 유리한 조건들을 차례로 살펴보자.

유라시아의 유리한 조건들

유라시아 대륙은 유럽과 아시아를 포함하고 전 세계 육지의 43퍼센트를 차지하며(남극 제외), 현재 전 세계 인구의 약 70퍼센트가 이곳에 살고 있다. 지난 2000년 동안 유라시아는 인류의 약 80퍼센트에게 거주지를 제공했고, 1980년에만 그 비율이 75퍼센트로 떨어졌을 뿐이다. 대부분의 역사 동안, 다시 말해 19세기 후반에 미국이 등장하기 전까지 유라시아는 일관되게 전 세계의 기술 혁신과 경제 활동을 주도해왔다. 그림 1.6의 앵거스 매디슨의 생산량 추계가 보여주듯이, 유라시아는 서기 1년에서 1820년에 이르는 장기간에 세계 생산량의 약 90퍼센트를 차지해왔다.[9] 1820년 이후에 미국의 산업화가 가속화하면서 전 세계 생산량에서 유라시아가 차지하는 비중은 1950년에 이르러 58퍼센트 수준으로 떨어졌다가, 제2차 세계대전 이후에 동아시아와 남아시아가 성

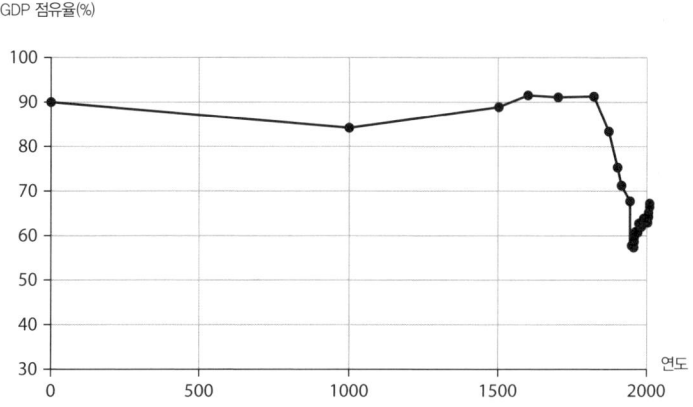

그림 1.6_서기 1세기에서 2008년까지 유라시아의 세계 생산 점유율

장하면서 2008년(매디슨 데이터의 마지막 해)에는 67퍼센트까지 올라갔다.

비교적 최근에 이르는 인류 역사의 과정에서 유라시아를 제외한 나머지 지역들(아메리카, 아프리카, 오세아니아)은 기술 개발이나 경제 발달의 측면에서 유럽과 아시아의 선발주자들에 비하여 크게 뒤졌다. 마지막 빙하 시대가 끝나갈 무렵에 해수면이 상승한 이후로 아메리카와 유라시아는 근 1만 년 동안 떨어져 있었고 콜럼버스의 항해로 다시 연결이 되었다. 서기 1000년에 이르러 유라시아에는 전 세계 인구의 77퍼센트가 살게 되었지만 남북아메리카의 인구는 겨우 8퍼센트 정도로 너무 숫자가 적고 뿔뿔이 흩어져 있어서 유라시아의 발전 속도에 준하는 기술을 개발할 수 없었다. 아프리카 인구도 겨우 14퍼센트였다. 그중에서도 북부 아프리카와 아프리카의 뿔이라고 부르는 아프리카 북동부 지역은 유라시아와 긴밀하게 연계되었으나, 사하라 사막 이남의 아프리카는 광대한 사막으로 인해 유라시아로부터 단절되어 있었고, 또 풍토병인 말라리아와 기면증(자신의 의지와 상관없이 갑작스럽게 잠에 빠져드는 질병. 인간 뿐 아니라 가축에게도 발생한다 – 옮긴이) 등도 생태적인 장애요인이 되었다. 오세아니아 또한 유라시아로부터 단절되어 있었고, 그 인구는 세계 인구의 1퍼센트 미만이었다.

미국은 유라시아의 원칙에 해당되지 않는 예외적인 사례이다. 오늘날 미국은 세계 최대의 부국인 경제대국이다. 하지만 인류의 역사가 전개되는 내내 북아메리카는 가난한 데다 인구 밀도가 낮았다. 북아메리카는 온대 기후, 광대하고 비옥한 토지, 항행 가능한 하천, 기다란 해안선, 엄청난 광물 및 에너지 매장량 등 전례 없는 지리적 특혜를 가지고 있는 지역이다. 그러나 (마력, 야금술, 밀 경작, 문자체계, 과학과 수학 등) 구세계의 기술들의 혜택이 없었다면 아메리카의 경제 발전은 수렵(사냥), 채집, 약간의 농업에서 멈추어 있었을 것이다. 콜럼버스의 항해 이후에 북아메리카에는 유럽 식민지 개척자들이 정착하게 되었는데, 이들은 대륙에서 멀리 퍼져나가는 동안 원주민 사회에 끔찍한 폭력을 자행했다. 그러나 19세기 후반에 이르러 미국은 천혜의 지리적 조건 덕분에 세계 최고로 부자인 경제대국으로 올라섰다. 이러한 발전의 혜택은 오로지 유럽인 정착자들과 그 후손이 독차지했다.

온대 기후의 유리한 점들

기후 분석에 매우 유용한 쾨펜-가이거 기후 구분에 따르면 세계의 기후는 열대·건조·온대·냉대·고산·한대의 6대 기후 지역으로 분류할 수 있다. 열대 기후 지역은 1년 내내 덥고 영농에 도움이 되는 비가 적절히 내린다. 건조 기후 지역은 1년 내내 건조하고 사막과 가축 사육에 적절한 초지가 많으나, 곡식은 별로 생산되지 않는다(단 관개된 하천 계곡은 예외다). 온대는 겨울과 여름이 뚜렷하고 곡식 생산에 적합한 비가 알맞게 내린다. 냉대는 길고 추운 겨울만이 있는 지역이다. 고산 기후와 한대는 인구가 듬성하고 고도가 높은 곳이나 높은 위도(북극과 남극)에 위치하고 있다.

이러한 기후대의 분포는 그림 1.7(327쪽)과 같다. 우선 (붉은색과 분홍색으로 표시된) 열대의 적도에서 시작하여 극지대 쪽으로 움직여보자(남반구는 남극 쪽으로, 북반구는 북극 쪽으로). 우리는 먼저 (노란색과 연노랑색으로 표시된) 건조 기후 지역을 지나서 온대(초록색)로 갔다가 냉대(푸른색)를 지나 마침내 한대(회색)에 도달한다. 고산 기후 지역은 암회색으로 표시되어 있다.

초록색으로 표시된 온대는 다른 기후 지역과 견줘 경제 발전에서 비교할 수 없는 혜택을 누려왔다. 여름과 겨울이 뚜렷하고, 연간 적절한 강수량을 자랑하고, 중간 위도에 자리 잡고 있어서 (밀, 옥수수, 쌀 등) 곡식 생산과 (곡식 생산과 목축을 결합한) 혼합 영농 체계에 아주 적합한 지역이다. 온대 기후 지역은 말, 당나귀, 황소 같은 역축役畜이 거주하기에도 적합하다. 겨울에는 말라리아 같은 벡터vector(곤충 등 병원균을 옮기는 것)에 의해 전염되는 많은 질병의 전파가 차단된다. 유라시아 인구 대부분은 온대 지역인 중국 동부, 인도 북부, 유럽 서부에 집중되어 있다.

온대 몬순 기후는 여기서 특별히 언급할 필요가 있다. 몬순 기후대는 아시아 남부의 많은 지역과 동남부, 동부에 해당하는데, 습한 여름의 몇 달 동안에 건조한 겨울의 몇 달 사이에 내리는 것보다 10배나 많은 강수량을 자랑한다. 몬순 장마는 아시아의 생산성 높은 쌀 경작 농업의 젖줄이며, 이 지역의 농업이 다시 많은 인류를 먹여 살린다. 아시아의 온대 몬순 기후 덕분에 2020년 현재 남부, 동남부, 동부 아시아에 전 세계 인구의 55퍼센트가 거주하고 있다.

열대 기후 지역은 열대 우림과 인류의 선조가 살았던 아프리카 사바나의 고향이다. 그러나 연간 높은 기온 때문에 장기적 경제 발전을 이루는 데에는 많은 어려움이 있다. 이런 어려움을 열거해보면 먼저 높은 기온은 신체에 엄청난 부담을 주며, 벡터가 나르는 질병이 인간(가령 말라리아)과 동물(가령 기면증)에게 연중 전파된다. 또한 음식과 물에 의해 병원균이 빠르게 퍼져나간다. 게다가 많은 열대 토양은 유기물이 아주 빠르게 부패하기 때문에 신속하게 영양분이 고갈되어버린다. 역사의 전 과정을 통해 이러한 열대의 불리한 조건은 대부분 열대에 걸쳐 있는 아프리카에 특히 과중한 부담이 되었다.

건조 기후 지역은 너무 건조하여 곡식이 거의 생산되지 않는다. 단 관개를 할 경우에 수수나 기장처럼 재배기간이 짧고 생산량이 적은 곡물은 생산할 수 있다. 따라서 건조 기후 지역은 인구 밀도가 낮으나, 단 나일강, 티그리스강, 인더스강 같은 하천 계곡 지대는 강물이 있어서 관개를 할 수 있고 충적토가 토양의 양분을 보충해주기 때문에 곡물을 생산할 수 있다. 대부분의 건조 기후 지역 농업은 하천 계곡 지대를 제외하고는 스텝이나 초지 같은 다소 습한 지역에서 동물을 목축하는 데 집중되어 있다. 유라시아 스텝은 야생말의 고향이었고 말들을 길들인 최초의 고장이었다. 산업 시대가 오기 이전의 스텝 지역은 수천 년 동안 말을 기반으로 하는 수송과 의사소통의 광대한 동서 '고속도로'였는데, 오늘날 실크로드로 알려져 있다(실크로드라는 명칭은 19세기에 이 오래된 교역로에 붙여진 이름이다).

냉대 기후 지역은 여름이 짧고 겨울은 너무 추워서 캐나다나 러시아 같은, 거주하기 좋은 일부 지역에서 생산되는 밀을 제외하고는 높은 수확을 올릴 수 있는 곡식 생산이 어렵다. 냉대는 건조 기후 지역과 마찬가지로 인구 밀도가 낮다. 다른 농업으로는 벌목, 모피용 동물 잡기, 어업, 순록 목축 등이 있다.

고산 기후 지역은 수송비가 아주 높은 것이 주된 특징이다. 기후 때문에 곡식을 생산할 수 있는 땅은 많지 않다. 그러나 커피나 차 같은 특수작물은 고지대에서도 때때로 번창한다. 다른 장점은 종종 광물이 풍부하고, 저지대에서 공격해오는 자들을 물리치는 데 결정적으로 유리하다는 것이다. 고산 기후 지역의 주된 특징은 낮은 인구 밀도, 저지대와는 뚜렷이 다른 문화, 소규모 인구 집단 내에 다양하게 분화된 언어와 방언, 강력한 독립 정신의 전통, 광업에 유리한 입지 등이다. 그리고 20세기에는 저비용 수력발전에 적합한 지역으로 평가되었는데, 스위스가 대표적인 예이다.

인구 밀도는 서로 다른 기후 지역의 상대적 농업 생산성을 보여주는 유익한 지표이다. 온화한 기후는 척박한 기후보다 평방킬로미터당 더 많은 사람을 수용한다. 표 1.2의 기원전 3000년, 기원전 100년, 1400년, 2015년의 네 시기별 기후 지역의 인구 분포를 살펴보자. 네 시기는 각각 신석기 시대의 말기, 로마 제국과 한나라 등 고전 시대의 전성기, 콜럼버스 항해 직전의 시기, 그리고 오늘날 현재의 시대를 대표한다.

각 시대에서 온대 기후 지역(C 기후)의 인구 밀도가 월등하게 높고, 그 다음이 열대 기후 지역(A 기후), 건조 기후 지역(B 기후), 고산 기후와 한대 기후 지역(E + H 기후), 마지막으로 낮은 곡물 생산량과 차가운 겨울이 특징인 냉대 기후 지역(D 기후) 순서이다. 기원전 3000년에서 서기

표 1.2_기후 지역에 따른 유라시아의 인구 분포

단위: 인구 밀도(평방킬로미터당 인구수)

지역	기원전 3000년	서기 100년	1400년	2015년
열대	1	4	11	243
건조	1	2	3	66
온대	2	10	17	252
냉대	0	1	1	29
한대+고산	0	2	2	33
유라시아 전체	1	3	5	94

2015년 사이에 유라시아의 인구 밀도가 100배 가까이 상승했지만(1명에서 94명으로 증가), 기후 지역별 상대적 순위는 그대로다.

해안과 하구 인접성의 유리한 점들

경제적 번영은 무역에 달려 있다. 어떤 곳도 안정적 성장에 필요한 재화와 용역을 자발적으로 모두 생산할 수는 없기 때문이다. 그래서 교역의 실행 가능성은 낮은 수송비에 달려 있다. 대형 화물을 운송하는 데에는 수로의 이용이 가장 낮은 수송비로 화물을 이동시킬 수 있는 방법이었다. 고대 시대에도 로마 제국에 식량을 공급하는 데 지중해의 해로가 이용되었다. 육로 운송은 운송 수단 자체(말, 자동차, 트럭, 철도), 필요한 기반시설(도로, 철도), 이동 중의 보안 등을 감안하면 해상 운송보다 훨씬 더 많은 비용이 들어갔다.

따라서 오랜 세월 동안 강, 호수, 바다 등 운항 가능한 수로를 끼고 있는 지역은 경제 발전에서 더 선호되었다. 수로에서 멀리 떨어진 곳에 산다는 것은 엄청난 단점이었고 대륙 한가운데의 산간 지방에서 사는 것은 경제 발전을 가로막는 중대한 단점이었다(남북아메리카의 고원 문명은 이러한 법칙에서 부분적으로 예외가 되는 경우이다). 애덤 스미스는 《국부론》에서 이런 유명한 말을 했다.

> 육상 수송의 경우보다는 해상 운송에 의하여 각종 산업은 더 넓은 시장을 맞이하게 되었다. 따라서 각종 산업이 자연스럽게 분화되어 향상된 것은 주로 해안지대나 운항 가능한 강을 끼고 있는 지역이었다. 그리고 이런 산업의 향상이 한 국가의 내륙 지방으로까지 확대되는 것은 해안지대와 하구 지역이 개발되고 한참 지난 후의 일이었다.[10]

하천 계곡 지대에 정착하는 데에는 또 다른 결정적 장점이 있는데 바로 농업 생산성이다. 강은 관개에 필요한 신선한 물을 제공한다. 또 나일강, 티그리스강, 유프라테스강 등 전통적인 하천 영농 체제에서 해마다 발생하는 홍수는 토양의 자양분을 새롭게 공급해주었다. 결 고운 침전물이 강물의 흐름에 의해 산중에서 하천 계곡으로 흘러내려오기 때문이다. 낮은 수송비와 높은 식량 생산이라는 이중 혜택 때문에 최초의 국가들은 하천변을 따라서 세워졌다. 예를 들어 기원전 3000년에 유라시아 인구의 약 30퍼센트가 하천에서 20킬로미터 이내에 살았으나, 하천 계곡 지대는 유라시아 대륙의 약 18퍼센트에 불과했다. 다시 말해 하천 주변의 인구 밀도는 강으로부터 멀리 떨어진 지역보다 대략 두 배나 높았다.

실제로 고대에서부터 오늘날에 이르기까지 세계 주요 정착촌과 도시들은 대부분 하천이나 해안을 따라서 건설되었다. 하천에 위치한 도시들은 농업의 중심지였고, 해안 도시들은 산업, 교역, 이노베이션(창의적 혁신)의 중심지였으며, 동시에 지식과 문화를 전파하는 글로벌 네트워크의 축이었다. 2015년 당시 전 세계 인구의 약 38퍼센트가 바다에서 100킬로미터 이내의 지역에서 살고 있고, 28퍼센트가 강에서 20킬로미터 이내의 지역에서 살고 있다. 그렇지만 해안 근처의 토지는 전체의 약 20퍼센트 정도이고, 하천의 토지는 16퍼센트에 불과하다. 기원전 3000년까지 거슬러 올라가면서 문명의 진행 과정을 살펴보면, 전 세계 인구의 약 30퍼센트가 바다 근처에서 살았고, 또 다른 30퍼센트가 하천 근처에서 살았다.[11]

   대륙들은 저마다 해안 접근성이나 하천 토지의 점유율이 크게 다르다. 이런 점에서 유럽 대륙은 특별한 축복을 받았다. 유럽 토지의 51퍼센트가 바다에서 100킬로미터 이내의 거리에 있고, 25퍼센트가 강에서 20킬로미터 이내에 있다. 그리고 유럽 인구의 약 80퍼센트가 해안이든 하천이든 수로 근처에서 살고 있다(2015년 데이터). 유럽은 온대 기후와 수상 교역의 접근성이라는 측면에서 큰 장점을 갖고 있다. 반면에 오늘날의 독립국가연합CIS, Commonwealth of Independent States(과거의 러시아 제국)은 토지의 약 16퍼센트가 바다에서 100킬로미터 이내의 지역에 있고, 약 19퍼센트만이 하천에서 20킬로미터 이내의 지역에 있다. 독립국가연합 인구의 14퍼센트만이 바다 근처에서 살고 있고, 39퍼센트가 하천에서 살고 있어서 전체 인구로 보면 대략 절반 정도에 해당한다. 독립국가연합은 북쪽에 있고, 날씨가 추우며, 해로에서 멀리 떨어져 있다. 따라서 바다보다는 강과 육상 교역이 러시아의 주요 교역로였다. 이러한 특징은 오랫동안 러시아의 역사를 규정해왔다. 아시아는 인구의 약

40퍼센트가 해안 근처에서, 그리고 또 다른 30퍼센트가 하천 근처에서 살고 있는데, 이는 유럽의 높은 해안 접근성과 독립국가연합의 낮은 해안 접근성 사이의 중간 정도이다.

1차 에너지 자원의 유리한 점들

경제 발전은 일과 산업에 사용되는 에너지, 농장 생산(경작), 수송, 통신 등에 의해 제약을 받는다. 1차 에너지 자원은 바이오매스biomass(에너지 자원으로서의 식물체 및 동물 폐기물), 화석연료(석탄, 석유, 천연가스), 바람, 물, 태양열, 지열, 핵(우라늄)열, 해수열 등을 포함한다. 이런 것들을 활용할 수 있는 능력은 기술적 노하우에 달려 있다. 인류의 역사 내내 에너지는 동물의 힘과 인간의 노동에 의존해왔고, 따라서 궁극적으로 에너지 문제는 곧 인간에게 식량을 제공하고 역축에게는 사료를 제공하는 문제로 귀결된다. 마상에서 정복 사업을 벌인 유라시아의 위대한 제국이 광대한 지역을 정복할 수 있었던 것도 태양 에너지 덕분이었다. 광대한 목초지가 태양 에너지를 흡수했기 때문에 정복에 나선 기병부대가 사용할 수십만 마리의 말들을 먹일 수 있었던 것이다.

고대 시대 이래에 이러한 에너지는 배의 돛과 풍차에 들어가는 풍력, 수차를 돌리는 수력의 도움을 받았다. 증기기관이 발명된 이후에는 화석연료가 19세기와 20세기 동안에 경제적 우위를 결정했다. 경제적 방식으로 석탄에 접근할 수 있는 지역들은 그렇지 못한 지역들에 비하여 산업화가 더 급속하게 진행되었다. 21세기에 들어와 화석연료를 많이 사용함에 따라 발생하는 지구온난화를 피하기 위해 탄소 없는 에너지(바람, 태양, 수력, 지열, 해수열)를 사용해야 할 것이고, 그에 따라 지리적 이

점에 또다시 변화가 발생할 것이다. 우리는 광전지를 통하여 태양 에너지를 활용하는 등 발전된 기술적 노하우에도 크게 의존해야 할 것이다.

지정학과 세계화

아프리카에서 대이동을 한 이후에, 아니 그 전에 이미 아프리카 내에서 인간의 집단은 영토를 얻고 또 생존에 필요한 (물, 식품, 대피소, 광물 등) 기본 물품을 확보하기 위해 서로 경쟁하며 싸웠다. 실제로 인간성은 영토 경쟁이라는 용광로 속에서 형성되었다. 인간성은 우리의 유전자와 문화 속에 집단 내에서는 놀라울 정도로 협력하는 능력을 주입했고, 집단들(가령 인종, 종교, 언어, 국적, 다른 정체성의 표시들) 사이에서는 갈등과 불신을 일으키려고 하는 뿌리 깊은 경향을 새겨 넣었다.

기원전 2000년대 이래 세계화는 라이벌 제국들 사이에 치열한 지정학적, 경제적, 군사적 경쟁을 유발해왔다. 위대한 서양 최초의 역사가인 헤로도토스는 그리스 도시국가들과 페르시아 제국 사이의 경쟁을 서술했다. 그 후로 세계화는 아시리아, 알렉산드로스 대왕 시대의 마케도니아, 헬레니즘 시대의 제국들, 로마, 페르시아, 중국의 역대 왕조들, 인도의 제국들, 아랍 칼리프 제국, 유럽 제국들, 소련, 미국 등 서로 경쟁하는 제국들의 흥망성쇠를 가져왔다. 1600년경부터 유럽의 제국들이 점점 더 세계의 다른 지역들에 대하여 영향력을 강화해왔고, 산업 시대에 들어와서는 영국과 미국이 글로벌 패권국가로 등장했다.

지리, 기술, 제도를 연결시키는 핵심 연결고리 중 하나는 군사 기술이 자연지리와 정치제도를 상대로 벌이는 상호작용이다.[12] 세계화의 각 시대는 운송, 통신, 에너지, 식량 생산, 공중보건, 건설 등의 분야와 군사적 기술과 상대적 무력에 중대한 변화를 가져오는 분야에서 발생한 기술적 이노베이션으로 구분된다. 기술 혁신을 달성한 자들은 (비록 일시적인 것이라 해도) 군사력에서 결정적 우위를 차지하게 되었고, 이것이 군사적 정복을 통한 글로벌 권력의 대변동으로 이어졌다. 대부분의 기술적 이노베이션은 조만간 상대방 적국들에게도 전달되었고, 그리하여 정복자와 피정복자의 운명이 뒤바뀌는 경우도 발생했다.

물론 군사 기술은 공격과 방어의 관점에서 다차원적이면서도 복잡하다. 전투만 해도 지상전, 공중전, 해전이 있고, 무기도 가벼운 것, 무거운 것, 심지어 핵무기도 있다. 뿐만 아니라 전술, 군수 전략, 수송, 통신, 기만술, 심리전 등 다양한 전투의 양상들이 있다. 우리는 뒤에서 새로운 세계화 시대를 촉진한 몇 가지 핵심적 군사 기술을 다룰 때 이런 문제들을 좀 더 세밀하게 언급할 것이다. 말이 끄는 전차 덕분에 메소포타미아의 도시들은 국가로 발전할 수 있었고, 이집트의 왕국들은 통일되어 이집트의 상부와 하부를 통제할 수 있었다. 그리스와 로마의 밀집 보병부대인 팔랑크스(쐐기형 밀집 대형 부대)는 기병부대의 도움을 받아가면서 주요 지상전에서 승리를 거두었다. 마케도니아의 팔랑크스는 장창長槍인 사리사의 혁신 덕분에 위력이 크게 향상되었고, 그 덕분에 알렉산드로스는 아시아 정벌에서 결정적 우위를 누릴 수 있었다. 그리스와 로마의 갤리선(3단이나 5단의 노로 추진되는 배)은 상대 해군에 아주 효과적인 충각衝角(적의 배를 들이받는 날카로운 기둥) 역할을 했다. 마상에서 신속하게 달리는 스텝 지역의 궁수들은 상대 보병에게 결정적인 타격을 가했다.

몇 세기 뒤에 중국에서 발명된 화약은 머스킷 소총과 기타 화기의 발명을 가져왔고, 이 무기를 가진 보병은 궁수들이 가진 이점을 결정적으로 종식시켰다. 오토만, 몽골, 티무르 제국은 화약이 장전된 대포 덕분에 엄청난 군사적 성공을 거두었다. 스페인, 포르투갈, 네덜란드, 영국 등 대서양의 해양국가들이 원양항해선에 대포를 장착하면서, 인도양의 무역해로를 지배할 수 있었다. 영국은 산업화를 다른 나라들보다 일찍 시작함으로써 군사력을 비약적으로 증강시킬 수 있었다. 가령 증기기관으로 움직이는 배를 갖춘 해군, 대량 생산되는 화기와 대포, 기관총, 철도와 전신으로 뒷받침되는 군수와 수송 등을 갖추었고, 20세기 초에 들어와서는 장갑 병력 수송선에 탱크까지 추가하게 되었다. 20세기에 들어와 첫 10년 동안에 폭탄을 탑재한 비행이 가능해지면서 1912년에 발발한 첫 발칸전쟁에서는 폭격기에 의하여 적국에 폭탄이 투하되었고, 제1차 세계대전 중에는 폭격기가 더욱 빈번하게 출격했다. 제2차 세계대전 때에는 탄도미사일이 등장했고, 1945년에는 원자탄이 투하되었다.

역사에서 변하지 않는 주제 중 하나는 군사적 기술에 획기적 변화가 발생하면 그에 따라 정치적 제도에도 반드시 변화가 뒤따른다는 것이다. 예를 들어 새로운 군사적 우위에 고무된 대제국은 더 넓어진 세력 판도와 더 많아진 인구를 효율적으로 다스리기 위해 새로운 형태의 정치적 통제를 원하게 된다. 엄청난 국가 예산으로 선진 무기체계를 갖춘 대국은 소국에 대하여 더 큰 우위를 점하게 된다. 이와는 대조적으로 어떤 군사적 혁신 제품들은 비용을 절감하여 가난한 소국들을 상대적으로 고무시킨다.

이제 21세기 초에 우리는 새로운 지정학적 시대에 들어서고 있다. 권력은 점점 더 확산되고 있다. 아시아는 기술적, 경제적, 군사적 지배력에서 서유럽과 미국에 합류하고 있다. 중국, 인도, 북한, 파키스탄은 핵 보유 국가들이다. 디지털 기술이 개발되는 새로운 시대는 전반적인 권력관계에서 지구적 변동을 촉진하고 있고, 또한 새로운 형태의 사이버 전쟁을 예고하고 있다.

지정학에서 주목해야 할 점은 지구적 변동이 아주 빠르게 벌어진다는 사실이다. 제국들은 아주 놀라운 속도로 흥망성쇠를 거듭했다. 1914년에 영국은 온 세상을 지배했다. 그러나 1960년에 이르러 대영제국은 사실상 사라졌고 소련(소비에트연방)이 세계의 주도권을 쥔 미국에 도전장을 던졌다. 그러나 1991년 12월에 이르러 소련 또한 지도에서 사라졌다. 우리의 시대에 중국이 부상하고 있고, 인도가 급성장하고 있으며, 아프리카의 폭증하는 인구는 21세기에 세계가 아주 다른 모습을 갖추게 될 것을 예고하고 있다. 이와 관련하여 밥 딜런의 노래 가사는 정말 그럴듯하게 들린다.

지금의 패자는
나중에 승리를 거둘 것이다.
시대는 계속 변하고 있으니까.

세계화 시대의 세 가지 이슈

많은 결정적 변화들이 기술의 변화에 의해 촉발되었다. 기술 변화는 새로운 불평등한 권력관계를 낳고, 이것은 다시 새로운 전쟁을 가져온다. 이것이 우리의 탐구에서 가장 기본 사항이 되어야 하는 세계화의 현실이다. 그렇지만 우리는 또 다른 글로벌 전쟁을 감당할 능력이 없다. 오늘날 우리가 갖고 있는 기술을 감안할 때, 그런 전쟁이 또다시 벌어진다면 인류라는 종은 종말을 맞이할 것이다.

우리는 존 F. 케네디 대통령의 현명한 말을 상기해볼 필요가 있다. 케네디 대통령은 1961년 대통령 취임사에서 현대의 실존적 현실을 이렇게 정의했다. "세상은 이제 크게 달라졌습니다. 왜냐하면 인간은 그의 손 안에 모든 형태의 가난을 물리치거나 모든 형태의 인간 생명을 말살할 수 있는 힘을 갖고 있기 때문입니다." 바로 이 말이 오늘날 세계화의 진실을 말해준다. 모든 것을 잃지 않으려면 우리는 과거에 체험했던 그런 종류의 단절을 절대 허용해서는 안 된다.

이런 점을 명심하면서 나는 과거를 거슬러 올라가면서 미래에 대한 통찰을 얻기 위해 우리 시대의 세 가지 이슈를 생각해보려 한다. 첫째, 세계는 일곱 번째 세계화 시대를 맞이하여 공유된 번영, 사회적 포용, 환경적 지속 가능성을 선택할 수 있을 것인가? 우리는 이것을 지속 가능한 발전의 도전이라고 부른다. 둘째, 영국과 미국의 시대가 끝나고 이제 진정한 다극화 시대에 들어선 것처럼 보이는데, 우리의 글로벌 행정을 어떻게 조직해야 할 것인가? 우리는 이것을 다원적 행정의 도전이라고 부른다. 셋째, 글로벌 평화는 가능한가? 만약 가능하다면 어떤 모델의 인간 이해와 윤리를 바탕으로 그 평화를 성취해야 하는가? 우리는 이것을 보편적 가치의 도전이라고 부른다.

지금까지 계속 이어져온 세계화의 시대들이 인류의 전망과 상호의존성을 확대하면서 우리는 글로벌하게 생각하는 방법을 배웠다. 인류의 공동 역사와 공통적인 취약성을 이해함으로써 우리는 공통의 관심사와 가치관을 파악할 수 있고, 그렇게 함으로써 공유된 번영과 평화의 길로 나아갈 수 있다.

2장

호모 사피엔스의 세계화

: 구석기 시대, 인류 최초의 세계화가 시작되다

Geography
Technology
Institutions

THE
AGES OF
GLOBALIZATION

인류의 종인 호모 사피엔스는 약 600만 년 전에 아프리카에서 진화의 과정을 시작했다. 우리의 조상이라 할 수 있는 유인원은 두 갈래로 나뉘는데, 그중 하나는 현대의 인간으로 진화하고, 다른 하나는 현대의 침팬지와 보노보로 진화했다. 호모Homo라는 종은 인류의 생물학적 조상들이 두 발로 서서 걸어다니던 약 400만 년 전에 생겨났다. 호미닌 hominin(인간과 흡사한 동물)이 아프리카에서 첫 번째 대분산great dispersal을 시도한 것은 200만 년 전 혹은 그보다 약간 앞선 시기이다. 이때 호모의 초창기 종이 아프리카를 떠나 유럽과 아시아로 이동했다. 네안데르탈인, 데니소바인, 그 밖의 인을 포함하는 호모 종은 신체적으로 현대 인류와 동일한 종이 나타나기 이전에 아시아와 유럽에서 진화했다. 수십만 년 전에 석기를 사용하여 사냥을 하던 호미닌 사냥꾼의 유해가 유럽과 아시아 전역에서 발견되었다. 이것은 최초의 세계화였으나, 신체적으로 현대인과 똑같은 인류가 달성한 업적은 아니었다.

호모 종에서 획기적인 유전적 발달은 두뇌의 능력, 특히 인지 작용에 기여하는 전두피질의 능력이 비약적으로 늘어났다는 것이다. 이 진화적 과정을 대용량 두뇌화encephalization라고 하는데, 초창기 호모 종이 사냥을 하고 고기를 요리하는 방법을 익히면서 발생했을 것으로 짐작된다. 이런 활동은 인지 능력이 크게 향상되면서 대용량으로 발달한 인간의 두뇌를 지원하는 에너지를 집중적으로 공급해주었을 것이다. 호미닌의 두뇌는 에너지를 엄청나게 소비하는 기관인데, 오늘날 대규모 테크놀로지 회사의 에너지 집중적인 데이터센터와 별반 다르지 않다. 현대인과 신체적으로 똑같은 인류 혹은 호모 사피엔스의 두뇌는 신체 질량의 약 2퍼센트를 차지하지만, 신진대사에 사용되는 에너지의 약 20퍼센트를 소비한다.

가장 믿을 만한 증거에 따르면 호모 사피엔스는 (중기 구석기로 알려진) 약 20만 년 전에 아프리카의 사바나에서 출현했다. 그렇지만 유전 관련 자료와 다양한 화석이 발견되면서 이런 추정연대는 계속 바뀌고 있다는 사실을 명심해야 한다.[1] 진화생물학자 에드워드 윌슨에 의하면 인간 본성의 기본적 특징은 집단 내에서 협력하는 능력(윌슨은 이것을 협력사교성 eusociality이라고 불렀다)과 외부 집단에 대한 아주 공격적인 태도이다. 그런데 이런 인류의 특징은 영토를 두고 싸우는 집단 내 경쟁과, 서로 경쟁하는 호모 사피엔스 집단들 사이에서 발생하는 집단 수준의 자연선택, 이 두 가지가 벌어진 결과로서 아프리카 사바나에서 진화했다. 구석기 시대의 인류는 25명에서 30명 정도로 구성된 소규모 채집 집단을 이루어 살았고, 계절에 따라 베이스캠프를 바꾸어가며 모닥불 주위에서 생활을 영위했다.[2]

윌슨의 견해에 의하면, 인간은 자연선택의 결과로 언어 능력과 집단 내 협력, 베이스캠프의 방어에 조력하기 등의 행동 특징을 획득하게 되었다. 곤충들의 사회와 마찬가지로, 그러나 다른 대형 원숭이들의 사회와는 다르게 호모 사피엔스는 협력사교성을 갖춘 존재, 다시 말해서 아주 사교적인 동물이었다. 동시에 집단 내의 높은 사교성은 외부 집단에 대한 공격성으로 균형을 이루었다. 집단 내의 협력은 집단 간의 전쟁에 의해서 더욱 단단하게 다져졌다. 이렇게 하여 인간의 협력, 대용량 두뇌, 더 많은 육류의 소비, 베이스캠프 중심의 수렵사회 등이 함께 어우러져 발전하면서 인간의 뚜렷한 본성을 형성하게 되었다.

호모 사피엔스의 대분산

가장 최근의 증거에 의하면, 호모 사피엔스는 18만 년 전 혹은 그보다 약간 일찍 아프리카에서 이주하여 홍해 근처의 지역 혹은 오늘날 이스라엘의 지중해 해안에 도착했다.[3] 그러나 첫 번째로 아프리카에서 탈출한 이주 집단은 살아남지 못한 듯하다. 아프리카로부터의 대분산Great Dispersal from Africa이라고 알려진 두 번째 이주는 지금으로부터 5만 년에서 7만 년 사이에 벌어졌다. 이 두 번째 집단은 살아남았고 이동을 계속하여 전 세계로 퍼져나갔다. 이 대분산에서 인류는 홍해를 건너 아라비아로 들어갔고, 다시 중부 지중해와 유럽을 잇는 비좁고 가느다란 다리 같은 땅을 건너 유럽으로 들어갔다. 아라비아와 레반트에서 초창기 인류는 아시아와 유럽으로 이동을 계속했고, 그리하여 약 4만 5000년 전에 유럽에 도착했다. 그렇게 이동하는 과정에서 그들은 다른 호미닌 종이자 지금은 멸종한 네안데르탈인과 데니소바인을 만났다.

그림 2.1_구석기 시대 인류의 이동

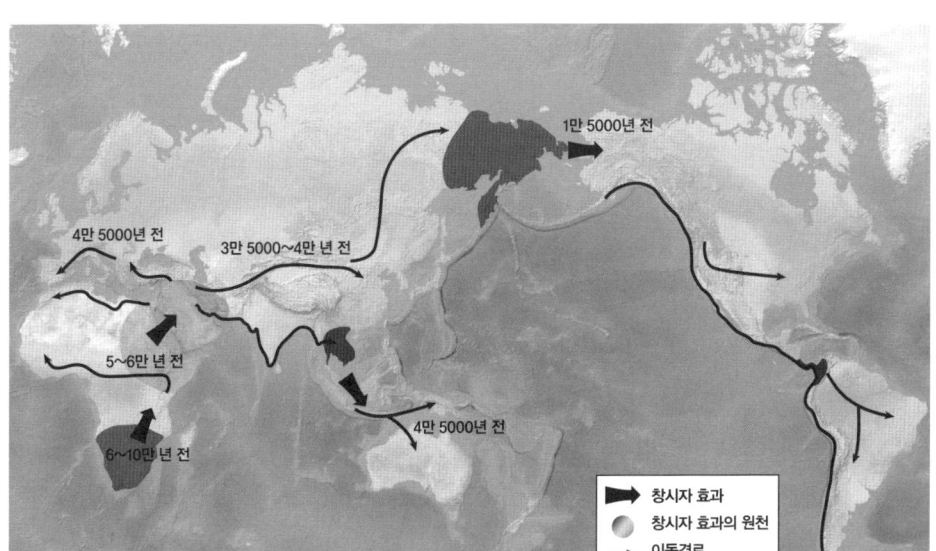

※ 창시자 효과: 지리적인 분리와 같은 변화에 의해 개체가 새로운 환경에 적응하면서 서로 다른 유전적 변이를 갖게 되는 것. 인간은 번식 속도가 비교적 느려 많은 세대를 거치면서도 개체군이 유지되는 특징이 있다—옮긴이)

그림 2.1은 아프리카로부터의 대분산에 대한 최근의 이론을 잘 보여준다. 이 그림은 현대인과 신체적으로 똑같은 인류의 종이 5~6만 년 전에 근동에 도착하고, 유럽과 오스트레일리아에는 4만 5000년 전 그리고 남북아메리카에는 대략 1만 5000년 전에 도착했음을 보여준다.[4] 분산의 정확한 연대는 전문가들 사이에서 뜨거운 논쟁이 벌어지는 문제인데, 유전학자, 인류학자, 고고학자, 그 외의 학자들이 각자 증거와 전문 기술을 들이대며 다투고 있다. 그리고 아직도 다음과 같은 근본적인 의문들이 남아 있다.

- 대분산은 1회성이었는가, 아니면 여러 번에 걸쳐서 벌어졌는가?
- 아프리카를 떠난 인류의 후손들은 상당수가 아프리카로 돌아갔는가?
- 현대인과 똑같은 신체 구조를 가진 호미닌은 어떻게, 어디에서 아프리카 밖의 다른 호미닌들을 만났는가?

인류가 4만 5000년 전에 오스트레일리아에 도착했을 때, 새로 도착한 수렵채집자들은 곧 몸무게가 44킬로그램 이상 나가는 많은 대형 동물들을 잡아먹어 멸종시켰다.[5] 오스트레일리아의 대형 포유동물 중 약 85퍼센트가 인류가 도착한 직후에 멸종해버렸고, 상당수의 새들과 파충류도 마찬가지 운명을 당했다. 이러한 멸종이 순전히 인간의 남획에 의한 것인지 아니면 사냥과 기후변화가 겹쳐서 벌어진 일인지에 대해서는 여전히 논쟁이 진행 중이다. 최근의 증거는 전적으로는 아니더라도 상당 수준 사냥꾼들에 의한 남획이 그 원인이라고 밝히고 있다.[6]

이와 동일한 일이 남북아메리카에서 3만 3000년 뒤에 벌어졌다. 베링기아를 거쳐서 도착한 수렵채집자로 인해 털매머드, 마스토돈, 샤스타 땅 나무늘보, 검치호랑이 그리고 아주 중요하게도 야생 말이 멸종했다. 아메리카에서 사냥에 의한 남획과 기후변화가 이런 야생동물들의 멸종에 시너지 효과를 발휘한 듯하다. 야생 말과 털매머드는 고기를 얻기 위해 이들 동물을 사냥한 인간의 남획 때문에 멸종했을 가능성이 가장 높다. 검치호랑이의 멸종은 인간이 먹이를 다 잡아먹는 바람에 간접적으로 벌어진 현상이었다. 대형 나무늘보와 마스토돈 등 다른 대형 동물들은 인간이 아니라 영거 드라이아스Younger Dryas라고 알려진 갑작스러운 혹한의 시기에 멸종되었을 가능성이 높다. 영거 드라이아스는 지금으로부터 1만 2900년 전에서 1만 1700년 전 사이 충적세가 시작되기 직전인 홍적세 말기에 있었던 짧은 시기를 말한다.

야생 말의 멸종은 아메린디언(아메리카 원주민) 인구에 결정타를 날렸다.[7] 그것은 아메리카 원주민들이 그 후 1만 년 동안 말에 의한 수송과 말의 견인력을 전혀 사용하지 못했다는 것을 의미했다. 원주민들이 그 다음에 말을 만나게 된 것은 말을 탄 유럽 정복자들이 도착했을 때였다. 하지만 그때는 이미 너무 늦었다. 유럽인들은 마력馬力을 포함하여 엄청나게 우세한 군사력을 가지고 아메리카에 도착했고, 또 그들이 가져온 병원균은 원주민들을 마구 쓰러뜨렸다. 그리하여 소수의 유럽인들이 훨씬 수가 많은 원주민들을 지배하게 되었다.

호모 사피엔스가 전 세계로 퍼져나가며 인류의 가장 가까운 친척인 네안데르탈인과 데니소바인은 빠른 속도로 멸종했다. 호모 사피엔스와 네안데르탈인은 지금으로부터 5만 년 전에서 4만 년 전 사이 대략 1만 년 동안 유럽과 아시아에서 공존했다. 네안데르탈인은 약 4만 년 전에 멸종했으나 정확한 연대와 원인은 알려져 있지 않다. 호모 사피엔스가 경쟁에서 네안데르탈인을 앞질렀을 것이다. 호모 사피엔스가 영토를 두고 벌이는 싸움에서 네안데르탈인을 밀어냈을 수도 있고, 수렵과 채집에서 더 많은 성과를 올려서 간접적으로 네안데르탈인의 식량을 빼앗아 그들의 멸종을 재촉했을 수도 있다. 생태학자들은 이런 과정을 경쟁적 배척이라고 한다. 네안데르탈인은 나름 정신 능력과 적응 기술을 갖추고 있어서 수십만 년 동안 생존해왔다. 호모 사피엔스가 이들에 비해 어떤 면에서 우위에 있었는지 정확한 것은 알 수 없지만, 언어 능력,

불을 다루는 능력, 협동하는 능력이 그들보다 뛰어난 특징이었을 것으로 보인다. 하지만 아직도 많은 것이 불확실하다.

그러나 확실한 것은 호모 사피엔스와 네안데르탈인이 서로 이종교배를 했다는 것이다. 아프리카를 나와서 유럽과 아시아에서 네안데르탈인을 만난 인간들의 게놈에 네안데르탈인의 유전자가 들어 있는 것이다. 현대 유라시아인의 게놈(생물의 최소한의 유전자군을 가진 염색체의 한 세트로서, 일반적으로 생물의 유전자 – 옮긴이) 중 약 2퍼센트가 네안데르탈인으로부터 물려받은 것이다. 마찬가지로 오스트레일리아 원주민의 게놈 중 약 5퍼센트가 데니소바인으로부터 물려받은 것이다. 이것은 티베트 고원에서 데니소바인을 만난 일부 티베트인의 유전자에서도 발견된다.[8] 호모 종은 단 하나의 종만 살아남았지만, 우리 호모 사피엔스는 조상의 친척들의 유전자도 일부 가지고 있는 것이다.

문화가 발달하다

지구과학자들에게 후기 홍적세로 알려진 마지막 빙하 시대에 호모 사피엔스는 긴밀하게 연결된 개인들로 이루어진 소집단 속에서 살았다. 그들의 경제는 유목민적 상황에서 수렵과 채집을 바탕으로 한 것이었다. 인구 밀도는 아주 낮아서 1평방킬로미터당 1명꼴이었다. 대략 5만 년 전부터 시작된 오랜 유목생활 동안에 인간의 사회는 생물적 진화와 문화적 진화를 거듭하며 발전했다.

현대적 증거에 의하면, 인간의 문화가 크게 발전한 것은 이 무렵, 그러니까 중기 구석기 시대에서 후기 구석기 시대로 전환하던 시기였다. 인류학적 증거에 의하면, 이 시기에 예술, 언어, 종교적 행사 혹은 이런 것들을 포함하는 문화적 행위가 크게 발전했다는 것이다. 이 시기에 이루어진 중요한 업적들을 부분적으로 열거해보면 다음과 같은 것들이 있다. 캠프 부지와 정착촌, 저장 구덩이, 동굴 그림과 암석 조각, 소입상小立像 조각, 어업, 뼈 같은 새로운 물질의 사용, 좀 더 차별화된 도구 만들기, 신체 장식, 귀중품의 장거리 교환 등이다.

문화 분야에서 이런 혁명이 발생한 원인은 아직 알려져 있지 않고, 그래서 논쟁의 대상이다.[9] 일부 신경과학자들은 언어와 다른 획기적 문화 제품이 생겨난 것은 인간의 신경 구조에 생물학적 변화가 일어났기 때문이라고 보고 있다. 다시 말해 종種에 진화상의 변화가 발생한 것이다.[10] 다른 과학자들은 이런 의견에 반대하면서 후기 구석기 시대의 혁명은 본질적으로 문화적 혁명이지 생물적 혁명은 아니라면서 다음 장에서 다룰 신석기 시대의 농업혁명과 그 성격이 비슷하다고 주장한다. 신석기 시대의 혁명은 인간의 생물학적 변화보다는 문화적·생태적 요인에 의한 것일 가능성이 아주 높다.

그 원인이 무엇이든 간에 인류는 후기 구석기 시대에 들어와 언어, 예술, 종교, 그 외의 다른 문화적 측면에서 어느 정도 '모더니티'를 성취했다. 인간의 문화는 번성하기 시작했다. 인구도 증가했는데, 이것은 문화적 변화의 원인이면서 결과였다. 높은 인구 밀도는 경쟁하는 집단들 사이에서 생존의 가능성을 높여주었을 것이다. 그 치열한 경쟁은 결과적으로 집단 내 협력을 향한 문화적·생물적 진화를 촉진했을 것이다. 또한 획기적인 문화적 돌파구들(진보한 제품들)은 다른 많은 발전을 가져왔을 것이다. 인간의 끊임없는 이주는 새로운 지역을 발견해냈다. 인간은 먼저 유라시아의 북부 먼 지역으로 갔다가 베링기아를 횡단하여 베링기아의 태평양 해안지대를 따라가 약 1만 6000년 전에서 1만 4000년 전 사이에 마침내 북아메리카에 도착했다.[11]

여기서 자신 있게 말할 수 있는 것은 언어는 후기 홍적세에 등장한 가장 위대한 '기술적' 돌파구였다는 사실이다. 그것은 아주 복잡한 사회생활을 가능하게 했고, 여러 세대에 걸쳐서 구전을 통해 문화적 발전을 그 사회가 기억할 수 있게 했고, 또한 사회 내에 점점 더 폭넓은 노동의 분업을 가져왔다. 간단히 말해서 언어는 집단 내부의 고도로 발전된 사회성, 복잡한 문화, 노하우의 발달, 지식의 세대 간 전달 등의 밑받침이 되었다. 이 모든 것들은 그 후 인간이라는 종을 규정하는 중요한 특징이 되었다.

구석기 시대의 인간 사회

후기 구석기 시대의 인간 사회가 어떤 모습을 하고 있었을까? 그것은 우리에게 커다란 관심사이다. 이 초기 인간 사회에 대하여 더 많이 이해함으로써 정착생활, 농업, 근대적 문화가 자리 잡기 이전에 핵심적인 인간의 본성이 무엇이었는지 알 수 있다. 선사 시대는 대부분 까마득한 시간의 심연 속에서 사라져버렸다. 그러나 용감한 학자들은 (선사인류학, 고고학, 선사언어학, 유전학, 근대 채집 사회의 인류학 등) 다양한 학문적 도구들을 사용하여 후기 구석기 시대의 채집 사회에 대하여 근거 있는 판단을 내리게 되었다. 가령 공동체의 규모, 그 내부적 위계질서의 구조, 내부 집단 대 외부 집단 간의 행동 패턴, 전쟁과 평화 등이 그런 판단의 대상이다.

매장의 증거, 고대 유적지의 유전적 분석, 근대 채집 사회의 패턴 등은 공동체 내에 위계질서의 구조가 있었음을 보여준다. 가장 작은 집단은 약 50명으로 구성된 한 무리band인데, 하룻밤 묵어가는 캠프 부지를 중심으로 모여들었다. 그 다음 단계인 씨족의 인구는 무리보다 대략 세 배가 많은 150명이었다. 가장 큰 내부 집단은 대무리mega-band인데, 씨족의 세 배로 약 500명 정도였다. 이보다 더 규모가 큰 최고의 내부 집단은 부족인데, 대무리보다 세 배가 많은 1,500명 정도였다. 일부 학자들에 의하면, 150명 정도의 씨족 규모는 단단한 조직 집단이 유지될 수 있는 인지적 제약의 한계라고 한다. 그래서 오늘날 회사의 팀이나 잘 조직된 사회 네트워크는 일반적으로 이 정도 인원으로 구성된다. 근대 채집자들에게서 나온 증거와 한 매장지(러시아의 숭기르)에서 나온 고대 게놈 기록은 씨족들이 더 폭넓은 사회적 연결망과 짝짓기 네트워크를 통해 동계교배는 피했음을 보여준다.[12]

이러한 사회들 내에서도 근대 채집자 사회에서는 평등한 사회구조의 증거가 발견된다. 침팬지 등 엄격한 지배-복종의 위계질서를 유지하는 다른 영장류 종들과는 다르게, 인간 채집자 사회의 구조는 본질적으로 평등했다. 긴티스와 그 동료들은 여기에 두 가지 주된 요인이 작용했다고 본다. 첫째, 사냥, 요리, 식량 공유, 육아 등에서 협력을 통해 얻을 수 있는 혜택이 아주 크다는 것이다. 둘째, 씨족의 구성원들은 어떤 개인들이 씨족을 지배하려고 하면 그에 맞서 저항할 수 있는 치명적인 사냥 무기를 갖고 있었다.[13] 이처럼 밑에서 올라오는 평등주의(권위에 대한 저항)는 '역전된 지배 구조reverse dominance hierarchy'라고 명명되었다. 그래도 사회 내의 지도자들은 중요한 존재였고, 그들은 순전한 완력보다는 설득과 기술을 통해 그런 지위를 얻었다. 이 견해에 의하면 평등주의는 점차적으로 정주사회의 위계구조에게 밀려났다. 그런 사회에서 국가는 불평등한 사항을 강제로 부과할 수 있는 힘을 충분히 확보했다.

윌슨이 강조한 바와 같이, 채집 사회에서는 집단 내에서 협력을 도모하는 힘이 아주 강한데, 이것은 외부 집단에 대하여 극단적인 폭력을 가할 수 있는 능력으로 균형을 이룬다. 채집자 집단은 부족들 사이에서 평화롭고 협력적인 네트워크를 유지한다. 그러나 그들의 영토를 지켜야 할 때에는 외부 집단을 상대로 극단적인 폭력을 행사한다. 전쟁은 날마다 벌어지는 일은 아니었지만 한 집단이 위협을 받는 상황이 발생하면 즉각 전쟁으로 이어졌다. 그런 상황에서 한 집단에 소속되어 다른 집단을 상대로 싸우는 정체성 정치는 인류에게 깊이 잠재된 인간적 본성의 한 특징이었다.

구석기 시대의 교훈

구석기 시대는 그 이후의 모든 인류 역사에 영향을 미치는 형성기였다. 이 시기에 인간은 아프리카에서 세계의 모든 지역으로 퍼져나갔고, 최초의 문화를 창조했고, 언어를 발명했으며, 씨족을 형성했고, 자연의 정복을 강화했다. 특히 자연을 정복하는 측면은 사냥 기술의 향상, 도구 제작의 발전, 예술의 발명 등에서 두드러지게 나타났다. 인간은 아주 다양한 거주지에 적응했고 다른 곳으로 이주하면서 기술과 제도 등 자신들의 발명품을 가지고 갔다. 비록 제한적인 증거에 바탕을 둔 것이긴 하지만, 이들 초창기 사회는 엄격한 계급 질서보다는 평등한 사회를 지향했다. 더욱이 채집하는 부족들 사이의 네트워크를 통하여 부족 간의 협동이 폭넓게 확대되었다. 그렇지만 서로 경쟁하는 집단들 사이에서는 전쟁이 벌어지기도 했다.

이러한 구석기 시대의 개관은 오늘날 우리에게 (실제로는 경고라 할 수 있는) 몇 가지 교훈을 준다. 그 교훈은 현대인들의 생각에 일격을 가한다. 현대인들은 인간이 그 본성상 자연과 조화를 이루는 삶을 지속적으로 영위할 수 있으며, 작금의 환경 위기를 만들어낸 것은 현대의 자본주의 때문이라는, 황당하지만 위안을 주는 생각을 하고 있다. 하지만 지금 우리는 실제로 그렇지 않다는 것을 깨닫고 있다. 심지어 수렵채집자들도 엄청난 환경 변화를 일으켜서 그 고통스러운 결과를 고스란히 당해야 했다. 5만 년 전에 오세아니아에, 그리고 약 1만 년 전에 아메리카에 살기 시작하면서 인류는 덩치 큰 육상 동물들을 잡아먹어 멸종시켰다. 그들은 또한 가까운 호미닌 종인 네안데르탈인도 축출하여 멸종으로 내몰았다. 이렇게 된 것은 직접적인 정복 혹은 경쟁적 배척을 통해 네안데르탈인의 식량 자원과 거주지를 빼앗아버렸기 때문이다. 우리는 우리 자신에 대한 최악의 적이 될 수 있고, 그렇지 않다면 적어도 우리의 사촌에 대한 최악의 적이 될 수 있다. 환경의 지속 가능성과 각 문화들 사이의 평화는 자연스럽게 생겨나는 것이 아니라, 우리의 추론과 예견 능력을 활용하여 사전에 힘들게 구축해야 하는 것이다.

3장

농업의 세계화

: 신석기 시대, 정착하여 땅을 일구다

Geography
Technology
Institutions

THE
AGES OF
GLOBALIZATION

아프리카에서 대분산이 시작되어 인류는 지구 전역으로 퍼져나갔고, 그 결과 다양한 마을들을 터전으로 삼아 항구적으로 정착하게 되었다. 이것이 소위 신석기 시대의 혁명인데, 그 구체적 내용은 약 1만 1000년 전에 발명된 농업이다. 당초에는 아주 소수의 사람들이 항구적으로 곡식을 재배하는 일을 했다. 그러나 시간이 흐르면서 점점 더 많은 사람들이 수렵과 채집을 하는 유목생활을 버리고 항구적인 정착촌에 자리를 잡고 농업에 종사했다. 이렇게 신석기 시대는 농업에 의한 세계화의 시대가 되었다.

서부 아시아에서 농업이 발명되기에 앞서서 정착생활이 선행되었는데, 대략 지금으로부터 1만 4500년 전의 일이었다. 정착생활이 가능하게 된 것은 홍적세 말엽과 충적세 초엽에 기후가 따뜻해졌기 때문이다. 기온 상승은 식량을 획득할 수 있는 가능성을 높였고, 그리하여 동부 지중해의 공동체들은 곡식을 재배하기 이전에도 항구적인 정착촌에 눌러앉아 살 수 있게 되었다. 그에 따라 인구 또한 증가했다. 이 최초의 정착생활은 최후의 한파인 영거 드라이아스로 부분적으로 파괴되었다. 영거

그림 3.1_농업의 원천 지역들

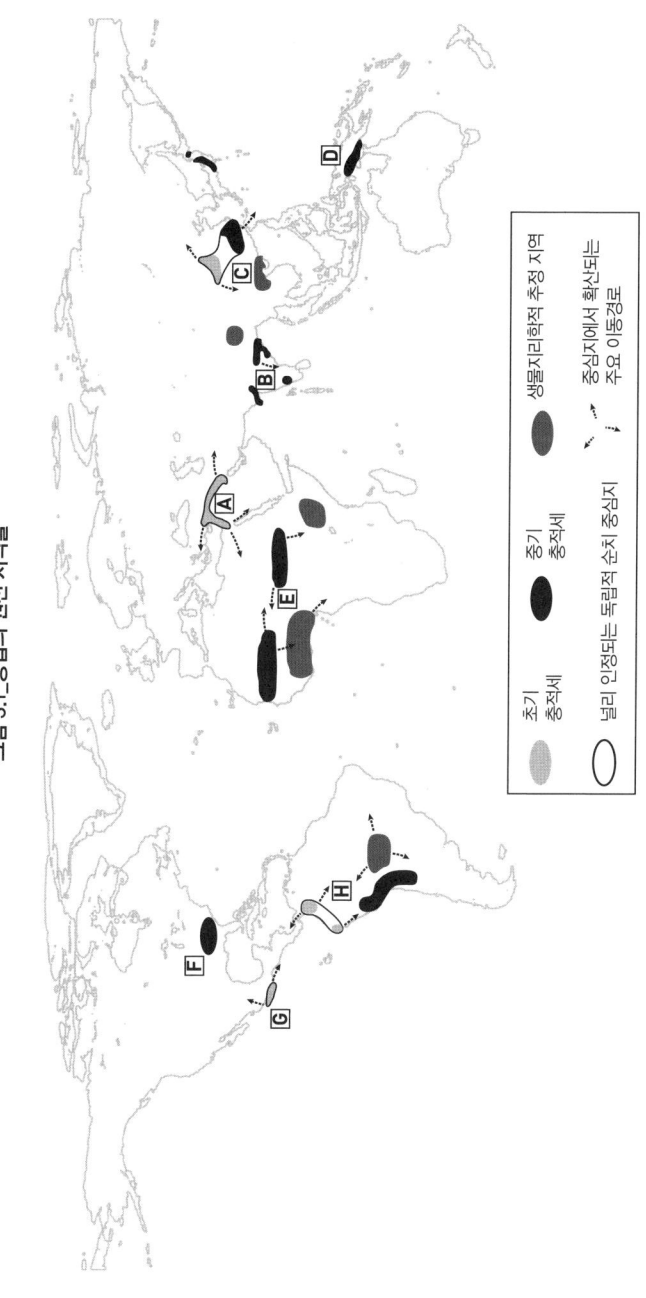

농업의 세계화 87

드라이아스는 빙하 시대가 끝나는 시점이면서 약 1만 1600년 전인 충적세에 해당하는 시기이다.

그림 3.1은 농업이 최초로 등장한 지역을 회색으로, 농업이 그보다 약간 뒤에 나타난 지역을 검정색으로, 초창기 농업을 생물지리학적으로 추정할 수 있는 지역을 짙은 회색으로 표시했다.[1] 우리는 농업의 시작에 대하여 무엇을 알고 있는가? 농업은 일종의 발명이며, 전 세계 인류 거주지의 여러 지역에서 독립적으로 발생한 일이었다. 그것은 야생식물들의 자연적 열매를 채집하는 데 그치지 않고 곡물 재배에 적합한 야생식물 종들의 씨앗을 선별하여 땅에 심고 키우는 일종의 학습 과정이었다.

이처럼 농업이 동시다발적으로 시작된 것은 몇 천 년 동안에 벌어진 다양한 평행 발견들의 주목할 만한 사례로서, 그 시기는 대략 빙하 시대가 끝나는 시점과 일치한다. 유라시아의 관점에서 볼 때, 초창기 농업이 번성한 두 개의 주요 지역이 있다. 하나는 비옥한 초승달 지역인데, 이집트의 나일강 유역에서 시작하여 오늘날의 이라크에 이르는 지역으로, 동남부 터키에서 밀농사가 시작되었을 가능성이 많다. 다른 하나는 중국의 황허강과 양쯔강 유역인데, 중국 북부에서는 기장을, 남부에서는 쌀을 경작했다. 남북아메리카의 경우, 오늘날의 멕시코에서는 옥수수를, 안데스 고원지대에서는 감자를 경작하면서 농업이 시작되었다. 다른 초창기 농업 지역으로는 갠지스강 유역, 자바섬(현재 인도네시아에 있다), 아프리카와 남북아메리카의 여러 지역들이 있다.

고고학과 인류학의 연구에서 다소 난처하고 우리의 상식에 맞지 않는 내용이 발견되었다. 수렵꾼과 채집자는 같은 시대의 농가 사람들에 비하여 더 영양이 좋고, 질병이 없으며, 더 다양한 식단, 덜 고생스러운 노동, 더 오랜 수명을 누린 듯하다는 것이다.[2] 이에 대한 증거로는 초창기 농업 인구에 비하여 유목민들의 덩치가 더 컸다는 점과 질병 부담, 고생스러운 노동, 노화 등의 측면에서 초창기 농업생활보다 유목생활이 더 유리했다는 점 등이다. 이러한 유목생활의 이점에도 불구하고 결국에는 정착 농업이 승리했다. 여기서 '우리는 왜 그렇게 되었을까?'라는 의문을 갖게 된다.

아마도 핵심적 원인은 유목생활과 농업생활의 인구 추세에서 찾아야 할 것이다. 유목생활은 아주 낮은 인구 밀도를 보이는 반면에, 농업은 단위 면적당 그보다 훨씬 높은 인구 밀도를 보인다. 결국 농업이 단위 면적당 더 많은 식량을 생산하는 인공적 생태계를 만들어내서 자연적 생태계를 대체한 것이다. 농장에서 재배하거나 사육하지 않는 동식물의 종은 도태될 수밖에 없었다. 인간이 식량 생산에 직접 도움이 되지 않거나, 곡식 생산이나 목축 농업과 직접적으로 경쟁하는 종들의 서식지를 침탈했기 때문이다.

가령 농촌 마을이 1평방킬로미터당 10명을 먹여 살리는 반면에, 유목생활이 1평방킬로미터당 1명을 먹여 살린다고 해보자. 면적당 인구 비율이 10대 1이 되므로 인구가 더 많은, 농업 기반의 공동체들이 유목생활을 하는 수렵채집자들의 땅을 무력으로 빼앗을 수 있다는 것은 자명한 이치이다. 이것은 전 세계의 역사에서 분명하게 드러난다. 농업공동체가 무력으로 수렵채집자들의 영토를 빼앗으면서 (대평원의 아메리카 원주민들과 같은) 수렵채집 인구는 점점 더 비좁은 땅으로 축출되었다.

그러나 그 과정에서 평균적 복지가 저하되었을 수 있다. 어쩌면 성경에 나오는 "에덴동산에서의 추방"처럼, 에덴동산에서 한가하게 채집하던 생활이 고생스러운 농업 노동으로 대체된 것일 수도 있었다. 하느님은 아담과 이브가 선악과를 따먹은 원죄에 대하여 이렇게 말했다. "앞으로 네 이마의 땀을 흘려야 빵을 먹을 수 있을 것이다. 너는 흙에서 나왔으므로 흙으로 돌아갈 때까지 일을 해야 한다." 만약 수렵채집 생활이 농업 노동의 생활보다 실제로 더 나은 것이라면 왜 인류는 농업을 그만두고 수렵채집 생활로 되돌아가지 않았을까?

이에 대한 가장 그럴듯한 추측은, 초창기의 농업 정착촌들이 일방적인 인구 추세의 함정에 갇혀버렸다는 것이다. 간단한 예를 들어보자. 먼저 농업 제1세대가 농업으로부터 큰 축복을 받았다고 해보자. 과거에는 하루 4시간 동안 수렵채집 활동을 하여 하루 2,000칼로리를 먹을 수 있었는데, 이제는 각 농부가 2헥타르$(20,000m^2)$의 땅을 경작하여 하루 4시간의 농업 노동으로 하루 3,000칼로리를 먹게 되었다. 이렇게 고단위 칼로리 섭취와 정착생활 덕분에 출산율이 증가하고 영아 사망률이 낮아졌다. 인구가 두 배로 늘어나면서 제2세대는 각 농부당 1헥타르의 땅만 가지게 되었다. 그러니 제2세대는 1헥타르의 땅에서 하루 6시간 일을 해도 하루에 1,800칼로리를 겨우 생산할 수 있다. 수렵채집 시절보다 일하는 시간은 더 길어진 반면 먹는 것은 더 부실해진 것이다.

그러나 그런 일이 벌어진다고 해서 과거의 수렵채집 생활로 되돌아갈 수는 없다. 수렵채집 생태계는 수렵채집 생활 당시의 인구보다 두 배나 늘어난 농업 인구를 감당하지 못하기 때문이다. 제2세대는 살아남기 위해서라도 농업생활을 계속해야 한다. 그리하여 농업의 대안인 유목생활이 농업보다 더 낫다 할지라도 신화와 기억 속의 유물로 남게 된 것이다. 인구가 많아지면서 인류는 에덴동산으로는 다시 돌아갈 수 없게 되었다. 농업은 제1세대에게는 축복이었지만 그다음 세대들에게는 더 많이 노동하면서 더 적은 혜택을 받는 저주가 되었다. 아무튼 세대에서 세대로 이어져 정주농업 인구가 늘어나면서, 농업공동체는 계속하여 수렵채집자들이 사용하는 땅을 침탈해 들어갔다.

하지만 모든 것을 잃어버린 것은 아니었다. 인구가 조밀한 정착 농촌은 나름대로 새로운 보상을 해주었다. 대규모 공동체 내에서의 정주생활은 야금술, 각종 기술, 기록 유지, 도자기 그리고 문자체계 등 새로운 기술의 발명을 가져왔다. 특히 문자체계는 처음엔 설형문자와 상형문자로 시작되었다가 나중에 알파벳으로 정착되었다. 이처럼 정주생활은 내생적 성장의 연쇄작용을 일으켜서, 기술적 노하우의 축적과 함께 그에 따른 인구의 증가를 가져왔다. 그리고 시간이 경과하면서(아마도 수천 년) 정착 농경촌의 생활수준은 마침내 수렵채집 집단의 그것을 능가하게 되었다. 그것도 엄청나게 증가한 인구를 가지고서도 이와 같은 앞지르기를 실현한 것이다. 하이드 3.1 프로젝트의 인구 추계에 의하면, 유라시아의 인구는 기원전 1만 년에 200만 명 정도이던 것이 기원전 5000년에는 1,500만 명으로 늘어났다. 이것이 다시 기원전 2000년에는 2,000만 명으로, 그리고 서기 1년에는 1억 6,500만 명으로 기록적으로 늘어났다.[3] 정주생활은 대략 1만 년의 시간 동안에 100배로 늘어난 인구를 먹여 살릴 수 있는 식량과 그 밖의 다른 제품을 풍성하게 제공한 것이다.

농업은 이처럼 일차적 성공을 거둔 후에 다른 지역들로 서서히 퍼져나갔다. 수천 년에 걸쳐 농업 기반 사회들이 확장되면서(이 과정은 오늘날까지도 지속되고 있다) 수렵채집에 전념하던 지역들은 서서히 줄어들었다. 농업에 관하여 다음과 같은 또 다른 커다란 논쟁거리가 있다. 농업은 모방을 통하여 퍼졌는가, 아니면 농부들이 이주를 하면서 수렵채집자들을 대체하였는가?

유럽의 경우 이 질문에 대한 답변은 후자인 듯하다. 잠정적 증거에 의하면, 아나톨리아의 최초 경작자들은 기원전 6000년경에 서유럽으로 이주해서 현지의 수렵채집자 집단을 대체했다. 이것은 유럽의 고고학 유적지에서 발견된 초창기 농부들의 유전자 분석에 의해 증명된다. 그들의 유전자는 유럽의 선대 수렵채집자보다는 아나톨리아의 초창기 농부의 유전자와 더 밀접하게 연계되어 있다.[4] 이러한 인구의 대체는 전쟁에 의한 것일 수도 있고, 이주해온 아나톨리아인과 그들의 농장 동물들이 수렵채집 집단에 옮겨온 병원균에 의한 것일 수도 있다. 기존의 현지인들은 이런 질병들이 있는 환경에서 성장하지 않았기 때문에 그런 질병에 대한 면역성을 갖지 못해 떼죽음했을 수도 있다.

그러나 이것이 인구 이야기의 끝은 아니다. 유전자 기록에 의하면 유럽은 유라시아의 스텝에서 말을 타고 온 새로운 인구가 도착하며 두 번째로 대규모 변화를 겪은 듯하다. 이 인구의 유입은 기원전 3000년경에 얌나야 부족이 주도했고 이들이 대규모로 원주민 인구를 대체한 듯하다. 스텝 지역에서 온 소규모 농경부족이 어떻게 유럽에서 만난 대규모 정주 농부들을 대체할 수 있었는지는 의문이다. 최근에 유전자 기록에서 발굴된 한 가지 가능성은 얌나야 부족이 예르시니아 페스티스 Yersinia pestis라는 전염병을 옮긴 것이 아닌가 하는 것이다.[5]

기원전 3000년경에는 소규모 농업공동체들이 지구상의 모든 대륙에 산재해 있었다(남극은 제외). 대다수 인구가 이 비좁은 농업 마을 내부에 갇혀 살았다. 도자기, 초창기 야금술, 곡식 재배, 농장 동물의 순치, 문화적·종교적 관습 등의 새로운 기술이 확산되면서 기술의 학습도 함께 진행되었다. 사람들은 도보나 말이 끄는 수레 혹은 배를 이용하여 장거리를 이동할 수 있었다. 그러나 장거리 교역은 아직 최소한에 그쳤다. 그리고 기술의 장거리 확산은 수년이나 수십 년 단위가 아니라 수백 년이나 수천 년 단위로 진행되었다.

농업의 확산

농업 노하우의 확산은 자연지리로부터 강력한 영향을 받는다. 왜냐하면 특정 작물은 특정 생태 영역 내에서만 자라기 때문이다. 밀 같은 작물은 비교적 기온이 낮은 지역에서만 자라고 열대 기후 지역에서는 자라지 못한다. 쌀 같은 농작물은 아열대, 특히 범람원에 민물이 많이 흘러드는 몬순 환경 속에서 잘 자란다. C4 광합성을 하는 옥수수는 아열대 작물로 시작했다. 이러한 생태적 틈새 지역들에서 농부의 이주, 변종 작물의 보급, 모방 등을 통해 기술적 확산이 이루어진다.

초창기 농업의 확산은 자연스럽게 생태지역들 내에서 이루어졌고, 그런 지역의 특성에 맞추어 특정한 농업 기술이 퍼져나갈 수 있었다. 농업 잠재력을 공유하는 가장 넓은 인접 지대는 유라시아의 동서 축이다. 이 축은 밀을 경작하는 벨트(허리띠) 같은 지역으로, 포르투갈의 대서양 해안에서 중국의 태평양 해안에 이르기까지 무려 1만 킬로미터에 걸쳐서 펼쳐져 있다.

경제사와 경제 발전을 아주 탁월하게 해설하는 석학 재레드 다이아몬드는 그의 명저 《총, 균, 쇠》에서 유라시아의 동서 축이 생태지역들 내에서의 기술 확산을 촉진했다고 강조했다.[6] 당초 비옥한 초승달 지역(오늘날의 터키, 이라크, 동부 지중해)에서 경작되었던 밀은 서쪽인 유럽으로 퍼져나갔다가 다시 동쪽인 아시아로 확산되었다. 흑해-카스피해 스텝 지역(흑해와 코카서스 산맥 북쪽의 카스피해 지역)에서 처음 시작된 야생 말의 순치는 서쪽인 유럽으로 퍼져나갔다가 다시 동쪽인 아시아로 확산되었다. 지중해 일대는 로마 제국, 비잔틴 제국, 오스만 제국, 무슬림 칼리프 제국 등을 위하여 밀, 올리브, 포도원, 말, 당나귀, 기타 농장 동물들을 키울 수 있는 공유된 생태지역을 제공했다.

이와는 대조적으로 남북아메리카와 아프리카는 대부분 남북 축에 의존했는데, 이것은 획기적인 기술 발명품이 생태지역들을 거쳐서 확산되기 어려운 지리적 조건이었다. 남아메리카의 안데스 고원지대에 서식했던 야마와 알파카의 경우를 한번 살펴보자. 이 낙타과의 동물들은 아메린디언이 유일하게 이용할 수 있는 짐을 나르는 동물들이었다. 야마와 알파카는 약 1만 년 전에 야생 말이 멸종하고 나서 서기 1500년 경에 유럽 정복자들이 도착할 때까지 남아메리카의 유일한 역축役畜(농사를 짓거나 짐을 실어 나르는 사역에 이용하는 가축을 통틀어 이르는 말 - 옮긴이)이었다. 이 두 동물은 생태지역이 제한적이어서 안데스 산맥 바깥으로는 확산되지 못했다. 동서로 걸쳐 있는 유라시아의 스텝과는 다르게, 안데스 고원지대는 남북아메리카인들이 역축을 이용하여 이동할 수 있는 고속도로가 되어주지 못한 것이다.

강, 문명을 만들다

고대 이집트, 메소포타미아, 인더스강 계곡, 황허강, 양쯔강 유역 등 유라시아의 5대 초창기 농업지역들은 기술, 제도, 문화, 행정의 측면에서 근본적이고 지속적으로 기여했다. 이들은 모두 충적토 농업을 하는 지역들이었다. 하천 주변의 비옥한 토양은 해마다 계절적인 범람으로 새로운 표토表土와 영양분을 공급받았다. 이런 생산적인 토양에 수송, 관개, 방어 등 하천이라는 위치의 장점이 결합되어 이 일대에서 세계 최초의 도시국가들이 생겨났고 이어 제국이 발달했다.[7] 아메리카에서도 페루의 안데스 산맥과 메소아메리카(중앙아메리카의 문화, 문명권 등을 통틀어 일컫는 말 — 옮긴이)에서 하천을 따라서 이와 유사한 발달이 이루어졌다.

이집트와 유라시아의 하천 유역을 둘러싼 문화적 특징들은 아주 유사한 점이 많다. 이 문화들은 대략 기원전 5000년과 3000년 사이에 발흥하여 발전을 거듭했다. 모두 충적토 농업을 산업의 기반으로 삼았다. 이집트, 인더스강 유역, 황허강 등의 경우에 강이 건조한 지대를 통과하면서 관개에 반드시 필요한 물을 제공했다. 이 강들은 해마다 몬순 장마에 의해 수량이 보충되었는데, 그 강수량은 계절에 따라 그리고 수백 년 혹은 수천 년 단위로 변화했다. 지구의 궤도 변화에 따라 조정되는 몬순 패턴의 장기적 변화는 이들 하천 문화의 흥망성쇠에 장기적 영향을 미쳤다.[8]

구세계의 5대 하천 문명은 각자 식량, 수송, 견인력을 위해 순치된 동물들을 사용했다(아메리카의 경우 안데스 문명은 남아메리카의 낙타과 동물인 알파카와 야마를 짐을 나르는 수단으로 사용한 반면에, 메소아메리카에서는 짐을 나르거나 수레를 끌 만한 이렇다 할 대형 동물이 없었다). 고대 이집트의 경우, 순치된 당나귀가 이미 기원전 5000년 무렵에 짐을 나르는 동물로 활용되어 나일강과 홍해 사이에 있는 사막을 건너는 역축으로 사용되었고, 황소는 수레를 끄는 동물로 이용되었다. 메소포타미아의 경우, 티그리스강과 유프라테스강 사이에서 발생한 아카디아와 아시리아의 고대 문명은 기원전 3000년에 당나귀와 황소를 역축으로 활용했다. 이러한 문명들은 각자 강상 수송을 위해 돛단배를 사용했다. 5대 문명은 모두 관개와 홍수 조절 방법을 개발했는데, 나중에 그들의 발전된 치수 기술을 인정받아 '수력 문명'이라고 불렸다.

5대 문명에서는 현대 문자의 초기 형태가 발명되어 글쓰기가 시작되었다. 메소포타미아의 가장 오래된 문자체계는 기원전 3500년경의 그림문자에서 시작되어 기원전 2500년경에 설형문자로 획기적으로 발전했다. 나일강 유역의 상형문자도 기원전 3100년에 시작된 것으로 보이는데, 수메리아의 문자체계로부터 영향을 받았거나 아니면 독자적으로 발명된 것으로 보인다. 수메리아의 설형문자와 이집트의 상형문자는 나중에 페니키아의 문자체계에 영향을 준 것으로 보이는데, 페니키아 문자는 그 후 그리스 알파벳에 영향을 주었다. 그리스 알파벳은 세계 최초로 뚜렷이 구별되는 자음과 모음의 표기 문자를 갖고 있었다. 중국의 한자는 황허강과 양쯔강 유역을 지배했던 상나라 시기인 기원전 2000년에 만들어졌다. 아메리카의 경우, 마야의 문자체계는 그보다 훨씬 뒤에 시작되어 가장 오래된 기명記銘은 기원전 300년경의 것으로 추정된다.

하천 문명들은 자연지리가 경제 발전에서 담당하는 역할을 아주 분명하고 생생하게 보여주는 사례이다. 강은 토양 보충, 관개와 민물 관리, 수인성水因性 영양물 제공, 범선에 의한 수송, 군사적 방어의 목적 등 여러 중요한 역할을 담당했다. 강은 문명이 시작되던 초창기에 인구 규모가 획기적으로 늘어나고 밀집하는 데 기여했다. 그리하여 각각의 문명은 다수의 도시국가들에서 수십만 명의 인구를 거느리게 되었다. 이 대규모 인구를 먹여 살린 농업의 높은 생산성 덕분에 복잡한 노동 분업, 문자체계, (수학, 천문학, 야금술, 농학 등) 과학적 지식, 대규모 인구를 다스리기 위한 새로운 형태의 행정 등이 발생하여 발달하게 되었다.

행운의 위도

유라시아의 동서 축에 해당하는 온대 기후 지역은 인류의 역사에서 뚜렷한 역할을 해왔다. 유라시아의 일부 지역은 사막이고 거의 사람이 살지 못한다. 어떤 지역은 툰드라 지대로 1년 내내 얼어 있어서 인구가 아주 적고 북쪽 끝에 순록을 목축할 뿐이다. 유라시아 인구는 대부분 위도상 아열대 지역에 살고 있거나, 이언 모리스를 포함한 역사가들이 '행운의 위도lucky latitudes'라고 명명한 기후 지역에 살고 있다.[9] 이 지역들이 '행운의 위도'라고 불리는 것은 인류 역사상 위대한 기술과 경제 발전의 근간이 되었기 때문이다. 나는 행운의 위도를 유라시아의 북위 25도에서 북위 45도 사이의 지역으로 정의한다. 이 지역은 그림 3.2(328쪽)가 보여주는 바와 같다.

이렇게 규정된 행운의 위도는 구세계 토지 면적의 28퍼센트를 차지하지만, 그보다 훨씬 높은 비율의 인구가 이 지역을 고향으로 삼아왔다. 예를 들어 서기 100년에 구세계 전체 인구의 64퍼센트가 행운의 위도 지역에 살았다. 유럽만 국한하여 살펴보면, 유럽에서 행운의 위도에 해당하는 지역의 면적은 30퍼센트이지만, 서기 100년 무렵 유럽 인구의 48퍼센트가 이 지역에 살았다. 아프리카에서는 행운의 위도 지역이 전체 면적의 14퍼센트를 차지하지만 인구의 52퍼센트가 이 지역에 살았다. 아시아에서는 58퍼센트의 면적에서 71퍼센트의 인구가 살았다.[10] (이에 관한 데이터는 데이터 별첨에서 찾아볼 수 있다.)

오늘날 미국 대부분의 지역이 행운의 위도는 해당한다는 사실에 주목할 필요가 있다. 그렇지만 앞에서 언급한 바와 같이, 북아메리카는 경제의 역사 내내 유라시아처럼 좋은 행운을 누리지 못했다. 약 1만 년 전에 남북아메리카는 유라시아의 기술 발전으로부터 단절되었다가 서기 1500년대에 들어와서야 무역과 이주로 인해 구세계에 다시 합류할 수 있었다. 그 후에 북아메리카는 비약적인 경제 발전을 이루었다. 하지만 그런 경제 발전과 함께 무자비한 정복전쟁과 아메리카 원주민들에 대한 인종학살이 있었다는 점도 지적되어야 한다.

유라시아의 행운의 위도 지역 내에서는 무수한 혁신적 발명품들이 생겨났고, 그 발명품들은 기다란 동서벨트를 통해 널리 확산되었다. 행운의 위도는 비교적 온화한 기후, 편리한 수송로, 말라리아 같은 벡터로 전염되는 열대 질병의 부재나 희소 등을 공유했다. 그러나 페스트(임파선 종창을 특징으로 하는 가장 일반적인 페스트)가 산발적으로 발생하여 이 지역을 휩쓰는 것은 모면하지 못했다. 유라시아의 행운의 위도 지역은 공통 작물, 마상 수송, 지중해와 인도양에서의 범선 이용, 인도-유럽어족 언어라는 공통 언어의 사용, 인구의 장거리 이동, 사상의 전파, 유럽 서부에서 중국 동쪽 해안에 이르는 무려 1만 킬로미터 거리의 장거리 육상 무역로 등의 이점을 공유했다.

남북아메리카의 경우, 높은 인구 밀도와 우수한 기술 발전은 적도 부근, 그러니까 멕시코 계곡에서 중앙아메리카를 거쳐 남아메리카의 안데스 산맥에 이르는 지역에 집중되었다. 이 지역은 올멕, 마야, 톨텍, 메소아메리카의 아즈텍, 안데스 산맥의 잉카 등 많은 위대한 문명의 고향이 되었다. 이 문명들은 농업, 석조 건축, 천문학, 책력과 문자체계 등에서 놀라운 발전을 보였으나, 유라시아의 행운의 위도 지역에서 살던 동시대인들에 비해서 많이 뒤떨어졌다. 아메리카 문명들은 문자체계는 갖고 있었으나 알파벳은 없었고, 안데스 고원지대의 야마를 제외하고는 역축이 없었으며, 바퀴를 사용하는 운반 수단이 없었고, 유라시아보다 훨씬 늦은 시기에 야금술을 사용하기 시작했다.

유라시아의 행운의 위도는 골디락스 기후Goldilocks climate 덕분에 목축 농업과 주요 작물 생산에 알맞은 지역이었다. 골디락스 기후는 위도가 높은 극지대 부근처럼 너무 춥지도 않고, 적도 근처의 열대처럼 너무 덥지도 않은 기후를 말한다. 이 중간에 위치한 행운의 위도는 높은 작물 생산량을 보장할 정도로 경작에 알맞은 계절이 오래 지속되었고, 말라리아 같은 벡터로 전염되는 질병들의 전파를 차단할 정도로 충분히 추운 겨울철을 갖고 있다. 행운의 위도는 계절적으로 말라리아가 전파되기는 하지만, 열대 아프리카처럼 1년 내내 그 질병의 부담을 가질 필요는 없었다. 그리고 유라시아에게는 아주 다행스럽게도 인간뿐만 아니라 길들인 동물들에게도 치명적인 기면증은 아프리카와 라틴아메리카의 열대 지역에서만 발생한다(남미에서 이 병은 샤가스병으로 알려져 있다).

행운의 위도는 신석기 시대의 기술적 이노베이션과 장거리 확산을 주도하던 지역이었다. 그 면면을 살펴보면 이러하다. 기원전 3000년에 채택된 기술은 야금술을 포함했다(이 시기는 구리 시대가 한창 진행 중이었고 청동기 시대가 막 시작되었다). 이집트의 상형문자, 메소포타미아의 원原 설형문자, 중국의 초창기 그림문자 등 초기 문자체계가 개발되었고, 목축 농업이 시작되었으며, 당나귀와 말이 순치되었다. 도자기, 포도 재배(오늘날의 조지아에 해당하는 코카서스 지역에서는 기원전 5000년에 이미 시작되었다), 심지어 수레와 마차도 개발되었다. 이러한 기술의 발전은 아메리카, 오세아니아, 사하라사막 이남의 아프리카 등에서 동시대인들이 이룩한 발전을 훨씬 능가하는 것이었다. 이들 지역들에서는 나중에 행운의 위도에서 기술이 전파되면서 비로소 이노베이션이 시작되었다.

행운의 위도에 포함되는 모든 지역들이 똑같이 축복을 받은 것은 아니었다. 그림 3.2를 다시 살펴보면, 행운의 지대의 서부 끝(유럽)과 동부 끝(중국)은 온대 기후 지역인 반면에 서아시아에서 중앙아시아에 이르는 지역은 건조 기후 지역이다. 서아시아와 중앙아시아의 위대한 제국들(페르시아, 몽골, 티무르)은 인구 밀도가 낮은 (그렇지만 말들과 목초지는 많은) 건조한 땅의 나라들이다. 이에 비해 로마나 한나라 같은 온대 지역에서 발전한 제국들은 훨씬 인구가 조밀했고, 기술적으로도 역동적이었다.

흥미롭게도 행운의 위도는 지난 200년의 화석연료 시대에서도 운이 좋았다. 행운의 위도는 석탄 매장량이 많은 지역을 다수 포함하고 있다. 이렇게 된 것은 우연이었다. 지금으로부터 대략 1억 년 전에 오늘날의 행운의 위도 지역은 열대 습지였다. 죽은 식물과 동물의 잔해들이 이 습지 속으로 가라앉았고, 그것이 지질학적 시간이 흘러감에 따라 석탄으로 바뀌었다. 그리고 이 연료는 마침내 산업혁명에 동력을 제공하게 된다.

행운이 갈라놓은 문명의 운명

행운은 중요한 요소이다. 많은 고대 언어들에서 행복이라는 단어는 행운 혹은 좋은 행운을 뜻하는 단어로 사용되었다. 옳은 시간에 옳은 장소에 존재한다는 것은 성공의 핵심요소이다. 신석기 시대에 옳은 시간에 옳은 장소에 존재한다는 것은 특히 중요했다. 초창기 농업은 비옥한 환경, 특히 충적토의 범람원에 의존했다. 또 경작 농산물과 순치 동물들의 조상이 되는 다양한 동식물도 필요로 했다. 유라시아의 행운의 위도를 차지하는 광대한 동서 축은 창의적 기술과 그 확산을 돕는 방대한 지역을 형성했다. 이 지역은 초창기 문명을 일으켰고 그다음의 세계화 시대에 등장하는 원시적 국가 형태를 발명해냈다. 아메리카 또한 메소아메리카와 오늘날 페루의 안데스 해안선을 따라 행운의 지역을 갖고 있다. 그러나 아메리카의 불행은 훨씬 인구가 조밀한 구세계의 기술 발전으로부터 단절되어 있었다는 사실이다. 또 장기적 경제 발전에 핵심 역할을 하는 당나귀와 말 같은 대형 순치 동물이 없었다는 점도 불운이었다. 아프리카 또한 아주 불리한 입장에 있었는데, 그 이유는 광대한 사하라 사막에 의해 유라시아로부터 단절되어 있을 뿐만 아니라, 인간과 농장 동물에게 아주 유해한 질병 환경의 부담을 안고 있었기 때문이다.

4장

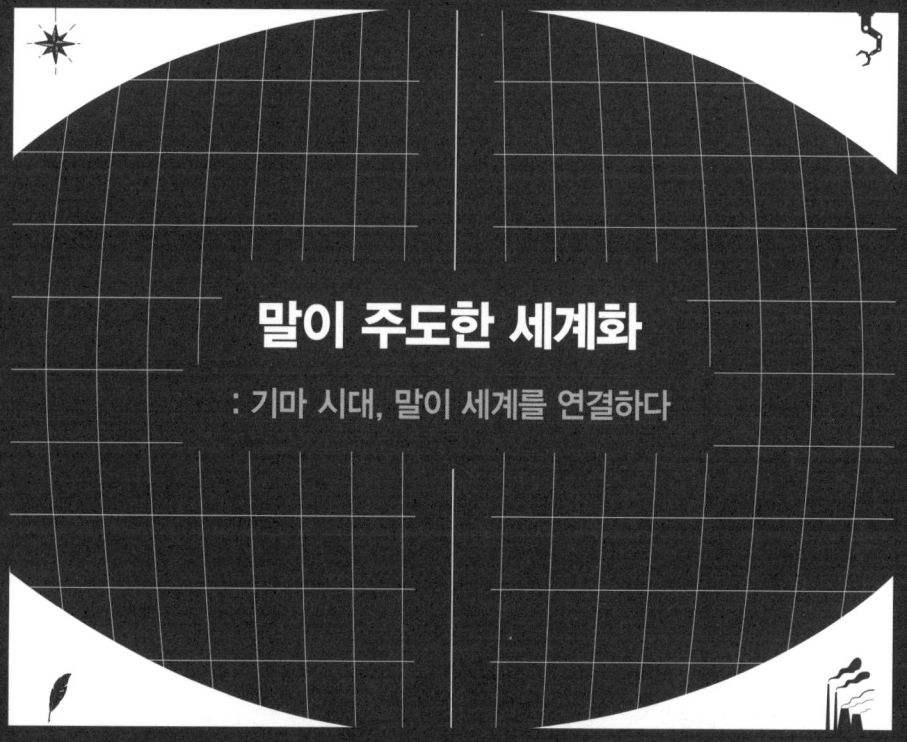

말이 주도한 세계화

: 기마 시대, 말이 세계를 연결하다

Geography
Technology
Institutions

THE
AGES OF
GLOBALIZATION

유라시아는 서로 연결되어 있는 커다란 땅덩어리로 많은 사람들에게 삶의 터전이 되어주었다. 그 덕분에 유라시아는 규모의 혜택, 장거리 교역, 이노베이션과 기술의 확산 등을 이룰 수 있었다. 유라시아의 발전 과정에서 말은 적어도 5000년에 걸쳐서 핵심적 혹은 결정적 역할을 했다. 뛰어난 운송 서비스, 농사에 필요한 마력馬力, 위력적인 군사 능력, 신속한 소통, 통일된 국가가 광범위한 지역들을 다스릴 수 있는 능력 등을 제공한 것이다. 이런 이유로 약 5500년 전에 이루어진 말의 순치는 유라시아의 최초 제국들을 만들어내는 원동력이 되었다. 그 때문에 나는 세계화의 세 번째 시대를 기마 시대라고 이름했다.

    세 번째 세계화 시대를 살펴보려면 먼저 행운의 위도 바로 북쪽에 있는, 아시아의 스텝 지역으로 알려진 가늘고 기다란 목초지로부터 시작해야 한다(그림 4.1, 329쪽). 이 거대 목초지는 북해 바로 위쪽의 유라시아 스텝, 코카서스 산맥, 오늘날의 카자흐스탄과 우즈베키스탄, 그리고 동부 유라시아의 스텝까지 포함한다. 특히 동부 유라시아의 스텝에는 몽골을 위시하여 신장과 내몽골을 포함하는 중국 북부와 중국 북동부의 일부 등이 들어간다. 기후 지역 BS로 분류되는 스텝 기후 지역은 강수량이 적은 반#건조성 지역이지만 사막은 아니다. 이 기후 지역은 유라시아 땅덩어리의 10.8퍼센트를 차지하지만 인구 비율이 높아서 기원전 3000년에는 유라시아 인구의 15.1퍼센트, 기원전 1000년에는 14.5퍼센트를 차지했다.

스텝 지역은 풍성한 에너지원인 목초를 제공했고, 인류 역사상 가장 중요한 수송 수단인 말이 자라기에 적당한 기후였다. 스텝은 포장도로가 생겨나기 훨씬 이전에 동서 유라시아를 이어주는 장거리 고속도로 역할을 했다. 사실상 말에 의한 수송은 고대 제국들의 시대에 자동차, 트럭, 철도의 역할을 담당했다. 그것이 교역업자, 메신저, 전사, 탐험가들이 지상에서 이동할 때 이용할 수 있는 유일한 고속 운송 수단이었다.

동물을 길들이다

인류의 역사에서 말의 등장이 얼마나 중요한 일인지 이해하기 위해서 먼저 동물의 순치 과정을 알아보기로 하자. 동물의 길들이기는 구석기 시대부터 시작된 것으로 길고 복잡한 과정이었다. 먼저 약 1만 5000년 전에 중국에서 개의 순치가 시작되어 신석기 시대에까지 이어지면서 수천 년에 걸쳐서 길들이기가 진행되었다. 고고학적 증거에 의하면 염소, 양, 소 등의 나머지 동물들은 서남아시아에서 기원전 1만 년에서 8000년 사이에 순치되었다. 당나귀는 기원전 5000년경에 이집트에서 아프리카의 야생 당나귀를 길들인 것이다. 단봉낙타는 기원전 4000년경에 아라비아에서 순치되었고, 낙타과의 알파카와 야마는 같은 시기에 안데스 고원지대에서 길들여졌다. 말은 신석기 시대 후반부인 기원전 3500년경에 서부 유라시아의 스텝에서 순치되었는데, 그 지역분포는 대략 북해의 북쪽 해안, 북부 코카서스, 서부 카자흐스탄 등이다.[1]

여기에 한 가지 놀라운 사실이 있다. 동물들의 순치는 거의 배타적으로 유라시아와 북아프리카(당나귀)에서만 이루어졌다는 것이다. 아프리카 열대 지역에서는 덩치 큰 동물들의 순치가 최초로 이루어진 적이 없다. 아프리카 자체의 말굽동물인 영양과 얼룩말은 순치를 거부했다. 순치된 양과 염소는 동남아시아에서 아프리카로 수입되었고, 말은 서부 유라시아의 스텝, 소는 서남아시아, 단봉낙타는 아라비아반도, 당나귀는 북아프리카에서 각각 수입된 것이다.

전반적으로 볼 때 아프리카의 열대 환경은 많은 농장 동물들에게 아주 가혹한 시련이었다. 소, 양, 염소, 돼지, 말, 당나귀는 서부 아프리카와 동부 아프리카의 체체파리가 서식하는 지역에서 기면증에 걸려서 죽는 일이 많았다(그림 4.2). 그 외에 타일레리아 파바 Theileria parva라는 병원균을 진드기가 옮겨서 발병하는 동부 해안의 열병, 역시 진드기가 옮기는 말 피로플라즈마병, 곤충을 매개체로 한 오르비 바이러스가 일으키는 아프리카 특유의 말 질병 등이 동물들에게 해로운 풍토병이었다. 그러나 일부 아프리카 지역에서는 많은 순치된 동물들이 열대 환경에 적응했고, 그리하여 아프리카의 여러 지역은 수천 년 동안 작물 농업과 목축 농업이 혼합된 농업 형태를 유지해왔다. 그렇지만 아프리카 열대 지역은 말, 당나귀, 그 외의 등짐 동물과 짐을 끄는 동물 등이 부족하여 어려움을 겪었다.[2]

그림 4.2_아프리카의 체체파리 발병 지역

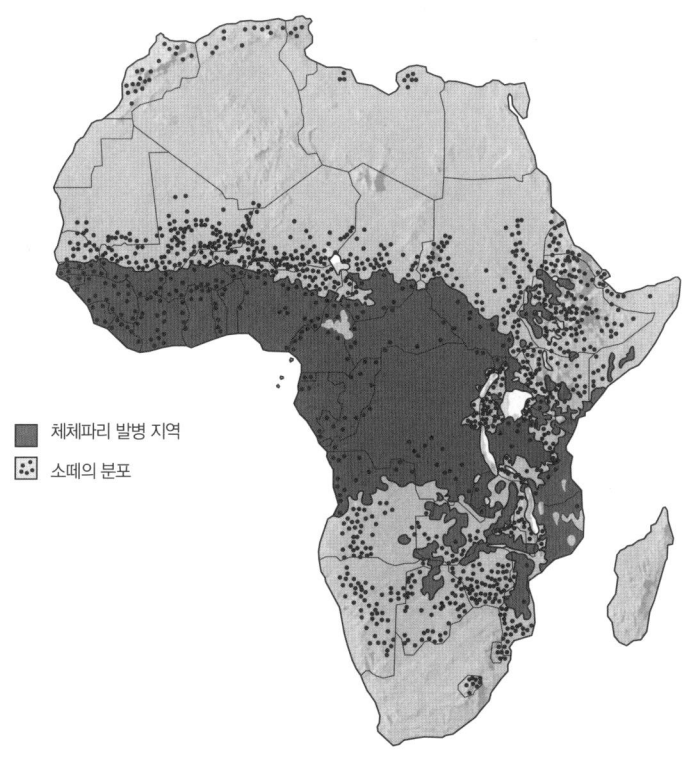

아메리카의 상황은 더욱 심각했다. 대부분의 순치 동물들은 1492년 이후, 다시 말해 유럽의 정복자들이 구세계로부터 농장동물들을 데리고 옴으로써 비로소 신대륙에 들어왔다. 콜럼버스가 신대륙을 발견하면서 구세계와 신세계 사이에 동식물의 교환이 이루어진 것이다. 북아메리카의 수렵채집자들은 야생 말(에쿠스 옥시덴탈리스 Equus occidentalis)과 털매머드와 검치호랑이 등 덩치 큰 동물들을 모두 멸종시켰다.[3] 그리하여 남아 있는 순치 대상은 안데스 고원지대의 낙타과 동물인 야마와 알파

카, 두 종류의 새(칠면조와 집오리) 그리고 기니피그뿐이었다. 아메린디언 들은 1만 년 이상을 안데스 고원지대의 야마와 알파카를 제외하면 등 짐과 짐을 대신해서 끌어줄 수 있는 대형 동물도, 장거리 수송과 통신을 맡아줄 말도 없이 살아야 했다. 따라서 북아메리카에서 말들이 일찍 멸종된 것은 아메린디언에게는 대재앙에 가까운 손실이었다. 아메린디 언들이 다시 말을 구경한 것은 15세기 말엽에 스페인 정복자들이 말을 타고 나타난 이후였다.

말, 신석기 문명의 핵심 테크놀로지

경제 발전과 세계화의 관점에서 말은 비교할 대상이 없는 아주 중요한 수단이었다. 오로지 말만이 속도, 지구력, 힘을 갖췄을 뿐 아니라 농업·목축업·광업·제조업·운송·통신·전투·행정 등 경제의 모든 분야에서 진정한 혁신을 이루는 데 도움이 되는 능력을 갖고 있었다. 말의 힘을 이용하지 못하는 세계의 다른 지역들은 그 힘을 갖고 있는 지역들에 비해 크게 낙후되었고, 결국 말을 탄 전사들에게 정복당했다. 이러한 고대의 흐름은 동아시아, 남아시아, 서아시아, 유럽, 아프리카, 아메리카 등에서 되풀이되었다.

말은 에쿠스과의 하위 종으로서 이 종에 속하는 다른 동물로는 아프리카 당나귀, 아시아 당나귀onager, 티베트 당나귀kiang와 얼룩말의 여러 하위 종들이 있다. 후기 홍적세의 말들의 지역 분포는 그림 4.3과 같다. 후기 홍적세에 말들은 대부분 아메리카와 유라시아가 고향이었다. 물

그림 4.3_후기 홍적세와 충적세 시기의 야생 말의 분포

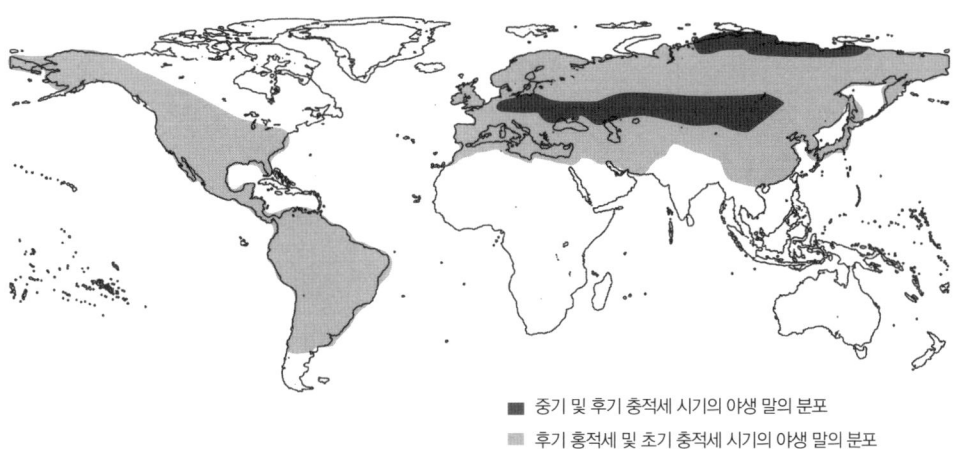

■ 중기 및 후기 충적세 시기의 야생 말의 분포
■ 후기 홍적세 및 초기 충적세 시기의 야생 말의 분포

론 남아시아, 아라비아반도, 동남아시아의 일부 지역에서도 서식했다. 아프리카의 경우에는 대륙의 북단, 그러니까 사하라 사막 북쪽의 일부 온대 지역에만 서식했다.

그림 4.3을 보면 후기 홍적세(옅은 색깔)와 중기 및 후기 충적세(짙은 색깔) 사이에 말의 분포도가 크게 달라져 있음을 알 수 있다. 이렇게 된 주된 이유는 아메리카 전역과 스텝 기후 지역을 제외한 대부분의 유라시아 지역에서 말을 식용으로 사냥하여 멸종시켰기 때문이다. 수렵채집자들과 초창기 농부들이 모여 살던 인구 조밀 지역으로부터 멀리 떨어진 스텝 지역은 야생 말들에게 피난처가 되었다. 그리하여 신석기 시대가 시작되고 약 8000년이 지난 후에 말은 전쟁과 제국의 핵심 테크놀로지로 재등장했다.

에쿠스과의 다른 하위 종들 중에서 아프리카 야생 당나귀만 순치되었다. 아시아와 티베트의 당나귀들과 얼룩말의 여러 하위 종들은 순치를 거부했다. 아프리카 야생 당나귀의 원서식지는 북아프리카의 건조 기후 지역과 사막 그리고 아라비아반도였다. 당나귀의 순치는 기원전 5000년경에 누비아(오늘날의 남부 이집트)에서 시작되었는데, 말의 순치보다 약 1500년 빠른 것이었다.

소는 천천히 움직이면서 짐을 끄는 동물인 반면에 당나귀는 주로 무거운 짐을 지고 가는 등짐 동물로 인간에게 봉사했다. 초창기 당나귀의 순치에 관한 최근의 연구는 당나귀의 핵심적 역할을 이렇게 설명한다.

> 당나귀는 사막에 잘 적응하는 튼튼한 동물이다. 무거운 짐을 등에 지고 건조한 지대를 통과하는 당나귀의 능력을 이용해 농부들은 더 멀리 더 자주 이동했고, 다른 동물들과 함께 농가의 짐을 수송하게 했다. 당나귀의 순치 덕분에 막 생겨난 국가였던 이집트는 대규모로 식량을 분배할 수 있었고, 아프리카와 서부 아시아로 육상 교역을 확대할 수 있었다.[4]

기원전 3500년에 이르러 야생 말(에쿠스 페루스Equus ferus)이 당나귀에 이어 순치되었다. 농축업자들이 메소포타미아에서 북쪽으로 이동하여 서부 유라시아의 스텝에 들어가면서 말의 순치가 시작되었다. 그곳에서 그들은 아직도 남아 있는 야생 말들을 보았다. 말은 길들이기 쉬운 동물이 아니었고, 순치 과정에는 상당한 시간이 걸렸을 것이다. 말은 빠르고 공격적이고 궁지에 몰리면 반격했다. 사냥꾼들이 집단으로 나서서 말을 궁지에 몰아 함정에 가두고 그다음에는 제압했을 것이다.

순치의 일차적 목적은 말을 등짐 동물로 사용하여 목초지를 통과할 때 짐을 수송하게 하는 것이었다. 그러나 그 후 수천 년에 걸쳐서 점진적으로 기술이 발전하고 말도 적응을 한 덕분에 더욱 효과적으로 말을 활용할 수 있게 되었다. 짐의 수송을 용이하게 하는 굴레, 안장, 등자, 각종 수레와 전차, 전투 중에 기병이 사용하는 무기 등이 점진적으로 개발되거나 개선되었다. 그림 4.4는 초창기에 말을 순치시킨 여러 지역을 보여준다.[5]

이처럼 말을 순치시키면서 말은 적응력이 아주 뛰어난 동물이 되었다. 말은 물품을 장거리 수송할 수 있는 훌륭한 등짐 동물이었고, 전투와 농업에 유용한 안장 동물이었다(농장 동물들을 목축할 때에도 말을 사용했다). 또한 짐을 끄는 동물로서 바퀴 달린 수레를 끌 수 있었으며, 지구력과 지능이 높고 속도도 빨랐다. 간단히 말해서 말은 경제 발전에 결정적 역할을 했다.

낙타로 척박한 환경을 극복하다

낙타과의 종들은 사막과 고산 지역의 아주 척박한 기후에도 중요한 역할을 했다. 그중 두 가지 종이 구세계에서 두각을 나타냈다. 하나는 아라비아반도와 북아프리카의 단봉낙타이고, 다른 하나는 투르크메니스탄, 아프가니스탄, 몽골의 고비 사막 등의 지역을 포함하는 중앙아시아의 박트리아 쌍봉낙타이다. 신세계에서는 두 종의 야생 안데스 낙타과인 과나코와 비쿠나가 각각 야마와 알파카로 순치되었다. 이 낙타과 종

그림 4.4_초창기 기마 사회의 분포

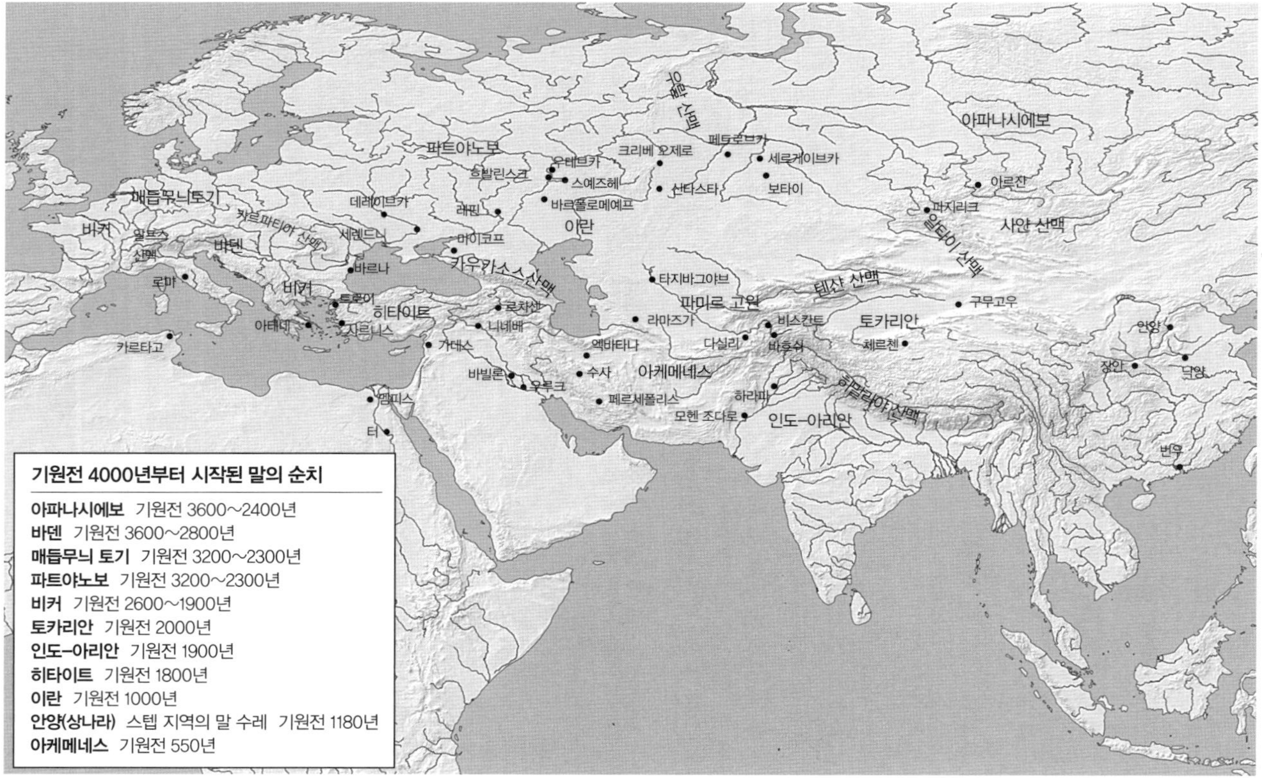

들은 말처럼 혁혁한 공을 세우지는 못했지만 그래도 경제적으로 중요한 역할을 했다.

구세계의 낙타들은 튼튼하면서도 혹한이나 혹서의 날씨를 견디는 능력이 뛰어났다. 단봉낙타는 혹서를, 쌍봉낙타는 혹한을 잘 견딘다. 낙타는 물을 먹지 않고도 상당히 오래(특정한 상황에서는 몇 주간) 버틸 수 있고, 그 봉우리 덕분에 식사를 하지 않아도 장기간 견딜 수 있다. 낙타는 사막과 스텝의 고산 지역에서 등짐 동물로 아주 중요했으므로 고대 이집트의 파라오 시절부터 장거리 교역에서 다양한 역할을 맡았다. 구세계의 낙타들은 말보다는 늦은 시점인 기원전 2000년에서 기원전 1000년 사이에 순치되었다.

낙타는 다음과 같은 다양한 역할을 했다. 우선 젖과 고기의 공급원이 되었고, 아라비아반도, 나일강 서쪽의 이집트 사막, 사하라 사막 등의 장거리를 횡단하는 카라반 교역에서 등짐 동물 역할을 했다. 전투용 동물로도 활용되었고 경주용 동물로도 이용되었다. 낙타는 500파운드 무게의 짐을 싣고 하루 평균 15~20마일의 거리를 100일 동안 걸어갈 수 있다. 따라서 낙타는 아시아와 지중해 사이의 아라비아반도를 횡단하여 교역용 물품을 수송하는 육상교역의 축을 담당했고, 해상무역에 비해서도 그 경쟁력이 조금도 밀리지 않았다. 낙타는 습격과 정복을 자주하는 베두인족의 전투에서 군마軍馬와 함께 우수한 전투 수단이었다. 낙타는 기동 충격전에서는 말들만큼 효과적이지는 못했지만 군수물자와 식수를 장거리 수송함으로써 기병대에 큰 도움이 되었다. 한 학자는 중동의 유목사회에서 낙타가 담당한 역할을 이렇게 요약했다.

낙타는 사막에서 필수적인 동물이었고, 낙타가 없었다면 구세계의 무더운 사막에서 유목생활은 불가능했을 것이다. 이 길들여진 동물은 식량, 수송, 군사력의 발판을 제공했고, 유사한 능력을 가진 다른 동물들은 감당할 수 없는 조건에서도 그런 역할을 계속 수행했다.[6]

안데스 낙타과인 야마와 알파카는 기원전 3000년경에 안데스 고원지대에서 순치되었다. 두 종 중에서 덩치가 좀 더 큰 야마는 등짐 동물로 봉사했을 뿐만 아니라 거친 옷을 만드는 데 들어가는 털, 젖, 고기, 가죽을 제공했다. 최근의 연구 조사에 의하면, 안데스 고원지대의 농부들은 작물과 목축이 혼합된 농업에 종사했고, 야마는 고원지대와 페루의 해안 저지대 간의 물품 교역에서 핵심적 등짐 동물 역할을 했다. 이 낙타과의 두 동물, 개 그리고 기니피그가 안데스 지역에서 순치된 동물들이다.

금속의 시대가 시작되다

말, 당나귀, 낙타의 순치와 함께, 신석기 시대에서 기마 시대로의 발전은 다른 방면에서도 이루어졌다. 그중에서도 가장 중요한 것은 신석기 시대에서 금속 시대로 이행하면서 새롭고 더 튼튼한 도구, 무기, 공예품을 만들어낸 것이다. 구리 시대는 기원전 4000년경에 시작되었지만 구리 원광석은 그보다 몇 천 년 전에 이미 알려져 있었다. 구리는 원자재 형태로 널리 구할 수 있었고 비교적 낮은 온도인 섭씨 1,085도에서

녹일 수 있었다. 구리 원광석을 제련하는 데에는 그보다 높은 온도인 섭씨 1,200도가 필요했다. 이것은 캠프의 화톳불보다 훨씬 높은 온도였으므로 새로운 가열 방법을 알아야 했다.

구리는 순수 형태에서는 비교적 무른 편이다. 주석과 합금하여 놋쇠를 만들면 더 단단하고 오래가며, 비상砒霜을 가지고도 단단하게 만들 수 있는데 이런 야금술은 다소 위험하다. 구리와 주석의 합금을 발견하면서 청동기 시대가 시작되었는데, 근동, 인더스강 유역, 황허강 유역 등지에서 대략 기원전 3300년에 시작되었다. 비옥한 초승달 지역에는 주석 광산이 별로 없었다. 주석 광산은 서유럽(독일, 이베리아)에서 많이 발견되었고 그래서 주석은 근동 지역까지 장거리 수송되어야 했다.

쇠는 여러 면에서 청동보다 우수했는데, 특히 단위 무게당 힘이 더 강했다. 쇠는 주석보다 얻기가 한결 쉬웠고 풍부했다. 그러나 쇠는 용융점이 아주 높아서 섭씨 1,530도 정도인데, 구리보다 무려 500도가 더 높다는 게 문제였다. 철광석을 제련하는 데 들어가는 막대한 에너지는 철기의 대규모 생산을 제약하여 철기의 본격적 생산을 상당히 지연시켰다. 철기 시대는 기원전 1500년경에 시작되었는데, 청동기 시대가 시작된 지 대략 1800년 뒤의 시점이었다.

말이 가져온 문명의 나비효과

초기 충적세에 야생 말이 멸종하면서 아메린디언은 유럽 정복자들이 도착할 때까지 말을 이용할 수 없었다. 그들은 당나귀의 혜택도 보지

표 4.1_유라시아와 아메리카의 비교

사회생활의 차원	아메리카(말 없음)	유라시아(말 있음)
농업	아메리카의 스텝 지역(프레리와 팜파스)는 대부분 미개발, 미거주로 남았음	전 스텝 지역에서 농업 채택, 온대 지역에서 강화됨
야금술	금속을 별로 수송하지 않아 야금술의 확산이 아주 느리게 진행됨	금속의 장거리 수송, 야금술의 신속한 확산
교역	단거리 교역	장거리 교역. 말 덕분에 (운하 건설 등) 다른 교역도 촉진됨
사상과 발명품의 확산	문자, 계산 도구, 산수(0의 역할) 등의 기술이 확산되지 않음	알파벳, 산수, 바퀴의 사용 등 기술이 폭넓게 확산됨
전쟁	연합체 형식의 소규모 정체(政體)	승마에 의한 대규모 제국
종교	별로 확산되지 않음	장거리 확산
언어	언어적 상호작용이 없음	장거리 언어 확산

못했다. 북아프리카에서 순치된 당나귀는 콜럼버스 교환이 이루어지기 전까지는 아메리카에 수입되지 않았다. 비록 말이 없기는 했지만 아메리카의 문명이 그것 때문에 아예 진보를 하지 못한 것은 아니었다. 그렇지만 그것은 문명의 발전을 근본적으로 바꾸어놓고 제약했다. 아메리카는 말과 당나귀가 있으면 가능한 장거리 육상 수송, 통신, 농업 생산성, 대규모 행정의 편의성 등 여러 가지 가능성을 누릴 수 없었다. 야마가 안데스 고원지대와 페루의 저지대를 연결하는 등 말의 역할을 일정 정도 대신하기는 했지만, 거기에는 한계가 있었다.

인류학자 피타 켈레크나는 그녀의 대작《인류 역사에서의 말The Horse in Human History》에서 이러한 사실이 미친 파급효과를 아주 설득력 있게 논증한다. 나는 그녀의 결론을 표 4.1에서 요약했다. 이 표는 (말의 혜택을 받은) 유라시아와 (말의 혜택을 받지 못한) 아메리카의 장기적 발전상을 상호 비교한 것이다.

유라시아의 기마 사회

유라시아 최초의 주요 기마 사회는 얌나야 부족이었다. 이 부족은 코카서스와 동유럽에서 온 수렵채집자들이 뒤섞여서 만들어진 집단일 것으로 추정된다. 그들의 영토는 흑해와 카스피해 사이의 북부 코카서스로, 북해-카스피해 스텝으로 알려진 지역이었다. 기원전 3500~2400년 사이에 생겨난 것으로 보이는 얌나야 문명에서 가장 주목할 만한 사항은 그들이 초창기에 말을 순치시켰고 서쪽의 유럽으로 이주하는 데 커다란 성공을 거두었다는 점이다. 얌나야 문명은 기술과 유전자 측면에서 기원전 3000년경의 북유럽 매듭무늬 토기문화와 밀접하게 연결되어 있다. 이 문화는 도자기에 매듭 모양의 장식을 사용했기 때문에 이런 명칭을 갖게 되었다.

고古유전학자들은 유럽 인구의 많은 부분이 두 인구의 혼합이라고 주장한다. 첫 번째 인구는 아나톨리아에서 온 초창기 농부들이고 두 번째 인구는 얌나야 부족인데, 이들은 수렵채집자 인구들이 혼합되어 이루어진 집단이다.[7] 그림 4.5는 초창기 서유럽 농장 인구가 두 개의 기원에서 왔다는 가설을 잘 보여준다. 두 핵심 인구가 서유럽으로 흘러들었는데, 하나는 기원전 7500~6000년경의 아나톨리아에서, 다른 하나는 기원전 4000~3000년경에 스텝 지역에서 유입되었다.

그림 4.5_신석기 시대 스텝 지역 혹은 아나톨리아로부터의 인구 이동에 대해 경쟁하는 가설들

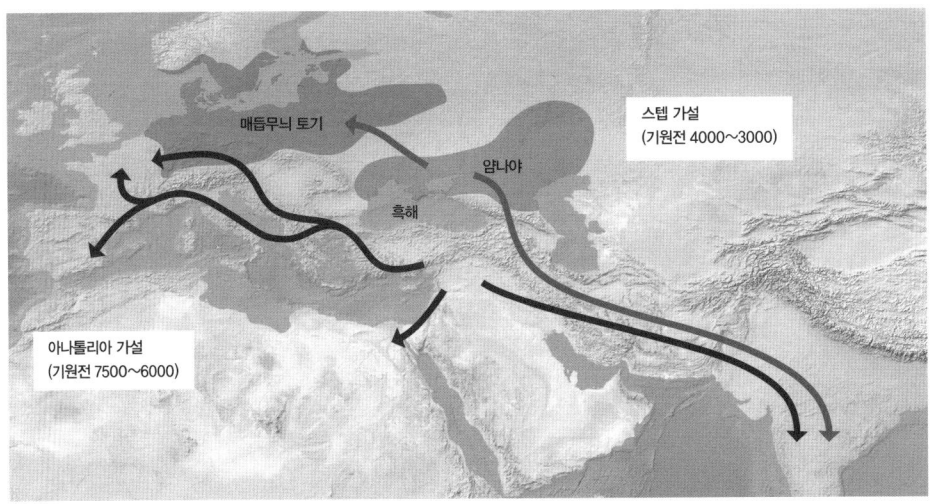

서유럽의 인구가 서부 스텝 지역에서 이주해왔다는 가설을 뒷받침하기 위해 고고학자들은 유전자 기록뿐만 아니라 말과 관련된 기술의 급속한 확산을 지적한다. 메소포타미아, 동부 유럽, 북부 유럽, 인더스 강 유역 등의 광범위한 지역에서 바퀴, 소가 끄는 수레, 승마술 같은 기술이 널리 퍼졌다는 것이다. 또한 말이 순치되면서 전례 없는 기동성이 확보되었고, 그 덕분에 유라시아의 광범위한 지역에 기본적 기술이 예전과는 비교가 안 되는 속도로 퍼져나갔다.

암나야족 및 관련 부족의 출현과 분명하게 관련되는 아주 중요한 문화적 진보는 인도-유럽어족 언어이다. 유전자 코드와 마찬가지로, 서부 유라시아와 남아시아의 언어 코드는 아나톨리아와 서부 스텝 지역에서 온 여러 언어들이 뒤섞여 있음을 보여준다. 그런 언어들의 혼합이 오늘날의 거의 모든 유럽 언어(단 바스크어, 에스토니아어, 핀란드어, 헝가리어는 제외)와 서아시아와 북부 인도의 언어들을 만들어냈다는 것이다. 고유 전학자 데이비드 라이크는 유전자 기록을 근거로 다음과 같은 흥미로운 가설을 내놓았다.

처음으로 인도-유럽어족 언어를 사용한 인구가 살았을 법한 장소는 코카서스 산맥 남쪽, 오늘날의 이란 혹은 아르메니아가 아닐까 생각한다. 왜냐하면 이 장소에서 살고 있는 사람들의 조상의 DNA가 얌나야 부족과 고대 아나톨리아인의 근원인구source population에게서 예상되는 DNA와 일치하기 때문이다.[8]

라이크는 또한 이런 설명도 한다. 오늘날의 인도인들은 북부 인도와 남부 인도에서 온 두 종류의 인구가 합쳐져서 만들어진 사람들이다. 그런데 북부 인도의 조상 인구는 유전학적으로 유라시아 스텝, 코카서스, 근동(아나톨리아)의 인구와 관련되어 있다.

스텝의 정복자들

북해-카스피해 스텝 지역에서 최초로 말을 순치한 이래 기마 문명은 유라시아의 온대 기후 지역과 스텝 기후 지역으로 퍼져나갔다. 유라시아의 스텝은 말을 타는 맹렬한 전사들의 사회가 많았고 인구 밀도는 낮았다. 그들의 이름은 대략 기원전 2000년에서 서기 1500년에 이르기까지 3500년 동안에 유라시아, 북아프리카, 중동, 남아시아, 동아시아 등의 정주사회에서는 공포의 대상이었다. 스텝 지역의 최초의 집단 중에는 힉소스족도 있었는데, 이들은 기원전 1580년경에 고대 이집트를 정복하여 약 130년 동안 다스렸다. 그리고 스키티아인들은 기원전 900년에서 서기 400년 동안에 아시아와 유럽 사이에 있던 오래된 육로의 일부를 장악했다. 그 후 스텝의 정복자들로는 서기 400년에서 600년 사이에 활동했던 고트족과 훈족이 있다. 또 마자르족과 불가르족은 서기 1000년경에 헝가리와 불가리아에 정착했다. 마지막으로 셀주크족과 몽골족은 서기 1200년에서 1400년까지 아시아의 광대한 지역들을 정복했다.

인구가 조밀한 농촌 사회들도 스텝 지역의 부족들과 처음 만나서 잔인한 압제를 받은 이후에 말을 받아들였다. 그 결과 말은 이집트, 메소포타미아, 페르시아, 남아시아, 동아시아 등의 초기 기마 제국에서 농업, 수송, 전투의 주된 역할을 담당했고, 나중에는 알렉산드로스 대왕, 로마, 페르시아, 중국, 고전 시대의 인도 등 광대한 영토를 가진 제국에서도 같은 역할을 수행했다. 고전 시대에 들어와 토지를 바탕으로 성립된 제국들도 말이 제공하는 통신, 수송, 군사력이 없었다면 생겨나지 못했을 것이다.

초승달 지대 문명의 흥망성쇠

기원전 3000년에서 1000년 사이에 이집트, 레반트, 메소포타미아 등의 비옥한 초승달 지역에서는 결정적인 문명의 진보가 이루어졌다. 다른 하천 문명들(인더스강, 황허강, 양쯔강)에서도 그와 유사한 진보가 있었다. 획기적 진보는 구체적으로 농업, 공공행정, 문자와 통신, 엔지니어링, 장거리 교역 등의 분야에서 일어난 기술적·제도적 발전이었다. 이런 획기적 진보 덕분에 도시국가들과 더 큰 정치적 단위들이 생겨나게 되었다.

통일 이집트의 초창기 왕국들은 기원전 3000년경에 수립되었는데, 메소포타미아의 초창기 왕조가 성립된 시기와 거의 일치한다. 수메르의 초기 왕조는 기원전 2900년에 시작되었다. 이집트와 수메르는 각각 상형문자와 설형문자(수메르어에서 사용되는 쐐기문자)라는 문자체계를 갖고 있었는데, 문자는 공공행정을 펴나가는 데 소중한 도구가 되었다. 통일 이집트의 왕조들은 기원전 670년경에 아시리아에게 정복당할 때까지 계속 존속했다. 아시리아 다음에는 바빌론이 이집트를 정복했고, 그다음은 페르시아의 아케메네스 왕조였다. 이 시기에 메소포타미아에서는 여러 왕조가 흥망성쇠를 거듭했다. 먼저 아카디아 제국(기원전 2350~2100년경)이 있었고, 그다음에 아시리아 왕국과 바빌론 왕국이 들어섰다. 메소포타미아 왕국들 중 가장 넓은 영토를 가졌던 나라는 신아시리아 제국(기원전 10세기~기원전 7세기)이었는데, 이 제국은 레반트와 이집트를 정복했으나 차례로 페르시아 제국에 정복당했다.

이 비옥한 초승달 지역의 문명들은 이 시기에 수많은 놀라운 진보를 성취했다. 그들은 최초의 서면 법전을 만들어냈는데, 그중에서는 제일 유명한 것이 함무라비 법전(바빌론, 기원전 1790년경)으로 이것은 고전 세계 전역에서 법전의 모범이 되었다. 그들은 거대한 공공 구조물을 만들어냈는데, 그중 대표적인 것이 피라미드이다. 또 상당히 많은 공공 하부시설들도 건설했다. 그들은 도시들을 건설하고 공공행정과 세금 징수 방법을 확립했으며, 문자체계와 역사 문서에서 획기적 진보를 이룩했다. 또한 새로운 철학과 종교를 만들어냈는데, 이것들은 나중에 유대교와 기독교에 엄청난 영향을 미쳤다. 그 밖에도 수학, 천문학, 엔지니어링, 야금술, 의학 등 과학 분야에서 커다란 진전을 이루었다. 물론 이런 왕국들은 말에 의존하여 장거리 교역을 하고 장거리 전쟁을 벌였다. 기원전 1500년경부터 전차와 기병은 근동 군사력의 핵심적 특징이었다. 말과 당나귀는 등짐 동물로서 장거리 교역에 핵심적 역할을 하면서 보석, 향료, 황금, 기타 금속, 옷, 공예품 등을 수송했다.

기마 시대가 끝나갈 무렵이던 기원전 1000년에 다수의 도시들이 유라시아의 행운의 위도 부근에서 점점이 생겨났다. 고대 도시들에 대한 최근 연구에 의하면, 기원전 800년과 500년 사이에 1만 명 이상의 인구를 가진 유럽 도시들이 24개였다고 하는데, 이것은 물론 기마 시대의 유산이었다.[9] 더욱 놀랍게도 그림 4.6(329쪽)에서 보듯 이런 도시들은 단 하나(예멘의 마리브)만 제외하고 행운의 위도 지역에 있어서, 이 비좁은 지역대가 얼마나 경제적 발달에 큰 도움을 주는지 생생하게 보여준다. 또 거의 모든 도시들이 중국의 온대 지역들, 지중해의 해안 지대, 건조 기후 지역의 하천 유역(특히 이집트와 메소포타미아)에 위치하고 있음을 알 수 있다.

기마 문명의 세 가지 핵심 기술

기원전 3000년에서 1000년 사이의 기간은 유라시아의 주요 문명들이 형성되는 시기였다. 여기에는 세 가지 핵심적 기술 진보가 결정적 역할을 했는데, 말의 순치, 문자체계의 발달, 야금술의 발전이 그것이다. 여기에 공공행정, 종교, 철학이 크게 발달했는데, 특히 비옥한 초승달 지역에서의 진보가 두드러진다. 기마 시대가 끝나갈 무렵인 기원전 1000년경에는 광대한 영토를 지배하는 제국들이 하천의 근거지 너머에서 나타나기 시작했다. 최초의 제국은 신아시리아 제국으로 곧 메소포타미아, 레반트, 동부 아나톨리아, 이집트를 정복하게 된다. 그러나 이 제국은 유라시아의 행운의 위도 전역에서 생겨나게 될 그보다 더 큰 제국의 예고편일 뿐이었다. 이 이야기는 5장의 고전 시대에서 자세히 살펴보기로 하자.

5장

정치의 세계화
: 고전 시대, 동양과 서양이 만나다

Geography
Technology
Institutions

THE
AGES OF
GLOBALIZATION

기원전 1000년에서 서기 1500년에 이르는 시기에 역동적인 문명들이 많이 일어났다. 이 문명들은 높은 수준의 성취를 이루었고, 그 이후 고전 시대라는 이름으로 널리 칭송되고 있다. 세계의 4대 종교인 유대교, 기독교, 이슬람교, 불교가 이 시기에 형성되었다. 플라톤, 아리스토텔레스, 공자, 부처, 그 외의 여러 현인들이 가르친 위대한 인생 철학은 인류의 위대한 지혜인데, 이 또한 고전 시대에 나왔다. 이 시대의 위대한 제국들, 가령 아시리아, 페르시아, 그리스, 로마, 인도, 중국, 후대의 오스만과 몽골 제국 등은 영광, 사상, 부, 권력 등에서 전에 없는 야망과 열정을 가지고 서로 경쟁했고, 그리하여 심지어 오늘날에도 우리들을 놀라게 하고 매혹한다. 이 시대는 가장 큰 규모로 세계화가 진행되던 시기였고, 따라서 고전 시대를 만든 사람들은 자신이 직접 인류의 역사를 쓰고 있다고 느꼈다.

이 시대는 또한 정치에 의한 세계화의 시대라고 부를 만하다. 제국의 국가들은 의식적으로 글로벌 문명을 창조하려 했기 때문이다. 제국들은 국가 권력의 기구를 이용하여 사상을 전파하고, 기술을 보급했으며, 새로운 제도를 소개하고, 로마식 도로와 수도교 같은 기반시설을 대륙적인 규모로 건설했다. 유럽, 북아프리카, 동부 지중해, 서아시아 등에는 아직도 이 시기에 건설된 시설의 유적이 남아 있다. 이 국가들은 사상을 전파하고 그들의 권력과 부를 증대하기 위해 때로는 과감하고 무모하게, 때로는 폭력적으로 행동했다.

이 국가들은 지난 수천 년 동안 축적되어온 기술(곡식을 재배하고 동물을 기르고 물품을 수송하고 전투를 수행하는 더 좋은 방법)을 활용할 수 있었다. 그들의 가장 강력한 기술은 오늘날의 시각에서는 당연시되는 것들이다. 사상 처음으로 유라시아의 4대 지역, 즉 지중해 유역, 서아시아, 남아시아, 동아시아에서는 대중적인 문자체계가 갖추어졌고, 그에 따라 인류 역사상 처음으로 수천 권의 책들이 집필되고 수집되었다. 대규모 도서관들도 창건되었는데, 그중에서도 알렉산드리아 도서관은 그리스·로마 시기에 가장 유명한 것이었다. 지식은 이제 체계화되어 책과 공공 교육에 의해 전파될 수 있었다. 세상의 다른 지역들에서는 구전과 신화의 형식으로 자신들의 역사를 면면히 이어가고 있는 동안 고전 시대 제국의 정부들과 독립된 학자들은 후세를 위하여 인류의 역사를 문서화하기 시작했다.

고전 시대의 제국들은 힘과 지식과 야망을 가지고 있었지만, 제국의 행운에 결정적 영향을 미친것은 지리적 조건이었다. 이 장에서 살펴볼 제국들은 그들 나름의 생태적 영역 속에서 성장했으며, 무력을 가진 장군들보다는 기후에 따라 제국의 판도가 결정되었다.

축軸의 시대

20세기에 활동한 독일의 철학자 카를 야스퍼스는 '축의 시대Axial Age'라는 개념으로 고전 시대를 정의했다.[1] 야스퍼스는 기원전 800년에서 300년 사이의 500년 동안에 유라시아의 4대 문명 지역에서 심오한 철학과 종교가 동시다발적으로 발생했다고 지적했다. 이 4대 지역은 지중해의 그리스·로마, 서아시아의 페르시아, 북부 인도의 아리안, 그리고 동아시아의 중국이다. 이들 지역에서 인생의 의미와 목적에 대하여 아주 획기적이면서도 근본적인 진전을 이룬 사상 체계가 생겨났다.

그리스·로마에서는 그리스의 도덕철학이 발달하면서 플라톤과 아리스토텔레스의 심오한 철학과 후대의 여러 사상 체계로 이어졌다. 페르시아에서는 조로아스터교가 발생했는데, 이는 세상을 선과 악이 싸우는 전장으로 보는 종교이다. 이 종교는 차례로 유대교와 후일의 기독교에게 큰 영향을 주었다. 인도에서는 힌두교의 우파니샤드와 부처의 가르침이 생겨났다. 부처는 모든 사물에 대한 자비심과 집착하지 않음을 통하여 니르바나(열반)에 이르는 길을 가르쳤다. 중국에서는 공자와 맹자가 의식儀式의 경건한 제례祭禮, 미덕의 함양, 국가의 법제에 바탕을 둔 조화로운 사회질서를 가르쳤다.

축의 시대에 발전한 철학과 종교는 이후 사변철학에 큰 영향을 미쳤고, 심지어 오늘날의 종교와 철학에도 큰 반향을 일으키고 있다. 그리스 철학은 먼저 헬레니즘 제국들에게 수용되었고, 이어 로마 제국으로 건너갔다가 다시 기독교 신학에서 채택되었다. 유교는 중국 역사의 여러 왕조들 사이에서 핵심 가르침으로 자리 잡았고, 오늘날까지도 그 전통이 이어지고 있다. 불교는 오늘날 아시아의 5억 명 인구가 믿고 있을 뿐만 아니라 자비, 배려, 중도中道의 가르침은 심지어 서구에서도 채택되고 있다. 아케메네스 왕조와 사산 왕조 시대에 페르시아의 국교였던 조로아스터교는 오늘날 신봉자가 별로 없지만, 유일신 사상, 선과 악의 쟁투로서의 세계관, 선과 악을 선택하는 개인의 자유의지를 가르침으로써 아브라함 계통의 종교(유대교, 기독교, 이슬람)에 지속적이면서도 심오한 영향을 미쳤다.

야스퍼스는 이러한 기본적 세계관이 동시에 발생했다는 사실이 곧 유라시아 전역에서 사상의 교류가 활발하게 이루어졌다는 의미는 아니라고 말했다. 그는 이러한 현상을 하나의 수수께끼, 더 나아가 우연이라고 보았다. 하지만 이 현상 덕분에 그 후 2500년 동안 문명들 사이에 소통이 가능하게 되었다. 4대 문명 지역에서 이루어진 철학적·종교적 진보는 기원전 500년 이후의 시대에 문화의 근본요소가 되었고, 철학적·종교적 사상이 제국의 이데올로기에 편입되면서 마침내 국가 권력의 도구가 되었다.

우리는 이러한 현상에 어떤 공통적 원인이 작용한 것은 아닌지 생각하게 된다. 4대 문명 지역은 기원전 800년경에 이르러 각각 독립적인 문자체계를 확립함으로써 책을 집필할 수 있는 단계로 발전했다. 예를 들어 고대 그리스의 경우 호메로스의 장시를 음유시인이나 구전에 의하여 후대에 전하던 것이 그리스 알파벳을 사용한 필사본으로 대체되었다. 인류 역사상 처음으로 모음 철자를 도입한 문자인 그리스 알파벳은 기원전 800년경에 발명되었는데, 자음만을 표기하던 기존의 페니키아 문자에 모음 철자를 추가하여 만든 것이다. 이렇게 문자가 도입된 후에 그리스 텍스트들이 계속 집필되었다. 페르시아에서는 고대 페르시아어를 표기하기 위해서, 그리고 북부 인도에서도 산스크리트어를 표기하기 위해 문자가 도입되었다. 그 시기는 기원전 500년 혹은 그 이후일 것으로 추정되는데, 정확한 연대에 대해서는 아직도 논의가 무성하다. 중국에서는 비슷한 방식으로 한자가 개발되어 기원전 500년 이후에는 한자로 공자의 사상이 기록되기에 이르렀다. 요약하면 새로운 문자들은 서구, 페르시아, 인도, 중국 문명의 기본적 텍스트와 철학을 기록하여 후대에 전하기 위한 수단이 되었다.

해양국가와 지상국가

기원전 1000년경에 동부 지중해와 서부 아시아에서 경제와 사상의 발전 속도가 빨라지자 두 종류의 문명이 나란히 생겨났다. 첫 번째는 해상교역 네트워크를 중심으로 하는 경제 구조를 가진 도시국가들로서, 그 대표적인 사례는 페니키아와 고대 그리스이다. 두 번째는 농업과 광업에 바탕을 둔 도시국가들로서, 이들은 마침내 고전 시대의 지상제국으로 발전하게 된다. 고대 그리스인들은 이 두 문명을 뚜렷이 구분하는 두 개의 멋진 단어를 만들어냈다. 하나는 '탈라소크라시thalassocracy'이고, 다른 하나는 '텔룰로크라시tellurocracy'인데, '탈라소thalasso-'와 '텔룰로telluro-'는 각각 바다와 땅을 의미하며, '크라시-cracy'는 국가를 뜻한다.

페니키아인들은 역사상 아주 훌륭한 최초의 해양국가를 만들어냈다. 그들은 지중해 전역에 걸쳐 해상교역의 네트워크를 창조했을 뿐만 아니라 그들의 뒤를 이은 그리스와 로마의 제국들에게 해상무역의 중요성을 가르쳐주었다. 페니키아는 오늘날의 레바논에 자리 잡고 있었는데, 주요 해안 도시는 비블로스와 티레였다. 이 두 도시의 기원은 기원전 5000년까지 거슬러 올라가지만, 페니키아인은 그보다 후대에 홍해나 페르시아만 지역에서 이주해온 사람들로 보인다. 페니키아인들은 기원전 1500년경에 지중해 일대에서 해안 식민지를 건설하기 시작했고, 마침내 대서양 쪽으로 서진西進했다. 서부 지중해 도시들 중에서 가장 중요한 것이 카르타고인데, 기원전 9세기경에 페니키아인들이 건설했다. 이 해안 도시들은 목재, 유리, 와인, 염료 등 다양한 물품을 거래하는 지중해 교역의 네트워크를 형성했다. 특히 바다달팽이로 만드는 보라색 염료는 페니키아라는 말의 어원과 관련이 있다. 일부 학자들은 피처럼 붉은 색깔을 뜻하는 고대 그리스어에서 페니키아라는 말이 나왔다고 생각한다(그리스어 'phainicie'는 '보라색의 땅'이라는 뜻이고, 페니키아 혹은 카르타고 주민을 가리키는 라틴어 '포에니poeni'는 그리스어 'phoinie'에서 온 것이다. 그래서 고대 로마와 카르타고의 전쟁을 포에니 전쟁이라고 한다 ― 옮긴이).

   지중해 교역의 촘촘한 네트워크를 형성한 것 이외에도 페니키아인들은 그들의 언어인 셈어를 표기하기 위해 22개의 자음 철자로만 구성된 문자체계를 만들어냈는데, 이것이 기원전 8세기에 그리스인에 의해 채택되었고, 다시 로마인들에게 흘러들어가 로마 문자가 되었다. 페니키아의 문자체계는 이집트의 상형문자에서 유래한 것으로 추정된다. 이렇게 하여 동부 지중해의 문자체계는 하나의 커다란 지식 전파의 호弧를 그리며 완성되었다. 먼저 이집트의 상형문자가 있었고, 이것이 레반트의 문자체계에 영향을 주었으며, 그 이후 페니키아의 자음 알파벳이 생겨났고, 이어 자음과 모음이 있는 고대 그리스의 알파벳을 만들어내는 획기적인 진보가 있었다.

페니키아인들은 교역과 금융의 기술이 아주 뛰어났다. 그래서 플라톤은《국가》에서 그들을 "지혜를 사랑하는" 그리스 민족과 대비해 "돈을 사랑하는" 민족이라고 하면서 군사력은 그리 뛰어나지 않다고 말했다. 그 때문에 페니키아인들은 그 시대의 지상국가들에게 정복당했다. 페르시아 아케메네스 왕조의 키루스 대왕은 기원전 539년에 레반트 지역의 도시국가들을 정복했다. 알렉산드로스 대왕도 그 후 기원전 322년에 이 지역을 정복했다. 그리고 알렉산드로스 대왕 사후에 페니키아는 프톨레마이오스 왕조와 셀레우코스 제국에 편입되었다. 카르타고는 독립된 도시국가로 명맥을 유지하다가 포에니 전쟁으로 로마 제국에 의해 멸망되었다.

제국의 출현과 문명의 충돌

자기 나라의 근거지 너머로 진출하여 제국다운 규모를 갖춘 지상 제국의 출현은 기원전 900년경까지 거슬러 올라간다. 고대 이집트는 나일강 유역을 중심으로 통일되었고, (아카디아, 아시리아, 바빌로니아를 포함한) 메소포타미아의 연이은 제국들은 티그리스강과 유프라테스강 유역에서 대체로 그들끼리 싸웠다. 이어 신아시리아 제국(그림 5.1, 330쪽)이 막강한 군사력을 갖추고서 메소포타미아, 동부 아나톨리아의 일정 부분, 레반트 등을 복속시킨 후에 마침내 이집트를 정복했다(기원전 671). 이처럼 대규모 영토를 정복했으나 신아시리아 제국은 그 직후에 곧 붕괴되었다. 그 이유인즉 내부의 분열로 행정이 안정되지 못했고, 정복된 영토를 현지인들에게 다시 빼앗겼고, 마침내 아시리아의 여러 적들이 연합하여 기원전 612년에 제국의 수도인 니네베로 쳐들어왔기 때문이다.

하지만 곧이어 새로운 세계화의 시대가 시작되었다. 이 시대에 행운의 위도 내에 웅거한 여러 지상 제국들은 광대한 영토를 정복하고, 다른 제국들과 교역과 문화 교류를 폭넓게 수행하며, 끊임없이 전쟁을 치렀다. 지중해 유역과, 대서양에서 인더스강까지 뻗어 있는 서부 아시아는 서로 경쟁하는 제국들의 동서 각축장이 되어 문명의 충돌이 일어났고, 그 충돌은 오늘날까지 계속되고 있다. 가령 미국이 오늘날 이란을 자극하고 도발하는 것이 그런 충돌의 구체적 사례이다. 물론 그러한 문명의 충돌을 의식하고 이란을 공격하는 것은 아니겠지만, 오늘날의 미국과 이란의 사태는 2500년 전에 지중해와 페르시아 사이에 벌어졌던 오래전의 갈등과 편견을 반영하고 있다.

최초의 위대한 페르시아 제국이었던 아케메네스 왕조는 기원전 559년경에 키루스 대왕이 창건했다. 아케메네스 제국은 신아시리아 제국, 바빌론 국가, 메소포타미아의 다른 국가들을 일소하고 더욱 세력을 확장하여 아나톨리아, 페니키아 그리고 이집트를 정복했다. 기원전 597년에 바빌론이 유대 민족을 정복했을 때 잡아갔던 유대인들을 귀국할 수 있도록 해준 것도 키루스였다(기원전 539). 일부 학자들에 의하면, 키루스는 나중에 유대인들의 토라(모세 5경을 가리키는 것으로 구약성경의 첫 다섯 권인 창세기, 출애굽기, 민수기, 레위기, 신명기를 가리킴 − 옮긴이)가 되는 유대인들의 역사적·종교적 문서들을 유대인 사제들이 편찬하는 것을 도와주었다.

아케메네스 제국이 엄청나게 팽창하면서 페르시아는 그리스 도시국가들의 문턱까지 진출했는데, 그로 인해 페르시아와 아테네 사이에 역사상 가장 유명하고 획기적인 동서 충돌이 발생했다. 페르시아는 기원전 490년에 그리스 본토를 공격했는데, 그로 인해 다음과 같은 세 가지 역사적 결과가 생겨났다. 첫째, 기원전 449년에 그리스-페르시아 전쟁에서 아테네는 최종적으로 페르시아를 물리쳤다. 이 사건은 동양의 침략에 맞서서 서양 문명이 거둔 결정적 승리였다. 둘째, 아테네는 마라톤에서 승리를 거두었고, 그 결과 같은 이름을 가진 26마일의 장거리 경주의 전통이 확립되어 오늘날까지 계속되고 있다. 셋째, 페르시아와 그리스의 전쟁은 서구에서 역사학 분야가 생겨나는 계기가 되었는데, 그 결과 헤로도토스의 획기적 대작인 《역사》가 탄생했다.

페르시아와 그리스의 전쟁이 끝난 후에도 전쟁으로 지친 사람들은 휴식을 취할 수 없었다. 이 장기간에 걸친 전쟁이 끝나고 몇 년 뒤에 아테네와 스파르타는 펠로폰네소스 전쟁(기원전 431~404)에 돌입했다. 이 전쟁으로 서양에서 두 번째로 위대한 역사서인 투키디데스의 《펠로폰네소스 전쟁사》가 탄생했다. 이 전쟁에서 패배함으로써 아테네는 수십 년에 걸쳐서 그리스를 지배해오던 패권을 잃어버리게 되었다. 그 후 이 시기는 아테네의 황금시대로 기억된다. 민주적 제도, 학문, 예술, 시민의 정치 참여 등이 이 시대에 활짝 꽃을 피웠는데, 이런 문명의 제도는 그 후 서구에 지속적인 영향을 미쳤다.

그러나 아테네가 서구의 역사에서 수행한 결정적 역할은 아직 끝난 것이 아니었다. 그다음 세기에 들어와 아테네는 플라톤과 아리스토텔레스를 배출함으로써 서양 철학의 기초를 놓았다. 소크라테스에게 사형이 선고된 것은 기원전 399년이었다. 그의 고제자高弟子였던 플라톤은 기원전 387년에 유명한 교육기관인 아카데미아를 열었다. 이곳에서 플라톤은 감성에 대한 이성의 우위, 자기 지식의 목적, 미덕의 추구, 선량한 생활의 영위 등 서양 윤리학의 핵심 개념들을 가르쳤다. 또한 정치를 공동선의 추구라고 규정했는데, 이 정치적 개념은 서양 사상에서 핵심적 자리를 차지하게 되었다. 이러한 사상들은 플라톤의 고제자이며 아마도 서양 역사에서 가장 위대한 철학자인 아리스토텔레스에 의하여 더욱 진보하고 또 가다듬어졌다. 아리스토텔레스는 자신의 학교인 리케이온을 창건했는데, 이는 세계 최초의 대학으로 간주된다. 스승 플라톤과는 달리 아리스토텔레스는 철학적 명상만 깊이 있게 한 게 아니라 다양한 분야에서 경험적 사실들도 탐구했다. 아리스토텔레스는 생물과 생태학을 직접 연구하여 생물학이라는 학문을 창시했다. 아리스토텔레스는 그 외에도 논리학, 수사학, 미학, 정치학, 윤리학 등 여러 학문을 수립한 공로를 인정받고 있다.

아리스토텔레스는 가장 유명한 제자를 둔 스승으로도 기억되는데, 기원전 343년 아리스토텔레스는 마케도니아의 필리포스 왕의 초청을 받아 여러 해 동안 그의 어린 아들 알렉산드로스를 가르쳤다. 알렉산드로스는 그 후 마케도니아의 왕이 되었고 기원전 334년에 동쪽으로 페르시아 정벌을 떠났다. 한 세기 반 전에 아케메네스 왕조가 그리스를 침공해온 것에 대한 보복 조치였다. 기원전 332년 알렉산드로스는 당시 페르시아 총독부이던 이집트를 함락시켰다. 이어 기원전 330년에 페르시아 제국의 수도인 페르세폴리스를 점령하여 제국을 정복했다. 알렉산드로스는 계속 정복전을 벌이며 동쪽의 인도까지 나아갔다. 인도에서 마케도니아로 돌아오던 기원전 323년에 알렉산드로스는 알 수 없는 원인으로 바빌론에서 갑자기 사망했는데, 당시 그의 나이는 33세였다(플루타르코스에 의하면 알렉산드로스의 사인은 타살은 아니고, 과도한 음주, 미신적인 마음가짐, 열병 등이 복합된 상태에서 와인을 마시고 정신착란에 빠졌다가 죽은 것으로 되어 있다 — 옮긴이).

알렉산드로스 정복의 최대 판도는 그림 5.2(330쪽)와 같다. 우리는 알렉산드로스 제국의 동서 축이 이미 잘 알려진 기후 지역의 동서 축을 따라가고 있음을 알 수 있다. 알렉산드로스는 마케도니아 동쪽으로 출발하여 말이 끄는 전차가 자신을 인도할 수 있는 데까지 나아갔다. 알렉산드로스의 사후에 생겨난 헬레니즘 제국들은 그리스인들이 다스릴 수 있는 생태적 지역 내에 머물렀다. 온대 지역과 건조한 충적토 지대인 이 지역의 특징은 작물 농업과 목축의 혼합 농업이 가능하고, 말을 사육할 수 있으며, 전염병의 분포가 잘 알려져 있다는 것이었다. 헬레니즘 제국들은 결코 열대 지역으로 남하할 생각을 하지 않았다. 유럽의 정복자들이 열대 아프리카의 말라리아가 창궐하는 지역에서 살아남는 방법을 발견한 것은 그로부터 2000여 년 뒤의 일이었다.

그리스인들의 전례 없는 유산

알렉산드로스가 갑자기 사망하자 그의 부장들과 추종자들은 수차례 복잡한 계승 전쟁을 벌였다. 제국의 상당 부분을 추종자들이 장악함으로써 여러 개의 헬레니즘 후계 국가들이 생겨났다. 그 국가들 중 가장 중요한 것이 셀레우코스 제국인데, 아나톨리아, 레반트, 메소포타미아, 페르시아 등을 제국의 판도로 삼았다. 이 제국은 사실상 알렉산드로스가 패배시킨 아케메네스 제국의 헬레니즘 후계자이다. 그 외에 이집트의 프톨레마이오스 왕조와 수십 년의 내분 끝에 생겨난 마케도니아의 안티고노스 제국이 있다. 다른 소규모 헬레니즘 왕국으로는 페르가몬 왕국, 그리스-박트리아 왕국, 인도-그리스 왕국 등이 있다.

그리하여 알렉산드로스가 정복한 땅 전역에서 그리스의 식민사업, 교역, 문화, 철학이 수세기 동안 계속되었다. 그리스의 지혜는 동부 지중해에서 인더스강에 이르는 광대한 지역을 인도하고, 가르치고, 영감을 주었다. 정치와 교역은 그리스어를 세계어로 삼아 진행되었고, 그리스의 서적들이 이 지역에 널리 유통되었다. 이러한 영향력은 그리스가 기원전 146년에 로마에 정복된 이후에도 지속되었고, 심지어 이집트의 프톨레마이오스 왕국이 악티움 해전으로 로마에 굴복한 이후에도 지속되었다. 이 해전은 기원전 31년 로마 제국의 초대 황제인 아우구스투스와 마르쿠스 안토니우스 그리고 클레오파트라 사이에 벌어진 아주 중요한 전투였다.

그리스 문화는 김나지움의 설립으로 널리 전파되었다. 김나지움은 젊은이들의 학교로서 청소년의 인품, 운동 능력, 그리스의 문화적 사상에 대한 충성심 등을 배양하기 위해 세워진 것이었다. 파이데이아paideia라는 그리스의 개념은 아리스토텔레스가 《니코마코스 윤리학》에서 가르친 덕성스러운 시민적 생활과 선량한 생활(에우다이모니아eudaimonia)을 영위하는 데 필요한 탁월한 성품을 청소년들에게 가르치는 교육을 말하는 것으로, 헬레니즘 제국들 전역에서 널리 실행되었다. 이러한 교육 훈련의 이상은 서구사회에서 핵심적 개념으로 자리 잡았고, 오늘날까지도 그대로 전수되고 있다.

기원전 146년에 그리스를 완전히 정복한 로마 제국은 그리스의 학문, 철학, 종교에 크게 의존했다. 동로마 제국은 대체로 그리스어를 사용하는 제국으로 남았고, 로마의 엘리트들은 종종 그리스어와 라틴어의 2개 국어를 사용했다. 오랜 세월 동안 아테네는 학문의 중심지로 남아 있었고, 로마 제국의 대규모 도서관들, 특히 알렉산드리아와 페르가몬의 도서관은 그리스어 서적을 열심히 수집하고 그 학문을 열렬히 지원했다. 로마에 있었던 트라야누스 황제의 도서관은 라틴어 부문과 그리스어 부문을 따로 나누어 소장도서를 보관했다.

그리스 학문은 유대교와 기독교 사상의 일부가 되었다. 알렉산드리아의 필로 같은 유대교 신학자들과 알렉산드리아의 오리게네스 같은 초창기 기독교 신학자들이 그리스의 철학사상을 그들의 종교사상 속에 수용했던 것이다. 디오클레티아누스 황제가 로마 제국을 동과 서의 두 제국으로 분할하자, 동로마 제국은 그리스어로 행정 업무를 봄으로써 로마의 통치 제도 안에서 그리스 사상의 근본적 역할을 더욱 강화했다. 서로마 제국이 게르만 부족들에게 정복된 이후에 그리스 학문은 대체로 서구의 공공제도에서 사라졌으나, 기독교 수도원들에서는 희미하게나마 명맥이 유지되었다.

동양에서 7세기에 이슬람이 흥기하면서 고대 그리스의 학문이 또 다른 역사적 추진력을 얻게 되었다. 아랍의 칼리프들이 그리스 학문을 적극 권장했을 뿐만 아니라 여러 세대에 걸쳐 이슬람 철학자들이 고대 그리스의 서적들을 조직적으로 연구하고 아랍어로 번역했던 것이다. 이것이 그리스의 보물들이 살아남아 오늘날까지 전해지게 된 주된 통로였다. 압바스 왕조의 칼리프인 압둘라 이븐 무하마드 알 만수르는 제국의 수도를 다마스쿠스에서 새로운 평화의 도시 마디나트 알 살렘(오늘날의 바그다드)으로 옮겼다. 그는 학자들을 이 새 도시로 초청했고 고대의 텍스트들을 번역하는 대대적 사업에 착수했다. 이슬람 세계 전역에서 이븐 시나(아비센나)와 후일의 이븐 루시드(아베로에스) 같은 위대한 철학자들이 필로와 오리게네스의 뒤를 이어 아리스토텔레스의 학문과 윤리학을 이슬람 사상과 지혜 속으로 수용하는 작업을 담당했다.

칼리프 만수르의 손자이자 후계자는 바그다드에 대형 도서관 바이트 알 히크마(지혜의 집)를 세워 고대와 현대의 지식을 수집했다. 운 좋게도 그 시기에 위대한 발명품이 바그다드에 도착했다. 제지술이라는 중국의 기술이었다. 바이올렛 몰러가 설명한 바와 같이 섬유질 식물에서 종이를 만드는 기술은 전투 중에 생포된 두 명의 중국 병사들에 의해 아랍 세계에 전파되었다. 그리하여 서기 751년에 사마르칸트에 무슬림 세계 최초의 제지공장이 세워졌다. 그리고 제지 기술은 그보다 40년 뒤에 바그다드에 전해졌다.[2]

고대 그리스의 지혜는 마침내 크게 한 바퀴 원을 그리며 중세 시대의 로마와 서구로 되돌아왔다. 그리스 철학에 대한 고대 그리스인과 무슬림 평론가들의 아랍어 번역이 라틴어로 다시 번역되어 12세기와 13세기에 교회 신학자들에 의해 연구되었다. 이들 중 가장 중요한 신학자인 토머스 아퀴나스는 《신학대전》이라는 책을 펴냈다. 이 책은 아리스토텔레스 철학을 도구로 삼아 기독교 신학을 깊이 명상하면서 신앙과 이성을 결합시킨 대작이다. 아리스토텔레스의 철학은 파리(아퀴나스가 가르친 곳), 볼로냐, 파두아, 살라망카 등지의 유럽 신생 대학들에서 커리큘럼으로 수용되었다. 이탈리아의 르네상스는 고대 세계에 대한 새로운 열정을 발산하면서 세속적 추진력을 보태주었다. 또 다른 중요한 사건도 추가로 동력을 제공했다. 오스만 제국이 1453년 콘스탄티노플을 함락하자 그 도시에 거주하던 그리스 학자들은 목숨을 건지기 위해 외국으로 피신하여 유럽의 대학에 자리를 잡으면서 고전 지식과 텍스트들을 새롭게 유럽의 도시들로 가져왔다.

로마 제국

고전 시대의 제국 간 경쟁의 드라마로 시선을 돌려보자. 기원전 214년과 148년 사이에 여러 번의 전쟁을 거쳐서 마케도니아를 패배시킨 로마 제국은 이어서 다른 헬레니즘 국가들까지 정복했다(여기에는 기원전 30년에 멸망시킨 이집트의 프톨레마이오스 왕국도 포함된다). 로마 제국의 판도는 행운의 위도 지역에서 동서 축을 따라 형성되었다. 그림 5.3(331쪽)에서 볼 수 있듯이, 서기 117년 트라야누스 황제 치세 시의 로마 제국의 판도는 쾨펜-가이거 기후 구분의 지중해성 기후 지역과 거의 일치한다. 로마 제국의 판도는 그 이전의 다른 제국들과 마찬가지로 대체로 기후에 의해 규정된다.

로마 제국의 황제들이 북아프리카의 해안 지역에서 멈추어선 이유는 분명하다. 거기서 더 남쪽으로 내려가면 사람이 살 수 없고 비경제적 환경인 사막지대를 만나기 때문이다. 그리고 제국의 경계에서 더 북쪽으로 가면 라인강을 건너 오늘날의 독일로 들어가게 되는데, 그곳은 짙은 삼림, 척박한 토양, 차가운 날씨 등을 특징으로 하는 아주 까다로운 지역이므로 북쪽 경계에서 멈춰 선 것이다. 로마의 역사가 타키투스는 서기 98년경에 집필한 연구서 《게르마니아》에서 이렇게 말했다. "거칠고 미지인 바다의 위험은 차치하고라도, 누가 아시아, 아프리카, 이탈리아를 놔두고 살벌한 풍경에 날씨마저 가혹한 게르마니아에 들어가려 하겠는가? 그곳이 고국인 사람이야 어쩔 수 없겠지만, 그 외에는 누가 살기에도 힘들고 보기에도 짜증나는 그곳으로 들어가려 하겠는가?"

한나라, 중국의 기틀을 세우다

로마 제국이 생겨나던 시기에 유라시아 동쪽 끝에서도 역사적으로 의미 있는 변화가 일어나고 있었다. 시안에 있는 자신의 무덤 주변에 수많은 용사, 말, 전차의 테라코타 입상을 묻은 것으로 유명한 중국의 진시황은 기원전 221년에 최초로 중국을 통일했다. 역사가 L. 캐링턴 굿리치는 진나라가 중국을 통일한 군사적 성공에 대하여 이렇게 논평했다. "뛰어난 준비, 꾸준한 압박, 새로운 전쟁 기술(특히 기병) 등의 조건들이 결합하여 생겨난 결과로 사실상 진나라를 상대할 적수가 없었다."[3] (서부 스텝 지역에서 수입된) 마상 전투, (근동에서 수입된) 소가 끄는 쟁기, (지중해에서 수입된) 유리 제품, (남아시아에서 수입된) 천문학적 개념 등의 기술이 서쪽에서 고대 중국으로 흘러들었다. 중국은 이런 기술 덕분에 기술의 이노베이션을 달성할 수 있는 대대적인 능력을 보유하게 되었다.

통일 이후의 진나라는 기원전 221년에서 206년까지 15년밖에 지속하지 못한 단명한 국가였지만, 진나라 멸망 직후에 들어선 한漢나라는 기원전 206년부터 서기 220년까지 400년 동안 존속했다. 현대 중국의 국경선은 사실상 한나라 시기에 결정되었기 때문에 당시의 국경이 오늘날의 중국 영토를 규정하고 있다. 이 경계선이 형성된 과정을 이해하기 위해서는 중국과 그 인근 국가들이 속한 기후 지역을 살펴볼 필요가 있다. 오늘날의 중국은 동쪽과 남쪽의 따뜻한 온대 지역, 북동쪽의 차가운 기후 지역, 몽골과 접하는 북쪽의 건조한 스텝 지역, 남서쪽의 히말라야 고원지대, 그리고 중국의 동남아시아 이웃국가들인 미얀마, 라오스, 베트남 등 열대 지역에 접하는 남쪽 경계선 등을 지리적 특징으로 하고 있다. 서기 73년 전성기 때(그림 5.4, 331쪽)의 한나라의 영토는 현대 중국의 온대 지역에 스텝 지역까지 아우르고 있었다. 스텝 지역은 한나라를 중국 북부의 이웃인 흉노 칸국(오늘날의 몽골)으로부터 떼어놓는 완충지대 역할을 했다. 지금과 마찬가지로 그때에도 남쪽의 열대 지역은 한나라의 일부가 아니었다.

다시 말해서 한나라의 영토는 동아시아 대륙의 온대 지역에 북쪽의 스텝 지역이 추가된 형태였다. 이 스텝 지역은 다시 더 북쪽에 있는 광대한 스텝 지역을 완충지대로 삼았다. 한나라의 인구는 두 개의 큰 강 유역에 집중되어 있었다. 하나는 북쪽의 황허강으로, 서쪽에서 발원하여 스텝 지역을 관통하여 동쪽으로 흘러간다. 다른 하나는 남쪽 온대 지역의 양쯔강인데 서쪽에서 동쪽으로 흘러간다. 황허강 유역은 기온이 낮고 건조한 기후에서 주로 밀과 기장 농사에 집중했고, 양쯔강 유역의 농부들은 쌀을 주로 재배했다.

한나라는 제국의 지배권을 베트남까지 확대하려고 적극적으로 싸웠고 여러 번에 걸쳐 베트남을 직접 다스렸다. 그러나 그때마다 한나라의 통치는 현지의 반란에 의하여 와해되었다. 또 어떤 시기에는 베트남 왕국들이 중국 제국에 공물을 바치는 간접적인 형식을 띠었다. 베트남에 대한 중국의 문화적 영향은 아주 컸지만 중국은 남쪽의 열대 지방 국가들을 자국 영토로 편입시키지는 못했다. 기후라는 걸림돌이 궁극적으로 제국의 확장에 한계를 정해주었던 것이다. 피타 켈레크나라는 학자는 역사상 말이 수행한 역할에 대해 이야기하며 기후라는 장애물에 대해 이렇게 말했다. "강수량이 적은 반건조성 기후에서 진화해온 말은 열대 우림이나 정글 지역의 전투에 이용하기에는 맞지 않았다. 중국인들은 남쪽으로 확장해나가려고 거듭 시도했지만, 이미 살펴본 바와 같이 몽골족이 세운 원나라는 열대 지역인 동남아시아를 정복하지 못했다."[4]

중국은 기원전 1000년대에 서방으로부터 핵심적 기술을 수입했지만, 자국에서 개발한 기술을 화려하게 꽃피운 시대는 한나라였다. 한나라 시절에 이루어진 획기적인 기술 진보를 몇 가지만 꼽으면 제지술, 항해(배의 방향타), 수학(음수와 방정식의 해법), (황허강 유역에서의) 홍수 통제, 수차, 야금술(쇠의 제련), 지진계를 들 수 있다. 한나라는 또한 중국 역사 내내 지속되어온 국가 행정의 모범적 제도를 수립했다. 그것은 전국을 주, 현, 읍, 촌의 위계적 행정 단위로 나누어서 중앙정부가 통치하는 제도였다. 또한 유교가 국가의 이데올로기로 정립되었다.

국내가 안정되고, 작물과 목축의 혼합 농업이 높은 생산성을 구가하며 기술적 진보가 빠르게 이루어진 시대였으므로, 서기 1년경에 한나라의 인구는 6,000만 명에 도달했을 것으로 추정된다. 같은 시기에 로마 제국의 인구는 대략 4,500만 명이었다. 이 당시 한나라와 로마 제국은 전 세계 인구의 약 절반을 차지했다.

유라시아 3대 제국의 탄생

서기 100년에 유라시아 세계는 행운의 위도에 있는 동서 축을 따라서 3대 주요 제국이 수립되어 있었다(그림 5.5). 구체적으로 말하면 지중해 유역의 로마 제국, 서아시아(오늘날의 이라크와 이란)의 파르티아 제국, 그리고 중국의 한나라였다.

기원전 187년 인도의 마우리아 제국이 붕괴한 후에 인도 아대륙은 쿠샨, 인도-스키타이, 인도-그리스 등 다수의 국가들로 분할되었다. 이 3대 제국의 북쪽에는 북유럽의 울창한 삼림지대, 파르티아 북쪽의 서유라시아 스텝, 중국 북쪽의 동유라시아 스텝이 있었다. 3대 제국의 남쪽으로는 북아프리카와 아라비아의 사막들과 동남아시아의 열대 지역들이 있었다.

서기 100년에 이르러 로마 제국과 한나라의 인구는 각각 약 6,000만이었고, 인도 아대륙은 이와 비슷하거나 약간 많은 수준이었다. 파르티아의 인구는 대략 1,500만 명 정도였을 것으로 추정된다. 모두 합치면 이들 지역은 전 세계 2억 2,500만 인구 중 약 2억 명에게 거주지를 제공했다. 사하라 이남의 아프리카와 아메리카의 인구는 별로 많지 않아서 각각 수백만 명 수준이었고, 유라시아의 스텝, 사막, 열대 기후 지역의 인구도 이와 비슷했다. 온대 유라시아의 작물과 목축을 혼합한 농업 제도는 높은 생산성을 자랑했고, 여기에 광대한 동서 축을 따라서 벌어지는 기마 교역, 정교한 행정, 발달된 기술의 유입 등이 생산성을 더욱 높여주었다. 이것은 행운의 위도 지역들이 세계 인구, 경제, 기술의 중심지임을 보여주는 것이기도 하다.

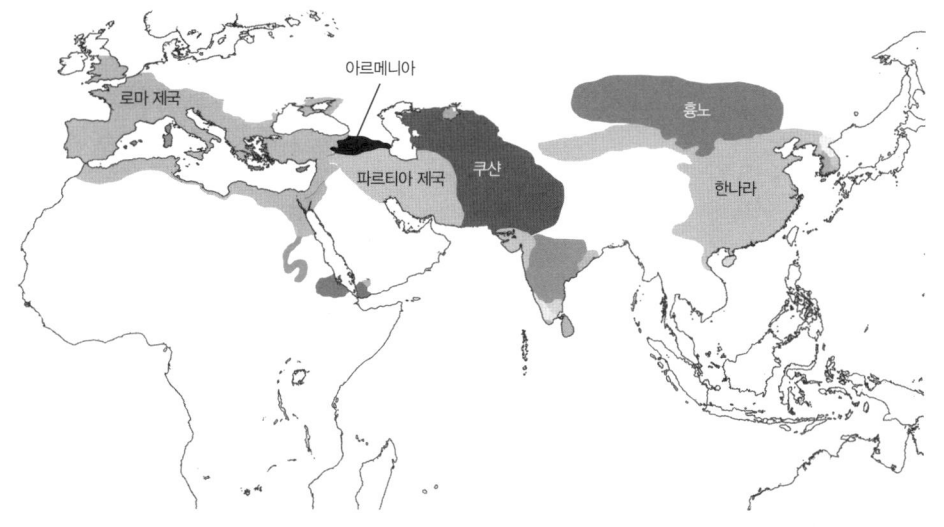

그림 5.5_서기 100년의 주요 유라시아 제국들

행운의 위도 지역은 크게 두 개의 기후 지역에 속해 있음을 기억하는 것이 중요하다. 첫째는 유라시아의 서쪽 끝과 동쪽 끝을 각각 차지하는 서유럽과 중국의 온대 기후 지역이다. 둘째는 서아시아와 중앙아시아 사이에 넓게 펼쳐져 있는 강수량이 적은 반건조성 지역과 사막 기후 지역이다. 로마 제국과 한나라는 온대 기후 지역에 자리 잡은, 인구가 조밀한 제국이었다. 이 두 제국은 곡물 생산량이 아주 많았는데, 로마 제국은 주로 밀을, 한나라는 밀, 기장, 쌀을 재배했다. 반면에 파르티아 제국과 서아시아와 중앙아시아의 다른 나라들은 인구가 이 두 제국보다 훨씬 적었으며, 관개한 하천 유역에서 나는 곡식, 과일, 포도 등을 먹고 살았다. 이 나라들은 넓은 목초지를 가지고 있어서 말들을 키우고 그 말들을 중심으로 기병대를 유지했다.

표 5.1의 데이터를 보면 아주 많은 것을 알 수 있다. 나는 로마 제국,

표 5.1_기후 지역에 따른 주요 제국들의 인구 비율

(단위: %)

	알렉산드로스 제국	로마 제국	한나라	우마이야 제국	몽골 제국	오스만 제국	티무르 제국
열대	-	-	-	-	0.46	-	-
건조	50.7	17.1	17.6	54.3	22.3	37.0	60.0
온대	26.4	77.2	67.4	25.3	51.2	48.7	8.7
냉대	-	0.33	12.1	-	18.3	1.5	0.06
고산	22.9	5.3	2.8	20.5	7.8	12.9	31.3

1세기 한나라, 8세기 우마이야 제국(최초의 아랍-이슬람 제국), 15세기 오스만 제국, 몽골 제국, 티무르 제국 등 여러 주요 제국들의 기후 지역에 따른 인구 분포를 추정하기 위해 역사적 인구 이동을 연구한 하이드 프로젝트의 추정을 따랐다. 알렉산드로스, 아랍족, 티무르의 서아시아와 중앙아시아 제국들은 대체로 건조 기후 지역의 제국들이고, 반면에 로마 제국과 한나라는 온대 지역의 제국들이다. 동로마 제국의 계승자인 오스만 제국은 기후 구분이 혼합되어 있는데, 아나톨리아와 발칸반도는 온대 지역인 반면에 서아시아는 건조 기후 지역이다. 궁극적으로 로마 제국과 한나라는 인구가 많고 인구 밀도도 높아서 규모의 경제와 기술 발전에 압도적으로 유리했지만, 인구 밀도가 낮은 국가들에게 정복당하는 운명은 피하지 못했다. 로마 제국은 북유럽의 게르만 부족과 동부 지중해의 투르크 정복자들에게 멸망했고, 중국의 송나라는 중앙아시아의 건조 기후 지역에 사는 유목 부족들에게 정복당했다.

동서 문명의 고속도로, 실크로드

유라시아의 3대 제국과 인도 아대륙의 북부 왕국들은 기술·제품·사상의 장거리 교환을 적극적으로 추진했다. 스텝 지역은 서쪽의 로마 제국과 동쪽의 한나라를 이어주는 고속도로인 소위 실크로드를 제공했다(그림 5.6). 중국의 비단은 로마로 흘러들었고, 지중해의 유리 공장에서 만들어진 유리 제품은 중국으로 흘러들어갔다. 실크로드는 로마 황제 마르쿠스 아우렐리우스(재위 서기 161~180)가 한나라의 황제에게 보내는 공식사절단이 여행한 길이었고, 그 외에 철학자들과 교사들도 이 길을 이

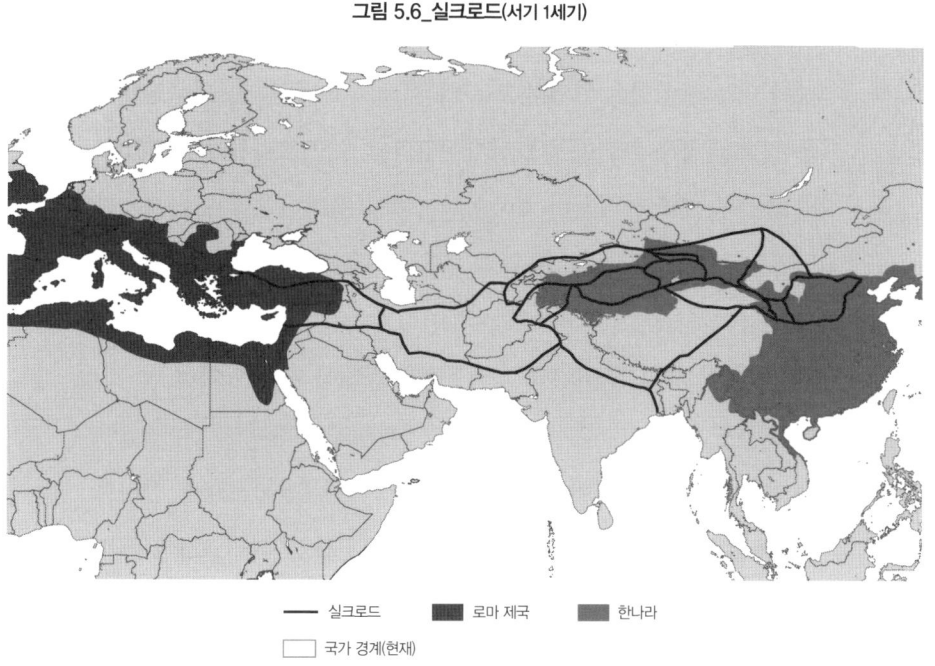

그림 5.6_실크로드(서기 1세기)

용하여 서로 왕래했다. 불교는 북인도의 발상지에서 중국으로 수입되었는데, 중국 측에서 불교가 최초로 언급된 것은 서기 65년이었다.

로마 제국의 몰락과 이슬람의 부상

로마는 기술과 인구에서 다른 나라들을 압도했으나, 로마 제국의 정치는 시간이 흘러가면서 점점 어지러워지기 시작했다. 서기 285년 로마 황제 디오클레티아누스는 제국을 둘로 나누었다. 하나는 비잔틴(나중의 콘스탄티노플)에서 통치하는 동로마 제국이었고, 다른 하나는 로마에서 통치하는 서로마 제국이었다. 로마 제국의 행정 단위는 그 후 더 나누어지고 동서 구분이 더 심화되었지만, 디오클레티아누스의 동서 분할 결정이 번복되는 일은 없었다. 서로마 제국은 북방의 게르만족들에게 계속 침략을 당하다가 마침내 서기 476년에 수도 로마가 함락되었다. 한편 동로마 제국은 비잔틴 제국으로 명맥을 유지하면서 수도 콘스탄티노플을 중심으로 지중해 유역의 대부분을 통치했다. 서기 555년 비잔틴 제국의 판도는 그림 5.7(332쪽)과 같다.

그 후 여러 세기 동안 온대 지역들은 유라시아 스텝의 기마 전사들로부터 위협을 받았다. 훈족은 흑해 지역에서 출발하여 5세기 중엽에 동유럽과 서유럽을 침공하여 이 일대를 마구 파괴했다. 고트족, 아바르족, 마자르족, 흉노족은 모두 중앙아시아 스텝 출신인데, 그들의 거주 지역보다 남쪽에 있는 온대 지역을 공격해왔다. 이들 부족은 특히 그 호전성과 파괴 행위로 악명이 높았다. 광범위한 인구 조밀 지역에 대하여 이 부족들이 군사적 성공을 거두었다는 것을 무엇을 의미하는가? 이 시대에 이르러 기병이 보병보다 군사적으로 우위를 차지하게 되었고, 인구가 적고 다른 분야의 기술에서 열등한 작은 나라라도 뛰어난 군사 기술을 가지고 있으면 대국을 상대로 결정적 우위를 점유할 수 있다는 것이다. 그리하여 몇 세기 뒤에 스텝 지역에서 온 또 다른 정복자인 몽골족이 지상전에서 위대한 승리를 거두게 되었다.

로마 제국이 멸망하면서 지중해 지역에서는 커다란 변화가 발생했다. 뒤이어 7세기에 페르시아의 사산 왕조가 약화하면서 또 다른 세력이 전격적인 정복전에 나서는 계기가 되었다. 이번의 정복자는 아라비아 사막에서 새로운 종교를 가지고 나타난, 말과 낙타 등에 올라탄 아랍 전사들이었다. 이슬람과 그 뒤에 생겨난 일련의 이슬람 제국들은 급속하게 대규모로 성장했다. 지리학의 논리가 다시 한 번 동서의 생태적 경사를 따라 흘러갔다. 이번에 그 논리는 서쪽으로는 아라비아 사막을 관통하여 북아프리카의 건조 기후 지역과 스페인으로 흘러갔고, 동쪽으로는 서아시아와 중앙아시아의 건조 기후 지역으로 들어갔다. 비잔틴 제국은 곧 북아프리카와 레반트의 영지를 이슬람 정복자들에게 빼앗겼다.

1세기가 채 지나지 않은 상태에서 이슬람의 판도는 이베리아의 대서양 연안에서 시작하여 북아프리카, 아라비아반도, 레반트를 거쳐서 페르시아로 확대되었고, 그 너머 인더스강 유역까지 뻗쳤다. 우마이야 왕조는 661년 3대 칼리프에 의해 창건되었고, 수도는 다마스쿠스였다. 그러나 우마이야 칼리프 왕조는 다시 750년에 압바스 칼리프 왕조에 의해 전복되었다.

서유럽의 온대 지역을 직접 정복하려는 아랍인들의 시도는 실패했다. 이슬람 침략군은 732년 투르(오늘날의 프랑스) 전투에서 프랑크족에 패배하여 후퇴했다. 그리하여 이슬람의 서유럽 정복은 이베리아반도에 국한되었다. 아랍 군대는 동부 지중해 지역에서 여러 세기에 걸쳐서 비잔틴 제국을 상대로 싸웠다. 비잔틴 제국은 아나톨리아와 발칸 지역에서는 대부분 아랍군을 격퇴했으나, 크레타, 몰타, 시칠리아 등 동부 지중해에 있는 여러 섬들을 아랍군에게 잃었다(그림 5.8, 332쪽).

그러나 이슬람은 아랍인들이 직접 정복한 지역 훨씬 너머까지 그들의 영향력을 확대했다. 아랍 상인들과 해운업자들은 이미 7세기 후반에 이슬람 신앙을 인도양의 정착촌에 가져왔다. 그리하여 이슬람은 주요 교역로를 따라서 인도, 중국, 동남아시아 일부 지역들에 전파되었다. 수피 선교사들은 현지의 애니미즘 공동체와 제휴하여 절충적이면서도 종합적인 종교 관습을 창조했다. 그리고 15세기와 16세기에 들어와 인도네시아 군도와 말레이반도의 통치자들은 그들의 정치적 권위를 높이기 위해 이슬람으로 개종했다.

아랍 칼리프 왕조가 세력을 떨친 지 대략 4세기가 지난 후에 아랍 주도의 제국들은 새로운 정력적인 라이벌의 도전을 받았다. 중앙아시아(오늘날의 투르크메니스탄과 카자흐스탄) 출신의 투르크족이 페르시아를 경유하여 서아시아 땅에 들어온 것이다. 셀주크족을 위시한 이 투르크 부족들은 페르시아 사회로부터 강한 영향을 받았고, 1000년경에는 이슬람으로 개종했다. 셀주크족은 페르시아 제국을 패배시켰다. 이어 아나톨리아로 진출하여 당시 그 지역의 주인이었던 비잔틴 제국의 땅을 단계적으로 빼앗기 시작했고, 1071년에는 비잔틴을 상대로 결정적 승리를 거두었다. 이렇게 셀주크족이 서아시아와 레반트에 진출한 사건은

1095년에 교황 우르바누스 2세가 주도하는 제1차 십자군 전쟁을 촉발했다. 그리하여 유럽과 비잔틴의 기독교 왕국들과 서아시아의 무슬림-투르크 제국들 사이에 수세기에 걸쳐 레반트와 발칸 지역에서 싸움이 벌어졌다.

셀주크족은 또 다른 투르크 제국인 오스만 제국에 의해 격퇴되었다. 오스만 제국은 먼저 북아프리카의 아랍 땅을 정복하고, 1453년에 비잔틴 제국의 수도인 콘스탄티노플을 함락시켰다. 그리고 이어서 발칸반도의 비잔틴 영토를 정복하고, 부다페스트를 포함하는 중부 유럽의 일부 지역을 석권했으나 빈의 성문 바로 앞에서 더 이상의 진출이 봉쇄되었다. 그림 5.7(332쪽)과 5.9(333쪽)를 비교하면 알 수 있듯이 오스만 제국은 서기 555년에 유스티니아누스 황제가 이룩한 비잔틴 제국의 판도 중 거의 모든 지역을 장악했다. 단 그중에서 이탈리아반도, 모로코의 서단 지역과 스페인만은 차지하지 못했다. 비잔틴 제국과 오스만 제국은 (밀, 올리브 숲, 포도원의 땅인) 지중해 유역에 자리 잡았고, 그 가장자리에 사막을 두고 있는 제국이었다.

송나라, 중국의 황금시대를 열다

셀주크족과 오스만족이 부상하던 시기에 중국은 송나라(960~1279)라는 새로운 황금시대를 맞고 있었다(그림 5.10, 333쪽). 온대 유라시아의 동쪽 끝에 있는 새롭게 통일된 평화로운 중국은 뛰어난 기술 이노베이션, 인구의 성장, 경제의 번영이라는 3박자를 갖춘 시대로 접어들었다. 중국이 (나침반과 화약 등의) 기술과 (지폐의 발행 등) 행정 분야에서 거둔 비약적인 성공은 마침내 서쪽으로 옮겨가서 1400년 이후 글로벌 규모로 성장하던 서유럽에게 큰 도움을 주었다. 이미 지난 몇 세기 동안 중국은 기술의 이노베이션과 안정된 행정 능력에서 다른 나라들과 비교가 안 될 정도로 앞서 있었다.

이처럼 송나라가 뛰어난 문화적 승리를 거둘 수 있었던 배경은 그 탁월한 행정 기술에서 찾을 수 있다. 그리하여 송나라는 "유교식 통치의 시대"라고 명명되었다. 디터 쿤은 그것을 이렇게 설명한다.

> 960년과 1022년 사이에 송나라의 초창기 황제들과 측근 신하들은 정부 행정, 지적 활동, 개인의 품행 등에서 높은 수준을 확립했고, 이것이 그 뒤의 후계자들에게 하나의 모델이 되었다. … 첫 세 황제들은 모두 호학好學하는 뛰어난 통치자였고, 그 덕분에 송나라는 그 전에 어떤 중국 왕조보다 유교의 이상에 가까이 다가선 나라였다. … 유교 경전에 뿌리를 두고 있는 유교는 인간의 도덕, 정의, 예절, 효도, 충성심, 군사정부에 우선하는 문민정부 등을 중시하는 윤리를 제공했다.[5]

송나라는 세계 최초의 대규모 자본주의 국가라고 정의해도 무방할 것이다. 토지는 개인 소유였고, 상인 가문들은 합자회사에 투자했으며, 무역은 개방적으로 이루어졌고, 항구들은 개량되었다. 이를 바탕으로 중국의 해양 무역은 인도양을 거쳐 동아프리카와 홍해 지역까지 뻗어나갔다. 12세기에 설립된 중국 해군은 바다를 단속했다. 농업의 생산성이 높아지며 송나라 인구가 두 배로 증가하여 1억 2,000명이라는 놀라운 기록을 달성했고, 그 결과 도시의 인구는 크게 늘어났다. 카이펑開封 과 항저우杭州 두 도시에는 각각 100만 명 이상의 인구가 거주했다. 그러나 북방 이민족들의 침략에 직면한 송나라는 1142년 황허강 유역을 포함하는 중국 북부 지역을 만주의 여진족에게 할양했다. 여진족은 자신들의 왕조를 금이라고 불렀는데, 금나라는 1세기 뒤에 몽골족에게 정복되었다.

도시화, 평화, 번영, 시장의 힘 등으로 추진된 송대의 기술적 이노베이션은 정말 놀라운 바가 있다. 이 시대는 인류 역사상 위대한 기술 발전이 활짝 꽃피어난 시대였다. 송나라는 항해 나침반, 선박의 방향타, 개선된 선박 건조 기술 등 항해 분야와 해양 기술에서 획기적인 발전을 이루었다. 그 외에 화약과 대포, 이동식 활자를 사용하는 (구텐베르크보다 2세기 앞선) 인쇄기, 구조 엔지니어링, 야금술, 멋진 도자기와 비단 등의 공예 제품, 기계식 시계, 지폐, 은행·보험·합자회사 제도 등을 발명했다. 이러한 기술적 진보는 스텝 지역과 행운의 위도를 따라 서쪽으로 전해져서 베네치아와 서유럽에 수입되었다.

스텝의 마지막 정복자들

300년 이상 반유목민으로 지내던 스텝 지역의 기마 전사들은 서쪽 지역에 정착하여 침입하고, 전투하고, 지배하고, 그러다가 온대 지역에서 남쪽으로 물러갔다. 그들은 상대방보다 수가 적었으나 뛰어난 승마 기술, 기병대 돌격, 면밀한 사전 계획, 뛰어난 무용 등으로 승리를 거두었다.

훈족, 알란족, 고트족, 투르크족 같은 그들의 이름은 아직도 유럽 내에서는 공포의 대상이다. 그러나 스텝 지역에서 몽골족 전사들이 말을 타고 침략해온 것은 행운의 위도 지역 내에서 평화와 번영이 구가되던 시기였다. 그러니까 유럽 중세시대의 전성기와 중국에 송나라가 들어서 있던 13세기에 몽골족의 침략이 시작된 것이다.

칭기즈칸은 몽골의 군벌로서 라이벌인 다른 몽골의 지도자들을 패배시키고 1206년에 들어서서 자신이 모든 몽골족의 왕이라고 선언했다. 이때부터 칭기즈칸과 그 후계자들은 수만 명으로 구성된 기병대를 이끌고 중국, 중앙아시아, 러시아, 코카서스, 서아시아, 동부 유럽의 정복에 나섰다. 칭기즈칸이 1227년에 사망할 당시에 몽골 제국의 판도는 태평양에서 카스피해까지 펼쳐져 있었다. 그의 아들 오고타이가 후계자 칸이 되어 1241년 사망할 때까지 제국의 영토는 계속 확장되었다. 몽골족은 이미 중국, 코카서스, 중앙아시아를 정복하고 폴란드와 헝가리를 침공하려던 중이었는데, 대칸 오고타이의 사망 소식이 몽골 야전군에게 전해졌다. 이 때문에 몽골군의 유럽 침략은 중단되었다. 왕자들이 대칸의 장례식에 참석하고 후계 대칸을 뽑기 위해 본국으로 돌아가야 했기 때문이었다.

막강한 몽골 군사력을 설명하는 한 가지 흥미로운 가설은 그들이 살던 지역이 가축을 키우기에 적당한 기후의 시대에 들어서 있었다는 사실이다. 1112년을 한 시대 단위로 잡고서 그 시대의 중앙 몽골 지역의 나무 연륜을 연구한 결과, 나의 컬럼비아대학 동료 교수인 닐 피더슨과 동료들은 이런 사실을 발견했다. 1206~1207년의 시기는 "날씨가 따뜻하고 지속적으로 습윤했다." 특히 습도가 평균 이상인 해가 15년 동안 지속되던 시기가 있었는데, 그것은 "지난 1112년 기간 동안에 전례가 없는 것"이었다. "이런 기후 조건 덕분에 목초지의 생산성이 높아졌고, 이것이 몽골의 정치적·군사적 힘을 형성하는 데 도움이 되었다. 결론적으로 아주 좋은 장마 시기가 계속되어 목초지의 풀들이 잘 자랐고, 그것이 말들의 사육을 도와주어 유라시아를 정복하는 군사력으로 연결되었다."[6]

1259년에 이르러 몽골 제국은 그림 5.11(334쪽)에 제시된 것처럼 엄청난 규모의 영토를 구축하며 역사상 가장 대규모의 지상 제국을 수립했다. 중국, 키예프 루스(러시아의 전신), 중앙아시아, 코카서스, 페르시아, 발칸과 동유럽의 일부 지역들이 몽골의 지배권 아래로 들어왔다. 유라시아는 몽골족의 지배와 통제를 받게 되었다. 몽골족은 탁월한 기병과 놀라운 전술을 갖춘 뛰어난 군사조직이었다. 그들은 아무리 까다로운 지역의 먼 거리라도 주파할 수 있는 기동력을 보유하고 있었고, 그 덕분에 이런 위대한 업적을 달성할 수 있었다. 하루 200킬로미터를 주파하는 파발마를 갖춘 우편제도는 이 방대한 제국을 통일시켰다.

몽골군의 정복전은 유혈이 낭자했고 수백만 명이 희생되었다. 1347년 흑사병이 흑해에서 시칠리아로 건너온 것도 몽골의 우수한 교역로를 통해서였다. 이렇게 퍼진 흑사병은 마침내 유럽 인구의 4분의 1을 희생시켰다. 유라시아의 방대한 지역에 펼쳐진 팍스 몽골리카Pax Mongolica(몽골 제국의 평화)는 서유럽과 동아시아를 연결시키는 동서무역을 대규모로 확장시켰다. 상인들이 보호를 받으면서 교역은 번창했다. 마르코 폴로가 중국에 있는 쿠빌라이칸의 수도 칸발리크(오늘날의 베이징)로 가는 유명한 여행길에 올랐을 때에도 몽골의 실크로드를 이용했다.

그러나 몽골 제국은 14세기에 내부 불화로 붕괴되기 시작하여 마침내 다수의 독립된 칸국들로 분열되었다. 그러나 이 칸국들도 곧 붕괴되었다. 중국은 1378년 한족 출신 통치자들이 재정복하여 1세기에 걸친 원나라를 끝내고 명나라가 시작되었다. 일부 몽골 칸국들은 이후에도 명맥을 존속했지만 현지 토호 세력들에게 흡수되었다.

그러나 유라시아 전역의 무슬림 지상 제국을 모두 흡수하려는 몽골 제국의 시도가 끝난 것은 아니었다. 그 뒤를 이어 또 다른 제국이 나왔다. 사마르칸트(오늘날의 우즈베키스탄) 근처에서 태어난 투르크족의 후예 티무르는 칭기즈칸에게서 영감을 받아서 마지막으로 제국을 건설하려고 했다. 젊은 시절 입은 부상으로 발을 절게 되어 서방에는 태멀레인(절름발이 티무르)로 알려진 티무르는 칭기즈칸 출생 이후 대략 170년의 세월이 흐른 1330년경에 태어났다. 티무르는 칭기즈칸의 직계 후예는 아니었고 인종적으로도 몽골족이 아니라 투르크계 몽골족이었다. 그렇지만 그는 칭기즈칸이 공동조상이라고 하면서 자신의 정복 사업이 몽골족의 정의로운 통치를 수복하려는 사업이라고 주장했다. 그는 또 이슬람의 이름으로 정복전을 수행하겠다고 선언했다.

티무르는 전쟁과 원정으로 35년을 보내면서 몽골 제국을 수복하여 지상의 모든 알려진 땅을 정복하려 했다. 그림 5.12(334쪽)에 제시된 바와 같이, 가장 강성하던 시절에 티무르 제국의 판도는 페르시아, 범 코카서스 지역(오늘날의 조지아, 아르메니아, 아제르바이잔), 중앙아시아의 상당 지역(오늘날의 아프가니스탄과 파키스탄)을 포함했으나, 레반트와 러시아, 중국에서는 진출이 가로막혔다. 티무르 제국은 거의 전부 사막 지역과 스텝 기후 지역에 한정되어 있고, 건조 기후 지역 너머로 영토를 확대하는 데에는 별로 성공을 거두지 못했다. 이 제국은 1405년 티무르가 사망한 직후에 붕괴되었고, 그와 함께 중앙아시아 스텝 출신의 전사들이 세운 제국은 완전히 사라졌다. 그리하여 다음 여러 세기들에서 이 스텝 지역은 페르시아와 러시아 같은 세력에게 차례로 정복되었다.

고전 시대의 위대한 유산들

우리는 놀라운 규모, 드라마, 성취의 역사가 펼쳐진 고전 시대에 압도당하기 쉽다. 이 시대에는 대대적인 규모로 문명이 형성되었다. 그리스 로마, 페르시아, 이슬람, 중국의 4대 문명이 서로 실력을 겨루면서 동시에 장거리 교역을 하고 유라시아 전역에 걸쳐서 사상과 기술을 지속적으로 교환했다. 물론 이런 업적들은 전 세계의 교역과 교류를 모두 아우르는 것은 아니다. 나는 이 시기의 아프리카, 아메리카, 오세아니아를 다루지 않았다. 그렇지만 기원전 1000년에서 서기 1년에 이르는 시기에 세계 인구의 85퍼센트, 1500년에는 77퍼센트가 유라시아에 거주했다.[7] 유라시아 내에서도 행운의 위도 지역은 기원전 1000년에 유라시아 인구의 67퍼센트가 살았고, 서기 1500년에는 57퍼센트가 거주했다. 지금까지 거듭 강조한 바와 같이, 세계 경제의 역사는 상당 부분 유라시아 지역에 집중되어왔고, 그에 따라 기술의 진보도 이 지역에서 많이 발생했다.

지금으로부터 2000년 전에 이미 대규모 다국적 정부의 잠재력이 달성되었다. 비유적으로 말해서, 오늘날의 유럽연합은 팍스 로마나Pax

Romana(로마 제국의 평화)의 규모로 유럽을 지배하려는 것인데, 단지 제국 전쟁을 하지 않고 한 민족이 나머지 민족들을 모두 지배하는 우월주의만 없을 뿐이다. 마찬가지로 중화인민공화국은 한나라의 내부적 평화와 송나라의 놀라운 창의적 정신을 달성하려고 노력한다. 오늘날의 이슬람 세계는 분열되어 있지만, 그래도 바그다드의 압바스 왕조의 칼리프가 통치하던 이슬람의 황금시대를 꿈꾼다. 그 시절에 이슬람 학자들은 지식의 분야에서 세계를 선도했고, 통합된 지식과 학문을 창조하기 위해 모든 원천에서 나오는 고대의 지혜를 추구했다. 그런 고상한 노력 덕분에 고전 시대의 유산 상당 부분이 우리 시대를 포함한 후대의 세대들에게 전달될 수 있었다.

6장

제국주의의 세계화
: 해양 시대, 제국의 야망이 충돌하다

Geography
Technology
Institutions

THE
AGES OF
GLOBALIZATION

1500년에 이르러 인류는 인류 역사의 획기적 순간에 도달했다. 이 시기에 구세계와 신세계가 원양선박을 통하여 갑자기 다시 연결되었고, 유럽인들이 아프리카 남단의 희망봉을 돌아서 아시아 항해에 최초로 성공했다. 아시아와 북아메리카를 잇는 베링기아 육교가 충적세 초기에 바닷물에 잠긴 이래 1만여 년 만에 처음으로 구세계와 아메리카 사이에 적극적인 상호교환이 재개된 것이다.

1490년대의 두 번의 항해, 다시 말해 1492년 스페인의 대서양 해안에서 카리브해로 나간 크리스토퍼 콜럼버스의 항해와, 1498년 리스본에서 인도 캘리컷으로 갔다가 1499년에 돌아온 바스코 다가마의 항해는 세계사의 방향을 결정적으로 바꾸어놓았다. 해양 세계화의 새로운 시대가 다가옴에 따라 세상에 대한 인간의 이해와 그 세상 속의 인간의 위치, 글로벌 경제의 조직, 글로벌 권력의 중심지들, 사회의 획기적 기술 등이 크게 바뀌었다. 이 두 항해의 깊은 의미와 그 여파를 찬찬히 살펴보기 전에 먼저 근본적인 질문을 하나 던져보자. 왜 동아시아가 아니라 서유럽이 바다를 지배하여 세계의 패권을 갖게 된 걸까?

중국과 유럽의 엇갈린 운명

15세기 초 중국의 항해 기술은 세계 최고였다. 명나라 건국 후 최초 30년 동안 정화 제독의 일곱 번의 항해는 수백 년 뒤에 중국이 이룩한 놀라운 해상 업적으로 기억되었다.[1] 정화가 이끈 대선단은 중국에서 출발하여 남중국해와 말라카해협을 지나 동남아시아로 갔다가 자바와 수마트라를 돌아 들어섰고, 그곳에서 동아프리카, 아라비아, 인도 해안 등을 거쳐서 다시 중국으로 돌아왔다. 정화의 제4차 항해(1413~1415)의 항로는 그림 6.1과 같다.

이 대항해는 해양 기술의 승리이고, 위대한 중국 문명의 놀라운 증명이며, 국가 경영의 탁월한 행위였다. 제1차 항해는 317척의 배와 2만

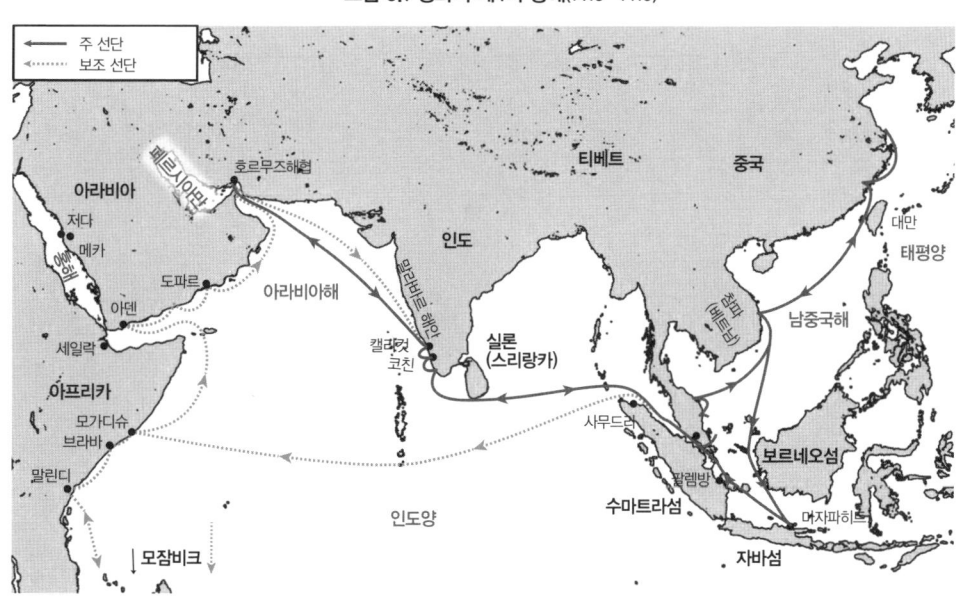

그림 6.1 정화의 제4차 항해(1413~1415)

8,000명의 선원으로 구성되었다고 한다. 다른 여섯 번의 항해도 비슷한 규모였다. 명나라 황제의 핵심 목표 중 하나는 인도양의 모든 나라에 그 당시의 지정학적 질서를 분명하게 알리는 것이었다. 중국은 이름 그대로 세상 한가운데 있는 왕국이고, 다른 모든 왕국들은 중국에 공물을 바치고 복종을 해야 마땅했다. 그 항해는 공물 교역 제도를 확립하기 위한 목적을 갖고 있었다. 일단 중국 선단이 방문하면, 다른 왕국들은 대표단을 중국에 보내 답례를 해야 했다. 이 답방에서 각국은 중국에 공물을 바쳐야 하고, 그다음에 중국으로부터 그에 상응하는 선물을 하사 받는 것이다. 이와 같은 조공무역과 성격이 다른 개인 간의 상업 교역은 철저히 금지되었다. 그리하여 당시 명 황제인 홍무제는 1371년에 순수 민간 교역을 금지하는 칙령을 내렸다.

정화의 후원자 겸 상급자는 영락제(재위 1402~1424)였다. 영락제가 사망하자 그의 아들 홍희제는 정화의 원정이 불필요하고 값비싼 여행이며 유교 원리에 위배된다는 근거를 대면서 중단시켰다. 홍희제가 1425년에 사망하자 후계자인 영락제의 손자 선덕제는 1430년에 정화에게 일곱 번째 항해에 나서라고 지시했다. 정화는 1433년 바다에서 죽은 것으로 보이는데, 이 마지막 항해를 마친 직후였을 것으로 짐작된다.

이 무렵 중국의 역사는 안타깝게도 반反무역정책으로 선회했는데, 그 여파가 오늘날까지도 느껴진다. 중국이 바다를 지배하고, 해군력과 항해 기술이 유럽인의 그것을 훨씬 능가하던 역사의 결정적 시점에 명나라는 해양 정책을 포기하고, 추가 항해를 취소했으며, 선단의 규모를 크게 줄였다. 항구 시설이 축소되었고 해안 지역의 인구가 줄어들었는데, 이것은 전반적인 해양 상업 행위의 쇠퇴를 예고하는 것이었다. 역사가들은 그로 인해 국제 무역이 얼마나 감소했는지 여전히 논쟁 중이지만, 아무튼 중국은 바다의 중요성을 과소평가하여 향후 국가 경영에서 엄청난 피해를 입었다. 이에 대한 한 가지 변명은 북방에서 스텝 지역의 전사들이 계속 위협을 가하고 있었기 때문에 중국이 바다보다 북방에 더 신경 써야 할 형편이었다는 것이다. 또 다른 변명은 명나라의 유교적 국가관이 상업 행위를 경시했다는 것이다.

바다를 무시한 파급효과는 심대했다. 중국은 대서양 해안의 두 소규모 왕국인 포르투갈과 스페인이 원양항해와 교역에 관심을 집중하던 시기에 인도양 방면의 공략을 완전히 포기했다. 그 결과 중국이 남아프리카의 희망봉을 돌아서 유럽으로 간 것이 아니라, 유럽 국가들이 희망봉을 돌아서 아시아로 오게 되었다. 그리고 1433년으로부터 1세기가 흐른 시점에 스페인, 포르투갈 그리고 다른 유럽 국가의 포함砲艦들이 인도양 해역을 휘저으며 지구를 일주하게 되었다. 중국은 서서히 기술적 우위를 내주면서 학문, 엔지니어링, 수학 등에서 유럽에 뒤처지게 되었다. 19세기에 이르러 기술력의 차이는 너무나 현저하게 되었고, 이제 중국의 주권은 과거와 마찬가지로 북방 민족에 의해 위태롭게 되었다. 뿐만 아니라 중국보다 훨씬 인구도 적고 지구 반 바퀴를 돌아온 북대서양 유럽 국가들의 위협을 받게 되었다.

정화의 마지막 항해로부터 340년 뒤인 1776년에 애덤 스미스는 중국에 대하여 이렇게 쓰고 있다.

> 중국은 세계에서 가장 부유하고, 땅이 비옥하고 잘 경작되어 있으며, 사람들도 근면하고 인구도 조밀한 나라들 중 하나였다. 그러나 오래전

부터 정체되어 있는 것처럼 보인다. 500여 년 전에 중국을 방문했던 마르코 폴로는 그 나라의 농업, 산업, 인구의 조밀함 등을 서술했는데, 심지어 오늘날의 여행자들도 똑같이 그 점에 대해서 서술하고 있다. 따라서 중국은 마르코 폴로의 시대 훨씬 이전부터 그 나라의 법률과 제도가 허용한 부를 충분히 누렸던 것 같다.[2]

중국이 장기간 "정체된" 부분적 이유는 활발한 해양 무역을 가져다주었을 기술적·과학적 지식의 이득을 포기했기 때문이다. 정화의 일곱 번째 항해 이후 545년이 지난 1978년에야 중국은 국가 경영의 핵심 정책으로 개방된 국제 교역을 적극적으로 수용했다.

유럽 국가들의 원양 탐험

유라시아 반대편의 자그마한 왕국 포르투갈에서는 항해왕으로 알려진 엔히크 왕자가 해양 탐험과 항해술의 진보를 적극 장려했다. 그 덕분에 포르투갈의 범선들은 서아프리카 해안을 따라 남쪽으로 향해할 수 있었다. 그리고 먼 미래를 내다보는 통치자의 혜안 덕분에 포르투갈의 항해가 바르톨로메우 디아스는 1488년 마침내 아프리카의 남단인 희망봉에 도착했다. 뒤이어 바스코 다가마는 인도양의 아랍 선원이나 인도 선원들의 도움을 받아 1498년에 아프리카 남단을 돌아서 남부 인도의 캘리컷 해안에 도착했다.

유럽인들이 아시아로 가는 바닷길 탐색에 나선 주된 이유는 동로마 제국의 멸망에 따른 파급효과 때문이었다. 1453년 오스만 제국의 술탄 메흐메트 2세는 비잔틴 제국의 황제 콘스탄티누스 11세 팔라이올로고스를 패배시키고 콘스탄티노플을 점령했다. 오스만 제국이 콘스탄티노플을 이스탄불로 개명하며 통치하게 되자, 아시아로 가는 실크로드와 해로가 위태롭게 되었다. 기존의 해로는 이집트 혹은 레반트의 항구를 이용하는 지중해 교역과 수에즈나 아라비아반도를 경유하여 인도양을 이용하는 육상 운송(두 수로 사이의 육로 운반), 인도나 중국의 상인들을 상대로 하는 해상 교역 등에 많이 활용되었다. 그러나 오스만 제국 선단의 위협 때문에 동부 지중해에서 항해를 할 수 없게 되면서 아시아로 가는 대체 해로를 개발하는 것이 시급한 과제가 되었다.

그리하여 서유럽의 통치자들은 원양항해에 대하여 새롭게 깊은 관심을 갖게 되었다. 그러자 갑자기 스페인, 포르투갈, 영국, 프랑스, 네덜란드 등의 북대서양 국가들이 예전에 동서무역을 주도하던 제노바, 베네치아, 비잔틴 등에 비하여 지리적 우위를 갖게 되었다. 때마침 기독교 세력이 장기간 이슬람 권력 아래에 있던 스페인을 재정복한 1492년에, 페르디난드 왕과 이사벨라 여왕이 크리스토퍼 콜럼버스의 원양항해를 후원했다. 그는 대서양 서쪽으로 계속 나아가면 아시아로 가는 새로운 해로를 발견할 수 있다고 줄기차게 주장해왔다(1492년에는 중요한 세 가지 조치가 있었는데, 첫째는 기독교 세력이 스페인에서 무어인을 축출한 것이고, 둘째는 콜럼버스의 원양항해를 후원한 것이며, 셋째는 슬프게도 유대인을 스페인에서 쫓아낸 것이었다).

그 이후에 벌어진 일은 모두가 아는 이야기가 되었다. 콜럼버스는 인도에 도착한 것이 아니라 아메리카에 도착했다(그림 6.2). 하지만 그는

그림 6.2_콜럼버스의 첫 번째 항해(1492~1493)

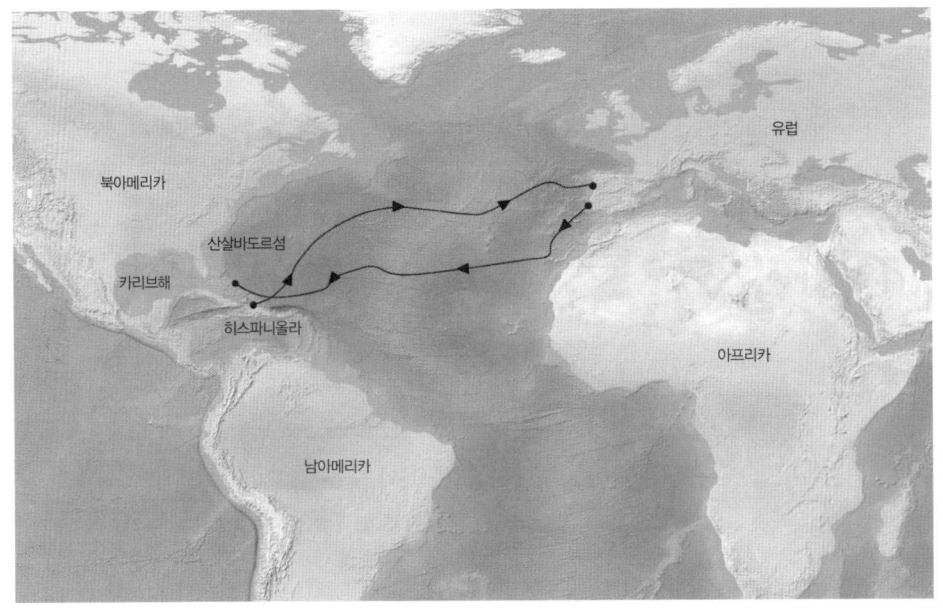

그림 6.3_바스코 다가마의 첫 번째 항해(1497~1499)

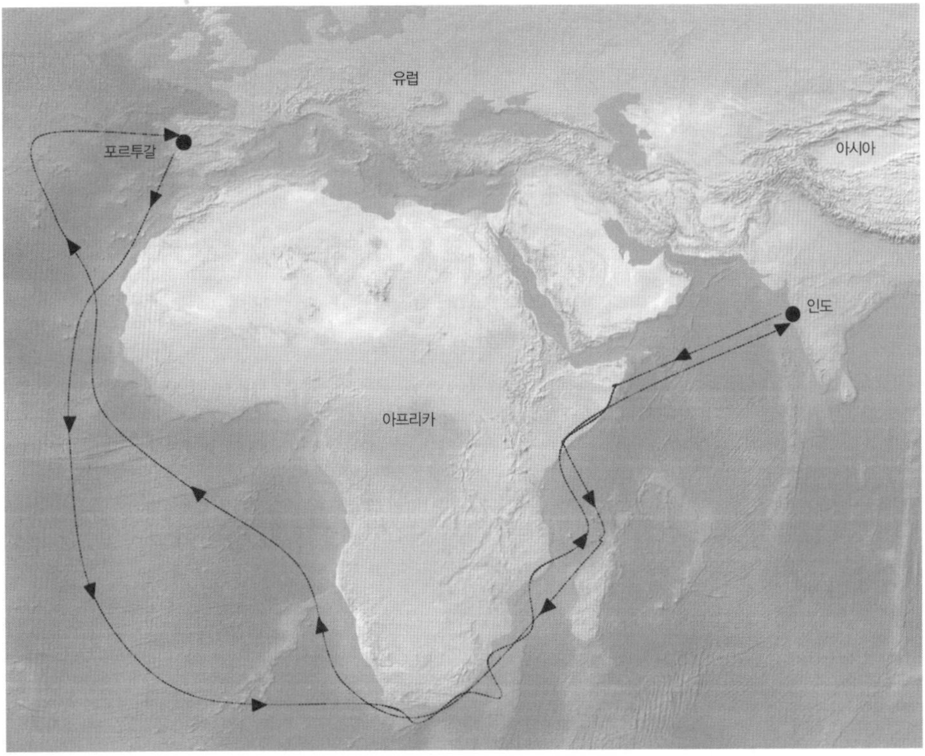

여전히 자신이 인도에 도착했다고 생각했다. 한편 바스코 다가마는 1497~1499년 사이에 리스본에서 출발하여 인도까지 갔다가 다시 돌아왔다(그림 6.3). 이후 포르투갈과 스페인 사이에서 바닷길에 대한 경쟁이 시작되었고, 두 나라는 이 역사적 진전으로부터 가능한 한 많은 약탈품을 챙기려고 혈안이 되었다. 더욱 중요한 점은 이 두 항해로 아시아와 북아메리카를 이어주는 베링기아 육교가 충적세 초기에 바닷물에 잠긴 이래 1만여 년 만에 처음으로 사람이 살고 있는 두 세상을 온전하게 다시 연결한 것이다.

콜럼버스 교환

위대한 환경 역사가 앨프레드 크로스비가 지적한 바와 같이, 콜럼버스의 항해는 유럽인과 아메리카 원주민 사이의 만남 그 이상의 것을 만들어냈다. 그 항해는 구세계와 신세계 사이에서 (식물, 동물 그리고 안된 일이지만 병원균 등) 다양한 종들의 갑작스러운 쌍방교환을 가져오는 도관導管이 되었다. 이 쌍방교환을 가리켜 크로스비는 콜럼버스 교환Columbian exchange이라는 용어를 만들어냈는데, 이는 생물학적으로 전례가 없는 일이었으며 그 심원한 결과는 오늘날까지도 지속되고 있다.[3]

가장 뚜렷한 효과는 구세계와 신세계 사이에 농작물이 교환된 것인데, 그와 동시에 많은 순치 동물들이 사상 최초로 아메리카로 유입되었다. 반면 아메리카는 구세계에 옥수수, 감자, 토마토 같은 주요 작물을 제공했다. 이에 대한 보답으로 구세계는 아메리카에서 일찍이 경작된

그림 6.4_곡식, 동물, 병원체의 콜럼버스 교환

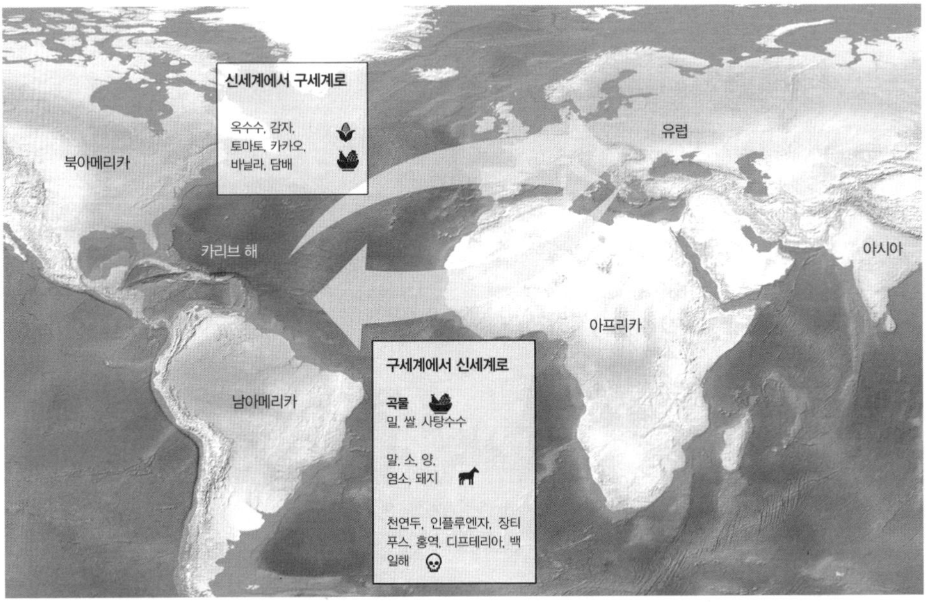
신세계에서 구세계로
옥수수, 감자,
토마토, 카카오,
바닐라, 담배
북아메리카
유럽
카리브 해
아시아
아프리카
남아메리카
구세계에서 신세계로
곡물
밀, 쌀, 사탕수수
말, 소, 양,
염소, 돼지
천연두, 인플루엔자, 장티
푸스, 홍역, 디프테리아, 백
일해

적이 없는 작물인 밀과 쌀을 제공했다. 또 갑자기 아메리카에 농장 동물들이 수입되었다. 1만 년 만에 처음으로 말이 들어왔고, 소, 양, 염소, 돼지도 따라왔다. 또한 중독성 농작물이 양방향으로 흘러들었다. 담배는 아메리카에서 유럽으로 건너갔고 사탕수수가 유럽에서 아메리카로 들어왔다. 특히 사탕수수는 카리브해와 유럽의 경제체제를 근본적으로 바꾸어놓았다. 쌍방교환에 포함된 다른 작물들은 그림 6.4에 제시된 바와 같다.

유럽인과 그들이 가지고 온 가축이 아메리카에 도착하면서 구세계의 질병도 함께 들어왔다. 아메리카의 원주민들은 일찍이 그 질병들을 접한 적이 없었고 그래서 질병에 대한 유전적 혹은 후천적 면역이 없었다. 구세계는 일방적으로 아메리카에 거의 모든 병원균을 가지고 왔다. 아메리카에서 구세계로 건너간 질병은 거의 없거나 아예 없었다. 이렇게 된 이유는 구세계의 질병 대부분이 병독病毒 보유생물(병원체를 항상 지니고 있어서 면역이 되어 있는 생물), 특히 (아메리카에는 없는) 길들인 농장 동물들에게서 나온 것이었기 때문이다. 아메리카 원주민들에게는 길들인 농장 동물이 별로 없었기 때문에 신대륙에 도착한 유럽인들에게 전파시킬 (동물에게서 인간에게로 전파되는) 동물원성 질병이 별로 없었다.

유럽에서 아메리카로 새롭게 건너온 치명적 질병의 종류는 상당히 많은데, 천연두, 인플루엔자, 장티푸스, 홍역, 디프테리아, 백일해 등이 있다. 천연두는 대규모 살인자였다. 이 질병은 새로 도착한 유럽인들을 만난 원주민들의 인구를 놀라울 정도로 감소시켰다. 아프리카 노예와 노예무역업자들도 모기로 전염되는 병원균인 말라리아와 황열병을 아프리카에서 신세계로 옮겼다.

새로운 미생물 병원균이 아메리카에서 유럽으로 전파된 경우도 있는데, 그중 하나가 매독으로 1495년 유럽에서 처음 발생했다. 매독이 유럽에 전파된 세 가지 경로를 두고서 상당한 논쟁이 있었다. 첫째는 매독이 구세계에 존재했으나 진단이 되지 않았다는 것이다. 둘째는 콜럼버스의 귀국한 선원들이 유럽으로 옮겨왔다는 것이다. 셋째는 유럽의 매독은 아메리카에서 수입된 박테리아 트레포네마Treponema의 변이된 형태라는 것이다. 최근의 증거는 신세계를 이 질병의 근원으로 가리키고 있다.[4]

콜럼버스 교환이 인구 추세에 미친 영향에 대해서도 지속적인 논의가 있었다. 유럽인이 도착하기 이전에 아메리카에 원주민들이 얼마나

표 6.1_아메리카 대륙의 인구와 토지 활용에 대한 추정(1500년과 1600년)

	1500년	1600년
인구(백만)	60.5	6.1 (-90%)
1인당 토지 활용(헥타르)	1.04	1.0
토지 활용(백만 헥타르)	61.9	6.1(-90%)
순수 탄소 흡수(GtC)	-	7.4(1500년에서 1600년까지)

살고 있었는지는 상당히 불확실하여 이 논의는 좀처럼 결론을 내리지 못하고 있다. 콜럼버스가 도착하기 직전의 아메리카 원주민 인구에 대한 추계는 수백만 명에서 1억 명에 이르기까지 크게 다르다. 최근에 알렉산더 코흐와 동료들이 아주 면밀하게 측정한 결과는 표 6.1에 제시되어 있다. 이 추계에 의하면 1500년의 원주민 인구는 6,050만 명이었으나 1600년에 이르러 인구는 무려 90퍼센트나 감소하여 겨우 610만 명만 살아남았다.[5]

이런 참사에 가까운 인구 감소가 가져온 결과들 중 하나는 아메리카에서 농업에 활용되는 토지가 급격히 줄어들었다는 것이다. 1인당 토지 사용이 대략 1 헥타르($10,000m^2$)라고 가정할 때, 당시의 인구 감소는 약 5,500만 헥타르의 토지 사용 감소를 가져왔을 것으로 추정된다. 이런 유휴지들은 대부분 숲이 되거나 식물들이 뒤덮인 땅이 되어, 대기 중 탄소를 감소시키거나 저장하게 된다. 코흐와 동료들은 1500년과 1600년 사이에 탄소 배출이 대략 74억 톤(GtC)가량 줄어들었거나 대기 중의 이산화탄소 농도가 3.5ppm 정도로 줄어들었을 것으로 추정한다. 대기 중 이산화탄소 농도의 감소는 16세기 지구의 기온을 냉각시키는

데 일정 역할을 했다. 냉각화의 정도는 섭씨 0.15도 정도일 것으로 추산된다. 이 약간의 냉각화를 가리켜 1500년대 유럽의 소빙하 시대라고 명명하기도 한다.

기후의 변화와 관계없이 원주민 인구의 급격한 감소는 물론 비극이면서 참사였다. 원주민 인구의 급격한 감소는 질병이 주요 원인이었지만, 전쟁, 약탈, 정복, 원주민 공동체의 예속과 원주민 문화의 말살 등도 일정한 역할을 했다. 심지어 오늘날에도 아메리카는 유럽과 아시아에 비하여 상대적으로 인구 밀도가 낮다. 2018년 대륙별 인구 밀도(평방킬로당 인구)는 아시아 95, 유럽 73, 아프리카 34, 북아메리카 22, 남아메리카 22, 오스트레일리아 3으로 추산된다.

화약 시대와 공해

인도양에서 유럽 국가들의 전략적 상황은 달랐다. 그곳에서 유럽인은 세련된 군사 능력을 가지고 있으며 인구가 조밀한 오래된 사회들과 직면했다. 그들은 아메리카와는 다르게 현지에 도착한 유럽인들과 똑같은 병원균들을 공유했다. 그렇지만 유럽인들은 이곳에서도 발판을 마련하여 상업적·군사적 지위를 확보했다. 수천 마일 떨어진 곳에서 온 외부인이었던 유럽인들은 시간이 흐르면서 인도양의 바닷길을 지배하게 되었다. 유럽인들의 군사적 기술이 월등히 우수했는데, 대표적으로 유럽인들에게는 원래 중국에서 수입되었으나 이제 유럽인들이 온전하게 활용하게 된 화약과 잘 보호된 요새가 있었다.

화약은 중국 송나라에서 처음 개발되었고 최초의 대포 또한 중국에서 개발되었다. 그러나 이 기술이 진일보한 것은 유럽에서였다. 화약과 초창기 대포는 중국에서 그 기술을 도입한 몽골족에 의해 유럽에 건너왔을 것이다. 유럽 내부에서 전쟁에 몰두하던 유럽 국가들은 재빨리 화력과 정확도를 높인 총포를 개발했고, 그것을 해양으로 나가는 갤리언선이나 다른 선박에 장착했다.

이 포함砲艦들 덕분에 유럽 국가들은 인도양 전역에 새로운 식민지, 무역 기지, 요새들을 건설할 수 있었다. 중국과 다른 아시아 국가들이 유럽에서 건너온 새로운 대포의 기술을 재빨리 받아들였지만, 유럽의 해양 국가들은 초창기의 군사적 우위 덕분에 여러 전략적 전초기지에 교두보를 확보할 수 있었다. 유럽이 교역으로부터 이득을 올리는 만큼 그에 비례하여 중국의 권위, 체면, 무역 수입은 감소했다. 중국은 인도양에서 스스로 철수했고 인도양에 진출한 유럽 국가들의 군사력이 커짐에 따라 중국에 대한 기존의 공물제도는 거의 붕괴되었다.

유럽의 지식 혁명

콘스탄티노플의 함락과 아메리카와 아시아로 가는 해로의 발견은 글로벌 무역의 통로를 새롭게 개통한 것 이상의 의미를 가져왔다. 이 사건으로 유럽인의 마음이 움직이는 방향이 완전히 달라졌다. 새로운 기술에 바탕을 둔 신대륙의 발견은 유럽인들의 세계관을 급격하게 바꾸어 놓았다. 아메리카는 성경에 언급되어 있지 않았고, 그곳에서 유럽인들이 발견한 동식물의 종 또한 언급되지 않았다. 따라서 하늘 아래 완전 새로운 땅이 등장한 셈이었다.

이 당시의 세 가지 다른 기류가 경험론, 과학, 기술에 관한 유럽인의 세계관을 크게 바꾸어놓았다. 첫째, 콘스탄티노플이 투르크족에게 점령당하자 그곳의 그리스 학자들이 유럽으로 많이 흘러들어왔다. 그에 따라 고대 그리스에 뿌리를 두고 있는 철학적 학문이 갑자기 서유럽에 집중되었다. 서유럽으로 들어온 그리스 학자들은 볼로냐, 나폴리, 파두아, 시에나의 이탈리아 대학들에 자리 잡았다.

둘째, 그리스 학자들이 대거 유럽으로 몰려오면서 서유럽에 르네상스의 두 번째 사조가 도래했다. 이미 15세기 전반기 고대 그리스와 로마의 예술, 철학, 학문이 재발견되고 있었지만 동로마 제국의 멸망으로 이러한 흐름이 새로운 추진력을 얻게 된 것이다. 르네상스는 서유럽 전역에서(특히 북부 이탈리아, 네덜란드, 남부 독일에서) 번성한 상업과 도시화에도 빚을 졌다. 모직 산업과 교역이 번창하던 피렌체는 새로운 르네상스 학문과 예술의 중심지였다.

셋째, 이동식 활자를 이용하는 인쇄기(부분적으로 인쇄 기술이 중국에서 도입됨)가 발명되었다. 요하네스 구텐베르크는 1439년 마인츠에서 인쇄기를 발명했다. 이 발명품으로 제책 비용이 크게 낮아지며 1480년에 이르러 유럽에서는 인쇄소가 100여 개 이상 운영되었다. 1500년까지 약 2,000만 부의 책이 출간되었고, 이 숫자는 그 후 더욱 늘어났다. 학문의 시대는 저비용 인쇄술을 통한 지식의 신속한 전파로 크게 진작되었다.

이러한 추세의 누적효과가 곧 혁명적 사상의 시대를 가져왔다. 기존의 절대 도그마와 널리 통용되는 지혜가 길옆으로 밀려나면서 혁명적 사상들이 우후죽순으로 생겨났다. 1510년대는 현대사에서 인간의 사상이 난만하게 꽃을 피운 시대였다. 1511년에 휴머니스트 학자인 로테르담의 데시데리우스 에라스무스는 교회를 풍자하는 비판서인 《우신예찬》을 펴냈다. 1513년 피렌체의 니콜라 마키아벨리는 유럽 군주들을 위한 명심보감인 《군주론》을 출간했다. 1514년 니콜라우스 코페르니쿠스는 크라코프에서 태양중심설의 초창기 판본인 〈소논평Commentariolus〉을 펴냈고 30년 후에 이를 단행본으로 출간했다. 그다음 해인 1515년에 토머스 모어 경은 유럽인의 정신을 정치적·사회적 개혁에 집중시키는 《유토피아》를 발간했다. 그리고 1517년에 마르틴 루터는 비텐베르크 교회 문 앞에 95개조의 방문을 붙임으로써 종교개혁을 촉발했다.

  이런 획기적인 사건들은 어떤 단일한 지적 결과를 가리키는 것은 아니지만 유럽 전역을 들썩이게 한 지적 운동을 대표하는 것이었고 놀라운 지식의 진보를 가져왔다(종교개혁 또한 가톨릭과 개신교 사이의 갈등을 가져왔는데, 그 폭력 사태는 여러 세기 동안 계속되었다). 이러한 지적 동요는 유럽의 과학혁명으로 수렴되었다. 과학혁명 덕분에 갈릴레오 갈릴레이는 16세기 말에 지동설을 발견했고, 그것이 발판이 되어 뉴턴은 17세기 중반에 새로운 물리학을 정립했다. 이러한 역사적 발전 덕분에 유럽인은 지속적인 실험, 그리고 엔지니어링과 새로운 기술적 장치들에 깊은 관심을 갖게 되었다. 이런 관심은 부분적으로 군사적 필요에 대한 대응이기도 했다. 17세기 초에 프랜시스 베이컨은 《신기관》에서 실험을 하는 새로운 과학적 방법과 새로운 시대정신을 천명했다. 그 정신은 일정한 방향을 잡은 과학적 연구는 세상을 향상시킬 수 있고 더 나아가 정복할 수 있다는 사상이었다. 1660년 영국의 위대한 학자들은 베이컨이 닦아놓은 길을 따라서 자연지식을 발전시키기 위해 런던 왕립과학원을 새롭게 발족했다. 1666년 프랑스의 왕 루이 14세는 새로운 과학적 전망을 촉진하기 위한 새로운 중요한 제도로서 프랑스 과학아카데미를 창설했다.

유럽의 대학들과 과학아카데미들은 전 세계적으로도 유례없는 규모와 깊이를 갖춘 아주 유익한 지식 네트워크를 제공했다. 새로운 유럽 학문들의 일부는 가톨릭교회의 예수회 신부들의 선교 활동을 통해 온 세계로 퍼져나갔다.[6] 예수회는 1540년에 교황 바오로 3세의 승인 아래 창립되었는데, 최초의 구성원은 10명의 대학 졸업자였고, 지도자는 이그나티우스 데 로욜라였다. 예수회 선교사들은 바다를 건너 포르투갈과 스페인의 정착촌에 들어가서 선교와 학문의 새로운 중심지를 세웠다. 이런 중심지들 중 일부는 나중에 예수회 대학이나 종합대학이 되었다. 예수회 회원들은 세계 최초로 고등학문의 글로벌 네트워크를 세운 사람들로, 그 공로를 인정할 만하다. 예수회 학교와 인쇄소는 유럽 전역에 세워졌고, 예수회 선교사와 그들의 교육 활동은 남아메리카, 인도, 일본, 중국, 필리핀, 아프리카의 포르투갈 식민지 등으로 퍼져나갔다.

이처럼 광범위한 선교 활동을 펼친 예수회는 식물학과 지리학에 대한 새로운 글로벌 지식을 정립했다. 그리하여 16세기와 17세기에는 유럽의 발달된 과학과 수학을 인도 무굴 제국, 중국의 명나라, 일본의 도쿠가와 막부 등에 전달했다. 또한 예수회 선교사들은 포르투갈과 스페인의 식민지 개척자들의 타락상에 맞서서 현지 원주민들의 권리를 보호하는 등 엄청난 도덕적 용기를 발휘했다. 그 때문에 예수회 선교사들은 식민지 당국자들과 노예무역업자들로부터 극심한 위험과 고난에 처하기도 했다.

글로벌 자본주의의 탄생

유럽은 아메리카와 아시아를 상대로 새로운 글로벌 규모의 무역을 하게 되었고 이렇게 하여 새로운 글로벌 경제 조직 체계인 글로벌 자본주의가 탄생했다. 새로운 경제체제는 다음 네 가지 뚜렷한 특징을 갖고 있었다.

- 제국의 권력이 바다와 생태 지역 너머로 뻗어나갔다. 서유럽의 온대 지역 국가들이 담배, 사탕수수, 목면, 고무, 광물 등의 열대 제품을 생산하기 위해 아메리카와 아시아의 열대 지역들을 식민지로 만들었다.
- 생산 체계가 글로벌화하여 농장과 광산이 식민지 국가들에 설치되었다. 여기에서 나오는 1차 제품이 본국으로 수송되어 산업적 가공을 거쳐 완제품으로 태어났다. 이 중 목면은 대표적인 제품이었다.
- 이러한 글로벌 행위를 수행하기 위해 유럽 정부들은 영리를 추구하는 개인 기업에 특허를 주었다. 이런 기업들 중 가장 유명한 것이 1600년에 특허를 받은 영국의 동인도회사와 1602년에 특허를 받은 네덜란드 동인도회사였다.
- 이런 개인 회사들은 본국 정부의 특허장과 해군의 보호 아래 그들 고유의 군사작전과 외교정책을 유지했다.

유럽의 열강은 아메리카와 아시아에서 서로 다른 도전에 직면했다. 아메리카의 경우 주된 목표는 신세계의 천연자원(그중에서 가장 귀한 것이 금과 은이었다)을 수출하는 것이었고, 시간이 흐르면서 유럽 시장에 수출할 높은 가치의 농작물을 생산하는 것이었다. 아메리카에서 발견된 작물들로는 카카오, 목면, 고무, 담배가 있었고, 유럽인들이 아프리카와 아시아에서 가져와서 아메리카에 심은 작물로는 설탕, 커피, 쌀이 있었다.

아시아에서 1차적 목표는 아시아 무역의 일부에 대한 지배권을 얻는 것이었다. 가령 인도네시아 군도에서 나는 향료, 인도의 목면 직물, 중국의 비단과 도자기 등이 대표적인 제품이었다. 1500년 이전에 이런 상품들의 무역은 주로 아랍, 투르크, 베네치아의 중간상인들이 지배했고, 그 상품들은 유럽 시장에서 높은 값으로 팔려나갔다. 대서양 국가들은 이런 중간상인들을 배제하고 유럽과 아시아 사이에서 직거래를 통해 이익을 얻고자 했다. 나중에 유럽 국가들과 개인 회사들은 아시아 해안지역에 그들의 군사력을 확대하게 되자, 무역뿐만 아니라 현지 생산도 통제하려 들었고, 자국(유럽)의 신생 기업들을 보호하기 위해 (유럽 시장에서 팔리는 인도 직물과 같은) 아시아의 완제품이 유럽으로 수출되는 것을 제한하기도 했다.

무역과 생산의 권한은 오늘날 다국적 기업의 전신이라 할 수 있는 개인 회사들에게 부여되었다. 영국의 동인도회사와 네덜란드의 동인도회사는 자국 정부로부터 동인도제도에서 독점 무역을 할 수 있는 권한을 부여받았다. 이 두 회사의 목적은 아랍인과 다른 사람들로부터 무역권을 빼앗은 포르투갈과 스페인에게서 이 지역의 무역권을 다시 빼앗는 것이었다. 인도양 무역에 늦게 뛰어든 영국과 네덜란드는 글로벌 무역에서 선두를 차지하기 위해 포르투갈과 스페인을 상대로 싸울 태세가 되어 있었다. 결국 영국의 동인도회사는 경쟁자들을 정복했을 뿐만

아니라 인도도 정복했다.[7]

글로벌 제국을 향한 유럽 국가들의 각축전

유럽이 대서양과 아메리카에서 새로운 땅을 발견하면서 글로벌 제국을 이루기 위한 무자비한 싸움이 시작되었고, 그 싸움은 오늘날까지 계속되고 있다. 1450년 이후에 최초의 새로운 식민지는 대서양의 섬들과 아메리카였고, 그다음에는 아시아와 아프리카였다. 여기에는 포르투갈, 스페인, 네덜란드, 영국 등 북대서양의 해양국가들이 먼저 뛰어들었고, 프랑스, 러시아, 독일, 이탈리아는 나중에 해외 식민지를 얻기 위한 경쟁에 참여했다.

서아프리카 해안을 따라 내려간 항해왕 헨리의 탐험대는 1456년에 카보베르데제도를 발견하면서 글로벌 제국으로 나아가기 위한 싸움의 테이프를 끊었다. 포르투갈은 6년 후인 1462년에 이 열대의 무인 제도에 식민지를 세웠고, 그리하여 카보베르데는 유럽 국가가 세운 최초의 열대 식민지가 되었다. 스페인 사람들이 1492년 무어인들을 몰아내고 스페인을 재정복하자, 페르디난드 왕과 이사벨라 여왕은 원양무역 쪽으로 시선을 돌렸다. 두 군주는 아프리카 남단을 돌아서 아시아로 가려는 포르투갈의 시도에 맞서기 위해 대서양을 횡단하여 아시아로 가는 콜럼버스의 새로운 해로 개척을 후원했다. 그 결과 콜럼버스가 카리브제도를 발견하자, 이베리아반도에 위치한 두 국가는 식민지 영토를 차지하기 위한 경쟁을 벌이기 시작했다.

포르투갈은 자신들이 먼저 발견했으므로 모든 '남쪽 땅'에 대한 권리를 자신들이 가지고 있다고 주장했다. 스페인의 두 군주는 스페인 출신으로 보르지아 가문의 두 번째 교황인 알렉산더 6세에게 호소했다. 교황이 스페인의 대의에 좀 더 공감할 것이라고 생각했기 때문이다. 1493년 교황은 새로 발견된 땅에 대한 스페인의 권리를 인정했고, 1494년에는 세상을 분할하는 포르투갈과 스페인 사이의 협약인 토르데시야스 조약을 중개하여 성사시켰다. 이 조약의 결과, 포르투갈은 대서양 한가운데에 위치한 경도선, 즉 카보베르데제도에서 서쪽으로 370리그(약 4,828킬로미터) 지점으로부터 동쪽에 있는 새로 발견된 땅을 모두 소유하게 되었다. 스페인은 그 경도선의 서쪽에 있는 새로 발견한 땅 전부를 소유하게 되었다(정확한 경도선은 그 후 뜨거운 논쟁의 대상이 되었는데, 당시 지구의 크기에 대하여 견적이 서로 달랐기 때문이다).

처음에 그 분할선은 대서양에만 적용되는 것이었다. 그러나 아시아 항해가 성공하고 마젤란이 1519년 세계일주에 성공하자, 아시아 세계 또한 분할할 필요가 있었다. 두 나라는 다시 1529년 사라고사 조약을 맺어 인도양에서 토르데시야스 반反경도선(지구를 360도로 보아 정반대인 180도에 위치한 경도선)을 분할선으로 삼았다. 이렇게 하여 스페인은 이 경도선을 기준으로 필리핀을 포함하는 서쪽 땅을 갖게 되고, 포르투갈은 인도네시아 군도에 있는 향신료의 산지인 제도를 차지하게 되었다. 인도네시아 군도는 인기가 아주 높고 수익도 좋은 육두구의 산지였다.

이렇게 하여 세상에 새로 발견된 땅은 포르투갈과 스페인의 두 가톨릭 국가들 사이에 분할되었다. 그러나 뒤늦게 이 싸움에 뛰어든 국가들은 다른 생각을 갖고 있었다. 16세기 초부터 영국과 네덜란드의 두 해양국가가 부상하고 있었다. 이들은 교황의 권위를 거부하는 종교개혁을 신봉하는 나라들이었고, 당연히 교황이 중개한 조약들을 공격적으로 문제 삼으며 제국의 각축에 뛰어들었다. 마침내 영국이 승리를 거두어 19세기에 이르러 가장 규모가 큰 글로벌 제국으로 성장했다. 해전을 벌이던 초창기에 영국은 아시아로 가는 북서항로를 개척하려고 했다. 그렇게 하면 열대에서 포르투갈과 스페인을 직접 상대하지 않아도 되었기 때문이다. 이렇게 하여 영국은 북아메리카의 북부 해안, 즉 오늘날의 뉴잉글랜드와 캐나다 해안을 발견하게 되었다.

그러나 영국은 인도로 가는 북서항로를 발견하지 못했다. 그 결과 영국은 처음에는 포르투갈과 스페인의 주장에 맞서서 해적질을 했고, 그다음에는 노골적으로 군사적 도발을 했다. 영국의 해군 영웅인 프랜시스 드레이크 경 같은 인물은 스페인의 관점에서 보면 해적 혹은 테러리스트에 지나지 않았다. 16세기 동안 영국은 차차 제해권을 장악했고, 신속하고 기동력 좋은 갤리온선을 많이 건조하여 스페인의 전함을 위협할 수 있게 되었다. 1588년 두 나라 사이에 결정적 해전이 벌어졌다. 스페인의 군주가 신흥 해양국가인 영국을 제압하기 위해 영국 침략을 결정한 것이다. 그 침략 작전은 처참한 실패로 끝났다. 영국 해군이 스페인의 무적함대를 바다에서 맞아 패배시켰던 것이다. 이 해전은 전쟁사에서 중요한 사건이었다. 이로써 영국은 글로벌 국가로 성장하는 길로 올라섰고, 스페인은 쇠퇴의 길로 접어들었다.

해군력이 성장하면서 영국은 카리브해뿐만 아니라 동인도제도에서 포르투갈과 스페인을 상대로 제국주의의 싸움을 벌였다. 1600년에 엘리자베스 여왕은 영국 동인도회사에 칙허장을 내려 동인도제도에 대한

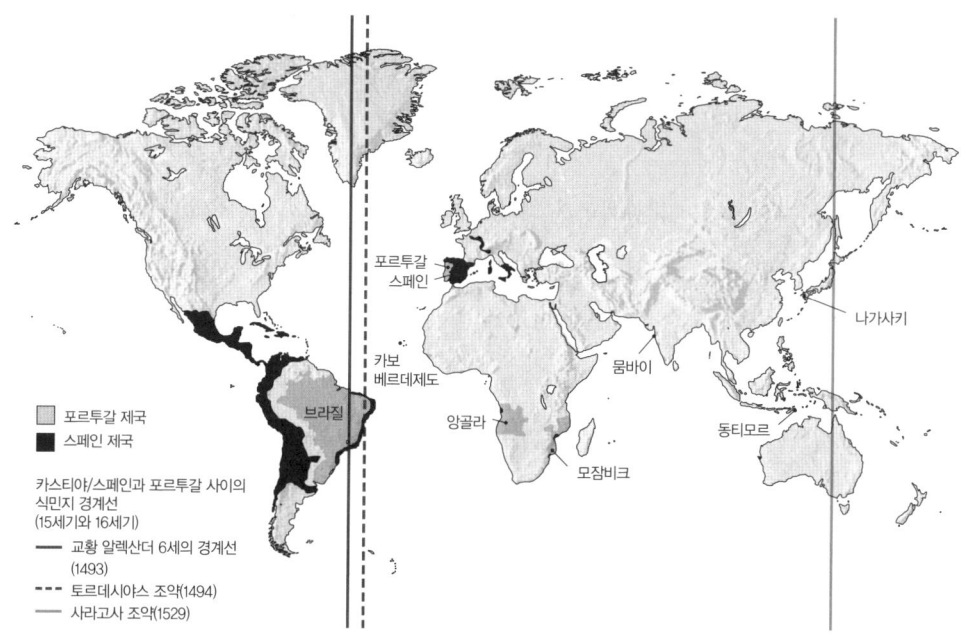

그림 6.5_ 스페인과 포르투갈의 해외 제국 및 교황 경계선

무역독점권을 부여했다. 그 후 1602년에 네덜란드 동인도회사가 뒤따라 설립되었다. 프랑스 동인도회사는 수십 년 뒤인 1664년에 설립되었다. 이처럼 시작부터 무역, 전쟁, 식민화 사업은 서로 긴밀하게 연결되어 있었다.

스페인과 포르투갈은 16세기에 글로벌 제국을 경영하려 한 최초의 유럽 국가들이었고, 영국과 네덜란드가 그 뒤를 이어 17세기에 각축전에 뛰어들었다. 1580년경 스페인과 포르투갈 제국의 판도는 그림 6.5와 같은데, 토르데시야스 조약과 사라고사 조약의 영향이 뚜렷하다. 스페인은 브라질과 북아메리카 동부를 제외한 모든 땅, 필리핀과 서태평양의 다른 섬들을 지배했다(또는 지배한다고 주장했다). 스페인은 또한 아프리카 해안지대에도 영토를 소유했다. 포르투갈 제국은 브라질, 대서양의 섬들, 아프리카 주위의 해안 정착지들, 인도양의 여러 정착지들을 포함했다.

1700년에 이르러 지구상의 세력 분할은 그림 6.6(335쪽)과 같다. 이 시기에 아시아의 지상 대국은 중국의 청나라, 인도의 무굴 제국, 페르시아의 사파비 제국, 서아시아의 오스만 제국이었다. 신세계는 이제 포르투갈, 스페인, 영국, 프랑스의 유럽 네 나라에 의해 분할되었다. 네덜란드 공화국은 영국이 17세기에 세 번에 걸친 영국-네덜란드 전쟁에서 승리를 거둠에 따라 경쟁 구도에서 완전 떨어져나갔다. 1664년에 이르러 네덜란드령이었던 뉴암스테르담은 뉴욕으로 바뀌었고, 뉴욕은 1673년에 잠시 네덜란드로 돌아갔다가 다음 해인 1674년에 영국의 손으로 다시 넘어갔다.

시간이 지나면서 대영제국은 세상의 해군력을 지배하는 글로벌 제국이 되었다. 19세기 후반의 위대한 해군역사가인 앨프레드 세이어 머핸은 영국이 장기적으로 경제적·군사적 성공을 거두고 프랑스, 네덜란드, 포르투갈, 스페인이 장기적으로 쇠퇴한 것은 영국의 해군력 때문이라고 설명했다. 자신의 저서 《해양력이 역사에 미치는 영향》(1890)에서 머핸은 국부는 장거리 무역에 달려 있고, 장거리 무역은 해외 식민지에 달려 있으며, 해외 식민지의 보안은 해군력의 우위에 달려 있다고 설명했다.[8] 머핸의 설명에 따르면, 1588년 영국이 스페인의 무적함대를 패배시킨 이후에 스페인의 쇠퇴(그리고 두 군주 통치 하의 포르투갈의 쇠퇴)는 불가피한 현상이었다. 네덜란드의 해군력이 쇠퇴하여 영국의 해군에 의존하게 되면서 네덜란드 또한 17세기에 들어와 쇠퇴의 길을 걸었다. 머핸이 볼 때, 프랑스의 제국 상실은 1756~1763년 사이의 7년 전쟁 중 해전에서 영국에 패배하면서 이미 결정된 것이었다.

북쪽에 있는 러시아의 지상 제국

유럽의 대서양 국가들이 원양 제국을 수립하기 위해 서로 경쟁하는 동안에, 러시아는 18세기에 북부의 가장 큰 지상 제국으로 등장했다(그림 6.6 참조). 몽골과 티무르 제국의 후계자인 러시아는 영토의 규모에서 역사상 두 번째로 큰 지상 제국이었다. 1895년에 러시아의 영토는 최대에 달했는데, 그 면적은 2,200만 평방킬로미터로 1270년 2,300만 평방킬로미터를 점령했던 몽골 제국의 뒤를 이어 두 번째로 큰 영토를 차지한 셈이다. 그러나 이 기록은 대영제국에 의해 깨지는데, 1920년 최대 판도를 자랑할 당시에 대영제국이 지구상에 소유하고 있던 영토 면적이 총 3,500만 평방킬로미터였다.[9]

러시아 제국은 지리적으로 뚜렷한 특징을 가지고 있다. 러시아는 북부 기후의 제국이었다. 독립국가연합을 기준점으로 삼으면, 이 지역은 70퍼센트가 냉대 기후 지역(D)이고, 7퍼센트가 한대 기후 지역(E)이며, 19퍼센트가 건조 기후 지역(B)이다. 따라서 표 6.2에서 볼 수 있는 것처럼 열대와 온대에 속하는 땅이 사실상 없다. 러시아 서쪽의 유럽은 대체로 온대 기후 지역(전체 땅의 약 71퍼센트)이고, 아시아는 열대(A), 건조(B), 온대(C)가 뒤섞인 기후 지역이 전체의 76퍼센트인데 비하여, 러시아는 대부분 냉대, 한대, 건조 기후 지역에 속한다.

러시아의 기후는 20세기에 이를 때까지 그 나라의 역사에 세 가지 방면으로 엄청난 영향을 미쳤다. 첫째, 북쪽 지방과 제국 남부 스텝 지

표 6.2_독립국가연합(CIS), 유럽연합, 아시아의 기후 지역별 인구 밀도

기후 지역	지역(%)			1400년의 인구 밀도 (명/평방킬로미터)			2015년의 인구 밀도 (명/평방킬로미터)		
	독립국가연합	유럽연합	아시아	독립국가연합	유럽연합	아시아	독립국가연합	유럽연합	아시아
열대	0.0	0.0	17.7	–	–	11	–	20	243
건조	18.7	1.0	40.4	1	10	4	19	91	83
온대	0.5	70.7	17.7	3	12	21	80	128	348
냉대	70.0	22.9	8.0	0	3	8	11	48	153
한대	6.6	2.3	0.0	0	0	–	0	0	–
고산	4.2	3.1	16.2	2	10	2	43	115	40
총합	–	–	–	1	10	8	13	106	157

역의 짧은 경작 기간 때문에 곡식의 수확량이 아주 적었다. 둘째, 그 결과 인구가 적었고 인구 밀도도 유럽과 아시아에 비해 낮았다. 예를 들어 1400년에 독립국가연합의 인구 밀도는 1평방킬로미터당 1명 이하였는데, 이는 유럽과 아시아의 그것에 비하면 10분의 1에도 채 미치지 못하는 수치다. 셋째, 농가가 시장 출하나 세금 납부용 잉여곡식을 생산하기는커녕 자급자족을 하기에도 벅찬 상태였으므로, 러시아의 인구는 20세기에 이를 때까지 압도적으로 농촌 인구가 많았다. 하이드 3.1 프로젝트의 추계에서는 1800년 러시아의 도시화 비율을 2퍼센트로 보고 있는데, 이는 서유럽의 대략 10분의 1 수준이다.[10]

러시아의 농부들은 가난할 뿐만 아니라 인구 듬성하게 농촌에 정착하고 있었다. 게다가 그들은 대부분 농노였고, 1861년 황제의 해방령으로 자유의 몸이 되기 전까지는 소속 농촌 지역에 그대로 묶여 있었다.

이렇게 하여 러시아의 독특한 지리적 환경은 인구가 적고, 그중 대다수가 문맹이며, 농민 대부분이 부자유한 농노라는 유산을 남겨주었다. 그리고 이런 유산이 1917년 볼셰비키 혁명을 뒷받침하는 사회적 도가니(용광로의 쇳물이 고이는 곳)를 형성했다. 20세기에 들어와 러시아에 소비에트 공산주의 정권이 들어섰다. 상명하복식의 일당국가 체제는 과거 러시아 제국의 땅에 무자비한 산업화와 도시화를 추진했다. 이오시프 스탈린은 1920년대 후반과 1930년대에 강제 산업화와 집단 농장화(제2의 농노제도)를 밀어붙였고, 그 후유증으로 수천만 명의 사람들이 목숨을 잃었다.

제국주의의 끝없는 탐욕

유럽 열강은 신세계와 아시아에서 부, 영광, 식민지를 얻기 위해 치열한 각축을 벌였고, 새로운 합자회사들은 개인적인 부를 축적해나갔다. 이렇게 하여 새로운 탐욕의 관습이 정립되었다. 원주민 인구를 착취하고 그들의 땅을 강탈하는 것과, 이러한 행위를 정당화하는 관습을 만들어내는 것은 전혀 별개의 문제였다. 절제와 자비를 강조하는 기독교 정신은 부와 영광에 대한 열정을 스스로 통제해야 한다고 가르쳐왔다. 따라서 신대륙과 아시아의 전체 인구를 정복하고 예속시키는 데에는 그것을 정당화해줄 새로운 도덕이 필요했다. 시간이 흐르면서 나온 합리화 사상은 이런 것이었다. 이교도들에게 문명을 전파하려면 정복을 해야 하는데, 그것은 하느님이 부여한 권리이며 더 나아가 책임사항이기도 하다. 더욱이 제국의 성공은 하느님이 그런 정복을 바람직하게 여기며 후원한다는 표시였다.

물론 이런 사상에 이의를 제기하는 경우도 있었다. 예를 들어, 스페인 왕은 1542년에 법률을 반포하여 아메리카의 원주민들을 노예로 삼는 행위를 불법화했다. 그러나 이러한 이의 제기는 아주 예외적인 것이었다. 글로벌 제국의 시대는 새롭게 부상하는 자본주의 질서에 무자비한 탐욕이 가미된 아주 잔인한 시대였다.

18세기에 이르러 특히 영국에서 새로운 이데올로기가 생겨났는데, '탐욕은 선량하다'라는 사상이다(최근에 제국주의 시대를 요약하면서 이런 말이 나왔다). 탐욕이 사회의 노력과 창의성을 자극하기 때문이라는 것이다. 이 논리는 이렇게 전개된다. 탐욕을 자유롭게 풀어놓음으로써 사회는 시민들의 무한한 야망, 엄청난 에너지, 교묘한 발명정신을 적절히 활용할 수 있다. 탐욕 그 자체는 혐오스럽고 반사회적인 것처럼 보이지만, 탐욕에게 숨통을 틔워주면 실제로는 공동선에 도달하는 결과가 나온다. 이렇게 하여 애덤 스미스가 말한 '보이지 않는 손'이라는 개념이 생겨났다. 각 개인이 자신의 이익을 추구하다 보면, 마치 '보이지 않는 손'이 작용한 것처럼 사회 전체의 공동이익이 촉진된다는 것이다. 스미스는 도덕주의자였고, 개인적 미덕과 자기 절제, 정의를 신봉한 사람이었다. 그러나 스미스의 '보이지 않는 손' 개념은 (분배적 결과가 어떻게 되든 시장이 제멋대로 작동하도록) 시장을 자유롭게 놓아두어야 한다는 주장을 뒷받침하는 논리가 되어버렸다.

이러한 반反상식적 사상을 맨 처음 선언한 것은 스미스가 아니라 18세기 초 런던에서 팸플릿 작가 겸 시인으로 활약한 버나드 맨더빌이었다.

그는 〈벌들의 우화〉라는 교묘한 시를 발표했다. 이 시에서 탐욕스럽고 이기적인 벌들은 엄청난 활동력을 보이고, 그리하여 벌집은 경이로운 벌 왕국이 된다. 악덕이 미덕을 만들어낸 것이다. 맨더빌은 그에 대하여 다음과 같이 재치 넘치는 설명을 하고 있다.

> 이렇게 하여 모든 부분이 악덕으로 가득 찬다.
> 그렇지만 그 전체 덩어리가 하나의 천국이다.
> 평화 시에 아첨을 받고 전쟁 시에 두려움의 대상이며
> 그것들(벌들)은 외국인이 존경하는 바이다.
> 그리고 그들의 호화로운 부와 생활은
> 다른 모든 벌집의 기준이 된다.
> 이러한 것들이 그 국가의 축복받은 사항들이다.
> 그들의 죄악은 공모하여 그들을 위대하게 만든다.
> 정치가 그로부터 수천 가지 술수를 배워온
> 미덕은 그것들의 좋은 영향력을 통하여
> 악덕을 자신의 친구로 만든다. 그리고 그 때 이후
> 그 다수 중 최악의 것들이 공동선을 창조했다.

맨더빌은 "그 다수 중 최악의 것들이 공동선을 창조했다"라고 주장한다. 그러나 슬프게도 유럽 제국주의를 받아들여야 하는 입장인 피정복 민족들이 이러한 견해를 공유한 것은 아니었다.

국가와 자본이 결탁하다

자유무역 이론에서는 시장의 힘에 개입하지 않으면서 수요와 공급이 마음껏 그 위력을 발휘하도록 내버려두어야 한다고 가르친다. 하지만 앞에서 이미 강조했듯이, 이 원리는 시장의 힘이 가져오는 분배적 결과(많은 사람들을 가난하게 만드는 결과)를 시정하지 못한다. 그 원리는 또한 있는 그대로의 자본주의를 묘사하지도 못하는데, 이것은 자본주의의 첫 시작부터 그러했다. 자본주의적 기업들은 영리를 추구하는 데 아주 무자비했다. 뿐만 아니라 그들은 종종, 아니 상투적으로 자신의 이익을 극대화하고 손실을 남들에게 떠넘기는 국가 권력에 버금가는 힘을 가지고 있었다. 그 손실을 대신 떠안는 사람은 동료 시민들이거나 아니면 더 빈번하게는 다른 사회의 힘없고 약한 사람들이었다.

영국이 스페인과 포르투갈과 경쟁하기 위해 글로벌 시장에 뛰어든 경우를 한번 살펴보자. 엘리자베스 1세 여왕은 골든 하인드호를 타고서 지구를 일주하는 프랜시스 드레이크의 계획(1577)에 개인적으로 투자했다. 그 배는 말이 좋아 탐험이지 실은 해적질을 했다. 남아메리카에서 본국으로 수송하는 지금地金이나 다른 보물들을 싣고 가는 스페인 배들을 공격하여 약탈했다. 1578년 드레이크는 엄청난 양의 금, 은, 보석, 도자기, 기타 보물을 실은 스페인 갤리온선을 포획했다. 드레이크는 귀국하자 해적질한 전리품을 여왕과 나누어 가졌고, 여왕은 그 돈으로 국가부채를 청산했다. 드레이크는 국가적 영웅이 되었고, 그 후 부제독이 되어 1588년 스페인의 무적함대를 패배시키는 데 일조했다.

1600년 동인도회사의 발족은 현대 자본주의로 가는 획기적 돌파구가 되었다. 그 회사는 특히 다국적 무역을 하기 위해 조직된 합자회사였다. 다시 한 번 개인 투자자들은 국가의 권력과 후원을 기대할 수 있었다. 엘리자베스 1세는 동인도회사에 특허장을 내려주면서 희망봉 동쪽과 마젤란해협 서쪽 사이에서 활동할 수 있는 독점적 무역 권리를 부여했다. 첫 시작부터 이 회사는 궁정과 유력 정치가들에게 뇌물과 선물을 주면서 힘을 키웠고, 이후 국가 내의 국가로 성장했다. 이 회사는 개인 군대, 뇌물의 힘, 유한책임의 보호 등을 무기로 갖추고 대對 인도 사업을 마음대로 주물러댔다.

글로벌 제국의 희생자들

신세계의 역사는 곧 세 부류의 뚜렷이 다른 인간 집단이 만들어내는 드라마가 되었다. 첫 번째는 아메리카의 원주민들이다. 이들은 구세계의 질병과 정복 사업으로 엄청난 타격을 입었으나 신체적·문화적·정치적 생존을 위해 지속적으로 싸웠다. 두 번째는 유럽의 정복자와 정착자 그룹이고, 마지막은 신세계의 광산과 농장에서 부리기 위해 수백만 명 단위로 수입해온 아프리카 노예들이다.

정복과 계층화의 도가니는 오늘날까지도 아메리카의 모습을 형성하고 있다. 아메리카는 극심한 불평등과 갈등이 발생하는 지역이었지만, 그래도 여러 세기에 걸쳐 다문화적이고 다인종적인 사회를 건설하고자 노력해온 사회이기도 하다.

유럽의 정복자들은 부와 영광을 얻기 위해 신세계에 왔으나 처음부터 어떤 인력으로 그 부를 생산할 것인가 하는 근본적인 문제와 씨름해야 했다. 물론 그들은 손쉽게 얻을 수 있는 부를 희망했고, 손만 뻗으면 얻을 수 있는 부가 가득하다는 상상 속의 황금의 도시 엘도라도를 꿈꾸었다. 스페인 사람들은 16세기에 금광과 은광을 발견하여 무자비할 정도로 채광함으로써 유럽에 그 귀금속들이 범람하게 만들었다. 하지만 광산에도 노동력이 필요했고, 채광 일은 허리가 부러질 만큼 고되고 생명을 위협할 정도로 힘든 노동이었다. 농장일도 야만적이기는 마찬가지였다. 열대 기후에서 가혹한 신체 노동을 해야 했고, 그 결과 많은 농장 일꾼들은 뜨거운 태양열에 의한 스트레스와 열대 질병 등에 쉽게 노출되어 때 이른 죽음을 맞이했다. 유럽인 정착자들을 열대 토지로 데려오는 것은 처음부터 지난한 일이었다. 특히 신세계의 가혹한 현실에 대한 소식이 유럽에 전해지면서 다들 기피하게 되었다.

메소아메리카(멕시코와 중앙아메리카)와 안데스 산맥(오늘날의 볼리비아, 콜롬비아, 에콰도르, 페루) 등 접근하기 어려운 산간 지역에서만 많은 수의 원주민들이 살아남았다. 아메리카 원주민 부족들은 북아메리카의 인구 듬성한 지역에서만 살아남았다. 그렇지만 카리브해와 브라질 해안, 그리고 유럽인들이 집중적으로 광산과 농장 사업을 벌인 곳에서는 원주민들의 죽음이 만연했다.

처음에 스페인 정복자들은 소위 엔코미엔다encomienda라는 토지와 권위를 유지급 인물들에게 불하했다. 엔코멘데로encomendero(엔코미엔다를 불하받은 사람)는 그런 권위 덕분에 그들의 땅에서 원주민을 노예로 부릴 수 있었다. 그러자 교회와 왕궁을 포함하여 스페인 엘리트들 사이에서 열띤 논쟁이 벌어졌다. 과연 원주민을 노예로 삼아 부리는 것이 정당한 권리 행사인가 하는 의문이었다. 저명한 프란치스코파 수도사인 바르톨로메 데 라스 카사스는 원주민들도 영혼을 가지고 있으므로 엔코멘데로가 그들을 노예로 삼거나 학대하는 것은 옳지 않다고 주장했다. 놀랍게도 스페인 왕은 그런 주장에 동의하고서 1542년에 원주민을 노예로 만드는 행위를 불법화하는 '새로운 법률Leyes Nuevos'을 반포했다. 이 법령은 도덕이 권력과 탐욕을 제압한 훌륭한 사례로 간주할 만한데, 이런 일은 인간의 역사에서 아주 드물게 벌어졌다.

그렇지만 그 법령의 실제적 결과는 그리 만족스럽지 않았다. 원주민에 대한 야만적 학대는 계속되었을 뿐만 아니라, '새로운 법률'로 노동력이 부족해지고 원주민 인구가 급감하면서 아프리카에서 노예들을 대규모로 수입해오는 결정이 내려졌다. 포르투갈과 스페인의 지배를 받는 브라질은 그 후 2세기 동안 노예무역의 최종 도착지가 되었다. 영국인들도 망설임 없이 노예무역에 적극적으로 뛰어들었고 그리하여 카리브해는 수백 년 동안 노예 식민지로 전락했다.

그림 6.7은 1514년과 1866년 사이에 3만 6,000번의 항해를 통해 아프리카에서 아메리카로 엄청난 숫자의 노예들이 수입되었음을 보여준다. 또한 북아프리카, 아라비아반도, 아라비아해의 다른 목적지에도 노예들이 소규모로 수송되었음을 보여준다. 이 지도는 아프리카에서 아메리카로 넘어가는 잔인한 '중간항로'를 통해 수송된 아프리카인들의 숫자를 꼼꼼히 헤아려서 작성된 것이다. 신세계로 수송된 대부분의 아프리카 노예들은 기니만과 그보다 더 남쪽 아프리카의 대서양 쪽 해안지대(특히 오늘날의 앙골라)에서 징발하여 대규모로 브라질과 카리브해로 수송되었다. 또 일부 노예들은 북아메리카로 보내졌다. 북아메리카 남

그림 6.7_아프리카 노예무역(1500~1900)

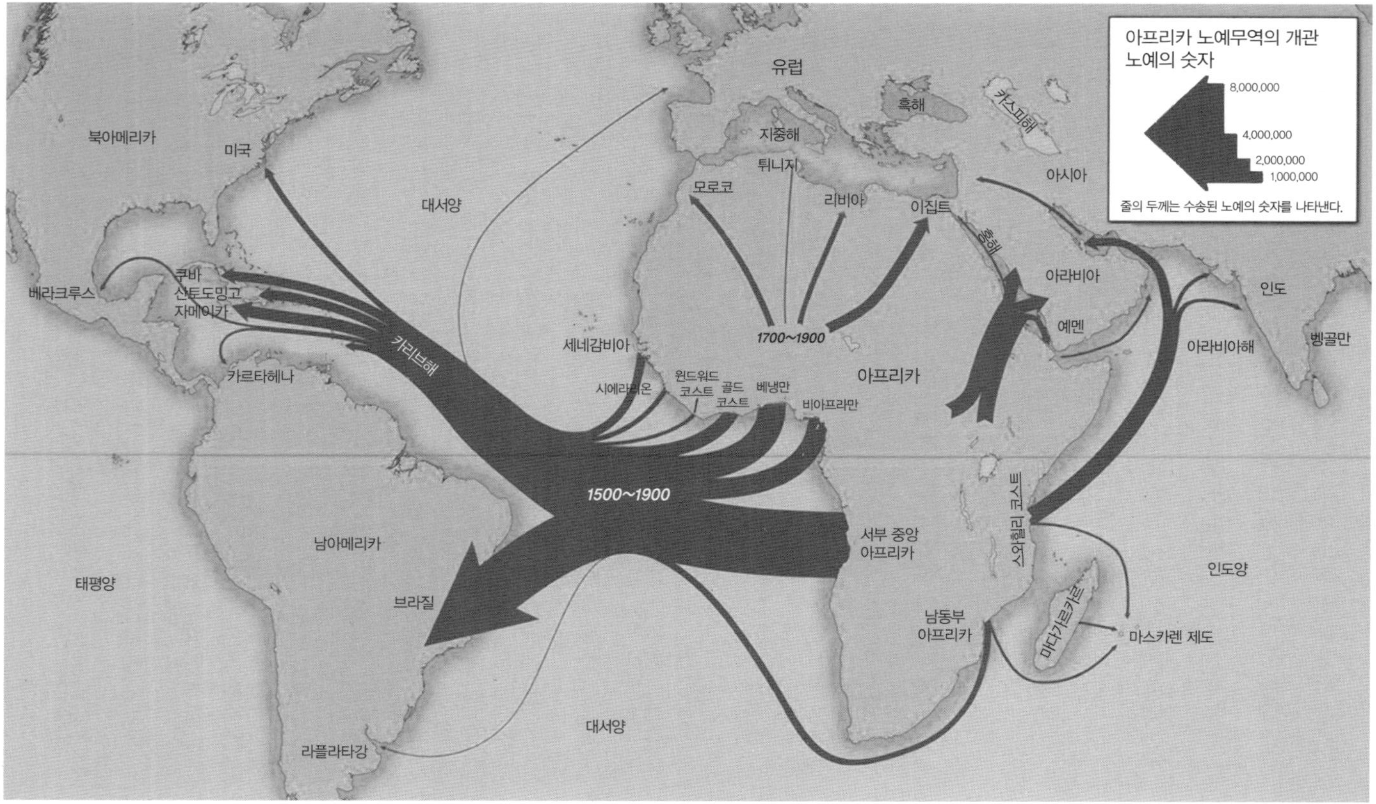

부의 식민지에서는 목면 제국의 밑바탕으로 노예노동이 자리 잡아가고 있었다. 이 남부 식민지들은 미국 독립전쟁 이후에 미국 남부의 여러 주들이 되었다.

아프리카 노예들은 스페인, 포르투갈, 영국 식민지들의 광업과 농업 경제에 노동력을 제공했고, 그런 현상은 열대 지역에서 더욱 두드러졌다. 가장 중요한 농장 제품은 설탕이었는데, 브라질 북동부와 카리브해에서 많이 경작되었다. 따라서 아메리카에 도착하는 노예들의 상당수가 이 지역으로 보내졌다. 또한 페루 해안에도 아프리카 노예들이 많이 도착했다. 노예들은 멕시코와 안데스 산맥의 광산, 브라질과 메소아메리카의 커피 농장, 미국 남부의 담배와 목면 농장 등에도 많이 투입되었다. 노예 소유는 주로 열대 지방에서 벌어지는 일이었다. 유럽 출신의 자유노동자들은 신열대지구(생물의 지리상 구분으로 남미, 서인도제도, 북미의 열대 지방을 포함하는 지역 — 옮긴이)에서의 가혹한 노동조건을 받아들이려 하지 않았다. 특히 노예무역으로 아프리카에서 아메리카로 말라리아 병원균이 수입되어 열대성 말라리아가 이 일대에서 번창하면서 그들은 아예 이곳에서 일하려 하지 않았다. 아메리카의 일부 온대 지역에서 노예제도가 존재하기는 했지만 대규모로 자리 잡지는 못했고, 대체로 온대지대는 열대지대에 비해 훨씬 빨리 노예제도를 철폐했다. 미국 북부의 주들은 1800년대 초에 이르러 노예제를 아예 폐지하거나 단계적으로 철폐하기 시작했다. 그러나 남부 주들의 노예제는 1865년에 미국의 내전인 남북전쟁에서 남부연맹이 패배할 때까지 폐지되지 않았다. 노예제는 스페인령 쿠바에서는 1886년에, 브라질에서는 1888년에 폐지되었다.

남북아메리카에 노예농장들이 널리 퍼지면서 '삼각무역'이라고 알려진 악명 높은 세 방향의 무역이 생겨났다. 남북아메리카의 노예 식민지들은 노예들을 수입해오고, 노예들이 만든 제품(설탕, 목면, 담배)을 유럽에 수출했다. 유럽은 그런 상품을 수입하고 직물, 무기, 금속 같은 완제품을 아프리카에 수출했다. 그리고 아프리카 족장들은 유럽의 완제품을 수입하는 대가로 유럽인 노예무역업자들에게 노예들을 수출했다.

아메리카를 식민지화하고 아시아와의 무역이 확대되면서 유럽에 새로운 소비주의의 광풍이 일어났다. 유럽에서는 아시아와 아프리카에서 오는 향료의 수요가 폭증했다. 유럽에서 가장 많이 찾는 제품 중에서 중국산은 차, 비단, 도자기였고, 인도산은 고급 직물, 예멘산은 커피였으며, 아메리카의 농장에서 경작하는 중독성 있는 제품으로 설탕, 커피, 담배의 인기가 높았다. 포르투갈과 스페인은 이베리아반도에서 브라질과 카리브해로 사탕수수 경작을 수출했다. 네덜란드는 먼저 자바의 커피 농장에서 카리브해의 식민지인 마르니티크로 커피 재배를 수출했다. 아메리카가 원산지이고 아메리카 인디언들이 즐겨 피운 담배는 먼저 유럽인 식민지 정착자들에게 소개되었고, 이어 이들이 카리브해에 담배 농장을 세웠고, 그다음에는 북아메리카 본토로 수출하여 특히 버지니아주 주변에 커피 농장이 많이 들어섰다.

설탕, 커피, 담배는 유럽 시장에서 폭발적인 수요를 불러일으켰고, 차례로 남북아메리카 농장주들의 수익성을 크게 높여주었다. 그러나 이 세 작물은 카리브해, 브라질, 북아메리카의 남부 지역 등 사람들이 건강을 해치기 쉬운 열대 혹은 아열대 기후에서 고된 작업을 통해 재배되었다. 따라서 유약한 아메리카 원주민보다 튼튼한 아프리카 노예에 대한 수요가 폭등했다. 아메리카에 수입된 아프리카 노예들의 대략 절반이 카리브해의 사탕수수 농장에서 일했다. 이 농장들은 18세기에 이르러 사탕수수 생산에서 브라질을 앞질렀다. 설탕 농장의 특징적 인구 추세는 치사율이 놀라울 정도로 높다는 것이다. 새로 도착한 흑인 노예들은 아무리 건강하다고 해도 도착한 지 1년 이내에 대략 3분의 1이 사망했다.

전체적으로 볼 때 이 시기(1514년에서 1866년 사이 – 옮긴이)에 대략 1,400만 명의 아프리카인들이 노예로 수입되었다. 이것은 글로벌 자본주의가 발달하는 과정에서 생겨난 음울하고 추악한 단계가 아닐 수 없다. 근대 세계 경제의 발달에 수반되는 이런 잔학성을 결코 망각해서는 안 된다. 왜냐하면 그와 유사한 잔학성이 오늘날 다른 방식으로 등장하고 있기 때문이다. 인신매매는 가장 극악한 사례들 중 하나로, 글로벌 공급체계를 갖추고 무급여 기한 노동이나 유아 노동 같은 형태로 계속되고 있다. 인류는 탐욕과 영리를 추구하기 위해 다른 사람을 무자비하게 학대하는 것을 결코 참지 못한다.

유럽 공장의 원동력이 된 목면

영국 동인도회사와 네덜란드 동인도회사는 근대적 자본주의의 최초 기업들이라고 간주할 만하다. 탐욕을 밑거름으로 삼아 영리를 추구하기 위해 설립된 합자회사들은 앞으로 닥쳐올 일의 성격과 행동을 규정했다. 역사가 스벤 베커트가 《면화의 제국》에서 서술한 바와 같이, 이들

회사가 1600년대에 벌인 초창기 사업은 목면 옷감을 무역하는 것이었다. 이 회사들은 인도에서 옷감을 사들여서 아프리카의 노예무역업자에게 팔았고, 유럽에서는 점점 늘어나는 도시 사람들에게 팔았다. 그리고 18세기에 들어와 영국 정부가 인도 수입품에 대하여 자국의 직물 제조업체를 보호하기 위한 조치를 취하자, 영국 제조업자들은 점점 더 많은 목면 원료의 공급을 요구했다. 실 잣기와 실 짜기가 점점 기계화하면서 목면에 대한 수요는 더욱 늘어났고, 증기기관이 직물 공장에 도입되면서 그 수요는 폭발적으로 증가했다.

베커트가 지적한 바와 같이, 이렇게 하여 영국의 목면 제조업은 "현지에서 목면이 나지 않는 상태에서 인류 최초의 주요 산업"으로 부상했다.[11] 그것은 글로벌 자본주의의 새로운 에피소드였고, 영국 기업들은 점점 번성하는 직물 산업에 부응하기 위해 필사적으로 목면 원료의 공급처를 찾아 나서게 되었다. 그런 필사적 노력을 "구원해준" 것은 흑인 노예들이었고, 이들은 카리브해와 브라질의 농장에서 "하얀 금(목면)"을 경작했다. 그렇지만 1791년에 산토도밍고의 노예 반란이 섬유업계를 강타했고, 그 여파로 독립국가 아이티가 생겨났다. 이 때문에 영국의 원료 공급이 갑자기 위태롭게 되었다.

그러나 또다시 이 문제의 해결책이 등장했는데, 산업가들의 관점에서 볼 때 그 해결책은 마치 하느님이 내려준 것 같았다. 미국의 남부가 토지와 노예를 제공하여 영국의 공장을 먹여 살리게 된 것이다. 베커트는 이 해결안의 본질을 이렇게 설명한다.

　　미국은 지구상의 다른 목면 재배 지역과 뚜렷이 다른 특징을 하나

가지고 있었다. 미국의 농장주는 토지, 노동, 자본을 거의 무제한적으로 동원할 수 있었고, 남들과는 비교가 되지 않는 정치적 권력을 갖고 있었다. 우리가 알고 있는 바와 같이, 오스만 제국과 인도에서는 강력하고 영리한 통치자들이 토지를 통제했고, 단단한 터전을 잡은 사회 집단들이 토지의 사용을 두고 서로 싸웠다. 서인도제도와 브라질에서는 설탕 농장주들이 토지, 노동, 권력을 두고서 서로 경쟁했다. 그러나 미국은 땅이 넓어서 이런 문제가 전혀 없었다.[12]

영국 산업과 자본이 미국의 노예제와 맺은 동맹관계는 1790년대에 시작되어 남북전쟁이 끝날 때까지 계속되었다. 노예제는 근대 자본주의와는 어울리지 않는 낡은 시스템이기는커녕 글로벌 자본주의의 경쟁력 그 자체였으며, 이루 말할 수 없는 비참함을 발판으로 삼아 거대한 부를 창조한 시스템이었다. 영국과 미국 동맹 체제의 잔학함은 다음 사실에 의해 더욱 분명하게 알 수 있다. 이 세상에서 노예제를 종식시키기 위해 내전까지 벌여야 했던 나라는 전 세계에서 미국이 유일하다. 심지어 차르 치하의 러시아도 알렉산드르 2세가 1861년에 농노해방령을 반포하여 평화적으로 농노제도를 종식시켰다. 그러나 이 무렵 자칭 자유의 나라라고 하는 미국은 노예제 때문에 내전에 돌입했다.

글로벌 제국과 글로벌 전쟁

유럽의 글로벌 제국들은 사상 처음으로 5대양 6대주를 넘나들면서 글로벌 전쟁이라는 아주 새로운 현상을 초래했다. 글로벌 전쟁 또한 5대양 6대주를 넘나들며 발생했다. 17세기 후반부터 유럽 열강들 사이에서 끊임없이 벌어진 갈등은 여러 대륙에서 전쟁을 가져왔다. 그 파급효과는 처참했다. 세상의 점점 더 많은 지역들이 유럽의 전쟁에 휩쓸려 들어갔고, 마침내 20세기에 들어와서는 두 번의 세계대전이 발발하여 수천만 명의 목숨을 앗아갔다.

1688~1697년 사이의 9년 전쟁은 아메리카, 유럽, 아시아에서 동시에 벌어졌으므로 최초의 글로벌 전쟁이라 할 만하다. 이 전쟁의 주역은 영국, 네덜란드, 신성로마 제국의 연합에 맞서 싸운 루이 14세 치하의 프랑스였다. 전쟁의 주요 무대는 유럽, 주로 프랑스 국경지대였는데, 루이 14세가 이웃국가들에게 자국의 영향력을 확대하려던 것이 전쟁을 불러왔다. 프랑스와의 전쟁 초기에 네덜란드의 오렌지 공 윌리엄(1650~1702)은 영국 침략에 성공하여 제임스 2세로부터 영국 왕위를 빼앗았는데, 이를 가리켜 명예혁명(1688)이라고 한다. 이 전쟁의 소식이 아메리카와 아시아로 전해지면서 전쟁은 글로벌 규모로 확대되었다.

이 전쟁은 북아메리카에서는 윌리엄 왕의 전쟁으로 알려져 있는데, 영국 식민지 개척자들과 아메리카 원주민들이 프랑스 개척자들과 다른 아메리카 원주민들을 상대로 싸운 전쟁이었다. 이것은 그 후 프랑스와 영국이 북아메리카에서 벌인 여러 차례의 전쟁들 중 첫 번째 전쟁이었다. 아시아에서 프랑스군과 영국-네덜란드 연합군 사이의 전쟁은 인도의 동남부에서도 벌어졌는데, 특히 폰디체리 전투가 중요했다. 아메리카와 인도에 벌어진 전투들은 결정적인 것은 아니었지만, 앞으로 여러 세기 동안 아메리카, 아시아, 인도로까지 번지게 될 유럽 국가들 간의 전쟁에 대한 예고편이었다.

　그다음 글로벌 전쟁은 1756년에서 1763년 사이에 벌어진 7년 전쟁이었다. 이것은 유럽, 북아메리카, 남아메리카, 아프리카, 아시아의 다섯 개 대륙에서 벌어진 전쟁이었다. 유럽 열강들로 이루어진 두 연합 세력이 맞서 싸웠는데, 한쪽은 영국이 주도하며 포르투갈, 프로이센, 다른 독일 공국들이 참여했고, 다른 한쪽은 프랑스가 주도하면서 오스트리아(신성로마) 제국, 스페인, 스웨덴이 참여했다. 7년 전쟁은 9년 전쟁과 마찬가지로 유럽에서 먼저 시작되었는데, 실레지아에 대한 지배권을 놓고 오스트리아와 프로이센이 싸운 것이 전쟁의 원인이 되었다. 그러나 이 전쟁은 곧 전 세계로 퍼져나갔다. 아메리카에서는 먼저 식민지에 정착한 영국인과 프랑스인들 사이의 싸움으로 시작되었으나, 1756년 이후에는 아메리카의 카리브해 전역에서 영토 지배권을 다투는 광범위한 전투로 확대되었다. 아메리카에서 벌어진 전쟁의 주된 결과는 프랑스가 영국과 스페인에게 영토를 빼앗겼다는 것이다. 아프리카에서 영국 해군은 세네갈에 있던 프랑스의 식민지를 정복했고, 종전 후에 체결된 조약에 의해 그 식민지의 상당 부분이 영국 소유로 넘어갔다. 인도 남부에서도 영국군의 승리로 프랑스의 영지가 크게 축소되었다.

　얼마 지나지 않아 프랑스는 1776년에 시작된 미국 독립전쟁에서 라이벌 영국에게 복수를 했다. 프랑스가 독립을 선언한 영국 식민지들의 편에 서서 적극 개입한 것이 미국이 독립전쟁에서 승리하는 결정적인 요인이 되었다. 그러나 프랑스와 영국 사이의 경쟁이 점점 확대되면서 어느 한쪽의 승리는 장차 엄청난 반전의 씨앗이 되었다. 미국의 독립을 지원하면서 프랑스는 엄청난 재정 지출을 했고, 이것이 1780년대의 프랑스의 재정 위기를 불러왔으며, 더 나아가 1789년의 프랑스 혁명을 가져오는 사회적 불안의 요인으로 작용했다. 이어 프랑스 혁명은 1793년과 1815년 사이에 유럽에서 새로운 라운드의 유혈 낭자한 전쟁을 촉발했다. 프랑스 혁명 전쟁의 후반부는 일반적으로 나폴레옹 전쟁으로 알려져 있다. 이 기간 중인 1799년에 나폴레옹이 프랑스의 제1통령 자리에 올랐고 이어 1804년에는 황제로 즉위했다.

유혈 낭자했던 나폴레옹 전쟁은 수백만 명의 민간인과 군인들의 목숨을 앗아갔는데, 유럽, 북아메리카, 남아메리카, 아프리카(이집트), 코카서스, 인도양 등을 포함하는 여러 대륙에서 전개되었다. 그 전쟁들은 대규모로 인구를 동원하고, 대규모로 징집하고, 대규모 민간인 사상자를 낸 '총력전'이었다. 1815년 나폴레옹이 결정적으로 패배하면서 나타난 두 가지 중요한 지정학적 결과는 첫째로 영국이 5대양에 대한 유럽의 종주권을 확보했다는 것이고, 둘째로는 나폴레옹이 점령했던 포르투갈과 스페인 제국이 치명적일 정도로 약화되었다는 것이다. 나폴레옹 전쟁이 끝나고 몇 년 사이에 포르투갈과 스페인은 현지에서 일어난 독립전쟁으로 아메리카의 식민지 대부분을 잃어버렸다.

1830년 유럽 제국들의 판도는 그림 6.8(336쪽)에 제시된 바와 같다. 남북아메리카는 대부분 독립국가가 되었고, 영국은 캐나다와 카리브해에서만 식민지를 유지했다. 다른 유럽 국가들도 카리브해의 일부 섬들을 식민지로 소유했다. 아프리카는 남아프리카 내지에 있는 영국과 네덜란드의 정착촌들을 제외하고는 아직까지 해안지대만 식민지화되었다. 아프리카의 나머지 지역들은 19세기 말에 가서야 유럽 제국주의의 지배를 받게 되는데, 그 이유는 다음 장에서 살펴보기로 하자. 아시아에서 영국은 인도의 상당 부분과 말라야, 오스트레일리아를 지배했고, 네덜란드는 인도네시아 군도에 식민지들을 유지했다. 스페인과 포르투갈도 일부 아시아 식민지를 유지했는데, 가령 필리핀은 스페인령이었고 동티모르는 포르투갈령이었다.

19세기 경제 발전의 드라마는 대부분 유럽 본토에서 벌어졌는데, 그것은 산업 세계화의 새 시대를 열었다.

애덤 스미스의 예언

현대 경제사상의 위대한 창시자인 애덤 스미스는 18세기 스코틀랜드에 살았던 인물로, 1776년에 대작 《국부론》을 출간했다. 위대한 인문주의자인 스미스는 영국이라는 편협한 관점이 아니라 글로벌 관점에서 세계화의 결과를 살펴보았다(스미스는 도덕철학을 다룬 저서에서 도덕적 추론의 기준점으로 '공평한 구경꾼impartial spectator'이라는 개념을 제시했다). 이에 대하여 그가 한 말을 다소 길지만 아래와 같이 그대로 인용했다. 이런 중요한 사건들에 대하여 위대한 사상가가 한 말을 경청해볼 필요가 있기 때문이다. 그의 설명을 들으면서 나는 깊이 공감하며 우리 시대에 대하여 깊이 생각하게 된다.

> 아메리카의 발견과 희망봉을 돌아 동인도제도로 가는 해로를 발견한 것은 인류의 역사에 기록된 가장 위대하고 중요한 두 가지 사건이다. 두 발견의 결과는 이미 아주 크다는 것이 밝혀졌다. 그러나 이 사건

들 이후에 2~3세기라는 비교적 짧은 시기가 흘러갔으므로 그 파급효과를 모두 다 파악한다는 것은 불가능하다. 이 두 위대한 사건들로부터 어떤 혜택과 어떤 불운이 인류에게 찾아올지는 인간의 지혜로는 예측하기 어렵다. 어떤 면에서 세상에서 가장 멀리 떨어져 있는 지역들을 서로 연결시킴으로써, 그리고 그 지역들이 서로 상대방의 필요를 충족시켜줌으로써, 서로 좋아하는 것들을 증가시키고 또 서로 상대방의 산업을 격려함으로써, 두 위대한 사건은 전반적으로 인류에게 혜택을 주는 쪽으로 나아갈 것이다.

그러나 동인도제도와 서인도제도의 원주민들에게 이런 사건들로부터 얻을 수 있는 상업적 혜택은 그 사건들이 일으킨 끔찍한 불운 때문에 묻혀버리거나 사라져버렸다. 그런 불운은 이 두 사건의 성격 그 자체에서 발생한 것이라기보다는 우연한 일들로부터 발생한 듯하다. 이 두 발견이 이루어지던 특정한 시기에 유럽인들의 힘의 우월성은 너무나 확연하여 그들은 가장 멀리 떨어져 있는 지역들에서 아무런 제재도 받지 않고 온갖 불의한 일들을 저지를 수 있었다. 그러나 지금부터 그 지역의 원주민들이 좀 더 강해지거나 혹은 유럽의 주민들이 좀 더 약해질 수 있을 것이고, 그리하여 세상의 모든 다른 지역들에서 사는 주민들이 용기와 힘의 균형에 도달할 수 있을 것이다. 그리하여 상호 간의 공포가 생겨남으로써 독립국가들의 불의한 행위를 제압하여 서로의 권리를 어느 정도 존중하도록 강제할 수 있을 것이다. 이러한 힘의 균형을 가져오는 수단으로는 폭넓은 지식과 모든 종류의 개선된 제품들을 상호교환하는 것만큼 좋은 것이 없다. 온 세상의 모든 국가들이 서로 폭넓게 상업 활동을 벌일 때 그런 상호소통과 개선이 자연스럽게 혹은

필연적으로 이루어지는 것이다.[13]

인간에 대한 공감이 가득한 이 멋진 글은 우리에게 좋은 참고가 된다. 스미스는 세계화의 네 번째 시대를 촉진한 사건들(유럽과 아메리카, 아시아를 연결하는 해로들의 발견)이 인류 역사에서 가장 의미심장한 사건이라고 말한다. 이 해로들은 "세상에서 가장 멀리 떨어져 있는 지역들을" 서로 연결시켜주었기 때문이다. 이것이 호혜적인 무역을 통해 (세계의 여러 지역들에서 "상대방의 필요를 충족시켜줌으로써") 전 인류에게 혜택을 가져다줄 수 있었는데도, 스미스의 시대에는 세상의 특정 지역(서유럽)만이 혜택을 받았다. 그리고 유럽의 압도적인 힘 때문에 고통을 받은 동인도제도와 서인도제도의 주민들에게는 비참함을 안겨주었다. 결국 유럽인들은 무역만 하러 온 것이 아니라 약탈과 정복을 하러 왔다.

놀랍게도 스미스는 좀 더 공정하고 좀 더 균형 잡힌 세상을 기대한다. 동인도제도와 서인도제도의 주민들이 "좀 더 강해지거나 유럽의 주민들이 좀 더 약해지는" 그런 세상을 내다본다. 그렇게 하여 "용기와 힘의 균형"이 이루어지고 그로 인해 "상호 간의 공포"가 생겨나고 더 나아가 서로에 대한 존경이 생겨나야 한다.

'어떻게 하면 이런 일이 생겨날 수 있을까?' 하고 스미스는 묻는다. 글로벌 무역이 그 대답이라는 것이다. 스미스가 설명한 바와 같이, 상업은 "폭넓은 지식과 모든 종류의 개선된 제품들을 상호교환"함으로써 필연적으로 힘의 균형을 가져온다. 간단히 말해서 무역은 지식의 확산을 돕고 마침내 세력의 재균형을 가져온다는 것이다. 스미스는 여기서 영국의 식민지 사업을 언급하고 있지만, 그의 말은 우리 시대에도 그대로 적용될 수 있다. 오늘날 중국과 예전의 식민지들은 글로벌 경제에 참여함으로써 기술 능력과 군사적 무력 분야에서 엄청난 진보를 이루고 있다. 스미스는 세력의 재균형이 "상대방에 대한 존경으로 이어지는" 세상을 예언했다. 그리고 그것이야말로 우리 시대의 희망이 되어야 한다.

해양 시대의 명암

해양 시대는 글로벌 자본주의를 탄생시켰다. 역사상 처음으로 칙허를 받은 개인 영리회사들이 복잡한 글로벌 규모의 생산과 무역 네트워크에 참여했다. 탐욕으로 무장한 개인 기업들은 사병을 고용하고, 수백만 명을 노예로 만들고, 본국과 해외에서 뇌물을 써서 정치적 특혜의 지위를 얻고, 아무런 처벌도 받지 않고 제멋대로 행동했다. 개인적 탐욕 이외에도 이 시대는 유럽 열강들 사이에 정복 사업과 무제한 경쟁이 벌어지던 시대였다. 대양 건너편의 세계는 뭐든지 움켜잡는 사람이 임자였고, 그 결과 마구잡이로 벌어진 강탈 행위를 견제하는 힘은 거의 없었다.

애덤 스미스의 대작 《국부론》은 부를 형성하는 기본 원칙을 내놓았다. 노동의 특수화(분업)와 그에 따른 높은 생산성을 밑바탕으로 글로벌 무역을 해야 한다는 것이다. 스미스의 이러한 처방은 그가 살아생전에 상상하지 못한 범위로까지 확대 적용되었다. 다음 장의 세계화 시대에서 살펴보겠지만, 새로운 발명품들이 시장을 넓히고 그에 따라 더 많은 발명품들을 만들어내려는 동기가 작동하자, 생산성은 급속히 또 꾸준하게 상승하기 시작했다. 그렇게 하여 자율 성장의 과정이 진행되었다. 그 결과 새로운 종류의 글로벌 국가(글로벌 슈퍼파워)가 생겨났고, 이 국가는 전 세계를 주름잡는 패권국가가 되었다. 영국이 달성한 글로벌 지배력은 과거 로마 제국이 달성했던 권력과 성취의 규모를 뛰어넘었다. 그러나 앞으로 살펴보겠지만, 영국과 다른 강대국들이 거둔 엄청난 이득은 산업 시대에 들어와 그들이 휘두른 채찍 밑에서 고통받았던 다른 사람들의 비참함을 희생으로 얻어진 것이었다.

7장

기술과 전쟁의 세계화
: 산업 시대, 패권국가가 등장하다

Geography
·
Technology
·
Institutions

THE
AGES OF
GLOBALIZATION

산업 시대는 세계화의 여섯 번째 단계이면서 현대 세계를 만들어낸 시대이다. 나는 편의상 이 시대의 연대를 1800년에서 2000년까지 두 세기로 분류했다. 이 시대의 연대를 좀 더 일찍 잡아서 산업화가 영국에서 막 가속 페달을 밟기 시작한 1750년이나 좀 더 뒤로 잡아서 나폴레옹 전쟁이 끝난 1820년으로 할 수도 있었을 것이다. 1820년 무렵에는 유럽에 새로운 평화가 찾아와서 이전의 어느 시대보다도 더 규모가 큰 대륙적 스케일의 변화가 이루어지기 시작했기 때문이다. 이런 세부적 연대를 어떻게 정하더라도 다음과 같은 아주 중요한 사항은 변하지 않는다. 여섯 번째 세계화의 시대는 역사상 그 어느 시대보다 더 빠르고, 더 깊고, 더 폭넓게 변화가 진행된 시대라는 사실이다. 이 200년 동안에 우리가 살아가는 방식과 장소, 우리가 스스로를 다스리는 방식 등 모든 것이 완전히 바뀌었다.

여섯 번째 세계화 시대의 초입에 해당하는 1820년경 세상은 여전히 가난하고, 농촌 지역에 사는 사람들이 압도적으로 많았다. 전 세계 인구의 약 85퍼센트가 농업으로 먹고살았고, 그들은 거의 대부분이 겨우

표 7.1_ 인구와 산업화

세계	1800년경	2000년경
인구	10억	60억
도시화 비율	7.3%	46.8%
1인당 평균 GDP, 구매력 감안 가격(2018)	1,200달러(1820)	10,500달러
극빈율	84%(1820)	25%
출생 시의 기대수명	29	66

자급자족을 하는 수준이었다. 그리고 전 세계 인구의 약 93퍼센트가 농촌 지역에서 살았다. 대부분의 사람들은 자기가 태어난 곳 이외의 지역에는 가본 적이 없었다. 그들은 노예이거나 농노이거나 이런저런 방식으로 토지와 토지 소유주에게 매여 있었다. 극빈이 만연했고 기대수명은 짧았는데, 주된 원인은 영아사망률과 유사치사율이 놀라울 정도로 높았기 때문이다. 그러나 2000년에 이르러 모든 것이 바뀌었다. 세상은 거의 절반이 도시가 되었다(46.7퍼센트). 평균 수입은 증가했고, 평균 기대수명도 67세로 높아졌다(2000~2005년의 수치).[1] 이런 놀라운 변화는 표 7.1에 잘 요약되어 있다.

생활의 구조도 몰라보게 바뀌었다. 대부분의 인류는 마을의 조용한 삶을 뒤로 하고 혼잡한 도시에서 살아가고 있다. 비교적 고립된 마을 생활에서 벗어나 인류는 이제 논스톱으로 데이터를 주고받을 수 있는 범세계적 연결망으로 서로 연결되어 있다. 지나간 인류의 역사에서 기술의 변화는 아주 느리게 진행되었지만, 이제 우리는 쉴 새 없이 기술이 격변하는 세계에 살게 되었다. 그 결과 우리는 생존을 위협하는 걱정거리들이 상존하는 세상에 도달했다. 핵무기든 글로벌 환경 위협이든 인간의 생존이 우리 자신의 발명품 때문에 위협을 받고 있는 것이다.

이 놀라운 여섯 번째 세계화 시대의 몇 가지 핵심적 특징들은 이제 끝나가고 있다. 그중 가장 주목할 만한 것은 지난 200년에 걸쳐서 세계 경제와 기술을 주름잡아온 영국과 미국의 지배력이 사라지고 있다는 점이다. 그리고 다음 장에서 다루게 될 디지털 기술은 우리의 생산 패턴, 더 나아가 일상생활의 패턴마저도 바꾸어놓고 있다. 우리가 살고 있는 이 시대와 그 앞에 놓여 있는 선택사항들을 이해하기 위해서 먼저 산업 시대가 어떻게 현대 경제를 창조했는지 알아야 한다.

산업화를 탐구하는 출발점으로 삼기에 딱 좋은 해는 1776년이다. 이 해에 벌어진 특기할 만한 네 개의 사건은 산업 시대의 핵심적인 흐름을 잘 요약해서 보여준다. 첫 번째 사건은 미국이 독립을 선언하고 영국으로부터 분리되어 독립국가가 된 것이다. 그것은 정말로 역사상 주목할 만한 사건이었다. 그 사건은 미국의 잠재력을 자유롭게 풀어주었고, 그 결과 미국은 20세기 후반에 글로벌 대국으로 성장할 수 있었다. 두 번째는 앞에서 여러 번 언급한 애덤 스미스의 《국부론》이 출간된 것이다. 세 번째는 에드워드 기번의 《로마제국 쇠망사》가 발간된 것이다. 기번은 스미스와 마찬가지로 18세기 영국 계몽주의의 지혜와 인간애를 잘 요약해서 보여준다. 기번의 대작은 로마처럼 세계를 지배하는 강대국도 언젠가는 쇠퇴한다는 사실을 우리에게 상기시킨다. 이것은 20세기에 들어와 대영제국에 벌어진 일이었고, 21세기 초에 들어와서는 미국에게 벌어지고 있는 일이다.

그러나 역사적 의미를 따진다면 1776년에 벌어진 네 번째 사건이 가장 의미심장하다. 이 해에 발명가 제임스 와트는 그가 새로 발명한

그림 7.1_제임스 와트의 증기기관(1776년경)

증기기관을 성공적으로 상업화했다. 우리는 지금껏 농업, 동물의 순치, 알파벳, 화약, 인쇄기, 원양항해 등 역사상의 많은 핵심적 발명품들을 살펴보았다. 그러나 구텐베르크의 인쇄기를 제외하고, 단 한 명의 발명가가 발명해낸 것들 중에서 와트의 증기기관(그림 7.1)처럼 중요한 것이 있는지 의문이 든다. 증기기관은 산업 시대와 근대 경제를 탄생시켰다. 증기기관은 경제적 모더니티(근대성)를 가져왔을 뿐만 아니라, 증기기관이 없었다면 지난 200년 동안의 다른 기술적 진보는 불가능했을 것이다.[2]

뉴턴은 일찍이 "만약 내가 더 멀리 볼 수 있다면 그것은 내가 거인들의 어깨 위에 서 있기 때문이다"라고 선언했다. 와트 또한 선배 발명가들의 이노베이션을 밑바탕으로 그런 위대한 발명품을 내놓을 수 있었다. 토머스 세이버리는 1699년 석탄을 태워서 생기는 증기를 이용하여 물을 퍼 올리는 최초의 근대적 증기기관을 발명했다. 그 증기기관의 목적은 탄광 바닥에 고인 물을 퍼내어 광산의 생산성을 높이려는 것이었다. 세이버리의 획기적 아이디어는 토머스 뉴커먼에 의해 더욱 발전했다. 뉴커먼은 증기로 피스톤을 움직인다는 아이디어를 내놓았다. 세이버리의 양수기는 일시적 진공상태를 만들어내어 물이 양수기를 타고 올라오게 하는 것이었다. 이 증기기관의 도움으로 채광된 석탄은 영국의 추운 겨울철에 가정을 난방하는 데 사용되었다. 나중에 석탄은 증기기관을 돌리는 연료로 사용되었다. 증기기관은 곧 이어 영국의 철도, 증기선, 생산 공장, 대규모 철강 생산 공장 등에서 동력의 원천이 되었다.

뉴커먼의 증기기관은 탄광에서 물을 퍼내는 데 사용되었으나 효율성이 그리 높지 못했다. 그의 증기기관은 엄청난 에너지를 필요로 했고, 다른 목적으로 사용할 수 있을 만큼 경제성이 높지 않았다. 1760년대에 과학 도구를 만드는 스코틀랜드 글래스고대학의 작업장에 고용된 제임스 와트는 뉴커먼의 증기기관을 어떻게 하면 좀 더 효율적인 것으로 개선할 수 있을지 궁리했다. 그리하여 와트는 뉴커먼의 엔진에 두 가지 뛰어난 이노베이션을 추가했다.

첫 번째 변화는 증기 에너지를 동력으로 바꾼 것이었다. 와트는 뉴커먼이 사용한 교대로 작동하는 빔beam(피스톤의 운동을 크랭크축에 전달하는 레버) 대신에 증기기관에 회전운동을 도입했다. 두 번째 변화는 더 혁명적인 것으로, 별도의 콘덴서(압축기)를 추가한 것이다.

뉴커먼의 증기 엔진은 보일러를 가열했다가 냉각시켜서 뜨거운 온도와 차가운 온도를 교대시킴으로써 증기를 만들어내고 압축했다. 이 과정에서 상당한 열에너지의 낭비가 발생했고, 그 때문에 뉴커먼의 엔진은 작동하는 데 엄청난 양의 석탄을 잡아먹는 비경제적인 것이었다. 그러나 와트는 보일러와 분리된 콘덴서를 도입함으로써 기존의 증기기관을 아주 효율적인 기계로 만들었고 따라서 경제성도 대폭 높아졌다. 탄광에서 물을 퍼내는 데 사용하던 고비용 장치인 증기기관을 장차 수천 가지의 용도로 사용할 수 있는 저비용 장치로 바꾸어놓은 것이다. 이 단 하나의 발명 덕분에 세계 경제의 모습이 크게 바뀌었다.

유기적 경제에서 에너지가 풍부한 경제로

증기기관이 발명되면서 영국은 산업 시대로 돌입했다. 1700년에서 1820년까지 영국의 1인당 생산량은 해마다 0.26퍼센트씩 상승했다. 1820년에서 1850년 사이의 성장률은 매년 1.04퍼센트였고, 1850년에서 1900년 사이에는 해마다 1.32퍼센트씩 상승했다. 1인당 생산량이 두 배가 되는 데 걸리는 시간도 크게 단축되었다. 1700~1820년의 성장률로는 1인당 생산량이 두 배가 되는 데 270년이 걸렸지만, 1700~1820년 사이에는 67년, 1850~1900년 사이에는 딱 53년이 걸렸다.[3]

영국의 경제사가인 E. A. 리글리는 이러한 획기적 발전을 가리켜 "유기적 경제organic economy"에서 "에너지가 풍부한 경제energy-rich economy"로의 전환이라고 명명했다.[4] 리글리에 의하면, 유기적 경제는 "모든 산업 생산이 식물이나 동물로부터 얻는 원재료에 의존하는 경제"이다. 원재료를 생산하고 그 원재료를 완제품으로 바꾸는 과정에 들어간 에너지는 압도적으로 인간의 노동이나 역축, 다시 말해 유기적 인풋에 의존했다. 풍차와 수차도 약간의 에너지를 제공했지만, 유기적 인풋의 작은 부분을 차지할 뿐이었다. 이어 3대 화석연료(석탄, 석유, 천연가스) 중 가장 먼저 사용된 것은 석탄으로, 1800년 이후에 대규모로 활용되기에 이르렀다. 이로써 희소한 유기적 에너지로부터 해방되고, 더 나아가 인간과 동물의 노동력을 지탱하기 위해 경작되는 식품과 사료로부터 해방되어 경제는 비약적으로 도약할 수 있었다.

리글리는 잉글랜드와 웨일스에서 인풋 유형별로 에너지 소비를 추계했는데(표 7.2), 이 표는 보여주는 바가 아주 많다. 18세기 전반기에 총에너지 소비가 37퍼센트 상승했고, 17세기 후반에는 124퍼센트로 늘어났으며, 19세기 초반에는 255퍼센트까지 증가했다. 여기서 증기기관이 발명되기 전인 1700~1709년에 이미 석탄의 사용도가 아주 높았다는 사실에 주목할 필요가 있다. 이때 석탄은 대부분 가정의 난방과 취사에 사용되었다.

와트의 증기기관은 경제의 전 분야에서 활용되었다. 그것은 현대적 용어로 말하면 범용기술GPT, general-purpose technology, 즉 경제의 많은 부분에서 활용될 수 있는 기술이었다.[5] 증기기관을 장착하면 모든 종류의 장비를 기계화할 수 있었다. 주요 활용처를 살펴보면 먼저 직물 생산 부문에서 실을 잣고 짜는 행위가 기계화되었고, 대규모 공장 생산에도 도입되었다. 쇠를 만드는 용광로에 증기기관을 접목하면서 야금기술도 크게 개선되었다. 운송 분야에서도 획기적 발전이 이루어졌다. 지상의 철도, 강의 수송선, 대양 항해선 등에도 증기기관이 장착되었다.

증기 동력이 수송비, 석탄 생산비, 제철 비용, 직물 생산, 기타 산업

표 7.2_인풋 유형별 에너지 소비

단위: PJ(페타줄)

	1700~1709년	1750~1759년	1800~1809년	1850~1859년
견인동물	32.8	33.6	34.3	50.1
인구	27.3	29.7	41.8	67.8
땔감	22.5	22.6	18.5	2.2
바람	1.4	2.8	12.7	24.4
물	1.0	1.3	1.1	1.7
석탄	84.0	140.8	408.7	1689.1
총계	168.9	230.9	517.1	1835.5
전체 대비 석탄의 비율(%)	49.7	61.0	79.0	92.0

과정의 비용을 크게 낮추자 경제의 전 부문에서 새로운 가능성들이 우후죽순처럼 생겨났다. 농업 분야에서도 가장 획기적인 비용 절감이 이루어졌다. 증기선이 해양을 달리며 운송 업무를 담당하자, 남아메리카의 유기비료, 즉 페루와 칠레 해안의 새똥과 조분석鳥糞石에서 나오는 질산염을 저비용으로 수입해 들여올 수 있게 되었다. 철도가 생기면서 아르헨티나 팜파스 같은 새로운 농업 지역들이 상업적으로 경쟁력을 갖추게 되었고, 새로운 농산물들은 원양 증기선을 통하여 수출을 할 수 있게 되었다. 19세기 동안에 전 세계의 식품 생산 능력은 크게 증가했는데, 이는 농업 경제의 과학적 발달과 농업의 급속한 기계화 덕분에 벌어진 일이었다.

식량 생산이 증가하면서 인구도 따라서 증가했다. 식량이 더 많다는 것은 더 많은 사람이 살아남아서 더 많은 아이를 출산할 수 있다는 것을 의미했다. 이처럼 유기적 경제에서 에너지가 풍부한 경제로 전환하면서 글로벌 인구는 엄청나게 증가했다. 세계 인구는 1700년 약 6억 명에서 1800년에 9억 명으로 늘어났고, 1900년에 이르러서는 16억이 되었다. 유기적 경제에서 식량 생산의 제약으로 글로벌 인구가 억제되는 것은 이제 역사 속의 이야기가 되었다.

전례 없는 세계 인구의 증가와, 산업 시대의 도래에 따른 1인당 생산량 증가는 그림 1.1과 1.3에서 생생하게 드러난다. 1820년경이 하나의 전환점이었다는 것은 너무나 분명하다. 1인당 생산량이 거의 변화가 없던 장구한 역사적 시기는 산업화의 시작과 함께 끝났다. 서기 1000년과 1820년 사이에 세계의 1인당 평균 생산량은 연간 0.05퍼센트 정도로 거의 눈에 띄지 않는 성장률을 보였다. 그러나 1820년에서 1900년 사이에 성장률은 10배나 증가하여 연간 0.5퍼센트가 되었다. 마찬가지로 서기 1000년에서 1700년까지 연간 0.1퍼센트 정도로 미미하게 증가해온 세계 인구는 1700년에서 1820년 사이에 연간 0.5퍼센트씩 증가했고, 이어 1820년에서 1920년 사이에는 연간 0.6퍼센트씩 증가했다. 간단히 말해서 세계 경제는 근대적 경제 성장이라는 돌파구를 이루어냈고, 소득이 높아지며 세계 인구는 더욱 증가했다.

산업혁명의 조건들

제임스 와트의 발명을 가능하게 만든 것은 무엇이었을까? 왜 영국이 가장 먼저 산업화를 달성하여 선두주자로 도약하게 된 것일까? 물론 그 당시 영국에만 과학자들이 있었던 것은 아니다. 이탈리아도 유럽 과학혁명의 창도자인 레오나르도 다빈치와 갈릴레오 갈릴레이를 배출한 나라라는 자부심이 있었다. 또한 16세기 초에 니콜라스 코페르니쿠스를 배출한 폴란드도 있었다. 그는 태양 중심의 우주라는 핵심적 통찰을 제시함으로써 먼저 갈릴레오가, 그다음은 뉴턴이 새로운 물리학에 대해 생각해볼 수 있는 단초를 제공했다. 또한 영국의 상업적 혁명에 본보기를 보여준 네덜란드의 뛰어난 행정과 상업의 진보 사례도 들 수 있다. 영국이 명예혁명을 거쳐서 근대 자본주의 제도의 길을 닦을 수 있었던 것은 1688년에 네덜란드의 군주인 오렌지 공 윌리엄이 영국을 침공한 덕분이었다.

  영국은 이런 유리한 조건들을 놀라울 정도로 잘 조화시킬 수 있었다. 그런 여러 조건들이 갖추어져 있었기 때문에 와트의 발명품이 나왔고, 그것을 경제의 전 분야에서 재빨리 채택할 수 있었다. 산업혁명은 흔하게 볼 수 있는 평범한 사건이 아니었다. 경제적 도약의 여러 가지 조건들이 갖추어져 자급자족이 가능한 지속적 산업화와 그 이후의 경제적 성장을 이룰 수 있었다. 영국의 독특한 특징은 사상 처음으로 산업혁명에 필요한 모든 조건이 완벽하게 갖추었다는 것이었다. 그보다 약 1000년 전에 중국의 송나라는 산업혁명 시기의 영국과 비슷한 여러 가지 상서로운 조건들을 갖추었으나 산업화를 작동시킬 결정적 점화장치가 없었다.

  영국이 거둔 성공의 첫 번째 조건은 학문적 배경을 갖추고 있었다는 것이다. 영국에서는 학문과 경험론이 크게 존중되었고 심지어 숭배되기까지 했다. 13세기에 신학자 겸 철학자인 로저 베이컨이 자연에 대한 경험철학을 설파한 나라가 바로 영국이었다. 그의 먼 친척인 프랜시스 베이컨이 17세기 초에 경험적 방법에 바탕을 둔 학문을 강조하면서 학문과 기술의 결합에 의한 인류의 진보라는 근대적 사상을 제기한 곳도 역시 영국이었다. 이러한 경험론적 접근의 뒷받침이 있었기 때문에 그 다음 세기에 갈릴레오와 뉴턴이 신물리학을 주장할 수 있었다.

시인 알렉산더 포프는 뉴턴에 대하여 이렇게 썼다. "자연과 자연의 법칙이 어둠 속에 감추어져 있었네. / 하느님이 '뉴턴이 있게 하라'라고 하시자 모든 것이 밝아졌네." 뉴턴은 그의 신물리학으로 우주를 설명했고, 그 후의 수많은 과학적 진보들을 가능하게 만들었다. 뉴턴은 케임브리지대학에서 연구 작업을 했는데, 이 대학은 오늘날까지도 기초과학의 개척자로 활약하고 있다. 영국의 대학들은 산업화에 중요한 기여를 했다. 와트가 글래스고대학의 실험실에서 획기적인 실험을 했다는 사실은 기술 발전을 위해서는 학문적 배경이 얼마나 중요한지를 잘 말해준다. 와트는 그의 획기적 발명품 덕분에 널리 존경을 받았고, 에든버러의 왕립과학원과 프랑스 아카데미의 회원 자격을 획득했다.

그러나 학문적 배경과 지원만으로는 충분하지 않았다. 이탈리아 또한 명예로운 학문적 전통과 위대한 대학 네트워크를 가지고 있었다. 그러나 영국에는 학문적 배경 이외에 다른 요소들이 있었다. 또 다른 핵심적 요인은 와트가 그의 발명품을 기술의 개념으로 개발했을 뿐만 아니라 사업 수단으로 생각했다는 것이다. 그는 돈을 벌기 위해 발명을 했고 실제로 돈을 버는 데 성공했다. 영국은 시장의 여러 제도들이 잘 발달되고 특허권의 한 형태로서 지적재산권이 이미 오래전부터 정착되어 온 나라였다. 그런 환경을 바탕으로 와트는 개인 자본을 끌어들일 수 있었다. 당시의 유수한 제조업자인 리처드 볼턴이 그의 사업 파트너로서 자본을 투자했던 것이다. 와트와 볼턴은 그들의 특허권이 침해되는 것을 막아야 했고, 영국 법원은 그들의 권리를 인정했다.

과학적 탐구, 대학, 시장제도만으로는 아직도 충분하지 않았다. 사실 네덜란드는 영국보다 앞서서 그런 조건들을 이미 갖추고 있었다. 그러나 영국은 네덜란드에는 없는 것을 갖고 있었는데, 바로 석탄이었다. 영국은 손쉽게 석탄을 확보할 수 있었다는 게 핵심이었다. 석탄만이 아니라 석탄 관련 산업이 갖추어져 있었다. 영국은 오래전부터 가정용 난방과 취사에 석탄을 사용해왔고, 따라서 석탄의 채광, 운송, 마케팅에 오랜 경험이 있었다. 이것은 아주 강력한 장점이었다.

여기서 어떤 경제학자는 이런 가설을 내놓을지도 모른다.

"꼭 석탄이어야 할 필요는 없지 않아요? 석탄이 아니었다면 석유나 가스가 나왔겠지요."

그러나 다른 두 화석연료를 사용하기 위해서는 석탄이 먼저 나와야 했다. 훨씬 복잡한 내연기관이나 가스 터빈기관은 둘 다 증기기관을 바탕으로 개발된 것이었다. 석탄을 연료로 사용하는 증기기관 덕분에 광산, 야금, 기계 제작, 엔진 기술 등의 분야에서 수십 년 동안 기술의 진보가 이루어졌는데, 만약 이런 것들이 없었더라면 내연기관도 가스 터빈도 아예 존재하지 않았을 것이다.

그러나 경험론과 학문적 배경, 대학과 시장제도들, 석탄의 채굴과 사용, 이런 것들만으로는 아직 스토리가 완결되지 않는다. 증기기관이 그처럼 높은 수익을 올릴 수 있었던 것은 그 당시 영국이 글로벌 무역 체제 안에 포함되어 있었기 때문이다. 그 무역 체제는 다국적 기업들(동인도 회사가 좋은 예이다)의 뒷받침을 받았는데, 이런 회사들은 목면 같은 원재료를 영국의 공장에 넘겨 직물로 만드는 데 도움을 주었다. 그리고 그 공장들은 증기기관으로 돌아가는 방적기와 직조기를 가동하여 대량으로 직물을 만들어낼 수 있었다. 달리 말하면 와트는 기술적 아이디어와 특허와 석탄 이외에도 엄청나게 큰 잠재 시장을 확보하고 있었던 것이다.

자급자족적 산업화는 인류 역사상 18세기와 19세기 초 영국에서 딱 한 번 발생했다. 그 이후의 다른 모든 산업화는 영국의 획기적 발전에서 나온 기술, 회사법, 재정적 메커니즘의 산물일 뿐이다. 영국의 산업혁명 이전에 다른 곳에서도 직물, 제철, 기계 제작 등의 산업화를 발전시켰지만, 유기적 경제로부터 완전 탈피하지는 못했다. 중국의 송나라와 명나라는 영국 이전에 그런 산업화를 이룩하기에 가장 좋은 위치에 있었다. 중국 또한 시장, 무역, 과학적·기술적 지식, (비록 쉽사리 얻을 수는 있는 것은 아니었지만) 석탄 등을 갖추고 있었다. 그러니 영국이 중국을 따돌리고 산업화의 첫 번째 주자가 되어야 마땅한 근본적 이유 같은 것은 없다. 인간의 역사는 자연의 진화와 마찬가지로 우연과 무작위의 영향을 받을 뿐이다.

이에 대한 가장 좋은 비유는 지구상에 생명이 시작된 현상일 것이다. 과학자들은 생명이 여러 가지 상황들의 독특한 결합에 의해서 생겨났다고 생각한다. 유기적 물질(자기복제적 RNA), 에너지원(깊은 바다의 열류熱流), 최초의 생명 세포를 구성하는 요소들의 자기조직적 성질(가령 지질막과 자기복제적인 RNA의 가닥) 등이 합쳐져서 생명이 생겨났다는 것이다. 그것은 도저히 일어날 법하지 않은 현상이었다. 그러나 오늘날 지구상의 모든 생명체는 동일한 DNA 조상을 공유하고 있으므로, 자기복제적 생명은 딱 한 번 출현했으리라고 보아야 한다.

자급자족적 경제 발전에 대해서도 똑같은 말을 할 수 있을 듯하다.

영국에서 여러 조건들이 동시다발적으로 발생하여 산업혁명을 촉발했다. 그 후 미국, 서유럽, 러시아, 일본, 중국, 그리고 오늘날의 아프리카 등에서 벌어진 산업화의 모든 계보는 단 하나의 공통 조상에서 유래한 것이다. 그 조상은 제임스 와트와 그가 1776년에 글래스고에서 만들어낸 증기기관이다.

콘드라티에프 파도

증기기관은 아주 결정적 역할을 했다. 그것은 공장 생산, 정밀제조업, 무수한 관련 제품 등의 발전을 가져왔고, 더 많은 발견을 촉진하는 연쇄작용을 일으켰다. 하버드대학의 마틴 와이츠맨 교수는 이노베이션은 '아이디어들의 혼성hybridization of ideas'을 통해 현재의 기술을 더욱 발전시킨다고 주장했다. 다시 말해 기존의 기술들을 새로운 패턴으로 종합함으로써 더욱 창의적인 디자인이 나오게 된다는 것이다.[6]

여기서 그의 사상을 바탕으로 간단한 사례를 하나 들어보자. 가령 10개의 뚜렷이 다른 기술들이 있다고 해보자. 그러면 이 10개의 기술을 2개씩 짝을 지어 조합할 수 있는 방법은 모두 45가지이다(1/2×10×9). 그런데 이 2개 1조의 조합들 중 20퍼센트만이 유익한 새 기술을 가져온다고 해보자. 그러면 우리는 기존의 기술 10개 이외에 9개의 추가 기술을 갖게 된다. 그러면 이 9개의 기술들은 서로 조합을 이루거나 아니면 기존의 10개의 기술들과 조합을 이루어 더 많은 이노베이션을 만들어내게 된다. 와이트만은 이렇게 계속되는 과정을 '재조합 성장

recombinant growth'이라고 명명했다.

여기서 기본적 아이디어는 이노베이션이 이노베이션을 낳는다는 것이다. 우리는 이런 동력학을 유관한 관점, 즉 수익을 올리는 기회의 관점에서 살펴볼 수 있다. 가령 각각의 기술 발전이 경제 발전의 원인이 된다고 해보자. 계산을 간단하게 하기 위해 각각의 근본적 기술 진보가 경제의 규모를 두 배로 만든다고 해보자. 만약 제임스 와트 이전에 영국의 GDP를 100이라고 한다면 증기기관은 그것을 200으로 올려준다. GDP의 규모가 클수록 발명을 하려는 인센티브(유인책)는 그만큼 더 커진다. 각각의 발명은 더 많은 수입을 가져다주고, 그 수입으로 연구 및 개발에 드는 비용과 새로운 사상의 초기 실행에 따르는 비용을 충당한다. GDP가 200이라면, 더 많은 제임스 와트류의 발명품이 추구되고 그로 인해 GDP를 400으로 끌어올려 더 많은 연구개발과 이노베이션이 이루어지게 된다. 경제학자들은 이런 자급자족적 과정(이노베이션⇨더 규모가 큰 시장⇨이노베이션⇨더 규모가 큰 시장)을 가리켜 '내생적 성장endogenous growth'이라고 한다. 경제학자 폴 로머는 1980년대의 내생적 성장에 대하여 수학적으로 엄격하게 설명을 해냈고, 그 업적을 인정받아 2018년에 노벨경제학상을 받았다.

증기기관과 에너지가 풍부한 경제로의 도약은 내생적 성장의 과정을 촉발했고, 지금까지 그 효과가 200년 넘게 지속되고 있다. 산업화 시대 이전에 거의 변화가 없었던 1인당 글로벌 GDP는 1820년 이후에 급속하면서도 지속적으로 상승했다. 그와 같은 장기적 성장을 위한 연료는 끊임없이 이어진 기술적 진보의 파도였다. 많은 진보가 과거의 기술을 바탕으로 기술의 혼성을 통해 이루어지지만, 어떤 경우에는 근본적으로 새로운 사상과 접근방식을 도입함으로써 성취되기도 한다.

이러한 기술의 파도는 종종 하나로 뭉쳐져서 뚜렷하게 다른 단계를 형성하는데, 이전 세계화 시대들이 하나로 뭉쳐져서 다른 세계화의 시대를 만들어내는 것과 비슷하다. 기술의 파도에 관한 초창기 이론은 1920년에 집필 활동을 한 러시아의 경제학자 니콜라이 콘드라티예프가 내놓은 것이다. 그는 주요한 기술의 파도가 대략 50~60년 단위로 온다는 사실을 발견했다. 각각의 파도는 사업 투자의 새로운 시대를 만들어내고, 이 시대는 경제를 촉진하고 경제 성장의 길을 닦았다. 이러한 '콘드라티예프 파도Kondratiev waves'의 한 가지 모델이 그림 7.2에 제시되어 있는데, 마르쿠 윌레니우스와 쿠르키가 작성한 것이다.[7] 이 그림에 의하면 증기기관은 1780~1830년 사이에 첫 번째 파도를 만들어냈다.

이 파도에 뒤이어 철도와 제철의 두 번째 파도가 밀려왔는데, 철도와 제철은 다른 새로운 기술뿐만 아니라 증기기관에 의존했다. 세 번째 파도는 (패러데이의 전자기 유도에 바탕을 둔) 전기화와 근대 화학의 시대(1880~1930)였다. 네 번째 파도는 자동차(및 내연기관)와 석유화학에 바탕을 둔 것으로 석유의 시대(1930~1970)였다. 이 시대에 뒤이어 정보와 통신기술의 시대가 오는데, 1970년에서 대략 2010년까지이다. 마지막으로 윌레니우스와 쿠르키는 여섯 번째 파도로 '지적 기술intelligent technologies'을 제시하는데, 이 시대는 로봇 기술과 인공지능에 바탕을 둔 것으로서 2010년에서 2050년의 시기이다. 세로 기둥은 S&P 500을 사용하여 10년 동안 주식 투자의 연간 수익을 측정한 것이다.

표 7.2에서 주장하는 바는 다음과 같다. 각각의 기술 파도가 밀려올 때마다 주식시장의 시가 총액이 상승하여, 미래의 수익성과 투자 인센

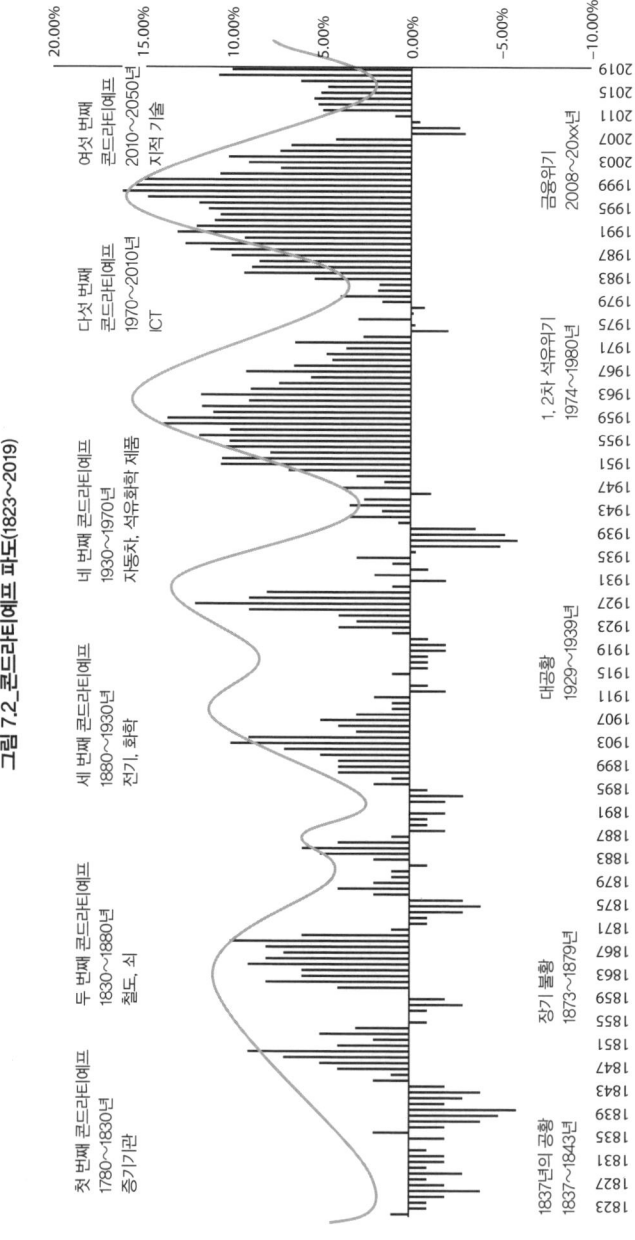

그림 7.2_콘드라티예프 파도(1823~2019)

티브를 예고한다. 기술 사이클의 끝에 도달하면 수익은 0으로 떨어지고, 다음번 투자 사이클을 촉발해줄 새로운 기술 이노베이션을 기다린다. 최근에 나온 또 다른 콘드라티예프 모델은 산업화의 6단계가 아니라 4단계를 제시한다. 1단계는 수력과 증기기관, 2단계는 전기와 내연기관, 3단계는 정보와 통신 기술, 4단계는 정보통신기술, 게놈학을 포함하는 생물학 기술, 나노 기술 같은 신소재 등을 종합하는 퓨전 기술이다.[8]

유럽의 산업화와 영국의 역할

영국의 산업화는 1700년대 중반에 뉴커먼의 증기기관과 직물과 야금 분야의 다른 이노베이션으로 시작되었다. 그러나 전면적인 산업화는 나폴레옹 전쟁이 끝나면서 본격적으로 도약했다. 1820년 당시 영국과 네덜란드는 1인당 GDP(역사가 앵거스 매디슨이 개발한 데이터에 의한 것으로, 일정한 세트의 국제 가격들을 가지고 측정)에서 유럽의 선두주자였다. 그러나 뒤따르는 국가들과의 차이는 근소했다. 표 7.3은 19세기 동안의 흐름을 요약한 것으로, 각국의 1인당 소득은 영국의 지수가치를 100으로 하여 비교했다. 1820년 영국의 수치는 108인 네덜란드를 제외하고 유럽의 다른 국가들 중에 선두였다. 1820년과 1850년 사이에 수치상 영국과 영국에 근접한 나라들(프랑스와 네덜란드)은 영국에서 멀리 떨어진 나라들(스페인, 이탈리아, 그리스, 핀란드)보다 더 빨리 성장했다. 1900년에 이르러 다소 분명한 수치의 차이가 나타난다. 평균적으로 (국가 자본들 사이의 직접적

표 7.3_구매력 가격이 감안된 몇몇 나라들의 연도별 1인당 GDP 지수(영국 = 100)

	1820년	1850년	1870년	1900년
영국	100	100	100	100
프랑스	67	69	59	64
네덜란드	108	102	86	76
스페인	59	46	38	40
서유럽	70	67	61	64
중국	35	26	17	12
인도	31	23	17	13
일본	39	29	23	26
미국	74	77	77	91
아프리카	25	–	16	13
라틴아메리카	41	–	21	25

거리로 측정했을 때) 영국과 가까운 나라일수록 1900년에 1인당 소득은 더 높았다.

여기서 관찰할 수 있는 것은 지리적 확산 과정이다. 산업화는 영국에서 시작되었고, 시간이 경과하면서 유럽의 다른 나라들로 점진적으로 이동해갔는데, 영국에서 멀리 떨어진 나라일수록 일반적으로 산업화가 늦어졌다. 이 과정은 연못에 돌을 던지는 것과 비슷하다. 연못에 돌을 던지면 파문은 동심원을 그리며 퍼져나간다. 돌이 던져진 곳에서 가까운 곳은 그 충격이 더 빨리 전달되고 그 지점에서 멀리 떨어진 곳은 늦게 파문이 전달되는 것이다.

이런 점진적인 확산의 이유는 무엇일까? 영국의 산업화 뒤에는 산업 제품을 받아주는 시장, 석탄의 손쉬운 획득, 폭넓은 수송망, 산업적 기술, 테크놀로지의 노하우 등을 포함하여 다양한 기반이 있었다. 이것은 나중에 산업화를 이룰 국가들에게도 필수적 요소들이다. 그 나라들은 자신들이 생산한 제품을 출하할 시장을 필요로 한다. 영국은 종종 그런 시장을 제공했다. 또 석탄을 공급받아야 하는데, 그것은 그 나라의 탄광에서 나오거나 영국이나 다른 나라의 탄광에서 수입할 수 있을 것이다. 또 수송망도 필요하다. 중부 유럽과 동부 유럽의 육로 운송은 해안 경제 국가들의 해로 운송보다 비용이 더 많이 든다. 또 그 나라들은 산업 기술(문자 해득과 계산 능력을 위시한 여러 기술)과 테크놀로지의 노하우를 필요로 한다. 이런 여러 가지 선결 조건들과 관련하여, 거대 산업의 고향인 영국과의 인접성은 큰 도움이 되었다. 그 결과 1820~1850년 사이에 벨기에, 네덜란드, 프랑스 등 영국 근처의 회사들을 필두로 하여 산업화의 파도가 퍼져나갔고, 19세기 후반에는 스칸디나비아, 독일, 이탈리아, 스페인 등 더 멀리 떨어진 나라들에까지 확산되었다. 그리고 마침내 19세기 말에는 동유럽과 러시아에도 도착했다.

　물론 각국의 구체적 조건들도 문제가 되었다. 석탄이 매장되어 있는 나라도 있었지만, 그렇지 못한 나라도 있었다. 수력발전 기술이 알려지자 스위스 같은 나라들은 수력을 활용할 수 있었다. 프랑스와 네덜란드 같은 나라들은 처음부터 전국 규모의 시장을 갖추었으나, 이탈리아와 독일 같은 나라들은 1870년까지 통일된 국가를 이루지 못했다. 유럽의 일부 지역들, 특히 동유럽은 농노제라는 자본주의 이전의 제도를 여전히 유지하고 있었는데, 시장 중심의 산업화가 발전하려면 먼저 농노제부터 철폐해야 했다. 그렇지만 영국은 이 모든 국가들에게 산업화 발전의 분위기를 잡아주고 역할 모델이 되어주었다. 또한 뒤처진 국가들에게 기술, 자본, 노하우, 시장 등을 제공하여 그들의 소득을 높여주었다.

산업화가 가져온 글로벌 격차

산업 세계화 시대는 소득, 산업 생산, 군사력의 측면에서 북대서양(서유럽과 미국)과 세계 나머지 국가들 사이의 격차를 더욱 크게 벌려놓았다. 1500년 이래에 서유럽은 군사력, 글로벌 정복, 산업의 규모, (목면, 설탕, 담배 등) 여러 부문에서의 다국적 생산과 무역 등 다양한 분야에서 중요한 발전을 이루었다. 매디슨의 추계에 의하면, 1820년에 이르러 서유럽과 아시아 사이에는 1인당 생산 격차가 이미 상당히 벌어져 있었다. 중국, 인도, 일본은 서유럽의 평균 1,200달러(영국은 1,700달러로 세계 선두였다)와 비교하여 대략 600달러의 1인당 소득을 기록했다(달러는 1990년 국제 달러 기준). 그 후 산업화가 도래했고, 그 격차는 19세기에 들어 더 극적으로 벌어졌다.

그림 7.3(337쪽)은 가장 역동적인 두 산업국가인 영국과 미국을 세계 다른 지역과 비교한 것이다. 이들 지역은 세 그룹으로 나눌 수 있다. 우선 영국과 미국은 1913년에 이르러 1인당 국민소득이 약 5,000 달러에 도달하며 경제대국으로 글로벌 선두의 위치에 올랐다. 라틴아메리카와 일본은 중위 그룹을 형성했다. 이들은 19세기 후반부터 아주 제한적으로 경제 성장을 해서 1913년에 이르러 1,400달러의 국민소득을 기록했다. 하위 그룹은 아프리카, 중국, 인도 등인데, 본질적으로 1인당 생산이 거의 증가하지 않았고 1913년 1인당 국민총생산이 600달러 정도

였다. 이렇게 하여 1913년 영국과 미국은 아프리카, 중국, 인도에 비하여 대략 8배 정도 많은 1인당 국민소득을 기록했다! 당시 인구가 약 1억 명이었던 미국이 중국과 인도를 합친 것(두 나라의 인구는 7억 5,000만 명이었다)보다 더 많은 생산을 기록했다.

유럽과 아시아가 이처럼 크게 분화된 것은 19세기 세계 경제에서 가장 중요한 드라마이다. 이 시기에 세상은 북대서양 국가들의 수중에 있었다. 먼저 영국과 다른 유럽 제국들이 세상을 접수했고, 20세기에 들어와서(특히 제2차 세계대전 종전 이후에) 미국이 세계의 패권국가로 등장했다. 20세기 말엽에 중국과 인도가 급격하게 성장하면서 19세기에 생겨난 상대적 소득과 권력의 거대한 격차가 줄어들기 시작했다.

산업화의 글로벌 패턴을 결정하는 한 가지 요소는 그 나라에 석탄이 매장되어 있는지 여부였고, 20세기에 들어와서는 석유와 천연가스가 매장되어 있는지 여부였다. 석탄 매장지에서 가까운 나라일수록 산업화가 더 빨리 시작되었고, 멀리 떨어진 나라일수록 산업화가 훨씬 늦게 시작되었다. 그림 7.4에서 알 수 있듯이, 석탄 매장량이 풍부한 지역은 서유럽, 미국, 오스트레일리아, 러시아, 중국, 인도, 인도네시아, 남아프리카, 안데스 산맥, 동남부 브라질이고, 열대 아프리카와 열대 아메리카의 상당 지역은 석탄이 매장되어 있지 않다. 석탄을 기반으로 하는 산업화의 제1단계는 19세기 전반기에 서유럽에서 시작되었고, 이때에는 영국이 선두주자로 나서서 다른 나라들을 이끌었다. 그로부터 몇 십 년 뒤에 석탄 채굴과 석탄을 기반으로 하는 산업화가 미국, 오스트레일리아, 일본에서 발전했고, 19세기 후반에는 러시아로, 그리고 20세기에 들어와서는 세계의 다른 석탄 부존 국가들로 퍼져나갔다. 20세기에 들

그림 7.4_주요 석탄 매장지(2017)

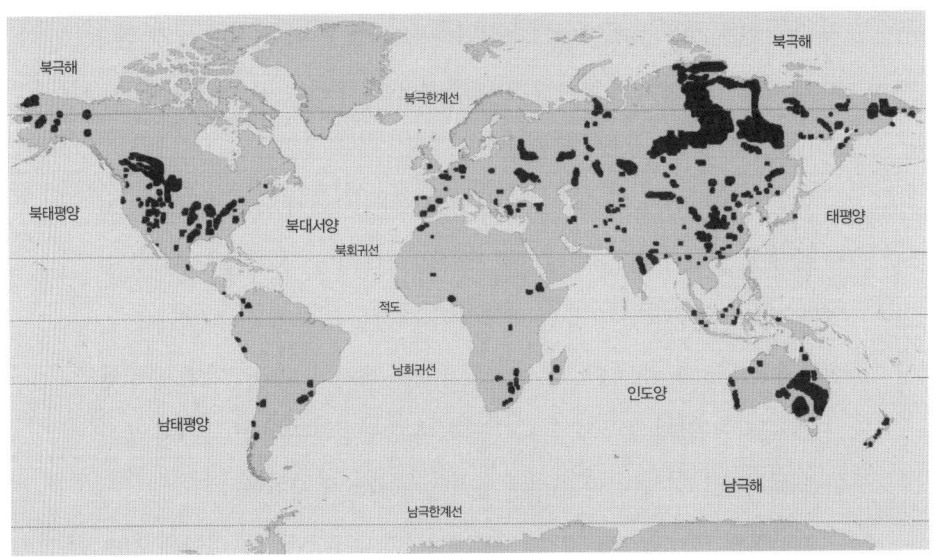

어와 내연기관과 가스 터빈이 발명된 이후에는 탄화수소의 부존 여부가 석유와 가스 생산뿐만 아니라 석유화학 산업과 다른 에너지 집중 부문에서 유리한 지위를 결정했다.

제국주의에 맞선 아시아 국가들의 전략

유럽과 미국의 산업화에 직면한 아시아에 대해서는 미리 알아두는 것이 중요하다. 왜냐하면 그것이 우리가 물려받은 세상, 현재 급속하게 질서가 재편되고 있는 세상을 만들었기 때문이다. 1820년에 전 세계 인구의 37퍼센트를 차지하던 자부심 강한 제국 중국은 국토 크기가 10분의

1도 안 되는 나라들에게 굴욕을 당했다. 중국은 19세기에 식민국가로 전락하는 운명은 모면했지만, 엄청난 혼란, 군사적 패배, 유럽 제국들의 주권 침해를 피하지는 못했다. 전 세계 인구의 20퍼센트를 가진 인도는 중국보다 더 나쁜 운명을 맞이했다. 인도는 동인도회사에게 야금야금 잠식당하더니 1858년에는 마침내 대영제국이 동인도회사로부터 식민 통치 업무를 공식적으로 인수하면서 제국의 손아귀에 떨어졌다.

일본은 아시아에서 비교적 성공한 국가였다. 일본은 국가의 주권을 지켰을 뿐만 아니라, 19세기 말에 산업화의 길로 성공적으로 들어섰다. 하지만 국민 소득 수준은 유럽에 많이 미치지 못했다. 그러한 산업화의 결과로 일본은 19세기 말부터 제2차 세계대전에서 패배할 때까지 군사 대국으로 부상했다. 이러한 뚜렷이 다른 경제 발전의 과정을 설명하는 것은 경제적·정치적 역사의 중요한 책무 중 하나이다.

19세기 중국의 운명은 사실상 1793년에 시작되는데, 이 해에 중국 청나라의 건륭제는 영-중 무역을 개시하기 위해 찾아온 영국 통상사절단의 접근을 거부했다. 건륭제는 통상 요청을 받고서 아무런 실익이 없다고 생각하여 사절단을 빈손으로 돌려보낸 것이다. 1816년에 찾아온 유사한 사절단도 실패하고 돌아갔다. 다음번에 영국은 보복을 하기 위해 중국을 찾았고, 이것이 바로 악명 높은 아편전쟁(1839)의 발단이었다. 이번에 영국은 중국의 거절을 받아들이려 하지 않았다. 중국은 영국에 통상의 문호를 개방할 것을 강요당했다. 정상적인 무역뿐만 아니라 영국 상인들이 판매하는 인도산 아편도 받아들이라는 것이었다.

중국 당국이 그런 영국의 요청을 거부하고 중국 해역에 들어오는 아편을 몰수하려고 하자, 영국은 중국에 전쟁을 선포하고 나섰다. 영국의 원정군은 해안 도시와 항구에 함포 사격을 가했고, 그 결과 1842년 난징조약이 체결되었다. 상하이를 포함한 4개 항구를 통상을 위해 개방하고 홍콩섬을 영국에 '항구적으로' 할양한다는 내용이었다. 1850년대에 들어와 영국의 요구사항이 점점 더 많아지자 2차 아편전쟁(1856~1860)이 터졌다. 이번에는 영국-프랑스 연합군이 베이징으로 쳐들어와 청나라의 정원인 원명원을 불태워버렸다.

이러한 유럽 제국주의자들의 침략은 중국을 경제적 회오리 속으로 밀어넣었고, 중국은 그 충격으로부터 1세기 이상 회복하지 못했다. 청나라가 1차 아편전쟁의 패배로 굴욕을 당해 국가 장악력이 약화되자, 1850년에서 1864년 사이에 내부에서 반란이 일어났다. 태평천국의 난으로 청나라는 예수의 동생임을 자칭하는 홍수전의 세력과 갈등을 겪게 되었다. 이 반란은 결국 국가의 명운을 건 총력전으로 비화했고, 그 결과 수천만에 달하는 인민이 목숨을 잃었다.

중국은 유럽인들을 물리치기 위한 '자강운동'의 일환으로 19세기 후반에 개혁정책을 실시하여 그 대규모 학살의 충격으로부터 벗어나려 했으나, 청나라는 일관된 개혁 프로그램을 실시하지도 못했고 또 유럽 제국주의자들의 점점 늘어나는 요구사항을 물리칠 실력도 갖추지 못했다. 그리하여 유럽인들에게 양보만 하는 청나라에 저항하여 또 다른 반란이 일어났다. 소위 의화단 운동이라는 것인데, 이 또한 유럽 열강들의 막강한 무력이 다시 한 번 투입되어 청나라를 찍어 누르는 결과를 가져왔을 뿐이다. 1901년에 유럽 열강은 그들이 일방적으로 부과한 의화단 조약에 의거하여, 베이징에 그들의 군대를 주둔시켰을 뿐만 아니라 베이징 정부에게는 보상금을 지불하라고 요구할 수 있었다.

청나라는 1912년에 마침내 붕괴되었고, 쑨원은 중화민국을 선언했다. 그렇게 질서, 개혁, 경제 발전의 또 다른 기회가 찾아왔지만, 중국은 그로부터 몇 년 사이에 내부적인 혼란의 상태로 빠져들었다. 중국 정부는 여러 조각으로 나뉘었고, 군벌들이 영토와 세력을 두고 서로 쟁패했다. 1927년 국민당 정부가 중국 공산당에 대한 공격을 개시하며 시작된 내전은 1949년까지 계속되었다. 일본은 1931년 중국을 침략하여 중국의 여러 지역들을 무자비하게 점령했고, 이 무력 지배 상태는 제2차 세계대전 말엽인 1945년 일본이 패배할 때까지 지속되었다. 마오쩌둥 지도하에서 중국 공산당은 1949년 장제스의 국민당 군대를 패배시키고 중화인민공화국을 선언했다.

그러나 중국의 혼란은 종식되지 않았다. 중화인민공화국은 1950년대에 소비에트식 중앙집중형 계획경제에 착수하여 산업화를 촉진하기 위한 정책인 '대약진운동'을 전개했다. 그 결과는 혼란과 기아뿐이었다. 농부들이 논밭을 떠나서 그들의 빈약한 자산과 신체적 노동력을 산업화 운동에 집중시켜야 했기 때문이다. 마오쩌둥은 낙후된 제철 공장을 돌려서 국가를 부강하게 만들려는 구상을 했으나 그것은 환상에 지나지 않았다. 이로 인해 약 4,500만 명에 달하는 중국 인민들이 굶어죽은 것으로 보인다. 그러나 마오쩌둥은 아직 대대적 변화의 정책을 끝낸 게 아니었다. 그는 '문화대혁명'이라는 또 다른 운동을 개시했는데, 1966년에 시작된 이 운동은 1976년 마오쩌둥이 사망할 때까지 10년 동안 중국을 대혼란 속으로 밀어넣었다. 그리고 (1차 아편전쟁으로부터 130년이 흐른) 1978년에 가서야 중국은 마침내 시장 기반의 경제 개혁과 변화에 착수하게 되었다. 이 당시 중국은 국민 소득이 서유럽의 10분의 1에도 미치지 못하는 가난한 농촌 경제였다.

인도 또한 장기간에 걸쳐 쇠퇴의 과정을 겪었다. 17세기에 인도는 무굴 제국이 통치하는 통일된 국가였다. 전 세계 인구의 약 4분의 1이 인도에 살았고, 세계 생산량의 약 4분의 1이 인도에서 생산되었다. 인도는 세계에서 가장 규모가 큰 제조국가였고, 인도산 직물은 유럽 소비자들의 감탄과 기호의 대상이었다. 그러나 인도는 중국과 마찬가지로 그런 높은 지위에서 대격변을 겪었고, 유럽의 산업국가들에 비하여 국민소득이 지속적으로 추락했다. 인도가 세계 경제에서 차지하는 점유율은 계속 떨어져서 20세기 후반에 들어와 반등할 때까지 추락이 계속되었다.

인도의 추락은 19세기 후반 무굴 제국이 여러 가지 도전에 직면하면서 시작되었다. 무굴 제국은 인도 서부에서 페르시아, 펀자브의 시크 연합, 데칸 평원의 신생 마라타 제국 등 여러 세력으로부터 도전을 받았다. 마라타 제국은 무굴 제국을 여러 차례의 전쟁에서 패배시켰고, 그들의 지배력은 인도의 많은 지역으로 확대되었다. 동쪽의 벵골에서는 영국의 동인도회사가 그들의 사병을 동원하여 1757년에 플라시 전투에서 무굴 제국을 패배시켰다. 이로 인해 동인도회사는 벵골 일대를 지배하고 세금을 부과할 수 있는 권리를 얻었다. 또한 이 회사는 글로벌 7년 전쟁의 일환으로 인도의 남동부 해안을 두고서 프랑스와 벌인 전쟁에서도 승리를 거두었다. 이로써 무굴 제국의 통치는 사실상 종식되었다.

플라시 전투에서 1857년 인도인의 반란에 이르기까지 100년 동안에 동인도회사는 무수한 정복 전쟁을 치렀고, 특히 1775년에서 1818년 사이에는 마라타 제국을 상대로 세 번에 걸친 전쟁에서 승리하여 인도 전역의 통제권을 장악하게 되었다. 영국의 통치는 가혹하고 파괴적이어서 지독한 기근과 무자비한 행정 조치가 특징이었고, 그로 인해 수백만 명의 인도인이 죽었다. 동인도회사 관리들의 노골적인 부정부패가 드러나서 영국 정부는 18세기 말에 동인도회사의 업무를 부분적으로 통제하게 되었고, 그리하여 1800년대 전반기의 인도 통치는 동인도회사와 영국 왕실의 권위가 혼합된 형태로 이루어졌다. 1857년 영국 통치에 저항하는 인도인 토민병土民兵의 봉기인 세포이 항쟁이 발발하자 영국 정부가 인도를 직접 통치하게 되었고, 왕실에서 파견한 영국인 총독이 부임하여 인도가 식민통치에서 독립하는 1947년까지 인도를 다스렸다.

영국의 경제 정책들은 인도의 경제와 사회를 결정적으로 약화시켰다. 역사가 프라사난 파르타사라티가 생생하게 설명했듯이, 영국이 18세기 내내 실시한 보호무역 정책은 인도의 유명한 직물 제품이 영국 시장으로 들어가는 것을 막았고, 그 결과 수백만에 달하는 인도인 방적공과 직조공이 극심한 가난을 겪게 되었다. 그것은 결코 자유시장의 승리가 아니었다. 영국은 인도산 직물 제품의 수입을 점점 더 옥죄는 등 일련의 조치를 통해 18세기 내내 인도의 직물산업을 고사시켰다. 파르타사라티는 그러한 정책의 결과를 다음과 같이 요약한다.

> 17세기 후반부터 영국의 목면 제조업은 국가의 보호정책에 발맞추어 확장되었다. 인도의 채색 혹은 날염 옷감의 수입 금지(1700)는 영국 날염 옷감 업계에 커다란 장려책이 되었고, 그 결과 국내 시장에 옷감

을 독점적으로 공급하는 권리를 얻었다. 인도의 흰색 사라사(무늬가 날염되어 있는 무명천) 수입이 금지되자(1721), 영국 제조업자들은 전에 인도 아대륙으로부터 수입되어온 것을 대체할 수 있는 제품을 국내에서 연구하여 만들어냈다. 이러한 연구는 1770년대에 아크라이트의 수차水車와 크롬프턴의 정방기精紡機 덕분에 성공을 거두게 되었다. 그러나 보호무역의 시대가 끝난 게 아니었다. 1780년대에 인도의 모슬린(여성복이나 커튼용으로 사용되는 얇은 무명) 수입품에 관세가 부과되자, 영국 모슬린 제조업자들은 그들의 제조 능력을 확대하고 개선할 수 있었다. 영국의 목면 산업이 발달하는 데에는 무역정책이 필수적인 요소였다.[9]

1858년부터 인도가 독립할 때까지 영국이 유지했던 정책은 인도를 원자재 공급처로 묶어두는 것이었다. 인도에서 직물 완제품을 생산하여 영국 업체와 경쟁하는 것을 철저히 막은 것이다. 영국은 인도의 농촌지방을 가혹하게 통치했고, 자연의 참사이면서 동시에 영국이 인도인들의 목숨을 경시하여 생겨난 여러 번의 기근을 태연히 지켜보기만 했다. 보건, 교육, 식량, 구조 같은 기본적 서비스는 회피했고, 무수히 많은 농민 인구가 가난하고 문맹인 상태로 전락하는데도 그냥 내버려두었다. 20세기 전반기에 제철 같은 산업 부문이 생겨나기도 했지만, 인도의 산업화와 발전은 정치적 독립을 기다려야 했다. 1947년 영국에서 독립할 무렵에 인도의 문맹률은 80~85퍼센트였고 1950~1955년 사이에 평균 기대수명은 37세였다.[10]

19세기에 아시아에서 산업화가 일어난 나라는 일본 하나뿐이었다. 오로지 일본만이 유럽의 지배에 굴복하는 것을 모면할 수 있었고, 초기 산업화를 촉진하기 위한 내부 개혁 조치를 진행할 수 있었다. 일본의 성공은 유럽과 미국의 제국주의적 위협 앞에서 역사, 지리, 효과적 개혁 등이 적절히 어우러져 생겨난 것이었다. 일본의 초창기 근대사는 1603년을 시점으로 볼 수 있는데, 이 해에 군벌의 지도자 중 하나였던 도쿠가와 이에야스가 그의 봉건 통치 아래 일본을 통일했다. 도쿠가와 막부는 1603년에서 1868년까지 일본을 통치했다. 막부의 통치자인 쇼군은 에도(오늘날의 도쿄)에서 통치했고, 천황은 교토에 거주하면서 상징적으로 일본을 지배했다. 1635년 일본은 기독교와 서구 열강의 영향력이 점점 커지며 일본의 정치와 사회에 영향을 미치는 것을 막기 위해 대부분의 국제 접촉과 교역을 단절했다. 무역은 소수의 항구에서만 할 수 있었고, 수입 선박도 중국과 한국, 네덜란드에서 오는 배들만 받아들였다.

도쿠가와 시대는 내부 평화와, 문화·기본 교육·농업의 집중화·도시화·(비록 노동집약적인 산업이었지만) 초창기 산업 등이 크게 발달한 시대였다. 매디슨의 추계에 의하면, 일본의 인구는 1600년에 1,850만 명에서 1870년에는 3,440만 명으로 증가했다. 도쿠가와 시대 말엽에 이르러 남자는 40~45퍼센트, 여자는 15~20퍼센트의 문자 해득률을 기록했는데, 당시로서는 놀라울 정도로 높은 비율이었다. 1750년에 이르러 에도의 인구는 약 120만 명이었고, 오사카, 교토, 나고야, 가나자와의 4대 도시도 각각 10만 명 이상의 인구를 자랑했다.

1853년 페리 제독 휘하의 미국 해군 함정이 에도에 입항한 이래 일본이 기록한 발전은 역사상 가장 놀라운 사례 중 하나이다. 페리는 유럽 열강이 중국과 인도에 시장 개방을 요구한 것과 같은 방식으로 미국에게 통상의 권리를 부여하라고 요구했다. 일본은 중국이나 인도와 마찬가지로 서구 제국주의의 지배라는 결정적 위협에 직면했으나, 내부적 신속성과 일관성을 바탕으로 그 위기를 돌파할 수 있었다. 그리하여 일본은 해외 열강들의 침략을 물리치고 주권을 지키며 성공적 산업화의 시대로 들어설 수 있었다.

일본의 성공에는 지리도 한몫을 했다. 섬나라인 일본은 외부의 침략으로부터 자신을 더 잘 방어할 수 있었다. 농업 생산성은 식량의 자급자족을 보장해주었다. 전국 어디에서든 석탄을 채굴할 수 있는 것도 초기 산업화의 기반이 되었다. 인구가 조밀하고 도시화가 어느 정도 진행된 일본은 중국이나 인도에 비하여 경제적·정치적·사회적 개혁을 더욱 확실하고 효과적으로 시행할 수 있었다. 훌륭한 전략과 행운 덕분에 일본은 19세기 후반의 유럽과 미국의 위협에 맞서 단일한 저항 전선을 구축할 수 있었고, 20세기 초에 이르러서는 성공적으로 개혁을 이루며 근대화한 나라로 거듭 태어났다.

결정적 사건은 1868년에 발생했다. 이 해에 도쿠가와 막부 하에 있던 한 무리의 파벌이 천황의 이름을 내걸고 도쿠가와 막부를 상대로 반란을 일으켜 성공했다. 이 사건을 메이지 유신이라고 하는데, 반란을 일으킨 이들은 일본을 근대화하여 서구의 도전에 맞서야 한다는 기치를 내걸었다. 이로써 일본의 봉건구조는 종식되었고, 봉건 영주(다이묘)가 다스리던 봉건 영지는 새로운 중앙집중형 정부가 지배하는 현縣이라는 행정단위로 바뀌었다. 봉건사회의 4계급 구조도 종식되었고, 그 구조의 첫 번째 계급이던 무사(사무라이) 계급도 사라졌다. 그 밖에도 이와쿠라 친선사절단이라는 아주 놀라운 외교적 조치가 실행되었는데, 이를 통해 일본의 고위급 외교관들은 전 세계를 일주하면서 유럽과 미국을 상대로 외교관계를 수립하려고 노력했고, 해외의 뛰어난 제도와 관습을 배워왔다. 이들은 그런 지식을 잘 배워 와서 정부 구조, 중앙은행, 군부, 고등교육, 산업화 등 여러 핵심 분야에서 개혁의 기준으로 삼았다.

그 결과 일본 사회는 성공적으로 변모했고, 그 과정은 아주 평화로웠다(단 하나의 예외는 1877년에 단명한 사건으로 끝난 사쓰마의 난이 있었을 뿐이다). 한마디로 말한다면 도쿠가와 시대의 봉건주의에 맞서서 '자본주의 혁명'을 이루어냈다고 할 수 있다. 산업은 성장하기 시작했고, 기반시설이 확립되었으며, 일본에 초빙된 해외전문가들은 새로운 기계 기술을 가져왔고, 제국 대학들이 창건되었다. 이렇게 일본은 1890년대에 이르러 아시아의 산업 강대국이 되었다. 1870년과 1890년 사이에 일본의 1인당 GDP는 연간 1.6퍼센트의 비율로 성장했다. 그 결과는 군사력에서 여실하게 드러났는데, 일본은 1894~1895년에 일어난 청일전쟁(제1차 중일전쟁)에서 승리를 거두어 대만을 통치하게 되었다. 그다음에는 1904~1905년 사이의 러일전쟁에서 러시아에게 승리를 거두며 1905년 한국에 대한 통치권을 획득했다. 일본의 1인당 국민소득이 유럽이나 미국에 비해서 여전히 뒤떨어졌지만, 1913년에 이르러 일본의 1인당 국민소득은 중국의 약 2.5배나 되었다.

제국주의 경쟁의 희생물이 된 아프리카

아프리카는 전 세계적으로 가장 가난하고 가장 산업화가 덜 된 지역이다. 또한 유럽인들이 벌써 몇 세기 동안 아프리카인을 노예로 만들었지만, 가장 마지막으로 유럽의 전면적 식민 지배를 받게 된 지역이기도 하다. 19세기 말까지 유럽 제국주의가 아프리카에서 거점으로 삼은 곳은 아프리카 북부와 남부의 식민지들 그리고 동부와 서부의 해안 지대에 설치된 소수의 무역 기지와 요새들이 전부였다. 아프리카 내륙은 대체로 유럽인들의 통제에서 벗어나 있었고 그들에게 잘 알려져 있지도 않았다. 그렇게 된 가장 중요한 이유는 질병의 생물지리학 때문이었다.

무수한 동물성 질병의 창고나 다름없는 열대 아프리카는 인간이나 말을 포함한 농장 동물에게 치명적이거나 위중한 질병을 안겨주었다. 인간을 무는 모기인 아노펠레스 감비아이Anopheles gambiae에 의해 전염되는 열대성 말라리아는 유럽인의 아프리카 정복에 질병의 장벽을 세웠다. 아프리카의 기면증 혹은 자꾸 잠에 빠져드는 질병은 체체파리에 의해 전염되는데, 중앙아프리카 전역에서 말과 소를 쓰러뜨렸다. 그러나 말라리아에 대한 예방과 치료제가 발견되면서 아프리카는 유럽 열강의 강탈적인 제국주의 경쟁의 희생물이 되었다.

말라리아 치료제는 페루에서 발견되었다. 페루 원주민들은 신코나 나무껍질에서 얻은 마테를 주원료로 하여 차로 우려낸 즙액을 마셨는데, 이것이 열병의 특효약이라는 사실이 밝혀졌다. 마테를 알게 된 영국인들은 신코나 나무의 씨앗을 훔쳐서 영국에서 재배하기 시작했다. 마테 속에 들어 있는 말라리아 특효성분은 키니네였는데, 말라리아를 예방하고 치료하는 효능을 가진 씁쓸한 맛의 원료였다. 키니네에다 진을 섞으면 식민지 가정의 베란다에서 마실 수 있는 완벽한 음료가 되었다. 진토닉은 유럽인의 미각을 달래주었을 뿐만 아니라 유럽이 1880년대 초부터 열대 아프리카의 내륙을 정복하는 길을 열어주었다. 이 음료와 개량된 총포(특히 새롭게 개발된 기관단총) 덕분에 유럽 열강은 아프리카를 급속히 해체하면서 정복할 수 있었다.[11]

1880년대에 이르러 유럽의 제국주의는 고도로 발전했고 심지어 세련미까지 갖추었다. 유럽 열강들은 전쟁을 치르지 않고 아프리카를 나눠 갖기 위해 1885년 베를린 회의를 개최했다. 베를린 회의를 묘사한 그림을 보면 벽에 아프리카 지도를 걸어둔 채 유럽 외교관들이 원탁에 둘러앉아 있을 뿐 아프리카인들은 보이지 않는다. 제국주의는 일방통행의 사업이었다. 1913년에 이르러 아프리카의 뿔 지역에 위치한 에티오피아와 서부의 라이베리아를 제외하고 아프리카의 모든 지역이 유럽 제국주의의 지배 아래에 놓이게 되는데, 그 상황은 그림 7.5(338쪽)와 같다.

영국과 미국, 패권국가의 등장

19세기 말에 이르러 영국은 제국주의 국가들 가운데 첫 번째 나라가 되었다. 빅토리아 여왕은 브리튼제도, 인도, 버마, 실론(스리랑카), 말라야, (케이프에서 카이로까지) 아프리카의 상당 부분과 뉴기니 그리고 전 세계에 흩어져 있는 수십 개의 섬들과 소규모 영토를 지배했다. 이런 영토들 중 상당수가 5대양에 대하여 무적의 지배권을 갖고 있는 영국 해군의 연료 보급소 역할을 했다. 세상에서 가장 강한 군대인 영국 해군은 (1871년에 개통된) 수에즈 운하를 통해 영국과 인도를 연결하는 인도양의 해로들을 단속했다. 1882년 이후 영국은 인도로 가는 해로를 확보하기 위해 이집트의 상당 지역을 사실상 지배했다. 흥미롭게도 중국의 GDP

는 1888년까지 세계 최고였으나, 이 해에 마침내 미국이 중국을 추월했다. 그러나 중국은 가난한 나라였다. 1870년 3억 5,800만의 인구를 가진 중국의 1인당 국민소득은 겨우 530달러였다(매디슨의 자료, 1990년 국제 가격 기준). 반면에 인구 3,100만 명인 영국의 1인당 국민소득은 3,100달러로 중국에 비해 여섯 배가량 많았다.[12]

물론 영국은 중요한 영어권 국가들의 부흥을 가져왔다. 그중 대표적인 나라가 미국이었고, 캐나다, 오스트레일리아, 뉴질랜드가 그 뒤를 이었다. 마지막의 세 국가는 1931년의 웨스트민스터법이 나올 때까지 영연방의 회원국으로 남아 있었다. 미국의 경제는 비약적으로 발전하여, 매디슨의 추계에 의하면 1872년경에 전체 GDP에서 영국을 추월했고, 1인당 GDP는 1905년경에 영국을 추월했다.

그러면 대영제국과 미국을 합친 경제력이 세계 경제에서 어느 정도를 차지하는지 살펴보자(그림 7.6, 339쪽) 이를 위해 나는 대영제국을 본국인 영국과 그 산하의 16개 식민지 영토를 모두 합친 것이라고 정의한다. 그리고 매디슨은 19세기 동안 대영제국의 GDP 추계를 제공했다. 대영제국의 식민지들 중에서 1922년까지 가장 큰 것은 아일랜드였고, 1931년까지는 캐나다와 오스트레일리아였으며, 1947년까지는 인도였다. 1820년 대영제국은 전 세계 생산량의 약 6퍼센트를 점유했다. 그러나 1870년에 이르러 산업화와 확대된 제국의 판도 덕분에 대영제국은 세계 경제의 약 23퍼센트를 차지했다. 그중에서 영국 자체의 생산량은 9퍼센트였다. 대영제국은 1918년까지는 세계 경제의 약 20퍼센트를 차지했고, 그러다가 1921년 아일랜드를 위시하여 여러 식민지 국가들이 독립하면서 쇠퇴하기 시작했다.

19세기를 거치며 미국은 세계 최고의 경제대국이 되었다. 미국의 세계 생산량 점유율은 1820년에 2퍼센트, 1870년에 9퍼센트, 1900년에 16퍼센트, 1918년에 19퍼센트로 계속 늘어났고, 제1차 세계대전이 종식되었을 때는 대영제국과 경제 규모가 거의 비슷했다. 그때 이후 미국의 점유율은 계속 높아져서 제2차 세계대전 종전 시점에는 25퍼센트 이상으로 늘어난 반면에 대영제국의 점유율은 계속 감소하여 1947년 인도가 독립한 이후인 1950년에는 전 세계 생산량에서 차지하는 비율이 10퍼센트 이하로 떨어졌다. 만약 영국과 미국을 하나로 묶어서 생각한다면, 두 패권국가는 1900년에 세계 경제의 약 40퍼센트를 차지했다. 이처럼 높은 점유율은 제2차 세계대전 때까지 지속되었으나, 종전 이후에 인도와 다른 영국 식민지들이 독립하면서 사정은 달라졌다. 1980년에 이르러 대영제국은 사실상 사라졌고, 영국이라는 나라는 세계 생산량의 4퍼센트 미만을 기록했다.

　제1차 세계대전이 발발하기 전까지 영국은 의심할 나위 없이 미국과의 관계를 주도했다. 영국은 산업대국이었고, 런던은 세계 금융의 중심지였으며, 파운드화는 세계의 다른 통화들보다 우선시되는 기축통화였다. 또한 영국 해군은 바다를 지배했다. 1913년까지만 해도 영국이 지배력을 발휘하지 못하거나 미국과 동등한 국가로 대접받지 못하는 21세기는 상상하기 어려웠다. 물론 프랑스도 오랜 역사를 자랑하는 제국이었고, 독일 또한 아프리카에 식민지들을 운영하고 있었다. 미국은 단일 국가로는 세계 최고의 경제대국이었으나, 해외 제국의 건설에는 뒤늦게 뛰어들었다.

　제1차 세계대전이 발발하기 직전에 세계는 무역, 제국, 팍스 브리태

니카에 의해 연결되어 있었다. 영국은 세계 제1의 패권국가로 인정받았다. 스페인 또한 최초의 글로벌 제국이라는 지위를 획득했으나 영국처럼 바다를 장악하지는 못했다. 제1차 세계대전 이후에 존 메이너드 케인스는 자신의 명저《평화의 경제적 결과》에서 제1차 세계대전 발발 직전 런던의 관점에서 바라본 세계의 상호연결성에 대해 다음과 같이 생생하게 묘사하고 있다.

런던의 주민은 침대에서 아침 차를 마시면서 지구상의 다양한 물품들을 필요한 만큼 전화로 주문할 수 있고, 주문한 물품들이 문 앞까지 신속하게 배달될 것이라고 합리적으로 기대할 수 있다. 그 주민은 또 전화를 이용해 전 세계의 천연자원이나 새로운 사업에 재산을 투자할 수 있고, 아무런 노력이나 수고 없이 그 사업의 유망한 과실이나 혜택을 공유할 수 있다. 또한 그는 자기 재산의 안전을 마음이 끌리거나 정보에서 추천하는 대륙의 여러 도시에 살고 있는 주민들의 신의성실과 연결시킬 수 있다. 그는 원한다면 여권이나 기타 형식적인 절차 없이도 그 어떤 국가나 다른 기후 지역으로 이동할 수 있는 값싸고 편안한 수단을 즉각 확보할 수 있다. 또 그의 하인을 인근 은행 사무실로 보내 원하는 만큼의 금화를 내어달라고 요청할 수도 있다. 그러면 그는 금화를 지니고, 가고자 하는 나라의 종교, 언어, 관습을 전혀 알지 못해도 아무 문제 없이 그곳으로 여행할 수 있다. 만약 이런 행동이 조금이라도 방해받는다면 그는 무척 기분이 나쁘고 또 무척 놀랄 것이다.[13]

그렇지만 놀랍게도 세계는 곧 유럽과 대영제국 위로 허물어져내렸다. 로마가 독일 민족에게, 비잔틴이 오스만 제국에게, 중국이 몽골인에게, 아시아가 유럽에게 정복당했듯이, 유럽 또한 1914년에 이르러 결정적 충격을 겪게 되었다. 그 충격은 세상의 모습을 바꾸어놓았고 유럽의 제국들을 글로벌 권력의 정상에서 끌어내렸다.

30년에 걸친 유럽의 비극

1914년부터 1945년까지의 30년은 인류에게 치명적인 피해를 입힌 대참사의 시기라고 할 수 있다. 그것은 유럽에서 일어난 두 번째 30년 전쟁이었다. 첫 번째 30년 전쟁은 1618년에서 1648년 사이에 벌어진 것으로, 신성로마 제국 내에서 기독교의 서로 다른 분파들 사이에 벌어진 전쟁이었다. 두 번째 30년 전쟁은 독일어를 사용하는 국가들(주로 독일과 오스트리아)과 유럽의 나머지 국가들(영국, 프랑스, 러시아 등) 사이에서 벌어졌다.

1914년부터 1945년까지의 30년 전쟁은 산업 강대국들 사이의 전쟁이었다. 하지만 근본적 목적이 결여된 전쟁이었다. 전쟁 직전에 참전국들은 아주 번창하고 있었지만 그들은 전쟁으로 스스로를 파괴했을 뿐만 아니라 수천만 명의 사람들까지 희생시켰다. 두 번에 걸쳐 유럽에서 일어난 세계대전은 폭력의 자기파괴적 광기를 보여주었을 뿐만 아니라 전쟁이 어떤 합리적 목적에도 봉사하지 못한다는 것을 보여주었다.

두 번째 30년 전쟁은 제1차 세계대전으로 시작되었다. 제1차 세계대전이 끝났을 때 베르사유 조약으로 모든 전쟁이 끝나고 평화가 보장되리라고 기대되었다. 그러나 베르사유에서 체결된 합의는 너무나 냉소적이고 불안정한 것이어서 유럽은 경제적 활력을 회복하지 못했고, 유럽 내의 정치적·외교적·경제적 갈등은 해소되지 못한 채 더욱 심화되었다. 그 결과 생겨난 불안정은 대공황의 주된 원인이 되었다. 그처럼 파괴적이고 불안정한 경제적 붕괴로 인해 근대 역사상, 아니 세계 역사상 가장 악질적이고 혐오스러운 체제가 독일에 들어서게 되었다. 히틀러가 독일의 정권을 잡고서 나치 체제를 수립한 것이다. 독일의 공격적 태도는 곧 제2차 세계대전을 불러왔고, 이 전쟁은 세계의 상당 부분을 파괴하면서 1945년 독일이 패배할 때까지 계속되었다.

제1차 세계대전이 일어난 해로부터 한 세기가 흘렀으나 이 전쟁에 대해서는 아직 본격적인 해명이 나온 것이 없다. 전쟁의 연대年代는 나와 있으나 해명은 없는 것이다. 그 이유는 제1차 세계대전이 아무런 실제적 목적이 없는 전쟁이며, 피할 수 있었던 전쟁이기 때문이다.

물론 우리는 세계대전의 기본적 연대를 알고 있다. 1914년 7월 합스부르크 왕국의 대공이 열아홉 살의 분리주의자 가브릴로 프린치프의 테러로 암살되었다. 사건이 벌어진 곳은 합스부르크 왕가가 다스리는 오스트리아-헝가리 제국의 도시인 사라예보였다. 그 테러 공격에 맞서서 독일은 합스부르크 제국을 사주하여 세르비아에 불가능한 요구조건을 내걸도록 했다. 당시 세르비아는 합스부르크 왕가에 대항하는 테러리스트들의 온상으로 간주되고 있었다. (당연히도) 세르비아가 그런 극단적인 요구조건을 거절하자, 합스부르크 제국은 전쟁을 선포했다. 세르비아의 보호국이자 동료 슬라브 국가인 러시아는 합스부르크 제국으로부터 세르비아를 보호하기 위해 군대를 동원했다. 그러자 러시아에게 적대적이면서 오스트리아를 보호하던 독일도 따라서 전쟁을 선포했다.

이렇게 되자 러시아의 동맹국인 영국과 프랑스도 전쟁에 휘말려들었다. 많은 역사가들은 독일의 군사령부가 러시아에 대한 선제 타격의 일환으로 전쟁을 적극적으로 추진했다고 보고 있다. 그들은 20세기 초에 너무 많은 경제적·군사적 힘을 가지고 있던 러시아를 두려워했고, 그것이 곧 독일에 악영향을 미치리라고 생각했다. 그래서 선제적으로 러시아를 공격할 필요가 있다고 생각했다.

유럽은 갑자기 전쟁에 휘말렸다. 그것도 그냥 전쟁이 아닌, 산업력이 뒷받침된 최초의 대전이었다. 공중폭격, 기관단총, 탱크, 잠수함 등 산업화의 총체적인 힘이 인명을 마구 학살하는 비극에 동원되었다. 이 전쟁에서 약 2,000만 명이 목숨을 잃었다.

제1차 세계대전이 발발한 지 3년이 되던 해에 우드로 윌슨 대통령의 강력한 권유로 미국도 이 전쟁에 참가하게 되었다. 윌슨은 순진하게도 이 전쟁이 "모든 전쟁을 끝내는 전쟁"이 될 것이라고 생각했다. 윌슨의 예상은 현실에서는 실패로 판명되었다. 미국의 참전으로 유럽 내에 정체 상황이 발생하면서 결국 장기적 평화로 돌아갈 수도 있던 전쟁은 독일의 완전한 패배, 그리고 미국과 연합국의 완전 승리로 끝나고 말았다. 독일의 패전으로 프로이센 왕정은 붕괴되었고, 베르사유 조약에서는 패전국 독일에 아주 가혹한 조건들이 부과되었다. 그 결과 독일은 1920년대에 엄청난 사회적·경제적 불안을 겪었고, 그로 인해 1933년 초 히틀러가 정권을 잡게 되었다.

사실 제1차 세계대전은 온 세상을 너무나 큰 혼란에 빠뜨려서 유럽뿐만 아니라 러시아와 중동에서 생활이 정상적 상태로 되돌아갈 수 있는 기반을 완전 파괴했다. 서유럽과 중부 유럽에서는 합스부르크 제국과 프로이센 제국이 붕괴했다. 러시아에서는 볼셰비키에 의해 로마노프 제국이 전복되었고, 그 후 잔혹한 소비에트의 통치를 75년이나 겪었다. 오스만 제국은 패배하여 해체됨으로써 중동과 아프리카에 새로운 유럽 제국주의가 들어서는 단초를 제공했다. 그리고 아이러니하게도 영국과 프랑스가 이 지역을 지배하는 제국주의 세력이 되었다.

간단히 말하면 제1차 세계대전은 유럽의 정치 조직, 옛 오스만 제국, 중동과 러시아를 해체한 것 이외에는 아무런 성과도 거두지 못했다. 유럽 내의 무역과 전쟁 이전의 유럽의 금본위주의는 회복되지 못했다. 그 결과 유럽은 1920년대 내내 엄청난 금융 불안으로 고통을 받았고 1930년대에 들어와서는 경제대공황이 일어났다.

20세기의 위대한 경제학자인 케인스는 영국 협상팀의 젊은 전문가로서 베르사유 조약의 협상 과정에 참여했다. 그는 주요 대국들의 편협한 관점과 독일에 부과된 징벌적 조치에 크게 실망했다. 1919년 협상이 끝난 뒤 집필한, 놀라운 분석과 침통한 항의를 표명한 《평화의 경제적 결과》라는 저작에서 케인스는 가혹한 평화협정의 조건, 특히 독일에 징벌적으로 부과된 무거운 배상금은 유럽의 경제적 불안정을 야기할 가능성이 있고, 또 다른 대참사를 가져올 수도 있다고 경고했다. 그의 경고는 암울한 것이었지만 미래를 정확하게 내다보는 예언적인 것이었다.

우리가 의도적으로 중앙 유럽의 빈곤을 겨냥한다면, 감히 예측하건대 복수는 절뚝거리지 않을 것이다. 그러고 나서 그 어떤 것도 반동의 힘과 절망적인 혁명의 경련 사이의 마지막 내전을 오랫동안 지연시킬 수 없다. 그 이전에 독일과의 전쟁의 공포는 무로 사라질 것이고, 그것

은 누가 승리하든 문명과 우리 세대의 발전을 파괴할 것이다.[14]

전 세계가 대공황에 빠져 있던 1933년 1월 말 독일은 실업률이 25퍼센트까지 올라가고, 해외 부채를 갚지 못하는 상황에서 연로한 대통령 힌덴부르크는 아돌프 히틀러를 새 총리로 임명했다. 히틀러는 독일을 재무장시키고 독일 동쪽의 땅들을 정복하면서 자국에서 유대인들을 축출했다. 그리고 독일과 소련이 1939년 9월 1일 폴란드를 침공하면서 제2차 세계대전이 발발했다. 유대인과 다른 인종을 대학살하는 사태를 포함하여 전쟁의 참상이 계속되었다. 동시에 나치 독일의 동맹국이며 파시스트 국가인 일본은 미국을 상대로 선전포고를 하고 아시아 전역을 침략했다. 세계는 불길에 휩싸였다.

현대사에서 가장 주목할 만한 연설을 통해 영국 총리 윈스턴 처칠은 "구세계의 구원과 해방을 위해" 막강한 힘과 위력을 가진 신세계가 나서달라고 호소했다. 미국 역사상 가장 위대한 대통령으로 칭송되는 프랭클린 루스벨트는 그 호소를 귀담아들었다. 미국의 산업 역량이 구세계의 구원에 나섰다. 소련이 독일과 맞서 싸우면서 전장에서 수백만 명을 희생시키는 동안 미국의 산업 능력은 크게 증가하여 승리를 위한 군수품을 제공했다. 전쟁이 끝나갈 무렵 미국은 압도적으로 세계를 지배하는 경제대국으로 올라섰다. 미국은 1941년 12월 7일 하와이의 진주만 해군기지를 단 한 번 공격당한 이후에는 본토에 공격을 받아본 적이 없었다. 미국의 산업 부문은 지속적으로 번창하여 1940년과 1945년 사이에 매년 약 60퍼센트씩 증가하여 1950년에는 글로벌 생산량의 약 27퍼센트를 차지했다.

미국의 시대가 도래하다

우리는 미국이 글로벌 패권 지도국으로 부상한 시점에 도달했다. 1941년 〈타임〉의 발행인 헨리 루스는 미국의 세기를 선언했다. 그는 제2차 세계대전이 끝나면 미국이 세계를 지배하는 경제적·기술적·지정학적 대국이 되리라는 것을 직감적으로 알았다. 미국이 세계에서 가장 규모가 큰 경제를 가지고 있을 뿐만 아니라, 제2차 세계대전 중에 이룬 대규모 기술 발전 덕분에 큰 혜택을 보아왔고 또 앞으로도 보게 될 것이 분명했다. 미국은 전쟁 중에 다양한 노력을 통해 항공, 컴퓨터, 사이버네틱스(인간-기계의 상호작용), 공공보건, (반도체를 포함한) 전자, 레이더, 통신, 핵 전력과 핵무기 등 많은 분야에서 근본적인 기술 발전을 이루었다. 이에 못지않게 중요한 것은 전쟁을 경험한 덕분에 과학이 주도하는 경제 성장에 눈뜨게 되었다는 것이다. 1944년 루스벨트는 과학 자문관 버니바 부시에게 전쟁 중의 기술 발전을 평화 시의 목적에 전용하는 계획을 수립하라고 지시했다. 부시는 이에 대응하여 《과학: 무제한의 프런티어 Science, the Endless Frontier》(1945)를 발표했는데, 이 책 속에서 사회적·경제적 발전을 위해 과학을 활용하는 멋진 전략을 제시했다.

19세기 초부터 루스가 미국의 세기를 선언할 때까지 미국 경제는 엄청난 규모와 속도로 발전했다. 그것은 경제의 역사에서 전례가 없는 현상이었다. 총생산량은 1820년 125억 달러에서 1940년 9,290억 달러로 성장했는데, 연평균 2.2퍼센트의 성장률이었다. 또한 같은 시기에 1인당 생산량도 연평균 1.4퍼센트씩 성장하여 1,257달러에서 7,000달러로 늘어났다. 더욱 중요한 사실은 미국이 대륙적 규모를 갖춘 산업국가가 된 것인데, 그 당시 지구상에서 유일한 경우였다(소련은 미국의 산업 규모를 따라잡으려고 애썼으나 지속적으로 크게 뒤처졌다).

1820년에 미국에는 23개 주가 있었는데, 루이지애나주 하나를 제외하고 모두 미시시피강 동쪽에 있었다. 그러나 1940년에 이르러 미국의 주는 48개로 늘어났다. 이 주들은 1869년 이후에 대륙을 가로지르는 철도망으로 동부 해안에서 서부 해안까지 연결되었고, 대륙적 규모로 운영되는 무수한 기업들에 의해 또다시 연결되었다. 미국 대륙은 천연자원이 아주 풍부했다. 광대한 중서부 평원에는 비옥한 토양, 석탄과 석유, 나무, 운항 가능한 강과 수로 등이 있었고, 대부분 온대 지역이었다. 유럽에서 온 정착민들과 그 후손들은 마을을 만들고, 이익을 얻고, 산업을 발전시키기 위한 사전 정지작업이라면 그 어떤 조치도 할 준비가 되어 있었다. 그리하여 남북전쟁 때까지 대규모 노예제를 운영했고, 1846~1848년에는 멕시코와 전쟁을 했으며, 19세기 내내 아메리카 원주민들을 상대로 인종 학살과 다름없는 전쟁을 벌였다. 두 대양에 의해 보호받는 미국은 두 차례의 세계대전을 겪으며 산업을 크게 키운 반면에, 다른 산업국가들은 엄청난 산업자본의 상실을 겪었다.

미국은 처음부터 (운하, 철도, 도로 등) 기반시설을 건설하고 (때로는 우수한 영국의 기술을 훔치거나 베끼는 것을 포함하여) 새로운 기술을 급속하게 채택하고 개발하며 역동적으로 발전했다. 미국의 발명가들은 증기기관을 개선하고, 철도를 개량하고, 조면기를 개선하고, 증기선을 개발하고, 전신을 발명했다. 1861~1865년의 남북전쟁 시기까지 미국의 경제는 전반적으로 농업 경제였고, 남부 목면 생산지에서는 노예 노동에 크게 의존했다. 1860년 미국의 도시화는 약 20퍼센트 수준이었으나, 남북전쟁 이후에 산업화가 도약하기 시작하며 도시화 비율이 1910년에는 46퍼센트, 1940년에는 57퍼센트에 이르렀다. 미국의 GDP는 1872년에는 영국을, 1898년에는 중국을 앞질렀고, 미국의 1인당 국민소득은 1905년경에 영국을 앞질렀다.

미국은 제2차 세계대전 이후에 지정학적 리더십과 경제적 영향력을 발휘하여 전후 질서를 확립하기 위한 일련의 제도를 수립했다. 가장 중요한 것은 평화와 경제 발전의 보루임을 자임하며 1945년에 설립된 유엔UN(국제연합)이었다. 이 기관은 제1차 세계대전 후에 설립되었으나 실패로 끝난 국제연맹League of Nations의 후신이었다. 금융 안정을 기하고 전후 재건과 개발을 위한 자금을 지원하기 위해 국제통화기금IMF과 세계은행(공식 명칭은 '재건과 개발을 위한 국제은행')이라는 새로운 경제기구가 유엔 산하에 설립되었다. 새로운 무역 규칙인 관세 및 무역에 관한 일반협정GATT은 대공황과 제2차 세계대전 중에 붕괴한 시장 주도의 무역을 재건하기 위한 것이었다. 또한 식량농업기구(1945)나 세계보건기구(1948) 같은 기관들이 유엔의 산하기관으로 들어와 식량 안정이나 질병 통제 같은 글로벌 공공재를 제공하는 데 도움을 주게 되었다.

미국은 경제력과 기술력에서 세계 최고였지만, 안보상의 도전을 받았고, 특히 전후 질서의 개편을 두고서 소련과 갈등을 벌였다. 소련은 경제 규모가 미국의 3분의 1정도밖에 되지 않았지만, 광대한 나라였고, 1949년 이후에는 핵무기를 갖추었으며 중부 유럽에 대규모 군대를 주둔시키고 있었다. 소련은 일당 독재국가이면서 국가사회주의와 중앙집중형 경제체제를 채택했다. 미소 양국은 유럽에서 대치했고, 독일의 장래를 두고 거의 전쟁 직전까지 갔으며, 동맹국, 천연자원, 군사적 우위

등을 두고서 국제적으로 치열하게 경쟁했다. 더욱 나쁜 것은 두 강대국이 대규모 핵무기 경쟁에 돌입하여 지구상의 전 인류를 수차례 죽일 수 있을 정도의 핵 무력을 갖추게 되었다는 사실이다. 여러 가지의 우연, 착오, 오해 등으로 양국은 1962년 10월 글로벌 핵전쟁에 의한 인류 절멸의 일보 직전까지 갔고, 그 후 여러 번 다른 상황에서 핵전쟁의 벼랑 끝까지 내몰렸다.

미국의 지정학적 리더십은 온 세상을 향하여 두 개의 얼굴을 내보였다. 하나는 미국이 법률에 바탕을 둔 다자적 기관의 설립에 관심이 많다는 것이었다. 그런 기관으로는 글로벌 기능을 발휘하는 유엔과 유럽공동체(이후 유럽연합으로 발전함) 같은 지역기관이 있다. 특히 미국은 처음부터 이런 기관들을 적극적으로 옹호하고 나섰다.

다른 하나는 폭이 좁은 미국의 이해관계를 위해 냉소적인 권력 행사를 한다는 것이었다. 미국은 제2차 세계대전 후에 직접 다른 나라들을 식민지로 삼지는 않았지만, 미국 기업과 국가 안보를 이롭게 할 정부가 들어서게 하고, 미국의 특권에 반대하는 정부가 실각하도록 미국의 군사력과 경제력을 무자비하게 또 반복적으로 사용했다. '체제 변화regime change' 작전은 미국 외교정책의 주요 메뉴가 되었다. 이 작전은 미국이 주도하는 침략, 쿠데타, 파괴 행위 등으로 미국 이익에 적대적인 외국 정부들을 전복시키는 것이다. 1960년대에 미국 정부는 베트남, 캄보디아, 라오스 등에서 비공산주의 정부를 수립하기 위해 전쟁을 벌였다. 1960~1970년대에는 라틴아메리카 전역의 군사 쿠데타를 배후에서 지원해 자국 전략가들이 지나치게 좌편향적이라고 판단한 민주주의 국가들을 무너뜨렸다. 1980년대부터는 중앙아메리카와 카리브해의 좌파

정부에 맞서 싸우는 반군들에게 배후에서 자금을 지원했다. 1990년대에서 2010년대에 이르기까지 미국은 중앙아시아, 중동, 북아프리카 등지에서 러시아의 동맹국들 또는 자국이 싫어하는 국가들(이라크, 시리아, 리비아 등)을 상대로 여러 차례 전쟁을 벌였다.

가장 특기할 만한 사실은 미국이 역사상 전례가 없을 정도의 규모로 전 세계에 군사시설과 기지의 네트워크를 구축했다는 점이다. 미국은 세계 70여 개국에 군 기지를 설치했고, 100여 개국에 군사적 요원들을 파견하고 있다. 이런 시설이나 인원이 베일에 가려져 있기 때문에 미국의 해외 군사기지의 정확한 숫자는 알려져 있지 않다. 그러나 데이비드 바인 같은 학자와 조사연구 기자인 닉 터스 등 전문 탐사가들의 적극적 조사가 그런 군사기지들의 규모를 밝혀내는 데 큰 도움을 주었다.[15] 국방인력데이터센터가 종합한 데이터에 따르면, 2019년 3월 전 세계적으로 60개국 이상에서 20명 이상의 미국 군인들이 적극적으로 활동하고 있다. 이 상황은 그림 7.7에 제시된 바와 같다.[16]

분화의 시대에서 집중의 시대로

제2차 세계대전은 유럽 제국들에게 조종弔鐘을 울렸다. 1500년대 초창기에 시작된 유럽의 식민화 과정은 1945년 후에 급속하게 와해되었다. 유럽 열강들은 전쟁으로 피로해졌고, 큰 빚을 졌으며, 식민지에서 기존의 통치를 유지할 만한 적법성을 갖고 있지 못했다. 현지의 독립운동도 제국주의 국가들에게 영향을 미쳤다. 그리하여 1947년 인도는 영국이

그림 7.7_현역 미군(20명 이상)이 근무하고 있는 전 세계 국가들

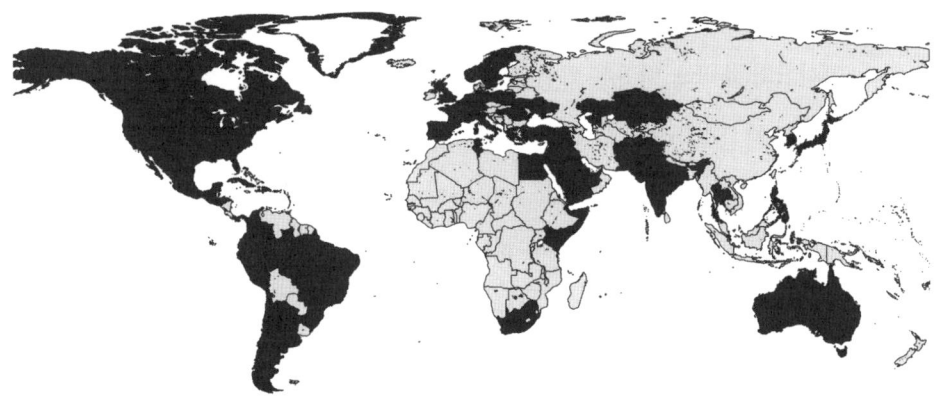

■ 현역 미군(20명 이상)이 근무하고 있는 전 세계 국가들

평화적으로 철수하며 독립했고, 인도네시아, 알제리, 베트남, 앙골라 등은 해방전쟁을 통해 독립을 이루었다. 신생 독립국가들이 세계무대에 등장하면서 유엔 회원국의 수는 급격히 늘어났다. 1945년 창립 당시에 51개국이던 회원국 수는 1965년에 117개국, 1985년에 159개국, 그리고 2015년에는 193개국이 되었다.

식민지 시대의 종식으로 산업화 과정에도 근본적인 변화가 발생했다. 갑자기 독립국가들은 자주적으로 그들의 운명을 추구하면서 산업화를 촉진했고, 제국주의적 국가들에게 1차 제품을 제공하는 원산지 역할을 거부했다. 무엇보다 중요한 것은 그들은 대규모 문맹 퇴치, 공교육, 공공보건 등의 프로그램을 도입하여 자기 나라의 국민들에게 투자할 수 있었다는 것이다. 가난한 나라들은 빈약한 예산 때문에 교육과 보건을 증강하려는 계획에 여러 제약을 받았지만, 그래도 그들의 의도는 명확했다. 전 세계의 신생 국가들은 잃어버린 시간을 벌충하고 싶어 했다. 그래서 그들은 새로운 산업을 창조하는 데 필요한 인적자원과 산업시설의 개발에 박차를 가했고, 국내 자본과 해외 다국적 자본을 유치하려고 필사적으로 노력했다.

그들은 뒤따라 잡아야 할 것이 많았다. 유럽의 제국주의 국가들은 거의 대부분의 아프리카와 아시아 식민지들을 높은 문맹률과 아주 낮은 기대수명이라는 절망적 상태로 추락시킨 채 철수했다. 표 7.4는 1950년 여섯 국가의 상황을 보여준다. 위의 세 국가는 선진 산업국가들이고, 나머지 세 국가는 오랫동안 식민 통치를 받았던 나라들이다(케냐와 인도는 영국의 식민지였고, 인도네시아는 네덜란드의 식민지였다). 1950년 당시 고소득 국가들은 문맹률이 아주 낮아서 거의 없는 것이나 마찬가지이고, 기대수명은 68세였다. 반면에 오랜 식민 통치를 받던 나라들에서 문맹률은 대략 80퍼센트이고 기대수명은 약 40세였다.

대체로 보아 탈식민화가 되면서 국가 발전이 시작되었으나 그 속도는 나라별로 차이가 많다. 신생 독립국가들은 글로벌 무역과 투자를 시작하고, 평화를 유지하고 건강, 교육, 기간시설에 대한 공공투자를 실시했다. 이렇게 하여 그 나라들은 집중적 성장 과정을 시작할 수 있었다. 집중적 성장이란 개발도상국들이 고소득 국가들보다 더 빨리 1인당 국민소득을 성장시키는 것을 말한다. 그 결과 문맹률은 급격하게 떨어졌고, 교육과 보건 사업이 확충되면서 기대수명은 높아졌다. 2000년에 이르러 케냐의 문맹률은 18퍼센트로 떨어졌고, 인도네시아는 10퍼센트였다. 기대수명은 케냐 53세, 인도 63세, 인도네시아는 66세인데, 여전히 부자 국가들에 비해서는 낮은 수치이지만 그래도 격차는 좁혀지고 있다.

표 7.4_몇몇 나라의 1950년의 문맹률과 기대수명

	문맹률(%)	기대수명(년)
고소득 국가들		
영국	1~2	69.4
미국	3~4	68.7
프랑스	3~4	67.1
과거 식민지들		
케냐	75~80	42.3
인도네시아	80~85	43.5
인도	80~85	36.6

　가장 훌륭한 성공 스토리는 동아시아의 발전 사례이다. 전후 산업화의 초창기에 소위 '네 마리 용'이라고 불린 대한민국, 홍콩, 싱가포르, 대만은 놀라운 성장률과 급격한 빈곤률 감소를 기록했다. 중국은 이들보다 한 세대 뒤에 시작하여 1978년부터 산업화를 위한 도약을 시작하여 해마다 고속 성장을 해왔다. 인도는 그보다 뒤인 1991년부터, 그러니까 독립 후 몇 십 년 동안 지속되던 미온적인 경제 발전 전략을 일소한 후부터 급속한 성장 시대를 맞이했다.

　집중적 성장의 파급효과 중 하나는 제2차 세계대전 이후에 전반적 글로벌 성장이 촉진되었다는 것이다. 매디슨의 추계에 의하면, 20세기 전반기에 글로벌 성장은 연간 약 2퍼센트였다. 그러나 1950년에서 2000년에 이르는 20세기 후반기에 전체 글로벌 성장은 연간 4.6퍼센트 수준으로 전반기에 비해 두 배 이상 상승했다.

　폭넓게 말하면 세계는 오랜 분화의 시대를 거쳐 집중의 시대로 전환한 것이다. 분화의 시대가 유럽, 미국, 캐나다, 오스트레일리아, 일본, 그 외의 소수 국가들이 다른 국가들보다 앞서 나간 시대였다면, 집중의 시대는 아시아나 기타 지역의 후발 국가들이 선진 산업국가들과의 상대적 소득과 기술의 격차를 좁혀 나가는 시대이다.

탈식민화는 글로벌 규모의 경제 집중을 촉진했다. 1820년에서 1950년에 이르는 기간 동안 부유한 북대서양 국가들은 세계의 나머지 가난한 나라들보다 앞서서 빠르게 성장했다. 부국과 빈국 사이의 격차는 더 넓어졌고, 세계 생산과 소득의 많은 부분을 유럽과 북아메리카에서 점점 더 많이 차지하게 되었다. 제2차 세계대전 종전 후의 탈식민화를 기점으로 해서 신생 독립국가들은 부유한 국가들과의 격차를 따라잡기 시작했다. 아시아, 아프리카, 라틴아메리카의 세계 소득 점유율은 높아지기 시작했다(그림 7.8). 라틴아메리카, 아시아, 아프리카의 국가들이 최저점을 찍은 것은 1950년이었다. 이들 지역의 국가들은 전 세계 인구의 70퍼센트를 차지하면서도 세계 생산량은 겨우 30퍼센트를 점유할 뿐이었다.

1950년 이래에 세계는 유례가 없을 정도로 기술과 경제가 서로 융합되는 길로 올라섰고, 거기에서 나오는 이익은 단순한 소득 증가 이상의 폭넓은 혜택을 가져왔다. 개발도상국 전체에서 기대수명은 높아졌고, 교육 연한은 늘어났으며, 극빈층의 비율은 떨어졌다. 또한 고용도 신체 노동에서 더 보수가 많고, 더 높은 기술을 구사하며, 기존의 소규모 자영 농업이나 광업에 비해 덜 힘든 노동으로 옮겨갔다. 그러나 이러한 발전은 결코 완료된 것이 아니었다. 여전히 극빈 상태에 갇혀 있는 사람들이 7억 명이나 있으며, 수억 명의 사람들이 아사 일보 직전에

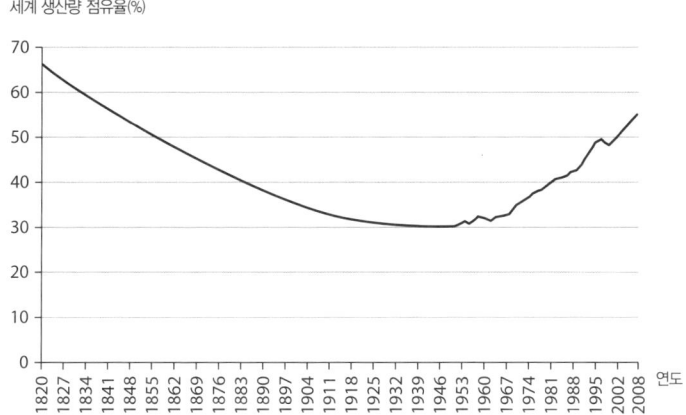

그림 7.8_북대서양 이외 지역(아시아, 라틴아메리카, 아프리카)의 세계 생산량 점유율(1820~2008)

서 고통받고 있다. 그렇지만 빈곤을 극복하려는 실제적 노력은 상당한 성과를 거두었다.[17]

디지털 혁명으로 기술 발전의 혜택이 증가하면서 앞으로 더 많은 경제의 집중이 이루어질 것이다. 만약 개발도상국들이 적시에 채택하기만 한다면 새로운 기술의 파도(인공지능, 스마트 시스템, 로봇공학, 초고속 무선 광대역)는 더욱 더 집중적 경제 성장을 촉진할 것이다. 이처럼 경제의 집중이 실현되면서, 글로벌 문제에서 개발도상국들의 지정학적 위상은 점점 더 높아지고 있다.

1950년에서 2000년 사이에 글로벌 지도국이었던 미국은 탈식민화, 경제의 집중, 세계의 문제에 대한 개발도상국의 발언권 등에 대하여 복잡하고 애매한 태도를 취했다. 제2차 세계대전 종전 후 초창기에 미국은 탈식민화 과정을 옹호했다. 이것은 세계 문제를 좌지우지해온 영국과 프랑스를 대체하여 세계 지도국으로 나서려는 미국의 목적에 부합했다. 1960년대와 1970년대에 미국은 개발도상국의 경제적 이해관계를 전반적으로 옹호했으나(부분적으로 그들을 소련에 맞서는 미국의 동맹으로 끌어들이려는 의도도 있었다) 개발도상국들이 경제력과 정치적 발언권을 얻기 시작하자 미국의 태도는 바뀌기 시작했다.

1970년대에 개발도상국들이 유엔에 나와서 '새로운 국제 경제 질서'를 주장하며 선진국과 개발도상국 사이의 글로벌 권력과 부를 재분배할 것을 요구하자, 미국은 적대적인 태도를 취하면서 개발도상국들이 미국의 지도를 따라줄 것을 강요했고, 만약 그렇게 하지 않는다면 보복이 따를 것이라고 으름장을 놓았다. 도널드 트럼프가 미국 대통령으로 취임했을 때 미국의 입장은 '미국 제일주의'가 되었는데, 국제적 목표보다는 미국의 국가 이익이 우선이라는 노골적인 선언이었다. 미국의 많은 전략가들은 경제의 집중을 미국 정책의 목표로 보지 않게 되었으며, 특히 중국의 경제 집중을 미국의 이해관계에 직접적인 위협이 된다고 인식한다.

산업 시대가 직면한 도전들

산업 시대는 세계화의 역사에서 뚜렷이 다르면서도 특기할 만한 단계였다. 역사상 처음으로 기술 발전이 빠르고 폭넓게 이루어져 물질적 생활수준이 지속적으로 급속도로 향상될 수 있었다. 새로운 시대의 첫 150년 동안에 경제적 소득은 놀라울 정도로 소수의 사람들에게만 돌아갔다. 서유럽, 미국, 그 외의 산업 선진국들만 그 혜택을 누렸다. 대부분 지역은 더 비참한 생활로 빠져들었고, 가난은 줄어들지 않았으며, 설상가상으로 산업 제국들에게 정치적으로 종속되었다.

산업 시대의 선발 주자인 영국은 세계 최초의 강대국, 아니 세계 최초의 패권국가가 되었다. 그러나 우리가 역사의 모든 단계에서 배워 알고 있듯이, 거의 난공불락인 듯한 권력도 순식간에 해체되어버린다. 영국의 경우 두 번의 세계대전과 그 사이에 있었던 대공황이라는 비극의 결과로 급속하게 권력을 상실했다. 영국이 세계를 주도했던 시절에 대영제국이 남긴 유산이 있다면 과거 식민지 지역에 의회민주주의를 정립하고 글로벌 무역 제도를 공유한 것이며, 가장 중요하게는 영어를 글로벌 비즈니스와 행정, 관광, 과학에 사용되는 공용어로 만든 것이다. 특히 영어를 전 세계적으로 퍼뜨린 것은 가장 중요한 유산이었다. 글로벌 제2언어(모국어 다음의 언어)로서 영어에 필적할 만한 언어가 없었다. 오늘날 약 10억 명이 영어를 사용하고 있으며, 그중 약 5억은 영어를 제2언어로 사용하는 것으로 추계된다. 그리하여 영어는 과학, 금융, 외교의 글로벌 언어가 되었다.

제2차 세계대전 종전 이후에 미국은 글로벌 패권국가로 대영제국을 대신하게 되었으나, 오늘날 권력은 전 세계적으로 분산되었으므로 미국의 패권적 위치도 점점 더 흔들리고 있다. 유럽 열강의 제국주의가 아프리카와 아시아에서 철수하면서 예전의 식민지 지역들에서 고르지는 않지만 그래도 급속한 경제 성장이 이루어졌다. 그리하여 1인당 생산량, 극빈층의 감소, 급속한 도시화, 힘든 신체 노동에서의 구조적 이동, 학업과 여가의 더 많은 기회 등에서 놀라운 변화가 발생했다. 집중적 성장의 가장 놀라운 사례는 중국이다. 1978년에 시장을 개방한 이래에 지난 40여 년 동안 중국은 극빈층을 일소했고, 기술적으로 역동적인 경제를 창조했다. 지정학적 권력과 기술적 힘은 이제 더 이상 북대서양 국가들의 전유물이 아니다.

  이렇게 하여 우리는 세계화의 일곱 번째 시대에 도착했다. 이 시대에는 디지털 기술이 글로벌 경제와 지정학을 다시 만들어낼 것이다. 경제의 모든 부문은 디지털 기술의 영향을 받을 것이고, 글로벌 권력관계는 다시 한 번 변동을 겪게 될 것이다. 새롭고 복잡한 글로벌 무대는 글로벌 경제 성장에 동반되는 생태적 위기로 인해 더 복잡해질 것이다. 글로벌 관점에서 볼 때 세계가 직면하고 있는 주된 도전은 너무나 분명하다. 경제적 집중의 과정을 계속하면서도 국가들 사이의 점증하는 불공평, 바뀌고 있는 지정학적 균형관계, 그리고 점점 위태롭게 되는 환경의 위협에 대응해야 한다. 이것이 우리가 다음 장에서 살펴보게 될 드라마이다.

8장

불평등의 세계화
: 디지털 시대, 불평등이 심화되다

Geography
Technology
Institutions

**THE
AGES OF
GLOBALIZATION**

2020년에 세계는 하루 평균 약 44제타바이트의 데이터를 생성하여 전송할 것으로 추산되었다.[1] 이를 숫자로 표현하면 44,000,000,000,000,000,000 바이트이고, 각 바이트는 알파벳 철자 하나 혹은 숫자 하나의 정보를 전달한다. 그러나 이 놀라운 수치는 곧 더욱 놀라운 수치로 대체될 것이다. 전 세계에서 인류가 데이터를 가공 또는 전송하는 규모나 보편성은 경이로워서 믿기 어려울 정도이다. 다음은 2019년까지 달성된 몇 가지 수치다.

- 하루 16억 건의 페이스북 로그인
- 하루 25억 건의 구글 탐색
- 하루 시청되는 유튜브 비디오 건수 50억 건
- 44억 명의 인터넷 사용자(2019년 6월 30일 기준). 그중 8억 2,900만 명은 중국에 있고, 5억 6,000만 명은 인도에 있으며, 2억 9,300만 명은 미국에 있다.
- 스위프트SWIFT 은행 시스템을 통해 하루 5조 달러 어치의 국제 거

래 체결.[2]

    21세기에 들어와서 세계는 유비쿼터스ubiquitous 연결 상태에 도달했다. 인터넷의 활용 범위와 능력이 발전하고, 5G 같은 관련 디지털 시스템이 발달할수록 더 많은 연결성이 확보될 것이다. 디지털 혁명은 너무나 깊게 뿌리를 내렸고, 따라서 이 시대를 세계화의 일곱 번째 시대라고 불러도 무방할 것이다.

    이 새로운 세계화의 시대는 다른 과거의 시대들과 마찬가지로 새로운 패턴의 글로벌 경제 활동, 일자리, 생활 스타일, 지정학을 만들어낼 것이다. 그러나 새로운 시대는 또 다른 근본적 문제도 함께 가지고 왔는데, 바로 인간이 만들어낸 전 지구적 생태 위기이다. 지난 두 세기 동안에 세계화가 거둔 놀라운 성공은 생태 위기의 씨앗도 함께 뿌려놓았다. 화석연료의 사용, 농업, 운송, 산업 생산 같은 인간의 활동은 인간이 유발한 기후변화, 생물 다양성의 대규모 파괴, 대기·토양·민물·해양의 심각한 오염 같은 새롭고 심각한 문제를 만들어냈다. 인구 추세의 급격한 변화에서도 또 다른 일련의 문제들이 발생할 수 있는데, 가령 세계 인구의 규모와 그 연령 구조 및 지역별 분포, 전 세계의 농촌 대 도시의 인구 비율 등이 구체적 사례들이다.

    그러므로 21세기에 들어와 다음과 같은 강력한 추세들이 전개되리라는 것을 예측할 수 있다. 중국과 인도의 경제 성장이 계속될 것이고, 세계 생산량과 글로벌 권력에서 미국이 차지하는 비중은 줄어들 것이다. 아프리카의 인구가 급속히 증가하고 경제 성장도 촉진될 것이다. 또한 도시화가 더욱 가파르게 진행될 것이며, 디지털 기술의 개발과 사용이 전 세계적으로 널리 확산될 것이다. 이러한 앞날의 극적인 변화들을 감안할 때 우리의 사회적·정치적 제도는 큰 스트레스를 받을 것이다. 위대한 진화생물학자 에드워드 윌슨이 자신의 책 《지구의 정복자》에서 요약한 바 있듯이, 우리는 "석기 시대의 정서, 중세의 제도, 신神 같은 기술"이 기이하게 결합된 상태로 존재하고 있다.

디지털 혁명의 뿌리

디지털 기술은 어떤 기술보다도 빠르게 기술적 변화를 가져왔다. 페이스북, 구글, 아마존은 갑자기 등장해 수년 사이에 세계에서 가장 강력한 회사로 부상했다. 스마트폰은 발명된 지 10여 년밖에 되지 않았지만 우리의 생활 방식을 이미 완전히 바꾸어놓았다. 이러한 혁명은 어떻게 일어난 것일까?

디지털 혁명의 뿌리는 다음 세 가지에서 찾을 수 있다. 첫째, 영국의 천재 앨런 튜링이 1936년에 집필한 아주 놀라운 논문이다. 튜링은 새로운 개념의 장치를 구상했는데, 이것은 일종의 보편적 계산 기계로서 나중에 '튜링 기계'로 알려지게 되었다. 이 기계는 계산할 수 있는 것은 뭐든지 계산할 수 있도록 0과 1로 구성된 끝없는 테이프를 읽어내는 장치였다. 튜링은 범용 컴퓨터의 발명 이전에 범용으로 프로그램할 수 있는 컴퓨터를 구상했다. 그의 아이디어는 장차 다가올 디지털 혁명의 형태에 근본적 틀을 제공했다. 튜링은 또한 수학적 암호문을 사용하는 방법과 나치 독일의 군용 비밀 암호를 해독하는 초창기 전자장치를 제공함으로써 연합국이 전쟁에서 승리하는 데 결정적인 기여를 했다 (수학 역사에서 손꼽을 만한 천재였던 튜링은 그 천재성과 공로에도 불구하고 제2차 세계대전 후에 동성애 때문에 영국 당국의 탄압을 받는 신세가 되었고, 여전히 논쟁의 여지가 있지만 그의 사인이 자살로 몰렸을 가능성이 있다).

둘째, 디지털 혁명은 또 다른 천재인 존 폰 노이만에게 신세를 졌다. 폰 노이만은 1945년에 현대 컴퓨터의 기본 구조, 다시 말해 프로세싱 유니트processing unit(정보 가공 장치), 콘트롤 유니트(정보 통제 장치), 기억 저장 장치, 입력과 출력 장치, 대규모 외부 저장 장치 등을 구상했다. 폰 노이만의 컴퓨터 구조는 제1세대 컴퓨터의 기본 디자인이 되었다. 초창기 컴퓨터는 진공관을 사용하여 컴퓨터의 논리 회로를 작동시켰다. 그리고 MIT 엔지니어 겸 수학자인 클로드 섀넌은 폰 노이만의 컴퓨터 구조에 튜링의 0과 1 프로그램을 실행할 수 있는 논리 게이트와 프로세싱 시스템의 수학을 제공했다.

셋째, 1947년에 벨 연구소에서 현대적 트랜지스터를 발명했다. 이 발명품은 제2차 세계대전 중에 레이더 작업을 하는 과정에서 얻게 된 반도체 지식이 발전하여 만들어진 것이다. 트랜지스터는 섀넌의 논리 회로에서 진공관을 대체했고, 그 덕분에 처음에는 수천 개, 그다음에는 수백만 개, 그리고 그다음에는 수십억 개의 트랜지스터가 들어가는 마이크로프로세싱 유니트를 만들어낼 수 있게 되었다. 그리고 1950년대 초에 들어와 각각의 트랜지스터들을 컴퓨터의 메인보드에 용접해 넣을 수 있게 되었다. 1958년과 1961년 사이에 기술자 로버트 노이스와 잭 킬비는 트랜지스터와 다른 전자부품을 실리콘 웨이퍼에 직접 새겨넣을 수 있는 기술을 개발하여 집적 회로를 발명했다. 집적 회로가 발명되면서 더 많은 트랜지스터(더 빠르고 강력한 마이크로프로세서)를 실리콘 칩에 장착할 수 있게 되었다. 이런 극소화 장치는 계산 속도, 메모리, 데이터 전송을 기하급수적 증가시켰고, 이것이 디지털 혁명을 단단히 뒷받침했다.

컴퓨터가 과학, 군사, 기업의 분야에 도입되면서, 미국 국방부는 이런 근본적인 질문을 던졌다. 어떻게 하면 컴퓨터들이 서로 의사소통을 할 수 있을까? 전쟁 상황에서도 네트워크가 파괴되지 않을 정도로 유연한 방식으로 상호 소통할 수 있을까? 그 대답은 데이터 패킷data packet(0과 1로 된 데이터의 덩어리)을 유연한 전송 절차, 다시 말해 '패킷 교환packet switching'이라고 알려진 방법을 이용해 컴퓨터들 사이에 전송하는 것이었다. 이 방법이 새로운 인터넷의 기반이 되었다. 처음에 미국 정부의 프로젝트였던 인터넷은 프로젝트에 참여한 소수의 미국 대학들에게만 제공되었다가 1987년에는 개방되어 상용화되었다.

1965년 집적 회로의 초기 제작업체에서 나중에 글로벌 회사로 부상하게 되는 인텔의 대표 고든 무어는 실리콘 칩에 새겨넣을 트랜지스터의 수가 1~2년마다 두 배로 늘어나는 것에 주목했고, 이러한 추세가 앞으로 10년 동안 계속될 것이라고 예측했다. 그것이 50년 전의 일인데, 무어의 관찰과 예측은 선지적인 것으로 판명되었다. (속도, 트랜지스터 숫자, 비용 등) 마이크로프로세싱의 다양한 속성들이 곱절로 늘어나는 과정은 2010년대까지 엄청난 속도로 성장했다. 이 추세는 최근에 들어와 약간 둔화되었는데, 그 대신에 다른 차원의 계산 능력이 발전했다. 1971년에 나온 인텔의 4004 마이크로프로세서는 2,300개의 트랜지스터를 갖고 있었다. 이에 비하여 2017년에 나온 인텔의 크세온 플래티

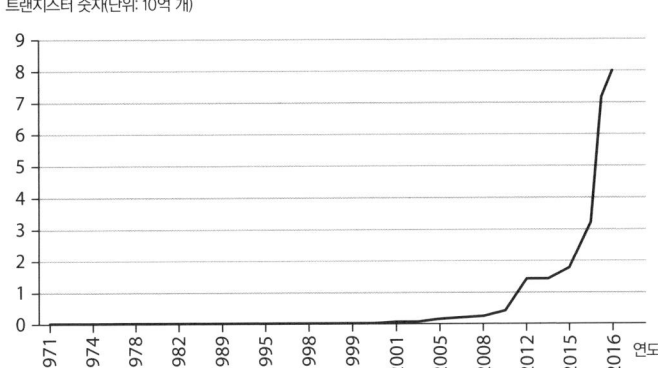

그림 8.1_무어의 법칙: 인텔 칩에 들어간 트랜지스터 숫자(1971~2016)

넘 마이크로프로세서는 80억 개의 트랜지스터를 갖고 있다. 이것은 지난 46년 동안 2년마다 두 배로 늘어난 수치, 혹은 23곱절이 된 수치이다. 무어의 법칙으로 대표되는 인텔의 마이크로프로세서 개발의 역사는 그림 8.1이 보여주는 바와 같다.

컴퓨터의 성능은 높이 치솟았고 상호연결성 또한 그에 따라 향상되었다. 광섬유의 개발로 데이터의 전송 속도, 정확도, 규모가 엄청나게 향상되었다. 초단파 전송은 무선 연결에 혁명을 가져왔고, 그 결과 모바일 장치들이 인터넷에 접속할 수 있게 되었다. 동시에 텍스트, 이미지, 비디오 자료들을 디지털화하는 능력이 놀라운 수준으로 향상되었고, 인공위성 이미지, 유전자 배열 분석, 여러 장치들로부터 엄청난 양의 실시간 정보를 수집한 센서 등 과학적 탐사와 측정에도 무수한 발전이 있었다.

휴대전화의 등장은 획기적인 디지털 기술을 전파하는 속도에서 인

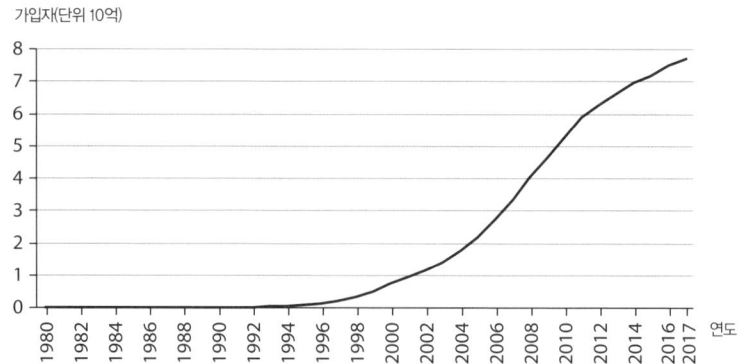

그림 8.2_전 세계의 휴대전화 가입자 수(1990~2017)

터넷 못지않은 역할을 했다. 휴대전화는 1973년 벨 연구소에서 발명되었다. 1980년대 초에 휴대전화 가입자 수는 수천 명에 불과했으나, 2017년에는 78억 건으로 늘어났다(그림 8.2).

디지털 혁명의 세 번째 차원은 컴퓨터의 지능 향상이다. 이 지점에서 다시 한 번 튜링의 선구적이면서도 핵심적인 질문을 생각해보자. 기계는 지능을 가질 수 있는가? 만약 그렇다면 우리는 그것을 어떻게 알 수 있는가? 1950년에 튜링은 기계의 지능에 대하여 유명한 튜링 실험을 했다. 지능적인 기계(컴퓨터 중심 시스템)가 인간과 상호작용하는데, 이때 인간은 자신이 기계를 상대하는지 혹은 같은 인간과 상호작용하는지 알지 못한다. 구체적인 예를 들면, 어떤 방에 앉아 있는 인간(피실험자)은 다른 방에 있는 기계 혹은 인간을 상대로 메시지를 주고받을 수 있지만, 상대방이 사람인지 혹은 지능적 기계인지 알지 못한다는 것이다.

기계는 종합적 지능을 갖출 수 있을까? 그 진위 여부는 알 수 없으

그림 8.3_인공지능을 위한 신경 네트워크의 기본 구조

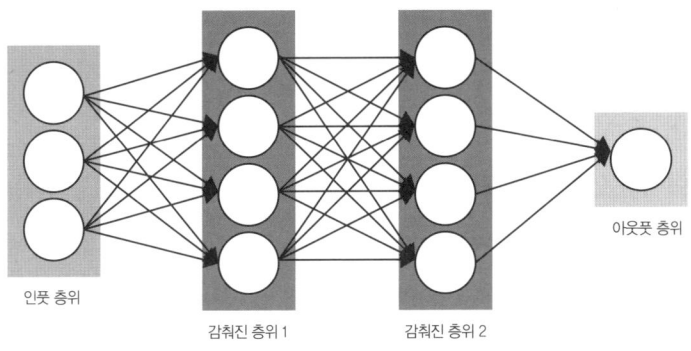

나, 기계가 점점 학습 강도를 높여서 과거에 인간 고유의 지능만 해낼 수 있다고 생각되던 아주 복잡한 일도 해낼 수 있게 되리라는 것은 의심의 여지가 없다. 이제 스마트 기계는 텍스트를 번역하고, 그림 속의 사물을 알아맞히고, 자동차를 운전하고, 고도의 기량을 필요로 하는 게임을 할 수 있다. 현재 인공지능의 핵심으로 여겨지는 인공신경 네트워크가 도입되면서 지난 10년 동안에 아주 놀라운 발전 사항들이 많이 나왔다.

인공신경 네트워크는 디지털 입력 자료를 처리하는데, 인공 뉴런의 여러 층위layer에 걸쳐 입력된 자료를 가공함으로써 디지털 출력 자료를 만들어낸다. 그림 8.3에서 제시된 바와 같이, 입력된 디지털 데이터는 한 번에 한 층위에서 프로세싱(가공)되고, 이렇게 나온 여러 신호들이 아웃풋 층위에서 결집이 된 후에 마지막에 어떤 행동이 선택된다. 예를 들어 인풋 층위는 X-레이 같은 디지털 이미지의 픽셀을 코드화(정보화)하거나 체스 게임의 장기판 상황을 코드화하기도 하고, 자연언어로 된 텍스트를 디지털 방식으로 코드화하기도 한다. 그리고 아웃풋 수준은 X-레이, 장기판의 움직임, 한 자연언어(가령 영어)의 텍스트를 다른 자연언어(가령 한국어)의 텍스트로 바꾸는 것 등에 대한 기계의 진단을 코드화한다.

이러한 인공신경 네트워크의 '지능' 중 핵심사항은 각 인공 뉴런(신경세포)이 하위 뉴런으로부터 받아들이는 신호에 부여하는 수학적 가중치이다. 이러한 가중치는 그 해당 뉴런이 차상위 뉴런에게 보내는 신호를 결정하는데, 인간 두뇌 속의 뉴런들을 연결시키는 시냅스(신경 세포의 연접부)의 강도에 비유될 수 있다. 이 수학적 가중치가 인공 뉴런 네트워크를 규정한다. 그것이 인풋 층위의 디지털 신호를 아웃풋 층위에서 나오는 디지털 신호로 번역하는 것이다.

수학적 가중치는 기계를 '훈련'시킴으로써 적절히 조정된다. 고도로 세련된 알고리즘을 사용하여, 어떤 시험 연습에서 기계가 보여준 실적 위주로 각 뉴런에 부여되는 가중치를 업데이트하는 것이다. 가중치를 조정하는 것은 기계의 실행 능력을 개선하기 위한 것이다. 예를 들어 이미지를 정확하게 알아보거나, 장기 게임에서 승리하거나, 텍스트를 번역하는 일을 더 잘하게 만들려는 것이다. 고품질의 아웃풋을 만들어내기 위해 가중치를 향상시키는 수학적 과정을 '기계학습 machine learning'이라고 한다. 예를 들어 기계가 디지털 X-레이에서 종양을 파악하는 훈련받고 있다면, 관련 인공 뉴런들을 연결시키는 수학적 가중치를 어떤 시험 이미지에 대한 기계의 진단이 정확한지 혹은 부정확한지 여부에 따라서 수정하는 것이다. 이런 종류의 '감시 학습'을 반복하고, 또 관련 인공신경 네트워크의 가중치를 업데이트하는 세련된 수학적 기술이 개발된다면, 기계학습은 놀라운 기량을 갖춘 인공지능 시스템을 만들어내게 된다.

연산 능력이 엄청나게 증가하고 무어의 법칙으로 대표되는 컴퓨터 성능이 초고속화되면서 인공지능 시스템은 이제 수백 개 층위의 디지털 뉴런과 아주 고차원의 디지털 입출력 능력을 구축한 고성능 시스템이 되었다. 아주 많은 데이터의 '훈련 세트' 혹은 자율학습의 교묘한 디자인을 통해 인공신경 네트워크는 엄청나게 다양한 분야로 확대 적용되었고, 각각의 분야에서 초인적인 기량을 보여주고 있다. 가령 장기나 바둑 같은 보드게임부터 포커 같은 대인간 게임, 실시간 번역 같은 세련된 언어 활용, 복잡한 질병의 원인 진단 같은 전문적 의학 기술에 이르기까지 놀라운 기량을 발휘하고 있는 것이다. 눈이 부실 정도로 빠른 인공지능의 발전 속도를 쳐다보고 있노라면 숨이 막힐 지경이다.

1997년 당시 체스 세계 챔피언 가리 카스파로프는 IBM의 컴퓨터 딥 블루를 상대로 경기를 벌였다. 카스파로프는 컴퓨터에게 지고 나서 한편으로 놀라면서도 다른 한편으로는 당황했다. 초창기에 딥 블루는 과거의 체스 게임들과 체스판 위의 상황을 망라한 방대한 자료를 사용하여 전문가처럼 훈련을 받았다. 하지만 오늘날 '자율학습' AI 체스 시스템은 단 몇 시간 만에 초보에서 시작하여 세계 최고의 체스 게임 선수가 될 수 있다. 과거의 체스 게임 기록이나 전문가의 체스 전략 등을 입력하지 않아도 스스로 체스 게임의 기술을 익혀서 현재의 세계 체스 챔피언을 이길 수 있을 뿐만 아니라 딥 블루를 포함하여 과거의 모든 컴퓨터 챔피언들도 물리칠 수 있다.

2011년 왓슨이라는 이름의 또 다른 IBM 컴퓨터는 텔레비전 게임쇼인 〈제퍼디〉의 게임 기술을 자율학습하고, 그 쇼에서 나오는 대중문화와 모든 말장난과 인용문을 완벽하게 습득해 생방송에서 〈제퍼디〉 챔피언들을 차례로 물리쳤다. 이것 또한 놀라운 업적이었고, 튜링 테스트를 통과하는 지점에 더욱 가깝게 다가선 것이었다. 왓슨은 〈제퍼디〉 챔피언에 등극한 후 의학 분야에 진출하여 의사들과 함께 전문적 진단 시스템을 더욱 세련되게 가다듬는 작업을 하고 있다.

최근에는 심층 신경 네트워크(수백 개의 인공 뉴런 층을 가진 신경 네트워크) 분야에서 획기적인 발전이 목격되었다. 구글의 자회사 딥마인드라는 회사가 개발한 AI 시스템인 알파고가 2016년에 세계 바둑 선수권에서 18번이나 챔피언 자리에 오른 대한민국의 이세돌과 맞붙었다. 바둑은 아주 복잡미묘한 게임이어서 기계는 인간 전문가를 상대로 앞으로 수년 혹은 수십 년 동안 상대가 되지 않을 것으로 생각되었다. 이세돌은 예전의 카스파로프처럼 자신이 알파고를 손쉽게 이길 것으로 예상했다. 하지만 막상 뚜껑을 열어보니 1승 4패로 알파고에 크게 지고 말았다. 그런데 상황을 더욱 드라마틱하게 만든 것은 그 알파고마저도 (단 몇 시간 만에 자율학습으로 초보부터 바둑을 배운) 차세대 AI 시스템에게 완패했다는 사실이다. 수백 년에 걸친 전문적 연구와 경쟁이 몇 시간 동안 자율학습을 한 AI 컴퓨터에 또다시 뒤처지게 된 것이다.

타블라 라사tabula rasa(빈 서판, 즉 초보에서 시작한) 학습이라고도 부르는 자율학습에 의한 놀라운 성과는 사람들의 눈을 의심하게 만들었다. 타블라 라사 학습에서 AI 시스템은 자기 자신을 상대로 놀이를 하도록 훈련받는다. 예를 들어 수백만 건의 체스 게임 기록을 입력하고, 자율학습에서 기계가 거둔 승리와 패배를 기준으로 뉴런 네트워크의 가중치를 계속 업데이트하는 것이다. 체스의 놀이 규칙만 아는 상태에서 시작하여 AI 시스템은 자기 자신을 상대로 수백만 건의 체스 게임을 자율학습하고, 그 승패의 결과를 가지고 뉴런 네트워크의 가중치를 수정함으로써 세계 최고 수준의 체스 기술을 갖추는 것이다. 이런 방식으로 딥마인드가 개발한 고급 컴퓨터 AI 시스템은 세계 최고의 체스 챔피언뿐만 아니라 예전의 AI 챔피언 컴퓨터마저도 간단히 물리칠 수 있다.[3] 단 몇 시간의 타블라 라사 학습이 역사상 모든 체스 전문가들이 600년에 걸쳐 축적해온 체스 실력마저도 간단히 일축해버리는 것이다.

기술의 발전과 가난의 종식

2006년 《빈곤의 종말》이라는 책에서 나는 다음과 같은 주장을 했다. 우리가 가난한 사람들을 돕기 위해 글로벌 차원에서 적극적으로 노력한다면, 극빈의 종식이 우리 세대 이내에, 가령 2025년까지 완수될 것이다.[4] 나는 (사하라 이남의 아프리카와 남아시아처럼) 세계 최빈국의 사람들을 위한 보건, 교육, 기반시설 등을 부양하는 문제를 구체적으로 생각하고 있다. 이 일과 관련해서 20세기 말부터 상당한 진전이 있었다. 그림 8.4에 제시된 1990년에서 2015년 사이의 세계은행 데이터를 보면 1990년 약 19억 명의 사람들이 극빈 상태에서 살아가고 있었는데, 이는 전 세계 인구의 35.9퍼센트에 해당한다. 그러던 것이 2015년에 이르러서는 극빈층의 규모가 7억 3,600만 명 혹은 전 세계 인구의 약 10퍼센트 수준으로 크게 떨어졌다.[5]

이렇게 발전하게 된 가장 중요한 이유는 기술의 급속한 발전 때문이다. 그 기술 덕분에 우리는 질병 통제, 지식에의 접근, 재정적 포용(대출

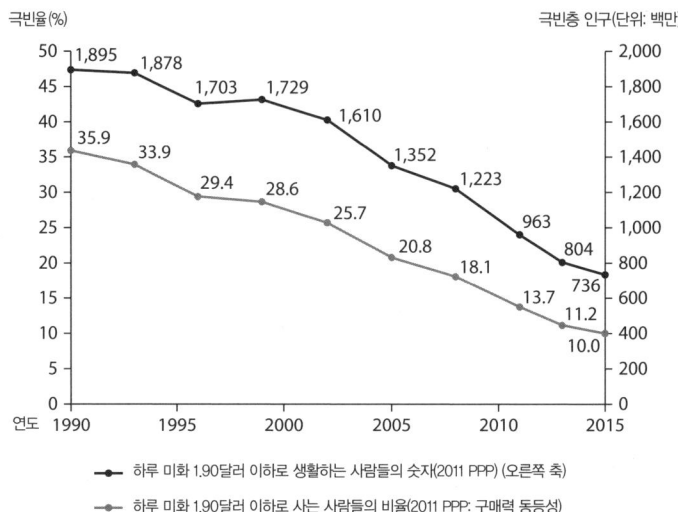

그림 8.4_극빈층의 비율과 인구수(1990~2015)

을 확보할 수 있는 능력), 소득 증가와 보람 있는 일의 증가(심지어 세계 최고 빈곤 지역에서도) 등에서 큰 진전을 보게 되었다. 디지털 혁명은 디지털과 관련된 기술의 발전을 가져왔을 뿐만 아니라, 지식과 기량의 급속한 전파와 디지털 상호연결성으로 촉진된 기술 시스템 덕분에 다른 기술의 발전도 촉진했다. 빈곤 퇴치에서 가장 큰 발전을 살펴보려면 무엇보다도 중국의 사례를 들어야 한다. 중국의 극빈자 비율은 1990년 당시 중국 인구 대비 66퍼센트로 추산되었으나, 2020년에 이르러 그 수치가 사실상 제로로 떨어졌다. 이것은 그 어떤 기준에서 보더라도 경제적 기적이 아닐 수 없다![6]

이제 좀 더 신속하게 전 세계적으로 가난을 퇴치할 수 있으리라고 생각되며, 장래에도 그런 성취를 계속할 수 있을 것으로 예상된다. 글로벌 공동체가 지금보다 더 큰 목표를 가지고 집중적으로 노력을 기울인다면 말이다. 아주 가난한 공동체들의 특정한 문제를 목표로 삼아(질병 통제, 취학률, 하부 기반시설 등에 대한) 원조가 집중적으로 이루어질 때, 경제 성장이라는 일반적 힘에 의존하는 경우에 비해서 발전 속도가 훨씬 더 빨랐다. 오늘날까지 이루어진 발전 속도에 힘입어 유엔 회원국들은 자신 있게 이런 선언을 할 수 있게 되었다. 유엔은 2015년에 지속적 발전 목표SDG, Sustainable Development Goals를 채택하여 2030년을 극단적인 가난을 종식시키는 목표 연도로 잡았다. 2030년까지 극단적 빈곤을 끝내는 SDG 1단계는 아주 거대한 야망이고 통상적인 방식으로는 달성할 수 없는 목표이다. 그러나 부유한 나라들이 가난한 나라들에 대하여 좀 더 강력한 책임과 소명의식을 갖는다면 가능할 수도 있다.

집중적 성장과 중국의 부상

20세기 후반부의 특징은 글로벌 경제 분화가 전반적인 글로벌 경제 집중으로 전환되었다는 것이다. 산업화의 첫 150년 동안 부유한 나라와 가난한 나라의 격차는 더 커졌고, 많은 개발도상국들이 유럽의 산업국가들에 예속되었다. 심지어 전 세계의 가난한 나라들은 제2차 세계대전이 끝나고 식민통치로부터 독립을 얻은 이후에야 비로소 성장률을 높일 수 있었다. 신생 독립국가들은 정치적 주권을 회복하면서 보건, 교육, 인프라(하부 기반시설) 등에 공공투자를 확대할 수 있는 자유를 얻었다. 물론 모든 신생국가들이 그런 자유를 잘 운용한 것은 아니다. 어떤 나라들은 빚을 졌고 다른 나라들은 높은 인플레이션으로 고통을 겪었으나, 그래도 많은 나라들이 성공을 거두어 공공보건과 교육 시스템을 구축하고 경제 성장에 필요한 인적 자본을 크게 축적했다. 평균적으로 볼 때, 개발도상국들은 고소득 국가들보다 1인당 GDP가 더 급속하게 늘어났고, 그래서 국가 간의 소득 격차는 줄어들기 시작했다.

이러한 패턴은 21세기에 들어와서도 계속되었는데, 이는 그림 8.5에 제시된 국제통화기금의 자료에서도 확인할 수 있다. 개발도상국의 1인당 GDP 성장률은 선진국보다 해마다 1~5퍼센트 차이로 앞서갔다. 그렇지만 2010년대에 들어서면서 이 비율은 다소 줄어들었다. 1인당 GDP의 급속한 성장과 높은 인구 증가율은 개발도상국들의 글로벌 생산량이 점점 올라가고 있음을 의미한다. 이와 동일한 패턴을 1950년에서 2008년까지의 시대를 다룬 앞 장에서 살펴보았다. 개발도상국과 선진국 사이의 글로벌 생산량의 점유율 추이는 그림 8.6에 제시된 바와 같다. 국제통화기금의 추계에 따르면, 선진국은 2000년에 세계 생산량의 57퍼센트를 차지한 이후 서서히 떨어져서 2018년에 이르러서는 세계 생산량의 41퍼센트를 차지했다. 그에 따라 개발도상국이 세계 생산량에서 차지하는 비율은 43퍼센트에서 59퍼센트로 늘어났다. 2000년에서 2018년에 이르는 19년 사이에 두 지역은 글로벌 생산량의 점유율에서 자리를 맞바꾸게 되었다.

최근 들어 가장 극적으로 변화한 것 중 하나는 중국이 경제적으로 크게 발전하여 세계에서 그에 걸맞은 역할을 하게 되었다는 것이다. 약 140년 동안 경제적·사회적 갈등을 겪고 또 외세의 침략, 국내의 반란, 내전, 내부 정책에서 엄청난 규모로 시행착오를 겪은 중국은 1978년 이

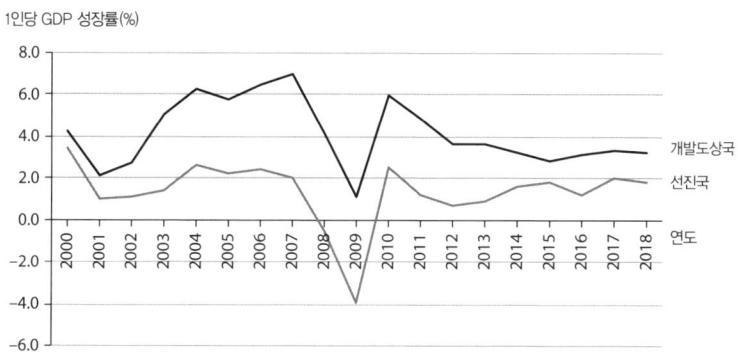

그림 8.5_선진국과 개발도상국의 1인당 GDP 성장률의 변화(2000~2018)

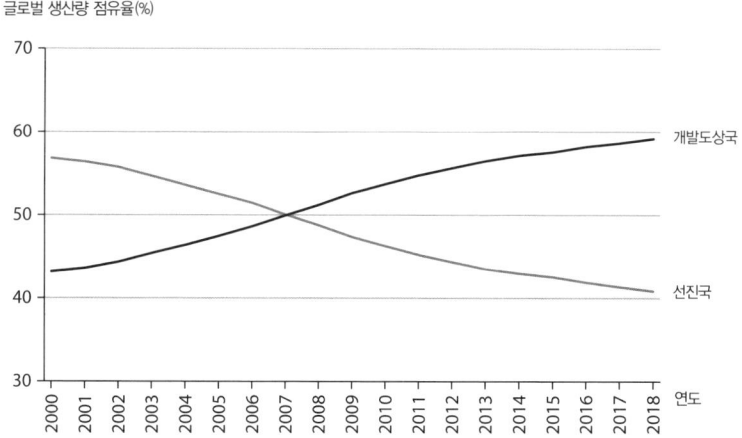

그림 8.6_선진국과 개발도상국의 글로벌 생산량 점유율의 변화 (2000~2018)

후에 안정적이고 개방적인 시장 중심의 생산과 상업을 밀어붙였다. 중국은 이웃국가인 일본이 엄청난 성공을 거두는 것을 목격한 뒤에 따라잡기 전략을 그대로 실행했다. 일본은 1868년 메이지 유신 당시에 획기적인 따라잡기 전략을 개발했고, 그 전략을 제2차 세계대전 종전 후의 재건 계획에도 그대로 적용했다. 이어 네 마리의 아시아 호랑이들(대한민국, 대만, 홍콩, 싱가포르)은 수출 중심의 노동집약적 제조업의 성공을 이미 증명한 바 있었다. 중국은 1978년 실용적 개혁가인 덩샤오핑이 집권하면서 그 성공의 길로 들어섰다.

덩샤오핑은 실용적 시장 개방을 조언했고, "고양이가 쥐를 잡는다면 그것이 검은 고양이든 흰 고양이든 문제가 되지 않는다"라는 유명한 비이념적 접근방식을 선택했다. 그리하여 중국은 1980년에서 2015년까지 근 35년 동안 해마다 약 10퍼센트의 GDP 성장을 보여왔다. 해마다 10퍼센트 성장이라는 것은 매 7년마다 두 배씩 성장한다는 뜻이다. 35년 동안 그렇게 성장한다면 두 배씩 성장하는 것이 5회 반복된다는 의미이고, 이는 GDP가 32배가 된다는 것이다($2 \times 2 \times 2 \times 2 \times 2 = 32$). 국제통화기금 데이터에 의하면, 중국은 해마다 10퍼센트가 약간 안 되는 성장률(9.8퍼센트)을 보여왔다. 그래서 누적 성장은 26배가 되는데, 이는 아주 놀라운 결과이다.[7]

그 결과는 그림 8.7이 보여주는 바와 같다. 구매력 조정 가격으로 측정해보면, 중국은 현재 세계 최대의 경제국가이다. 국제통화기금 측정치에 의하면, 중국은 2013년에 미국을 추월했고 이 중국 우위의 격차는 근년에 들어와서도 계속되고 있다. 중국의 연간 성장은 미국의 그것에 비하여 연간 3~4퍼센트포인트 더 높다. 가장 최근 자료에 따르면,

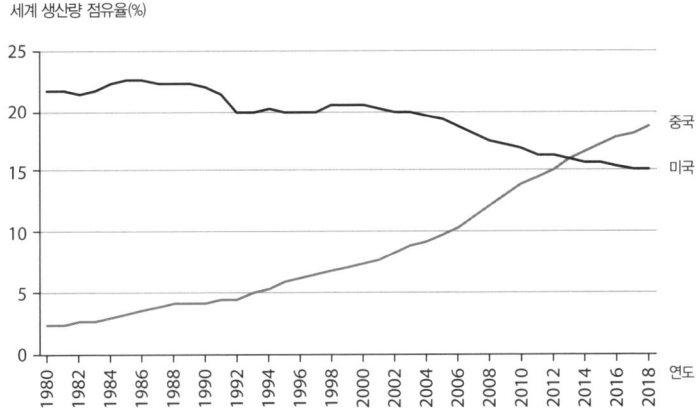

그림 8.7_미국과 중국의 세계 생산량 점유율의 변화(1980~2018)

중국의 연간 성장률은 6퍼센트, 미국은 3퍼센트였다. 하지만 중국은 총액 수준에서만 미국을 따라잡을 뿐이다. 중국의 1인당 GDP는 구매력 조정 기준에서 보면 여전히 미국의 3분의 1 정도 수준이고, 시장 교환율과 가격 수준에서는 미국의 5분의 1 정도이다. 중국의 1인당 국민소득은 미국이나 다른 고소득 국가들에 비하면 아직도 크게 뒤떨어지기 때문에 중국은 아직도 재빠른 '따라잡기'를 통한 성장의 기회가 있다. 비록 그 성장률이 1978~2015년처럼 높지는 않을 것이다. 중국이 미국과의 1인당 GDP 격차를 줄여나감에 따라, 중국의 인구가 미국보다 4배나 많다는 것을 감안할 때, 중국 경제는 총액 기준에서는 미국 경제보다 훨씬 더 커지게 될 것이다.

우리가 중국의 경제적 활력과 급속한 경제 성장을 기대하는 핵심 이유 중 하나는 중국이 미국과 유럽으로부터 기술을 수입해오는 나라에서 스스로의 실력을 갖춘 기술 이노베이션 국가 겸 수출 국가로 전환하고 있다는 사실이다. 중국의 새로운 기술적 힘을 보여주는 구체적 사례는 고속 무선 테크놀로지인데, 특히 5G 시스템이 좋은 예이다. 5G의 보급을 주도하는 것은 미국이나 유럽 회사가 아닌 중국 회사 화웨이이다. 미국은 화웨이의 성공에 경악을 표시하면서 이 회사가 안보에 심각한 위협이 된다는 이유로 세계 시장에 접근하는 것을 막아왔다. 하지만 우리는 이런 주장이 단지 지정학의 이유 때문이라는 느낌을 떨칠 수가 없다. 미국 정부는 그 어떤 구체적 안보 위협보다 화웨이가 경쟁력 높은 디지털 기술 분야에서 성공을 거둔 것에 놀라는 것 같다. 실제로 미국 정부는 이 회사를 상대로 공식 캠페인을 벌이면서도 구체적 위험의 증거를 제시하지 못했다.

좀 더 전반적으로 살펴보면, 이노베이션을 위한 중국의 노력은 급상승하고 있다. (R&D 비용, 기술 인력의 훈련과 고용, 새로운 특허의 숫자, 하이테크 제품의 판매 등) 연구개발의 주요 지표로 볼 때, 중국은 빠른 속도로 하이테크 강대국이 되어가고 있다. 그림 8.8은 미국, 유럽연합, 중국의 R&D 비용이 GDP에서 차지하는 점유율이다. 이것을 보면 중국의 R&D 비용이 급속히 상승하여 이 부문에서 유럽연합을 앞지르고 있음을 알 수 있다. 벤처자본 기금이 아주 높은 증가율을 보이며 중국 회사들 쪽으로 이동하고 있는 것도 분명하다. 그림 8.9에 제시된 바와 같이 중국의 벤처자본 투자가 유럽연합의 벤처자본 투자를 앞지르고 있는 것이다.

그 결과는 특허 분야에서 분명하게 드러난다. 세계지적재산권조직에 의하면, 2017년 중국은 특허협력조약PCT, Patent Cooperation Treaty에 따라 두 번째로 많은 특허를 신청한 나라이다. 2017년 미국이 5만 6,624건의 PCT 특허를 신청했고, 그 뒤를 이어 중국이 4만 8,882건, 일본이

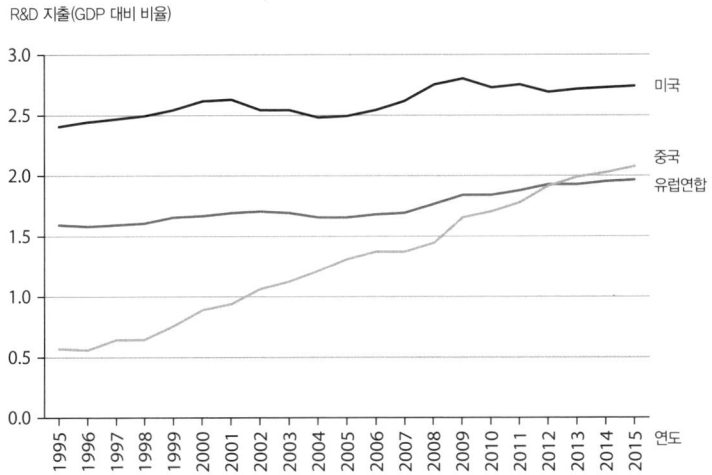

그림 8.8_미국, 유럽연합, 중국의 GDP 대비 R&D 지출 비율

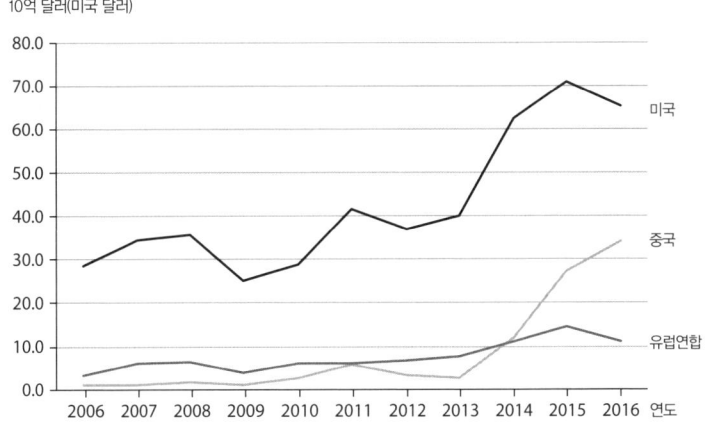

그림 8.9_벤처 자본주의 투자의 초기 단계와 후기 단계

4만 8,208건, 독일이 1만 8,982건이고, 대한민국은 1만 5,763건의 특허를 신청했다.[8] 국가별이 아니라 지역별로 생각한다면, 이제 세계 경제에는 세 개의 내생적 성장의 중심지가 있다고 말할 수 있다. 미국, 유럽 그리고 중국·일본·대한민국이라는 3대 R&D 대국을 포함하는 동북아시아이다. 이제 산업혁명 이래 처음으로 이노베이션은 북대서양 지역에만 국한되지 않게 되었다. 서기 1500년 이전의 오랜 세계화 시절이 그러했듯이, 우리는 이제 미래의 핵심 기술들이 동양과 서양 사이에서 양방향으로 흐르는 것을 보게 될 것이다.

지속 가능한 발전의 문제

집중적 성장과 줄어드는 가난을 감안할 때, 세계 경제는 위기에서 벗어난 것처럼 보일지도 모른다. 기술의 진보로 가난의 종식은 거의 목전에 와 있고 북대서양 지역 이외의 나라들에게 훨씬 더 공정한 방향으로 국제질서가 재편되고 있다. 그러나 만족하기에는 아직 이른 듯하다. 전 세계에서 목격되는 점증하는 불안의 수위가 걱정할 만한 충분한 이유가 있음을 보여주기 때문이다. 디지털 시대는 적어도 다음 세 가지의 커다란 위험을 제기한다.

첫째, 경제적 불평등이 안정을 해칠 만큼 극적으로 증가하고 있다. 적절히 기술을 투입하여 가난을 종식시킨다는 약속을 성취할 듯한 이 시점에 말이다. 경제 성장에서 나오는 소득은 공평하게 공유되지 않는다. 미국과 중국을 포함하여 많은 나라들에서 경제 성장의 그늘처럼 불평등이 심화하고 있다. 높은 학위를 가진 일부 노동자들의 소득은 폭등하는데 비하여 로봇이나 인공지능에 의해 대체되는 직업을 가진 노동자들의 소득은 정체하거나 줄어들고 있다. 이론적으로는 소득이 증가하는 노동자들이 소득이 줄어드는 노동자들에게 보상을 해주지만(고소득자에게서 거둔 세금으로 저소득 노동자의 소득을 보전해 준다는 뜻이다 — 옮긴이), 미국이나 다른 많은 나라들에서 소득의 재분배는 거의 이루어지지 않고 있다.

둘째, 놀라울 정도로 글로벌 환경 위기가 심화하고 있다. 지난 200년 동안 경제가 급속히 발전하면서 서로 연관되어 있는 글로벌 환경 충격들이 발생했다. 첫 번째는 열을 흡수하는 온실가스를 대기 중에 대규모로 배출함으로써 지구온난화 현상이 발생했다는 것이다. 최대 원인은 화석연료가 연소되면서 나오는 이산화탄소이다. 두 번째는 엄청난 규모로 진행되고 있는 생물 다양성의 상실이다. 최근에 나온 주요 분석에 의하면, 지구상에 멸종 위기에 처한 종이 약 100만 개라고 한다.[9] 생물 다양성이 상실된 주된 이유는 농업 생산을 위하여 대규모 토지를 농지로 전용했기 때문이다. 이 때문에 수많은 종들이 서식지를 잃고 멸종의 벼랑으로 내몰리고 있다. 세 번째는 대기, 토양, 민물, 해양의 대규모 오염이다. 우리는 산업 화학물질, 플라스틱, 생산과 소비 과정에서 적절히 재활용되지 않거나 감소되지 않는 다른 쓰레기들로 환경을 무차별 공격하고 있다.

셋째, 전 세계가 철저하게 무장을 함으로써 전쟁이 발생할 가능성이 있다는 것이다. 지금 이 순간 주요 강대국들 사이에서 전쟁이 벌어진다는 것은 상상조차 할 수 없는 일로 여겨진다. 전쟁의 결과가 너무나

도 참혹하고 무서울 것이기 때문이다. 그러나 이와 똑같은 이야기를 제1차 세계대전 발발 직전인 1910년 당시에도 모두 하고 있었다. 1910년과 마찬가지로 오늘날에도 주요 강대국들이 서로 전쟁을 하지 않는 상황이 끝없이 지속될 거라고 예상하고 있다. 그러나 역사는 다른 사실을 증명한다. 각각의 새로운 세계화 시대는 지정학적 권력의 심층적 변화를 가져왔고, 그 결과 전형적으로 전쟁이 발생했다. 역사상 아주 흔하게 반복되었던 자기패배적 갈등의 패턴을 피하기 위해서 우리는 앞으로 여러 해 동안 평화를 조성하려는 비상한 노력을 기울여야 한다.

바로 이러한 도전들(불평등, 환경 위기, 평화의 취약성) 때문에 많은 과학자들, 도덕적 지도자들, 정치가들이 전 세계를 향하여 지속 가능한 발전의 원칙들을 채택하라고 촉구하고 있는 것이다. 지속적 발전이라는 개념은 세계화에 대한 총체적 접근을 주장한다. 경제 성장을 사회적 포용, 환경의 지속 가능성, 평화적 사회 등으로 한데 묶어야 한다는 것이다. 지속적 발전의 이론과 세계화의 역사를 살펴보면, 시장 중심의 성장만으로는 충분하지 않다는 것을 알 수 있다. 1500년대에 자본주의적 세계화가 시작된 이래 글로벌 경제체제는 무자비하고 폭력적인 것이었고, 불평등과 전쟁을 근본적으로 해결하지 못했다. 거기에 더해 우리는 지금 환경의 도전에 직면하고 있다. 이 문제는 복잡하고, 글로벌 규모를 갖고 있을 뿐 아니라 인류에게 전례가 없는 것이다. 우리는 일찍이 해본 적이 없는 방식으로 지구를 위태롭게 하고 있으며, 그런 위험을 피하기 위해서 어떤 방향으로 나아가야 하는지를 알려주는 지침서마저 가지고 있지 않다.

불평등의 문제

지식의 발전은 그 안에 점증하는 불공정의 씨앗을 갖고 있는데, 이는 새로운 기술이 시장에서 승자와 패자를 만들어내는 것과 비슷한 이치이다. 방적기와 기계식 직조기가 나오면서 인도의 무수히 많은 실 잣는 사람과 베 짜는 사람들을 대체했다. 농업의 기계화는 전 세계의 무수히 많은 소규모 농부들을 가난하게 만들었고, 그리하여 그들은 생계를 위해 필사적으로 도시로 몰려갔다. 자동차 공장의 조립 라인에 로봇이 등장하면서 그 공장에서 일하는 사람들은 실직을 하거나 임시 휴직을 당하여 임금이 줄어들었다. 그리고 이제 노동자들이 하고 있는 일들을 대신해줄 스마트 기계와 시스템을 갖춘 디지털 경제가 다가오고 있다. 누가 승리하고 누가 패배할 것인가?

일반적으로 말해서, 미래의 노동시장에서 승리를 거두는 자는 기계가 대체할 수 없는 고급 기능을 가진 사람들이거나, 새로운 지능적 기계와 함께 일할 수 있는 기량을 가진 사람(가령 새로운 기계들을 프로그램하는 전문 기술을 가진 사람)이 될 것이다. 패자는 로봇과 인공지능으로 손쉽게 대체될 수 있는 일을 하는 노동자가 될 것이다. 지난 40년 동안 직업 상실은 제품을 만들어내는 부문들, 특히 농업, 광업, 제조업에 집중되어 있었다. 이런 종류의 실업은 앞으로도 계속될 것이다. 농업과 광업은 점점 더 자동화될 것이다. 농장에서는 자율주행하는 트랙터나 콤바인이 인간의 노동을 대신할 것이고, 광산에서는 대형 굴착기와 운송기가 그 역할을 맡을 것이다. 로봇은 여러 제조업 부문에서 공장 노동자들의 일을 대신하게 될 것이다.

서비스 부문의 다른 일들도 앞으로는 사라질 것이 너무나 분명하다. 자율주행이 가능한 트럭과 택시가 도입되어 수백만 명의 운전사들을 대체할 것이다. 물류 창고에는 점점 더 많은 로봇이 배치되어 상품을 수송하고, 적재하고, 포장할 것이다. 일반 소매 가게들은 온라인 거래나 직접 구매에 밀려날 것이고, 또다시 전문적 시스템 아래 자율주행하는 배달 기계가 상품을 배달할 것이다.

최근 수십 년 동안 기계에 의해 대체된 낮은 숙련도의 노동자들은 수입이 정체하거나 줄어든 반면에 전문 기술을 가진 노동자들은 똑같은 기계의 도움을 받아 더 생산적이 되었고, 임금도 상승했다. 이것이 미국을 포함한 여러 나라들에서 소득 불평등이 발생하는 주된 이유이다. 그러나 이런 추세의 궁극적 효과는 두 가지 추가적인 요인에 달려 있다. 낮은 숙련도의 노동자들이 강화된 훈련과 교육을 통하여 더 높은 수준의 기술을 습득한다면, 정체되거나 줄어든 임금으로 고통받는 노동력의 비율은 감소할 수 있다. 시장의 임금이 내려갈 때에도 정부는 세제 혜택으로 그 불리한 시장 세력을 보상해줄 수 있다. 고소득자에게서 높은 세금을 거두어서 저임금이거나 임금이 줄어든 사람들의 소득을 보전해주는 것이다. 이렇게 하여 사회의 모든 부문이 기술 발전의 혜택을 공유할 수 있다.

발전에 따르는 도전적 사항들은 세계 최빈국들에게도 커다란 문제가 될 수 있다. 왜냐하면 이들 나라들에서 미래의 경제 성장을 위해 지원하는 재정은 대체로 노동집약적 수출품에서 나오는 소득에 의존하고 있기 때문이다. 그러나 디지털 혁명은 스마트 기계들로 저비용 노동을 대체하고 있다. 예를 들어, 로봇공학의 급속한 발전은 직물과 의류 분야를 자동화하고 있는데, 이 부문은 과거에 저임금 국가들이 경제 발전의 사다리를 올라가는 데 징검다리 역할을 했던 산업이었다. 디지털 혁명이 (저비용 보건 서비스, 교육 기회의 확대, 사회 기반시설의 개선 등) 특별한 분야에서는 최빈국에게 확실히 도움이 되겠지만, 동시에 경제 발전의 전통적 사다리를 제거해버릴 것이다. 이런 경우에 글로벌 연대의식이 아주 중요해진다. 다시 말해 부유한 나라들이 가장 가난한 나라들에게 추가적으로 발전기금과 원조를 제공하여 새로운 디지털 기술과 그에 수반되는 기량의 획득에 투자하도록 해주어야 하는 것이다.

지구상의 경계들의 도전

환경 문제는 개선이 쉽지 않아 보이고, 많은 관찰자들의 견해로는 해결 불가능한 것처럼 보인다. 세계 경제의 무한한 성장과 유한한 지구 사이에는 태생적인 모순이 존재하는 것일까? 세계 경제는 지난 200년 동안 대략 100배 규모로 늘어났다. 인구는 대략 10배로 늘어났고 1인당 GDP 또한 10배나 증가했다. 그렇지만 우리가 살고 있는 지구는 과거와 다를 바가 없고, 그래서 인간이 환경에 미치는 영향은 극적으로 심화되었다.

 기본적인 계산은 다음과 같은 식으로 표현할 수 있다. 인간의 영향은 인구×GDP/인구×영향/GDP인데, 요약하면 $I = P \times A \times T$ 이다. 여기서 I는 영향impact, P는 인구population, A는 풍요affluence(1인당 GDP), T는 기술technology(영향/GDP)이다.[10] 이 방정식에서 분명히 알 수 있는 것은 1

인당 경제 성장(A의 상승) 혹은 인구 증가(P의 상승)는 지구에 대한 인간의 영향력이 그만큼 커진다는 뜻이다. GDP 단위당 환경에 미치는 영향을 축소하기 위해 기술의 향상을 낮추는 것(T를 낮추는 것)으로 그 영향이 상쇄되지 않는다면 말이다.

가령 증기기관과 같은 기술적 진보는 A를 높이지만 동시에 온실가스 배출과 대기오염으로 T도 높인다. 다른 종류의 기술적 진보, 즉 태양광 전지는 A를 높이면서도 GDP 단위당 환경에 미치는 영향을 낮춘다 (T의 감소). 이는 지구에 대한 인간의 영향을 감소시키는 효과를 가져온다. 따라서 P와 A의 상승이 T의 충분한 감소로 상쇄가 된다면, 다시 말해 기술이 GDP 단위당 지구에 미치는 영향을 낮춘다면, 경제 성장은 지속 가능한 것이 된다.

여기서 나쁜 소식이 있다. 지난 200년 동안 글로벌 성장은 T와 관련하여 중립적이었거나 증가시키는 것이었다. 화석연료에 대한 의존, 농지 개간, 저인망 어업, 열대우림의 벌목, 석유와 가스의 열분해 등은 환경에 대한 인간의 영향을 강화하는 기술의 발전이다. 지난 2세기 동안 급속한 성장을 하고 환경에 미치는 영향을 심화한 나머지 21세기에 들어와 우리가 거주 가능한 지구는 한계에 도달했다.

좋은 소식은 오늘날 T를 낮추고, GDP 단위당 인간의 영향을 낮추어주는 중요한 기술 전환의 기회들이 많다는 것이다. 그중 하나가 화석연료에서 (풍력, 태양열, 수력, 지열 등) 재생 가능한 에너지로의 전환인데, 이것은 온실가스의 배출은 낮추면서 더 많은 에너지를 제공한다. 또 다른 기회는 과도한 육식(특히 쇠고기 섭식)에서 더 많은 식물성 단백질의 섭취로 전환한 것이다. 이것은 인간의 건강을 증진할 뿐만 아니라 사료용 목초지를 확보하기 위해 토지에 가하는 압박을 완화한다. 세 번째 기회는 개선된 건물 디자인이다. 이런 건물에는 냉난방의 필요가 줄어들어서 에너지 수요를 크게 낮춘다. 네 번째 기회는 정밀 농업으로 물과 비료를 아주 정밀하게 투입하는 것이다. 예를 들어 적하滴下 관개와 적하시비(관개 시스템을 통하여 비료를 직접 주입하는 것) 방법을 사용하는 것이다.

간단히 말해서 지속 가능성의 핵심은 똑같은 GDP를 달성하거나 더 높은 GDP를 달성하되 환경에 대한 영향은 낮추는 기술과 행동으로 전환하는 것이다. 가령 채소 위주의 식사를 하고 차를 타는 대신에 걸어 다니는 것이다. 최근 기술의 발전 사항들, 예를 들어 태양광 전지의 비용 감소, (미생물의 작용으로 분해되는) 생분해성 플라스틱의 개발, 살충제·물·화학비료의 사용을 낮추는 영농 방법의 향상 등은 더 낮은 환경 비용으로 더 높은 GDP를 달성할 수 있는 구체적 사례들이다. 지나간 역사 내내 인류는 자연을 낭비해왔다. 자연을 사용하고 파괴한 다음에는 다른 곳으로 이동했다. 그러나 우리의 시대에 다른 곳으로 옮겨갈 수 있는 가능성은 사라졌다. 인류는 지구상의 모든 구석구석을 채웠고 환경위기를 글로벌 규모로 확대했다. 지속 가능성의 문제적 규모는 사상 유례가 없는 것이고, 우리가 일찍이 겪어본 적이 없는 방식으로 지구상의 모든 것과 모든 인류에게 위협을 가하고 있다. 우리는 따라서 오늘날 T를 낮추고, GDP 단위당 인간의 영향을 낮추어야 한다.

'지구상 경계들Planetary Boundaries'이라는 프레임은 핵심적 환경 문제를 추적하고 그 문제들을 시정하기 위해 필요한 기술과 행동을 파악하는 데 도움이 된다. 그림 8.10은 '지구상의 경계들'을 그림으로 표시한 것인데, 총 9개의 중요한 지구상 경계들이 있다. 정북에서 시계 반대 방향

그림 8.10_지구상의 경계들

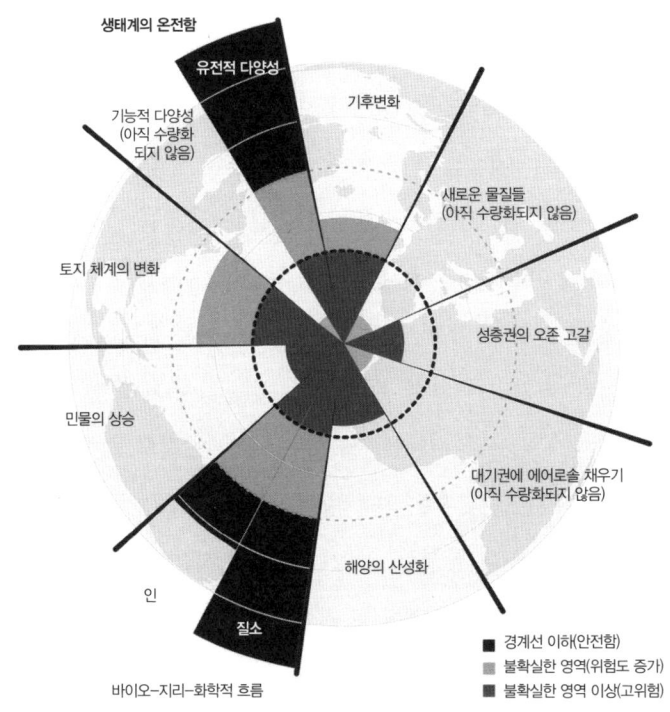

으로 하나씩 살펴보면, 지구상 경계에는 기후변화(온실가스 배출), 바이오 생태계의 온전함(유전적 다양성과 기능적 다양성), 토지제도 변경(주로 탈삼림화), 민물의 사용(주로 관개와 관련됨), 바이오-지리-화학적 흐름(주로 비료에 사용되는 질소와 인), 해양의 산성화(대기 중의 이산화탄소의 고밀도에 의한 것), 대기권에 에어로솔 채우기(화석연료와 바이오매스를 태우는 데서 오는 것), 성층권의 오존 고갈(염화불화탄소의 사용에서 오는 것), 새로운 물질(살충제와 플라스틱을 포함하는 화학적 오염물질)이 있다.

이런 지구상의 경계들은 주로 온실가스 배출, 한심한 영농 방법과 식단, 화학 오염물질, 부적절한 쓰레기 관리 등에 의해 위협을 받고 있다. 이런 문제들을 해결하는 방안은 생산을 높이거나 지속하면서도 환경에 대한 영향은 줄여주는 기술을 도입하고 그런 행동을 실천하는 것이다. 우리가 해야 할 일은 조심스럽게 또 건전하게 계획을 세우고, 그다음에는 체계적으로 기업들을 단속하고, 환경 위기를 악화하는 기술들을 줄이거나 금지시키는 것이다.

　글로벌 도전이란 실천해야 할 변화의 범위가 넓을 뿐만 아니라 아주 시급한 대응을 요구하는 전 세계적인 규모의 문제이다. 우리는 지구의 어디를 살펴보더라도 점증하는 아찔한 위협들을 목격하게 된다. 예를 들어 아시아 전역의 대기는 화석연료의 사용과 바이오매스의 연소로 항시 오염되어 있다. 그림 8.11(340쪽)은 스모그로 뒤덮인 중국 광저우 시의 모습이다. 생명을 위협하는 대기 오염은 전 세계 주요 도시에 거주하는 사람들에게 고통을 주고 있다.

　그림 8.12(340쪽)는 2011년 가뭄을 겪은 케냐와 소말리아 국경의 황량한 풍경이다. 이 사진은 세계의 많은 가난한 건조 기후 지역에서 가뭄이 점점 심해지고 있음을 보여준다. 이것은 기아와 강제 이주의 원인이며, 가난한 사람들 중에서도 가장 가난한 사람들의 생존을 위협한다. 그림 8.13(341쪽)은 중국 동북부의 농장들에서 해안으로 유출된 과도한 질소와 인이 만들어낸 현상이다. 그 지역의 해안은 조류藻類로 덮여 있어서 산소가 부족한 바다와 해양생물의 죽음을 가져올 것이다. 그림 8.14(340쪽)는 미 항공우주국에서 작성한 세계지도이다. 붉은색 해안 지역들은 6미터 해수면 상승으로 위협받는 지구상의 지역들이다. 이러한 해수면

상승은 슬프게도 지금 진행되고 있는 지구온난화의 궤적과 일치한다.

디지털 시대에 잠재된 위험

세계화의 한 시대에서 다른 세계화의 시대로 전환할 때 종종 전쟁이 뒤따랐다. 신석기 시대에서 기마 시대로 넘어갈 때 스텝 지역에서 온 기병대로 인해 전쟁들이 발생했다. 글로벌 제국들이 판치는 해양 시대로 넘어가면서 유럽의 정복자들은 원주민들과 아메리카의 흑인 노예들에게 폭력을 가했다. 산업 시대에 대영제국은 인도를 정복했고, 중국을 상대로 전쟁을 벌였으며, 그리하여 엄청난 고통이 뒤따랐다. 이제 디지털 시대로 전환하면서 또다시 갈등이 고조되고 있다. 그중에서도 가장 큰 리스크는 경제대국인 중국과 미국의 잠재적 갈등이다.

물론 이런 갈등이 필연적으로 벌어진다는 얘기는 아니다. 그런 전쟁이 발생한다면 그 결과는 너무나 참혹하여 상상조차 하기 싫을 정도이다. 그렇지만 우리 시대의 구조적 조건들은 분명 위험을 암시하고 있다. 중국은 신흥강국으로서 지구상의 유일한 초강대국이라는 미국의 지위에 종지부를 찍을 것이다. 정치학자 그레이엄 앨리슨이 지적한 바와 같이, 주도적 대국이 신흥강국으로부터 도전을 받을 경우에 갈등의 위험이 높아진다.[11] 주도적 대국(이 경우 미국)이 "너무 늦기 전에" 경쟁적 도전을 제압하기 위해 신흥강국(이 경우 중국)을 공격할 수도 있고, 성장의 길목에서 봉쇄당한 신흥강국이 공포심 때문에 선제공격을 할 수도 있다. 이러한 위협들은 상당히 그럴듯하게 들린다. 이미 많은 미국 정치학자들이 중국을 가리켜 미국의 이해관계 혹은 미국 '수위권primacy'에 대한 잠재적 위협이라고 말하고 있다. 반면에 중국은 미국이 자국의 발전을 '억제'하려 한다고 나름 타당한 생각을 할 수 있다.

만약 역사로부터 교훈을 얻을 수 있다면 우리는 생각할 수 없는 것을 생각해야 한다. 그런 다음 최악의 상황을 미연에 방지하기 위해 최선을 다해야 한다. 중국과 미국은 이미 서로를 경계하면서 두 주먹을 가슴까지 올린 채 링 주위를 빙빙 돌고 있고, 서로 상대방을 최악의 적이라고 생각한다. 일부 중국 전략가들은 미국이 강력하고 위력적인 중국을 결코 용인하지 않을 것이라고 생각하는 반면에 일부 미국 전략가들은 중국이 세계 정복에 나섰다고 믿는다. 이러한 견해들은 너무 결정론적이고 비관적이다. 우리는 저만치 혼자 떨어져서 전쟁에 판돈을 걸 것이 아니라, 미국과 중국 두 나라 사이에 신뢰와 평화의 조건들을 쌓아나가도록 노력해야 하고, 범위를 넓혀서 세계의 다른 주요 강대국들과도 그렇게 해야 한다. 21세기에 어떻게 평화를 추진할지에 대한 질문은 마지막 장에서 다룰 핵심 문제들 중 하나이다.

디지털 시대를 위한 희망

인류는 디지털 시대에 훌륭한 경제적 성장을 이루어냈지만 그로 인한 부정적인 영향을 고려하지 않은 대가를 치르고 있다. 세계 경제는 엄청난 부를 축적하고 있으면서도 지속 가능한 발전의 세 가지 기준에 비추어보면 실패했다. 첫째, 고숙련 노동자와 저숙련 노동자 간의 격차를 넓히는 디지털 기술의 영향 때문에 불평등이 심화되고 있다. 둘째, 세계 도처에서 환경오염 문제가 걷잡을 수 없이 심각해지고 있다. 환경오염은 글로벌 경제의 실상을 고스란히 보여준다. 세계 경제의 연간 생산량이 100조 달러에 달하는데도 인류는 경제 활동이 지구 환경에 미칠 영향을 안전하고 지속 가능한 수준으로 유지하는 데는 충분한 주의를 기울이지 않았다. 마지막으로 국가 간 갈등의 위험이 높아지고 있다. 지정학적인 변화가 빠르게 일어나면서 미국, 중국, 그 외의 여러 지역에서 불안의 수위가 상승하고 있다.

 그렇지만 모든 것을 잃어버린 건 아니고, 또 아주 크게 잃어버린 것도 아니다. 인류는 저영향 기술(가령 재생 가능한 에너지와 정밀 농업)과 환경 위기를 막아내는 데 필요한 정책적 노하우를 가지고 있다. 또한 우리는 글로벌 체험의 혜택도 가지고 있다. 우리는 그런 체험을 적절히 활용하여 부자의 소득을 가난한 자에게 재분배하고 또 점증하는 지정학적 긴장에 대해서도 외교적 해결안을 찾을 수 있다. 우리는 또한 세계의 행정(지속 가능한 발전)에 대해서도 전 세계적으로 합의된 접근방법을 가지고 있으므로 행동의 로드맵을 작성할 수 있다. 마지막 장에서는 온 세상이 번영, 사회적 정의, 환경의 지속 가능성, 평화 등의 목표를 수립하고 달성하는 방법을 살펴보기로 하자.

9장

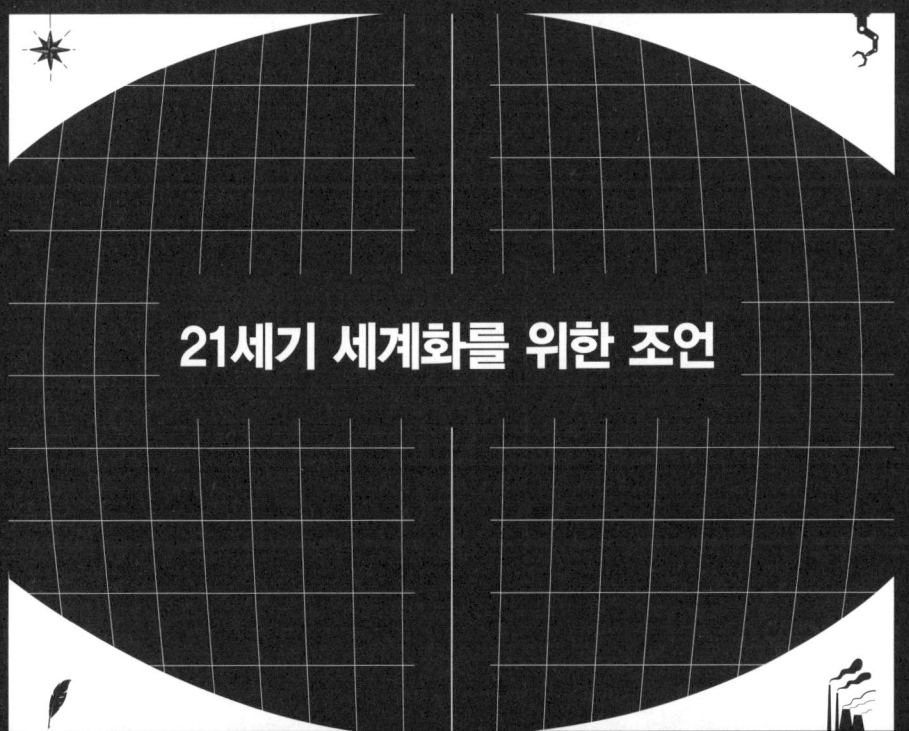

21세기 세계화를 위한 조언

Geography
Technology
Institutions

THE
AGES OF
GLOBALIZATION

세계화의 각 시대는 새로운 긴장과 전쟁을 가져왔다. 구석기 시대에 호모 사피엔스는 그들이 만난 네안데르탈인이나 데니소바인 같은 다른 호미닌들을 멸종시켰다. 신석기 시대에 이주하는 목축업자와 농부들은 그들이 만난 수렵채집자들을 대체했는데, 희소한 자원을 두고서 경쟁하는 과정에서 그들을 난폭하게 다루었을 것이다. 기마 시대에 스텝 지역에서 온 기마 민족은 유라시아의 온대 지역 사회들을 침략하고 약탈했다. 고전 시대에 지상 제국들은 유라시아를 지배하기 위해 서로 싸웠다. 해양 시대에 유럽의 정복자들은 남북아메리카의 원주민 인구를 크게 대체했는데, 원주민들은 유럽인이 가져온 질병과 유럽인에 대한 예속으로 거의 멸종 위기에 내몰렸다. 산업 시대에 유럽의 제국주의자들은 잦은 전쟁으로 아프리카의 대부분 지역과 아시아의 상당 지역에 대하여 정치적 지배권을 확보했다. 오늘날 우리는 커다란 변동을 예고하는 유동적 상태에 있다. 영미권이 주도하던 세계가 아직 그 정체가 확정되지 않은 다른 세력에게 서서히 밀려나고 있기 때문이다.

그렇지만 각 시대는 새로운 행정의 형태를 발명해냈는데, 그것이 우리에게 희망을 안겨주고 있다. 구석기 시대에는 국지적 유목민 씨족이라는 강력한 유대관계를 형성했다. 신석기 시대에는 마을 생활과 국지적 정치의 성립을 보았다. 기마 시대에는 최초의 국가들이 생겨났고, 고전 시대에는 최초의 다인종 제국들을 형성되었다. 해양 시대는 대양을 항해하는 글로벌 제국들을 만들어냈다. 산업 시대에는 글로벌 행정이 시작되었는데, 유엔이 창설되었을 뿐만 아니라 영국과 미국이라는 두 패권국가가 생겨났다. 이제 디지털 시대는 우리에게 상호연결된 글로벌 세계를 통치하는 더 효율적인 방식을 발명할 것을 요구하고 있다.

앞 장에서 나는 디지털 시대가 직면하게 될 세 가지 거대한 도전, 즉 점증하는 불평등, 거대한 환경오염, 주요 지정학적 변화에서 오는 리스크를 언급했다. 이런 엄청난 문제들은 우리의 정치제도에 무거운 부담이 되고 또 엄청난 갈등을 유발할 수 있다. 과거의 시대를 살펴보면 그런 부담과 갈등은 정해진 패턴이었다. 따라서 분명 우리 시대의 첫 번째 과제는 전쟁을 일으킬지 모르는 위험에 맞서는 것이어야 한다. 상호 파괴의 능력이 과거 그 어느 때와도 비교가 되지 않을 정도로 너무나 높아졌기 때문이다. 이처럼 평화를 유지하는 한편, 지구를 살 만한 곳으로 계속 유지하고, 우리 사회가 정의롭고 포용적인 사회가 되도록 만드는 것을 목표로 삼아야 한다.

우리는 전보다 한층 더 이런 큰 목표들을 명심하면서 세계화를 관리해야 한다. 이와 관련하여 다음의 여러 가지 개념들이 우리에게 도움이 될 수 있다. 첫째, 지속 가능한 발전을 겨냥해야 한다. 경제적·사회적·환경적 목표를 통합하는 행정을 향하여 총체적으로 접근해야 한다. 둘째, 사회적·민주적 관습을 확립해야 한다. 정치적·경제적 생활에 대하여 포용적이고 참여적인 접근방식을 구사해야 한다. 셋째, 보완성subsidiarity을 유지해야 한다. 행정에는 여러 수준이 있을 수 있는데, 적절한 수준에서 관련 문제들을 해결해야 한다는 뜻이다. 넷째, 현재의 유엔을 개혁해야 한다. 다섯째, 세계는 다양성을 안전하게 지켜주는 곳이 되어야 한다.

지속 가능한 발전을 위하여

《국부론》에서 애덤 스미스는 산업 시대의 관습을 국부의 추구라고 규정했다. 19세기 초부터 주권국가들은 산업화와 기술적 진보를 통해 국부와 국력을 얻기 위해 경쟁해왔다. 글로벌 규모의 시장경제가 생겨나서 개인 회사들이 글로벌 규모로 공격적으로 이윤을 추구하기 시작한 결과 두 세기에 걸친 경제 성장이 이루어졌다. 물론 중간중간에 전쟁과 경제 위기가 발생하기도 했다. 오늘날 세계 경제는 산업 시대 초기에 비하여 적어도 100배 이상 커졌다. 세계 생산량의 연간 성장률이 평균 3퍼센트 수준을 유지하면서 세계는 20년마다, 즉 한 세대마다 계속하여 규모가 두 배로 커져간다.

    이러한 경제 성장은 생활수준의 놀라운 향상을 가져왔고 극빈의 종식을 목전에 두게 만들었다. 그러나 그런 성장은 두 가지 냉혹한 결과를 만들어내기도 했다. 첫째, 소득과 부의 불평등이 점점 심화하고 있다. 우리는 글로벌 부의 한가운데에서 여전히 극빈의 상황을 목격하고 있을 뿐만 아니라 부유한 사회 내에서도 불평등이 점증하는 것을 발견하고 있다. 이러한 불평등은 스마트 기계의 시대에 더욱 악화될 기미를 보이고 있다. 둘째, 인간이 만들어낸 기후변화, 생물 다양성의 상실, 만연한 환경오염 등이 지구상의 경계들을 침범하고 있다. 이러한 것들은 수십억 인류의 행복을 위협할 뿐만 아니라 수백만 종들의 생존을 위태롭게 하고 있다.

그러므로 인류의 행복을 달성하기 위한 핵심 요령은 여러 가지 목표를 잘 종합하는 것이다. 국부만 일방적으로 추구하는 것이 아니라 국가의 번영, 불평등의 저감, 환경의 지속 가능성을 종합적으로 추구해야 한다. 경제적·사회적·환경적 목표의 밑바탕은 무엇보다 지속적 발전의 개념이 되어야 마땅하다. 이것이 우리 시대의 핵심 비전이 되어야 한다. 애덤 스미스의 텍스트를 우리 시대에 적용한다면 "국가들 사이의 지속 가능한 발전"이 되어야 마땅하다(《국부론》의 정식 제목은 '국가들 사이의 부의 성격과 원인에 대하여'이다. 저자는 여기서 '국가들 사이의'라는 말을 가져왔다 — 옮긴이).

1980년대에 노르웨이 총리를 지낸 그로 할렘 브룬틀란은 자신이 위원장을 맡은 '환경과 발전 위원회'를 통해 지속 가능한 발전이라는 새로운 개념을 온 세상에 선보였다. 이 위원회가 1987년에 내놓은 보고서 〈우리의 공통적 미래Our Common Future〉는 지속 가능한 발전을 "현세대의 필요에 부응할 뿐만 아니라, 미래 세대가 그들의 필요에 부응하는 것을 전혀 방해하는 일 없이" 이루어지는 발전[1]으로 정의했다. 이 새로운 개념은 1992년 리우데자네이루에서 개최된 '환경과 발전에 관한 유엔 회의(일명 리우 회의)'에서 유엔 회원국들에 의해 채택되었다.

그 당시 리우 회의는 글로벌 행정으로 가는 획기적 진보로 받아들여졌다. 그 회의는 기후변화, 생물 다양성 보존, 사막의 확산 방지, 이렇게 중요한 세 가지 환경 문제에 대한 합의를 도출했다. 유엔 회원국들은 지속 가능한 발전의 개념과 그것을 실천하기 위한 로드맵인 '어젠다 21'을 채택했다. 그러나 그 후에 나온 결과들은 실망스러울 정도로 보잘 것 없었다. 환경 조약들은 효과적으로 실천되지 않았다. 인간이 유발한 지구온난화는 줄어들지 않고 계속되었다. 생물 다양성의 파괴는 가속화되었고, 세계의 건조 기후 지역에서 오염된 땅은 확대되었으며, 사막화는 빠르게 진행되었다.

리우 회의 20주년이 되는 2012년의 후속 회의에서 세계의 많은 국가들이 다시 모여서 글로벌 풍경을 살펴보고서 경악했다. 환경오염은 통제를 벗어나서 제멋대로 진행되고 있었고, 지속 가능한 발전의 지침서로 제시된 '어젠다 21'은 없는 것이나 마찬가지가 되었다. 지속 가능한 발전의 개념은 전보다 더 긴급한 문제로 떠올랐으나 그것을 공공정책의 전면에 부상시키려면 새로운 수단을 마련해야만 했다. 이런 맥락에서 각국 정부는 지속 가능한 발전을 일상적 정치 활동, 민간 사회의 행동주의, 기업 부문의 전략에서 전면에 부상시키기 위해 일련의 '지속 가능한 발전의 목표들SDGs, Sustainable Development Goals'을 발진시켰다.

2012년과 2015년 사이에 유엔 회원국들은 여러 종류의 지속 가능한 발전의 목표들 중에서 협상을 거쳐서 그림 9.1에서 제시된 것과 같은 17개를 결정했다. 이것은 합의된 '2030 지속 가능한 발전 어젠다'의 일환이기도 하다. 그리하여 지속 가능한 발전의 개념은 원래의 목표로부터 다소 수정되었다. 브룬트란드위원회의 보고서가 현재와 미래의 필요를 조화시키는 것을 강조했다면, 수정된 지속 가능한 발전의 3대

그림 9.1_유엔의 지속 가능한 발전의 목표들

목표는 경제적 번영, 사회적 포용, 환경의 지속 가능성으로 다시 규정되었다.

17개의 목표와 그에 따르는 169개의 세부 목표는 2030년까지 시간이 정해져 있고 구체적으로 수량화된 것으로, 다양한 경제적·사회적·환경적 목표를 포용하고 있다. 주된 경제적 목표는 다음 여덟 가지이다.

1. 극빈의 종식(SDG 1)
2. 배고픔의 종식(SDG2)
3. 보편적 의료 혜택(SDG 3)
4. 학교 교육(SDG 4)
5. 안전한 물에 대한 접근(SDG 6)
6. 전기의 공급(SDG 7)

7. 좋은 직장(SDG 8)

8. 현대적 하부 기반시설(SDG 9)

사회적 목표는 다음 세 가지이다.

1. 젠더 평등(SDG 5)
2. 소득 불평등의 저감(SDG 10)
3. 평화롭고 준법적이고 포용적인 사회(SDG 16)

환경적 목표는 다음 다섯 가지이다.

1. 지속 가능한 도시(SDG 11)
2. 지속 가능한 생산과 소비(SDG 12)
3. 기후변화의 통제(SDG 13)
4. 해양 생태계의 보호(SDG 14)
5. 지상 생태계의 보호(SDG 15)

마지막 목표는 앞의 16개 목표를 달성하기 위한 글로벌 파트너 관계를 요청한 것이다. 이 17개 목표를 달성하기 위해 우리는 체계적이고 합리적인 방식으로 미래를 내다보아야 한다. 무엇보다 중요한 것은 역동적이고 신축적인 계획을 세우는 것이다. 다시 말해 일정한 불확실성을 감안하면서 계획을 세워서 이 목표들의 실행 과정에서 정책과 전략을 업데이트할 수 있어야 한다. 미래의 기술이 어떤 것이 될지 아직은 정밀하게 알 수 없기 때문에 미래를 계획하되 너무 경직되게 해서는 안 된다. 이와 관련하여 아이젠하워 대통령의 아주 현명한 격언을 명심해야 한다. 제2차 세계대전 당시에 연합군 최고사령관으로 근무한 아이젠하워는 이렇게 말하기를 좋아했다. "계획은 소용이 없지만 계획을 세우는 것이 만사萬事이다." 이는 구체적 계획은 예기치 못한 상황의 발생으로 인해 실전에서 사용되지 않을 수도 있지만, 계획 세우기(체계적 방식으로 앞을 내다보는 논리적 과정)는 성공에 필수 요소라는 의미이다.

성공적인 계획 세우기는 다차원적 사고방식이 있어야 가능하다. 가령 농업, 보건, 토지 사용, 탄소 관리, 에너지 시스템, 생물 다양성 보존 등을 종합적으로 이해할 필요가 있다. 예를 들어 식량 안보, 생물 다양성 보존, 기후변화에 대응하기 위한 탄소의 생물적 보관, 농촌 공동체들의 경제적 복지 등의 여러 가지 목적을 동시다발적으로 달성하기 위해서는 토지 사용을 재고할 필요가 있다. 이것을 해내면 다차원적 사고방식이 필요하다.

성공적으로 계획을 세우려면 전 세계가 아이디어를 활발하게 교환하고, 연구개발 분야에서 협력하며, 가장 좋은 실천 방안을 전 세계로 신속하게 보급해야 한다. 이 시대의 수많은 뛰어난 학문의 중심지들을 여러 차원에 걸쳐서 지속 가능한 발전을 위한 글로벌 지식 네트워크로 구축한다면 엄청난 이점이 있을 것이다. 글로벌 연구 어젠다는 '방향 있는 기술 변화directed technical change'의 개념을 채택해야 한다. 다시 말해 연구개발을 위한 노력은 저비용 무탄소 에너지, 생분해성 제품, 환경 스트레스에 신축적으로 반응하는 식량, 좀 더 효율적인 관개 수단, 더 좋은 기후 모델과 예측 등 높은 우선순위의 목표들을 타깃으로 삼아야 한다.

지속 가능한 발전을 위한 행정은 엄청난 규모의 합의를 필요로 한다. 이런 합의를 이끌어내는 것은 아주 어려운 일이 될 것이다. 예를 들어 에너지 시스템, 토지 사용, 도시 계획 등에 필요한 변화를 이끌어내려면 글로벌 합의는 고사하고 한 국가의 합의를 이루어내는 것도 결코 쉬운 일이 아니다. 기존의 이익집단, 다양한 관점과 문화가 종종 그런 변화를 가로막기 때문이다. 연구개발 활동을 통해 생겨난 좋은 아이디어를 실천하기 위해서는 다양한 이해당사자들 사이의 심사숙고와 합의 구축이 필요하다.

우리는 또한 정부와 기업이 지속 가능한 발전의 목표를 달성하는 데 서로 책임을 지도록 이끌 필요가 있다. 이런 종류의 책임의식은 지속 가능한 발전의 목표를 이루어가는 과정을 추적하는 정확하고 시의적절한 기준이 있어야 더욱 고취될 수 있다. 투자자들 또한 새로운 투자기금을 지속 가능한 사업에 투자하도록 책임의식을 안겨주어야 한다. 다행히도 투자 배분에서 환경적·사회적·행정적environmental, social, governance 지표들을 사용한다는 의미의 'ESG 투자'가 높아지고 있다. 사실 장래의 모든 투자자들은 ESG 기준을 충족해야 한다.

마지막으로 흥분과 영감을 필요로 한다. 지속 가능한 발전은 우리 시대의 달나라 가기가 되어야 한다. 다시 말해 재능, 자원, 에너지를 총동원하는 신명나는 모험이 되어야 한다. 나는 어린 시절에 들었던 달나라에 가는 꿈을 아직도 기억한다. 당시 미국 대통령이던 존 F. 케네디는 미국 국민들에게 과감한 모험과 높은 위험이 따르는 우주여행을 지원해달라고 호소했다. 1961년 5월 케네디 대통령은 이렇게 선언했다. "우리 미국은 앞으로 10년 이내에 달에 사람을 보냈다가 지구로 무사히

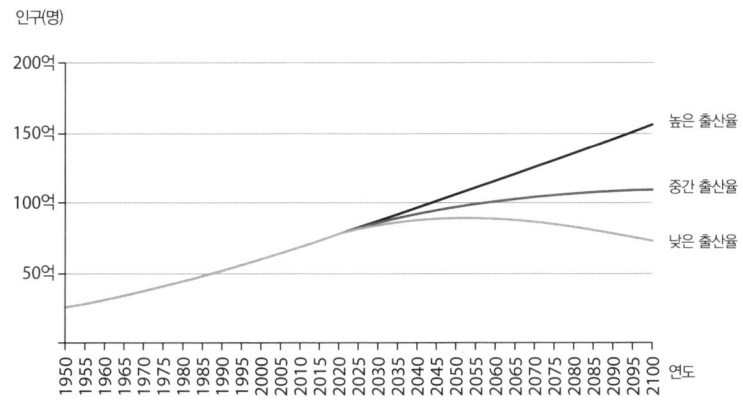

그림 9.2_출산율 등락에 따른 세계 인구 변화

귀환하게 만드는 목표를 달성할 수 있을 것이라고 선언합니다. 이 시대의 어떤 우주 계획도 인류에게 이것보다 더 인상적일 수는 없으며, 이 목표는 또한 장거리 우주 탐험을 위한 가장 중요한 첫걸음이 될 것입니다. 하지만 이 계획처럼 달성하기 어렵고 값비싼 목표도 없을 것입니다." 이 멋진 연설은 미국이 달나라로 가는 첫걸음을 떼게 만들었다. 케네디 대통령의 목표는 그 후 8년 만에 성취되었다.

세계 인구의 장래 궤적도 변화의 중요한 요인이 될 것이다. 가장 최근에 나온 유엔의 예측에 의하면, 2100년에 세계 인구는 출산율의 등락에 따라서(그림 9.2) 70억에서 160억 사이가 될 것이다. 만약 세계 인구가 100억 이상으로 폭증한다면 지속 가능한 발전은 달성하기가 훨씬 더 어려워질 것이다. 다행히도 만약 우리가 모두를 위한 건강 복지(SDG 3), 모두를 위한 교육(SDG 4), 젠더 평등(SDG 5)의 약속을 철저히 지킨다면 인구 증가율이 낮아질 수 있을 것이다.

　이런 목표가 종합적으로 달성된다면 청소년들은 학교 교육을 지금보다 오래 받고 더 늦게 결혼할 것이며, 그중 많은 수가 노동력에 합류하는 것은 물론이고 자발적으로 소수의 자녀만을 가질 것이다. 그와 동시에 그 자녀의 보건, 영양, 교육에 더 많이 투자할 것이다. 이러한 인구 추세의 변화로 인해 세계 인구는 금세기 말에 90억 명 수준에 도달할 것이고, 가난은 더 빨리 퇴치될 것이며, 자연환경에 대한 부작용은 더욱 줄어들 것이다. 세계 인구가 21세기 동안에 꾸준히 증가하여 100억 이상으로 늘어났을 때에 비해서 말이다.

사회적 민주주의의 관습

193개의 유엔 회원국들은 저마다 다른 일관성과 결단력을 가지고 지속 가능한 발전을 추구하고 있다. 어떤 나라들은 에너지 시스템의 탈탄소화와 낮은 수준의 불평등 등 모든 혹은 대부분의 지속 가능한 발전의 목표를 성취하려고 열심히 실천하고 있다. 반면에 어떤 나라에서는 여전히 오염도가 높은 화석연료를 계속 사용하고 불평등의 정도가 점점 심해지고 있다. 또 다른 여러 나라들의 상대적 발전과 약속을 살펴보면 '어떤 일들'이 지속 가능한 발전의 목표를 이루게 해주는지 구체적 증거를 얻을 수 있다.

　지속 가능한 발전의 목표를 달성하며 글로벌 전면에 나선 국가들은 북유럽 국가들이다. 2019년 지속 가능한 발전 목표의 성취도에 따른 국가별 순위에서 세계 상위 5위에 든 국가는 덴마크, 스웨덴, 핀란드, 프랑스, 오스트리아였다.[2] 흥미롭게도 2019년의 생활 만족도(주관적 행복) 수준에 대한 국가별 순위도 지속 가능한 발전 목표의 성취도 순위와 비슷하여 핀란드, 덴마크, 노르웨이, 네덜란드 등의 북유럽 국가들이 세계 순위에서 상위권에 올라 있다.[3] 실제로 지속 가능한 발전의 목표의 성취도 순위와 삶의 만족도 순위를 비교해보면, 북유럽 국가들이 두 개의 세계 순위에서 상위권을 차지하는 등 강한 상관관계를 발견하게 된다.

지속 가능한 발전과 생활 만족이라는 두 가지 성공의 핵심은 북유럽 국가들이 강조해온 오래된 행정과 사회적 관습의 스타일 덕분이다. 상위권을 차지한 국가들은 모두 '사회적 민주주의'의 철학을 공유하고 있다. 이 나라들의 오랜 세월 동안 사회민주적 정당들이 나라의 행정을 주도해왔다. 이런 맥락에서 볼 때, 사회민주적 관습은 정치와 경제를 조직하는 일련의 아이디어를 제시한다. 그런 아이디어들로는 시장경제에 대한 확고한 신념, 높은 수준의 노동조합, 노동자 권리, (유급 육아휴가와 충분한 휴가 기간 등) 건전한 일과 생활의 균형을 위한 공공 서비스의 보편적 제공(국가 예산으로 마련되는 수준 높은 보건의료와 교육) 등이다. 이러한 전략은 종종 자유시장적 자본주의와 산업 국유화 정책 사이의 '중간노선'이라고 불린다. 어느 모로 보아도 이 중간노선은 오늘날 지구상에서 운영되는 모든 정치·경제 시스템 중에서 가장 성공적인 경제적 번영, 사회적 포용, 환경적 지속 가능성의 종합 세트를 만들어내고 있다.

또 많은 일자리가 스마트 기계에 의해 대체될 디지털 시대에는 사회민주적 관습이 점점 더 중요한 아이디어가 될 것이다. 고등교육을 받고 고도로 숙련된 기술을 갖춘 노동자들은 스마트 기계에 의해 더욱 큰 도움을 받는 반면에, 저숙련 기술을 가진 노동자들은 결국 스마트 기계에 의해 밀려나게 될 것이다. 그 결과 저숙련 노동자들의 소득 불평등과 경제적 불안정은 더욱 심화될 것이다. 사회의 모든 부문들이 계속되는 기술 발전으로부터 확실히 혜택을 얻게 하기 위해서 공공정책은 '승자들'에게서 거둔 세금으로 수준 높은 보건의료, 교육, 인권 문제로서의 사회적 보호 등이 보편적으로 실시되도록 해야 한다. 결국 이런 것들이 사회민주적 관습의 핵심 아이디어이다.

보완성과 공공 영역

훌륭한 정책 수립의 핵심적 요령은 개인재 private goods 와 공공재 public goods 를 구분하는 것이다. 개인재는 이윤을 극대화하기 위한 목적으로 시장이 효율적으로 제공하는 물품들을 말한다. 이에 비하여 공공재는 이윤 동기가 엉뚱한 신호를 보낼 수 있으므로 시장이 충분히 제공하지 못하는 물품들을 가리킨다. 공공재의 구체적 사례를 보면, 수준 높은 교육과 보건의료, 새로운 과학 지식, 새로운 기술에 대한 접근 기회, 환경의 보호, 고속도로와 장거리 송전선 같은 하부 기반시설 등이 있다. 주택, 가구, 자동차, 개인적 도구, 관광 등의 개인재는 주로 시장을 중심으로 거래되며 각 가정은 이윤 동기를 가진 기업들로부터 필요한 물품을 사들인다. 이와는 대조적으로 공공재는 일반적으로 공공 예산을 통해 제공되며, 정부의 수입은 공공 투자와 서비스 비용에 사용된다.

주요 정책을 수립하는 데 있어서 어려운 점은 개인재와 공공재 사이의 타당한 경계를 설정하고 다양한 정치적 규모를 가진 공공 부문들 사이에서도 합당한 경계를 설정하는 것이다. 어떤 공공재는 시나 읍 같은 로컬(지역) 정부가 더 효율적으로 제공할 수 있다. 학교, 병원, 경찰의 보호, 현지의 도로 등은 모두 로컬 공공재의 사례이다. 다른 공공재들, 가령 국방이나 전국 규모의 고속도로망 등은 그 성격상 중앙정부가 제공해야 한다. 또 어떤 공공재는 국가나 지역의 경계를 벗어나기도 하는데, 여러 국가들을 가로질러 흐르는 강을 관리하는 업무는 적어도 두 개 이상의 국가가 관여해야 하는 것이다.

강 흐름의 우회, 홍수 통제, 수력 발전, 수로 운항권 같은 문제들은 관련 당사국들의 대표들이 참석한 국제적 권위를 가진 기구에서 관장해야 하는 공공재이다. 또 어떤 공공재들은 그 규모가 대륙적인 것도 있는데, 가령 주요 운송 시스템(유럽과 아시아를 관통하는 고속도로와 철도), 장거리 송전선, 국경을 넘어서는 국제적 오염 통제, 여러 국가들이 참여하는 생물 다양성 및 생태 시스템의 보호(가령 아마존 분지는 아홉 개 국가가 이 분지에 영토를 가지고 있다) 등이다. 오늘날 점점 더 많은 공공재가 글로벌 성격을 갖게 되었다. 가령 인간이 유발한 기후변화의 종식, 전염병의 통제, 최빈국들에 대한 개발 지원, 국제적 조세 포탈의 단속, 핵확산 금지 등이 그런 공공재이다.

보완성의 원리는 공공재를 제공하는 중요한 틀을 제공한다. 보완성의 원리란 공공재(와 서비스)의 제공은 그런 공공재와 서비스를 제공하기에 적합한 가장 낮은 수준의 행정 단위에서 제공되어야 한다는 것을 의미한다. 공공재와 서비스를 시장에 맡겨두어도 효율적으로 제공될 수 있다면 그렇게 하는 것이 좋다. 원래부터 공공의 성격을 갖고 있는 재화에 대해서는 가장 타당한 로컬 수준의 행정 단위에서 제공하는 것이 가장 좋다. 예를 들어 학교나 병원의 운영은 원칙적으로 중앙정부가 맡아야 하지만, 반드시 그렇게 해야 할 필요는 없다. 왜냐하면 로컬 정부가 각 로컬 공동체의 특수한 필요를 감안해서 학교와 병원을 효과적으로 운영할 수 있기 때문이다. 로컬 정부는 어떤 정책에 직접적으로 영향을 받고 또 로컬 조건들을 더 잘 아는 현지인들을 참여시킴으로써 더욱 참여적인 정책 결정을 할 수 있다.

그렇지만 로컬 정부에 여러 나라를 흐르는 강의 관리나 국제적 오염의 통제 등 지역의 범위를 벗어나는 훨씬 큰 규모의 문제들을 해결하라고 하거나 관련 서비스를 제공하라고 하는 것은 타당하지 않다. 이러한 문제에는 국제적 권위의 기구가 필요하다. 마찬가지로 글로벌 규모를 가진 기구의 도움 없이 어떤 도시나 국가의 산발적 노력에 인간이 유발한 기후변화를 통제하라고 맡길 수는 없다. 그래서 온 세상의 모든 국가들이 참여한 '기후변화에 관한 유엔기본협약UNFCCC, UN Framework Convention on Climate Change'과 '파리기후협정Paris Climate Agreement'이 생겨난 것이다.[4]

보완성의 원리를 이해하지 못한다면 공공정책에 끊임없는 혼란만 야기할 것이다. 어떤 자유시장 이론가들 개인재와 공공재의 차이를 이해하지 못한 채 시장에 정부가 개입하는 것을 반대한다. 로컬 행정을 지지하는 사람들은 어떤 공공재는 로컬 정부의 힘만으로는 제공할 수 없다는 것을 깨닫지 못한다. 민족주의자들은 국제적 인프라와 기후변화 등 글로벌 환경위기의 관리 같은 국제적 문제의 현실을 깊이 생각하지 않은 채 글로벌 조약과 유엔 규제를 막무가내로 반대한다.

21세기에 들어와 지속 가능한 발전의 여러 차원들은 다국적 규모 혹은 글로벌 규모의 공공재를 필요로 하게 될 것이다. 강, 생태계, 오염, 기후 통제, 국제적 금융 흐름, 인터넷, 송전, 고속도로망, 철도 네트워크, 항공 등은 모두 강력한 지역적 협력과 글로벌 협력을 요구한다. 이런 것들은 어느 하나의 국가 수준에서는 효과적으로 관리될 수 없다. 유럽 연합, 아프리카 동맹, 아세안, 메르코수르Mercosur(브라질, 아르헨티나, 우루과이, 파라과이 등 남미 국가 간 무역장벽을 없애기 위해 1991년 창설된 남미공동시장 — 옮긴이), 상하이 협력기구, 지역 포괄 경제 파트너십(아시아) 같은 지역 집단 기구들은 지금보다 앞으로 더 중요하게 될 것이다.

중국은 두 가지 중요한 이니셔티브를 내놓으면서 대규모 국제적 협력을 추진하고 있다. 첫째, 일대일로BRI, the Belt and Road Initiative는 아시아와 유럽을 잇는 지상 위주의 인프라와, 인도양을 통하여 아시아, 유럽, 아프리카를 잇는 '바닷길'을 제시한 것이다.

둘째, 게이드코GEIDCo, Global Energy Interconnection Development and Cooperation Organization(글로벌 에너지 상호연계 발전 및 협력 기구)라는 조직의 주도 아래 게이GEI, Global Energy Interconnection(글로벌 에너지 상호연계)라는 이니셔티브를 내놓은 것이다. GEI는 장거리 송전선을 통해 전 세계의 재생 가능한 에너지의 고품질 사이트들을 서로 연결하려는 목적을 가지고 있다. 일대일로와 GEI는 21세기를 위해 국제적 인프라를 관리하는 창조적 접근 방법이다. 이 두 이니셔티브는 서로 합치는 게 마땅하다. 왜냐하면 일대일로가 관련 국가들과 온 세계의 진정한 혜택에 이바지하려면 재생 가능한 에너지를 밑바탕으로 해야 하기 때문이다. 그림 9.3(342쪽)은 일대일로가 시도하는 계획된 인프라와 기존의 인프라를 보여준다.

지역의 공공재가 중요해지면서 유럽연합, 아프리카 동맹, 아세안 같은 지역 집단 기구들이 지금보다 앞으로 더 중요하게 될 것이다. 21세기의 행정은 개별 국가들 사이의 협력보다는 다국적 집단들의 협력을 점점 더 필요로 하게 될 것임을 충분히 예측할 수 있는데, 그 일환으로 다음과 같이 8개 주요 지역 집단을 생각해볼 수 있다. 북아메리카, 남아메리카, 유럽연합, 아프리카동맹, 남아시아, 동아시아, 독립국가연합, 서아시아. 이 8개 주요 지역 집단은 앞으로 계속하여 글로벌 외교의 핵심을 차지할 것이다. 현재 유엔은 총 193개의 회원국을 가진 집단 기구이다. 193개 국가들을 상대로 할 때, 18,000개 이상의 2국 1조의 조합을 생각해볼 수 있다. 8개 집단의 경우, 2집단 1조합은 28개가 나온다. 이것은 효율적인 국제 협력을 위해서 한결 쉽게 관리할 수 있는 숫자이기도 하다.

유엔의 개혁

역사가 마크 마조워가 지성사 분야의 중요한 책《세계를 통치하기 Governing the World》에서 서술한 바와 같이, 글로벌 행정의 아이디어는 맨 처음에 유럽 계몽사상의 지적 지도자들 사이에서 자리를 잡았다.[5] 독일의 철학자 이마누엘 칸트는 공화국들의 글로벌 연합을 바탕으로 하는 "항구적 평화"를 예측했다. 나폴레옹 전쟁이 끝난 후에 유럽의 보수적인 국가들은 평화와 안정을 유지하기 위해 '유럽협약'을 맺었는데, 그 주된 목적은 의회민주주의와 공화주의 같은 혁명적 사상을 물리치기 위한 것이었다. 19세기 후반에 유럽 열강들은 아프리카와 아시아의 거대한 땅을 침탈하여 그들의 제국으로 편입시키는 과정에서 서로 간의 갈등을 피하기 위해 협력했다. 그들은 점점 더 서로 연결되는 세계를 다스리기 위해 새로운 국제적 제도들을 확립했는데, 국제전신연합(1865)과 국제우편연합(1874) 등이 대표적이다.

글로벌 행정에 대한 최초의 포괄적 시도는 제1차 세계대전 종전 후에 세계의 주권국가들 사이에 국제연맹을 설립한 것이었다. 이 국제기구는 1920년에 설립되었고 본부는 제네바에 있었다. 국제연맹은 아주 획기적이고 진보적인 개념으로, 국제 평화를 유지하기 위해 세계 여러 나라들이 대표를 파견했다. 당초 42개국이 참여했고 그 뒤에 21개국이 추가로 참여했다. 국제연맹은 미국 대통령 우드로 윌슨의 권유로 설립되기는 했으나, 정작 미국은 상원의 반대 때문에 참여하지 않았다. 미국이 가담하지 않은 데다 유럽과 이웃 서아시아와 아프리카에 재정적·정치적 혼란이 계속되자, 국제연맹은 1930년대의 점증하는 지정학적·사회경제적 위기에 제대로 대응할 수가 없었다. 그리고 제2차 세계대전이 발발하자 국제연맹의 전문 참모들은 대부분 미국으로 이주했다. 국제연맹은 1946년에 해체되었고, 그 기능은 새로 설립된 유엔이 그대로 인수했다.

유엔이라는 용어는 원래 제2차 세계대전 당시 미국, 영국, 소련이 주도하는 반파시스트 동맹을 일컫는 말이었다. 그러다가 그 후 국제연맹의 후속 기구를 부르는 명칭이 되었다. 유엔은 유엔 헌장 아래 1945년에 신설되었고, 그다음 해 뉴욕에 본부를 두었다. 유엔의 도덕적 헌장인 세계인권선언은 1948년에 채택되었다.

앞에서 간략히 서술한 바와 같이, 유엔은 제2차 세계대전 종전 후 미국 외교정책의 국제적 측면을 대표한다. 미국은 다음 세 가지 이유로 1940년대부터 1960년대에 이르기까지 유엔의 창설을 적극 지지했다.

첫째, 유엔은 미국의 외교정책을 추진하는 도구로 활용될 수 있었다. 예를 들면, 한국전쟁의 경우, 미국과 그 동맹국들은 유엔 중심으로 조직된 유엔군을 한국에 보낼 수 있었다.

둘째, 유엔은 미국의 주도 아래 경제개발의 글로벌 어젠다를 창조하는 효과적인 방법이 될 수 있었다.

셋째, 유엔은 미국이 식민 종주국으로부터 해방된 신생 독립국가들을 사로잡기 위해 소련과 경쟁하는 중요한 장이 될 수 있었다.

유엔에서 개발도상국들의 권력, 목소리, 영향력이 커지고 냉전 말기에 소련과의 경쟁이 약화하면서 유엔을 대하는 미국의 태도는 이중적이 되었고 때로는 적대적으로 바뀌었다. 개발도상국들이 1970년대에 신국제경제질서NIEO를 요구하자 미국은 점점 더 유엔 이니셔티브에 권위를 양보하는 것에 저항하기 시작했다. 그리하여 상당한 숫자의 유엔 조약들이 미국의 반대로 서명이 되지 않거나 비준되지 않았다.

현재 유엔 회원국은 193개국이고 사실상 전 세계 인구를 대표한다. 그러나 실제 중요한 문제들을 다루는 방식에서 유엔은 1945년에 미국이 제정한 규칙에 의해 운영되는 20세기의 제도 그대로 남아 있다. 가장 중요한 사실은 제2차 세계대전 종전 후에 유엔 안전보장이사회에서 5대 전승국(소련, 영국, 미국, 프랑스, 중국)에게 항구적인 상임이사국 지위를 부여한 것이다. 이 다섯 나라에게는 이사회의 결정을 거부하는 권한과

표 9.1_2018년 세계 대국의 인구 및 생산량 점유율(%)

국가	생산량 점유율	인구 점유율	평균 점유율
중국	17.2	18.7	17.9
미국	19.7	4.4	12.0
인도	5.5	17.9	11.7
일본	5.0	1.7	3.3
인도네시아	1.9	3.5	2.7
브라질	2.3	2.8	2.6
독일	3.9	1.1	2.5
러시아	2.5	2.0	2.3
영국	2.8	0.9	1.8
프랑스	2.7	0.9	1.8

유엔 헌장의 추후 수정도 거부할 수 있는 권한이 주어졌다.

그런데 문제는 세계가 미국이 최고 국가였던 1945년 이래에 많이 달라졌다는 점이다. 5대 상임이사국들은 더 이상 지정학에서 결정적 세력이 아니고, 글로벌 행정에서 특권을 누릴 정도로 자격이 뚜렷한 것도 아니다. 그것을 알아보는 한 가지 방식은 표 9.1을 살펴보는 것이다. 이 표는 각국이 세계 인구와 세계 생산량에 기여하는 점유율의 '크기'를 측정한 것이다. 계산을 간단하게 하기 위해 각국의 세계 생산량 점유율은 다음 두 기준의 평균으로 규정되었다. 시장가격으로 측정한 각국의 세계 생산량 점유율과, 구매력이 반영된 가격으로 측정한 세계 생산량 점유율이다.

이 표는 2018년 현재 세계 10대 국가를 보여준다. 5대 상임이사국이 10대 국가에 들어 있기는 하지만, 그중 셋인 영국, 프랑스, 러시아는 다른 다섯 나라들(인도, 일본, 독일, 브라질, 인도네시아)에 비하여 경제 규모가 떨어진다. 안전보장이사회의 이사국 자리를 배정한 것은 1945년의 결정일 뿐, 오늘날의 현실을 반영하지 못한다. 상임이사국이 아닌 5대 대국 중에 셋(인도, 일본, 인도네시아)이 아시아에 있다는 사실을 주목해야 한다.

현재 유엔 안전보장이사회는 15개 이사국으로 구성되어 있다. 5대 상임이사국 이외에 2년 임기에 거부권은 없는 10개 이사국은 돌아가면서 그 자리를 맡는다. 돌아가면서 자리를 맡는 이사국은 5대 지역 집단이 선정하는데, 아시아(2석), 라틴아메리카(2석), 아프리카(3석), 서유럽과 기타 집단(2석), 동유럽(1석)이다. 이렇게 하여 상임이사국과 교체이사국을 모두 포함하여 아시아는 현재 3석을 갖고 있다. 이는 안전보장이사회의 구성비 중 겨우 20퍼센트에 불과하며, 현실을 제대로 반영하지 못하고 있다. 왜냐하면 아시아는 세계 인구의 60퍼센트를 차지하고 세계 GDP의 약 50퍼센트를 생산하기 때문이다. 아시아가 유엔 안전보장이사회에서 이처럼 훨씬 미달되는 비율의 대표만 참여시키고 있다는 사실은 유엔이라는 국제기구의 결정적 약점을 뚜렷하게 보여준다. 유엔은 원래 북대서양 지도부 중심으로 설계되었으나, 이제 인구, 경제, 지정학의 글로벌 중심은 아시아와 아프리카 쪽으로 옮겨가고 있는 것이다.

표 9.2는 유엔 안전보장이사회의 편향을 바로 잡으려는 개혁을 위한 제안이다. 나는 개혁안에서 안전보장이사회의 회원국 수는 21개국으로 늘려야 한다고 제안했다. 그중 아시아는 30퍼센트에 해당하는 6석을 가져가야 한다. 그러려면 6석의 새로운 상임이사국을 추가해야 하는데, 이미 표 9.1에서 제시되었던 브라질, 독일, 인도, 인도네시아, 일본 이외에 아프리카의 가장 큰 나라인 나이지리아를 넣어야 한다. 여기서 문제는 이런 간단한 수정도 미국과 다른 5대 상임이사국의 권력을

표 9.2_유엔 안전보장이사회 개혁안

지역	현 의석	수정의석	상임	교체
라틴아메리카와 카리브해	2	3	브라질	2
동유럽	2	2	러시아	1
아시아–태평양	3	6	중국, 인도, 일본, 인도네시아	2
아프리카	3	4	나이지리아	3
서유럽과 기타 그룹	5	6	미국, 영국, 프랑스, 독일	2
세계 총합	15	21	11	10

약화한다는 점이다. 당연히 그들은 거부권을 행사하여 이런 수정을 방해하려 들 것이다. 사실 유엔 안전보장이사회의 개혁은 바로 이 문제, 다시 말해, 필요한 개혁에 대한 5대 상임이사국의 반대로 여러 해 동안 지지부진한 상태이다. 미국은 글로벌 무대에서 자국의 영향력이 상대적으로 약화되는 것을 우려하여 유엔을 개혁하려 하기보다는 우물거리며 현 상태를 유지하려 들 것이다. 미국과 다른 상임이사국들이 그들 자신을 포함하여 글로벌 평화와 보안을 위해서는 건전하고 활기찬 유엔이 필요하다고 절감할 때 비로소 개혁이 이루어질 것이다.

공동 계획의 행동 윤리

프란치스코 교황은 2015년에 내린 회칙 〈라우다토 시Laudato Si'(찬미받으소서: 공동의 집을 돌보는 일)〉에서 이렇게 말했다.

세계의 상호의존은 공통의 목표를 가진 하나의 세계를 생각하게 만

듭니다. 그러나 엄청난 기술 발전을 가져온 그 기발한 능력으로, 지구의 중대한 환경 문제와 사회 문제에 대해서는 아직까지 효과적인 해결책을 발견하지 못하고 있습니다. 일부 국가들의 행동만으로 수습할 수 없는 이런 심각한 문제들을 해결하기 위해서는 그 무엇보다 전 세계적 합의가 필요합니다. 그러한 합의가 이루어질 때, 우리는 여러 가지 일을 해낼 수 있습니다. 예를 들어 지속 가능하고 다양화된 농업의 계획, 재생 가능하고 오염도가 낮은 형태의 에너지 개발, 효율적인 에너지 사용 권장, 해양자원과 삼림자원의 관리, 언제 어디서나 깨끗한 물의 공급.[6]

인류 역사의 초창기부터 세계화의 가장 어려운 점은 합의의 부족이었다. 씨족 내의 협력을 강조하며 진화해온 인간이라는 종은 바로 그 이유 때문에 '타자'와의 갈등을 준비하며 살아왔다. 존 F. 케네디 대통령이 취임 연설에서 역설한 것처럼 "모든 형태의 인간적 가난과 모든 형태의 인간 생명을 종식시키는" 능력을 갖춘 세상에서, 우리는 공동 계획을 위한 합의를 적극적으로 찾아나설 것인가?

프란치스코 교황의 회칙은 나의 도전 의식을 자극했다. 나는 지구적 합의의 가능성과 한계를 탐구하기 위해, 지속 가능한 발전의 국제 활동 기반을 찾는 범 종교적 노력의 공동 대표로 활동했다. 전 세계의 주요 종교들, 가령 기독교, 시아파와 수니파 이슬람, 유대교, 힌두교, 유교, 퍼스트네이션(북극 아래 지역에 사는 캐나다 원주민들 - 옮긴이) 등의 종교 지도자들과 신자들 그리고 세속의 철학자들이 지난 2년 동안 함께 모여 지속 가능한 발전을 위한 행동 윤리를 탐구해왔다. 우리는 우리 자신에게 물었다. 신앙, 문화, 인종, 민족 등의 구분을 뛰어넘어 온 세상의 공동체들을 참여시킬 수 있는 공동의 틀이 있을까?

이 질문에 대한 우리의 잠정적 대답은 '있다'는 것이다. 종교 지도자들은 권력 추구 과정에서 종교를 오용해온 정치가들을 반복적으로 비난해왔다. 정치가들은 공포와 분열을 불러일으키기 위해 종교적 믿음을 종종 잘못 활용하거나 잘못 인용해왔다. 사실 종교 지도자들은 지속 가능한 발전의 핵심 개념들에 대하여 공동의 터전을 발견했다. 따라서 문제는 인간적 믿음들 사이의 메우기 불가능한 골이 아니라, 이해관계와 야심의 갈등인 것이다. 문제는 화해 불가능한 인간들 사이의 차이점이 아니라 정치의 문제인 것이다.

종교 지도자들과 윤리학자들은 전 세계 모든 신앙에 공통적으로 적용되는 세 개의 도덕적 원리를 확인했다. 첫째, 황금률, 즉 상호성의 원리이다. 남들이 네게 해주기를 바라지 않는 것을 너도 남에게 하지 말라는 황금률은 공자와 예수의 가르침, 힌두교 경전, 칸트의 정언명령에서도 발견된다(정언명령은 자신의 행동이 곧 인류 보편의 행동이 되는 것처럼 행동하라는 것이다. 그리하여 거짓말, 사기, 강탈, 절도, 약속 위반 등은 정언명령에 의하면 철저한 금지사항이다. 칸트는 정언명령 중에서도 거짓말은 개인의 내적 불일치와 이중적 성격을 보여주는 것이기 때문에 가장 비윤리적인 행동으로 규정했다 ― 옮긴이).

둘째, 가난한 자들을 더 배려하는 우대의 원리이다. 다시 말해 사회의 가장 가난한 구성원들에게 주목해야 한다는 것이다. 윤리는 인간의 위엄을 보호하는 것이고, 인간의 위엄은 사회 내의 각 개인이 기본욕구를 만족시키는 경제적 수단을 갖기를 요구한다. 유엔의 용어를 빌려 말하면 "그 누구도 낙오자가 되지 않게 하기"이다.

셋째, 지구를 보호해야 한다는 원리이다. 지구가 잘 보호되어야 우리 자신도 살아남을 수 있고 수백만 다른 종들도 존속할 수 있다. 이 세 가지 원칙은 지속 가능한 발전을 위한 글로벌 공공계획의 기본 바탕이 되어야 한다. 그리고 정치는 이 원리를 방해해서는 안 된다.

그런데 정치는 두 개의 얼굴을 가지고 있다. 고대 그리스 철학자 아리스토텔레스가 볼 때, 정치는 시민들, 폴리스(정치 공동체) 구성원들의 공동선을 추구하는 행위이다. 그는 이것을 에우다이모니아eudaimonia(번창하는 생활)의 추구라고 정의했다. 그러나 르네상스 시대의 정치이론가인 마키아벨리는 전혀 다른 주장을 하면서 정치는 군주들 사이의 권력 투쟁이라고 정의했다. 칸트는 군주들이 시민들을 전쟁터로 끌고 가지 않을 때 비로소 글로벌 평화가 가능하다고 생각했다. 칸트는 전쟁이란 국민들에 대하여 전혀 책임을 지지 않는 군주들의 장난감이라고 말했다.

공화국이 아닌 국가 체제에서, 또 피지배자가 시민이 아니라 신민인 체제에서 전쟁을 선언하기로 결정하는 것은 세상에서 가장 쉬운 일이다. 왜냐하면 전쟁은 그 나라의 통치자(국가의 구성원이 아니라 주인인 자)에게 그가 평소 누리는 것들의 희생을 조금도 강요하지 않기 때문이다. 그는 여전히 호화로운 식사를 즐기고, 사냥을 나가고, 시골 별궁에서 휴식을 취하고, 궁정의 기능은 원활하게 돌아간다. 따라서 그는 아주 사소한 이유로 파티 장소를 결정하는 것처럼 전쟁을 결정할 수 있다. 그리고 예의상 필요한 전쟁의 정당한 이유에 대해서는 아주 무심하게 외교 집단에게 그 일을 맡긴다. 당연히 그 집단은 그 이유를 즉각 제시할 준비가 되어 있다.[7]

칸트 이후 150년이 흘러간 시점에서 사악하고 냉소적인 나치 지도자인 헤르만 괴링은 전범 혐의로 뉘른베르크에 투옥된 상태에서 민중선동가들이 전쟁을 일으키기 위해 교묘하게 프로파간다를 활용한다고 말했다. 슬프게도 이런 일은 민주국가들에서도 벌어진다. 그는 감옥에서 인터뷰를 하면서 이렇게 말했다.

물론 사람들은 전쟁을 원하지 않지요. 농장에서 일하는 어떤 가난한 자가 왜 전쟁에 나가 자기 목숨을 잃으려고 하겠습니까? 그가 전쟁에서 얻을 수 있는 것이라고는 무사히 귀향하는 것뿐인데 말입니다. 자연히 보통 사람들은 전쟁을 원하지 않습니다. 이건 러시아든 잉글랜드든 미국이든 다 마찬가지입니다. 또 말이 난 김에 독일도 마찬가지지요. 그건 누구나 다 알고 있는 겁니다. 그렇지만 정책을 결정하는 것은 그 나라의 지도자들이고 사람들을 따라오게 하는 것은 쉬운 일입니다. 그게 민주주의든 파시스트 독재 체제든 의회민주주의든 공산 독재국가든 사정은 마찬가지입니다.[8]

괴링을 인터뷰한 사람은 이런 점을 지적했다. "그렇지만 한 가지 차이점이 있습니다. 민주국가에서 국민은 선출된 대표들을 통해 이 문제에 대하여 발언할 수 있습니다. 미국에서는 하원만 전쟁을 선포할 수 있습니다." 괴링은 이렇게 대답했다.

물론 그것은 좋은 일이지요. 하지만 발언권이 있든 없든, 사람들을 언제나 지도자의 요구사항에 복종하도록 만들 수 있습니다. 그건 쉽습니다. 시민들에게 현재 적으로부터 공격을 받고 있다고 말해주고, 평화주의자들이 애국심이 부족하여 국가를 위험에 노출시키고 있다고 비난하기만 하면 되는 겁니다. 이건 어느 나라든 똑같이 통합니다.

우리에게는 결국 필요, 희망, 어려운 문제, 이렇게 세 가지가 남아 있다. 첫째, 오늘날의 필요라고 하는 것은 새로운 세계화의 시대를 잘 헤쳐나가는 것이다. 그렇게 하여 우리의 에너지가 인간의 생명을 끝장내는 게 아니라 인간의 가난을 끝장내는 데 집중되어야 한다. 둘째, 희망은 전 세계의 사회와 종교 내에 공통적인 윤리의 밑받침이 마련되는 것이다. 셋째, 어려운 문제는 우리가 아주 쉽게 자그마한 차이 때문에 다투는 것이다. 즉, 민중 선동적인 지도자들이 권력을 잡기 위해 그런 싸움을 부채질하여 격렬한 증오로 터져 나오게 하는 것이다.

나는 앞에서 존경할 만한 지도력뿐 아니라 뛰어난 연설로 계속 영감을 준 현대의 한 지도자를 여러 번 언급했다. 바로 존 F. 케네디 대통령이다. 케네디 대통령은 글로벌 핵전쟁 발발 직전까지 간 적이 있는데, 1962년의 쿠바 미사일 위기가 바로 그것이다. 그 끔찍한 위기를 겪고 난 직후에 케네디 대통령은 미국과 소련 사이의 평화를 촉구했고, 1963년에 부분적 핵실험 금지조약을 협상함으로써 평화로 가는 첫걸음을 떼어놓았다. 전쟁보다는 평화로 나아가야 한다는 간절한 호소를 하면서 케네디 대통령은 간절한 언사로 인간의 공통 관심사를 환기했다. 그 연설은 오늘날의 상호 의존적 세계를 관리해나가는 데 있어서 우리에게 소중한 지침이 된다.

따라서 양국의 차이점만 쳐다볼 것이 아니라 우리의 시선을 공동 관심사로 돌려서 그런 차이점을 해소할 수단을 찾아보도록 합시다. 설사 우리가 지금 당장 그 차이점을 해소하지 못하더라도, 적어도 우리의 세상을 다양성이 허용되는 안전한 곳으로 만들 수는 있습니다. 결국 우리의 가장 기본적인 연결고리는 이것입니다. 우리는 모두 이 비좁은 행성에 살고 있습니다. 모두 같은 공기를 마시고 있습니다. 우리 모두는 자녀들의 미래를 소중하게 여깁니다. 그리고 모두 언젠가는 죽어야 하는 존재입니다.[9]

세계화는 아프리카의 공동 뿌리에서 오늘날에 이르기까지 인간의 여정이 언제나 공유된 여정이었음을 보여준다. 글로벌 종으로서의 우리의 현실은 인류 역사 내내 자명한 것이 아니었다. 왜냐하면 인간의 생활은 로컬 단위로 이루어졌고, 다른 부족, 종족, 제국은 달래기 어려운 적들이었기 때문이다. 그러나 위대한 종교들은 인간의 공통적 근원과 운명을 지적해왔고, 오늘날 우리는 인공위성이 날마다 지구를 찍어서 보내는 사진에서 전보다 더 명확하게 우리가 공통의 운명을 나누어 가졌음을 확인할 수 있다. 공통의 운명이라고 해서 동질성이나 차이의 종식을 의미하는 것은 아니다. 그것은 다양성을 안전하게 지켜주는 세계에서 서로 뚜렷이 다른 문화들로 강화되는 글로벌 사회를 의미하는 것이다.

인류는 오랜 역사와 모험을 통해 지리, 기술, 제도의 상호작용을 겪어왔다. 위대한 진화생물학자 에드워드 윌슨은 우리가 "석기 시대의 정서, 중세의 제도, 신과 같은 기술"을 갖고 21세기에 들어섰다고 말했는데, 정말로 그러하다고 할 수 있다.

때때로 우리는 서로 잘 돕거나 화합하지 못하지만 여전히 10만 년 전 아프리카의 사바나 지역에서 형성된 추론과 협력의 능력을 지니고 있다. 오늘날의 인류는 서로 간의 이해관계를 전보다 더 명확하게 깨닫고 있다. 이와 함께 인류의 희망은 공동의 역사와 인간 본성에서 오는 교훈을 활용하여 세계적 규모의 새로운 협력 시대를 구축하는 일에 있다.

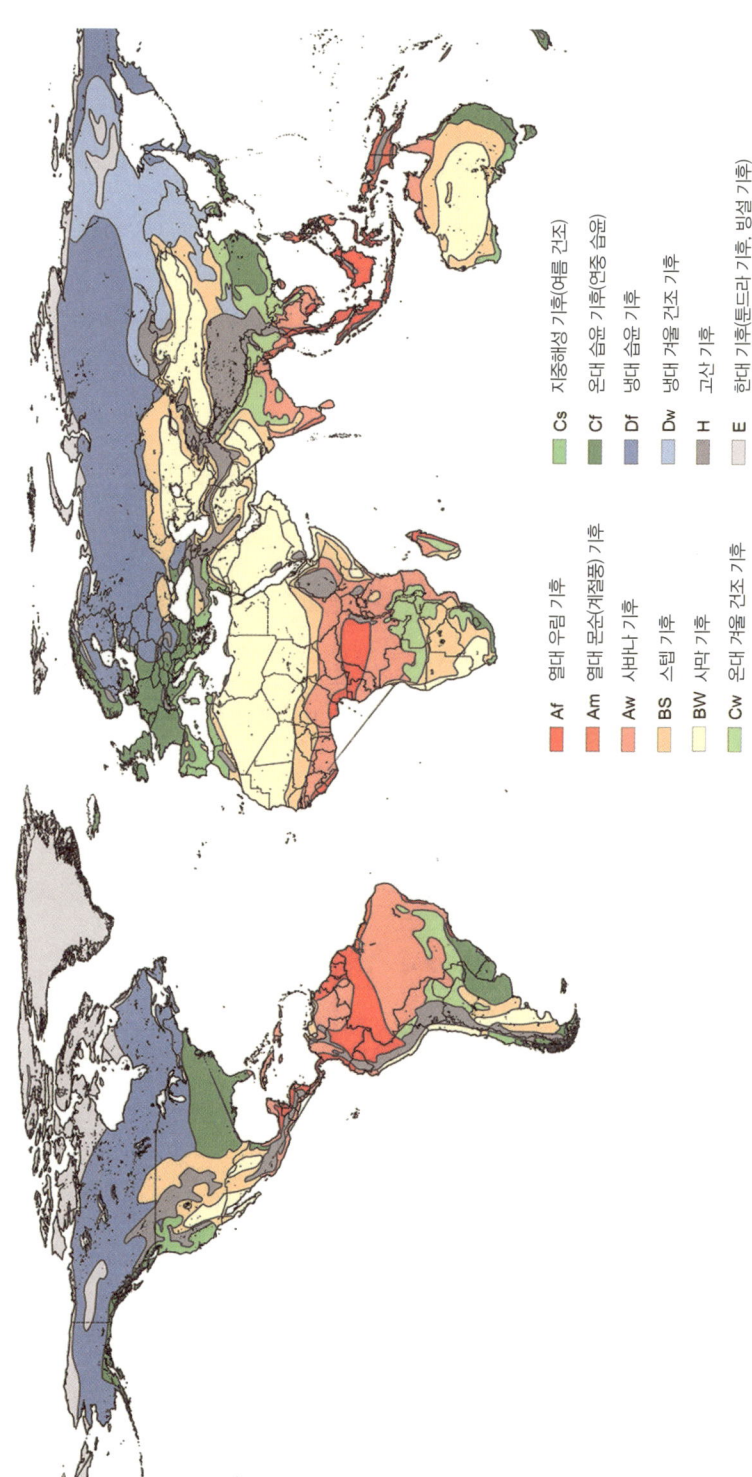

그림 1.7 쾨펜-가이거 기후 구분

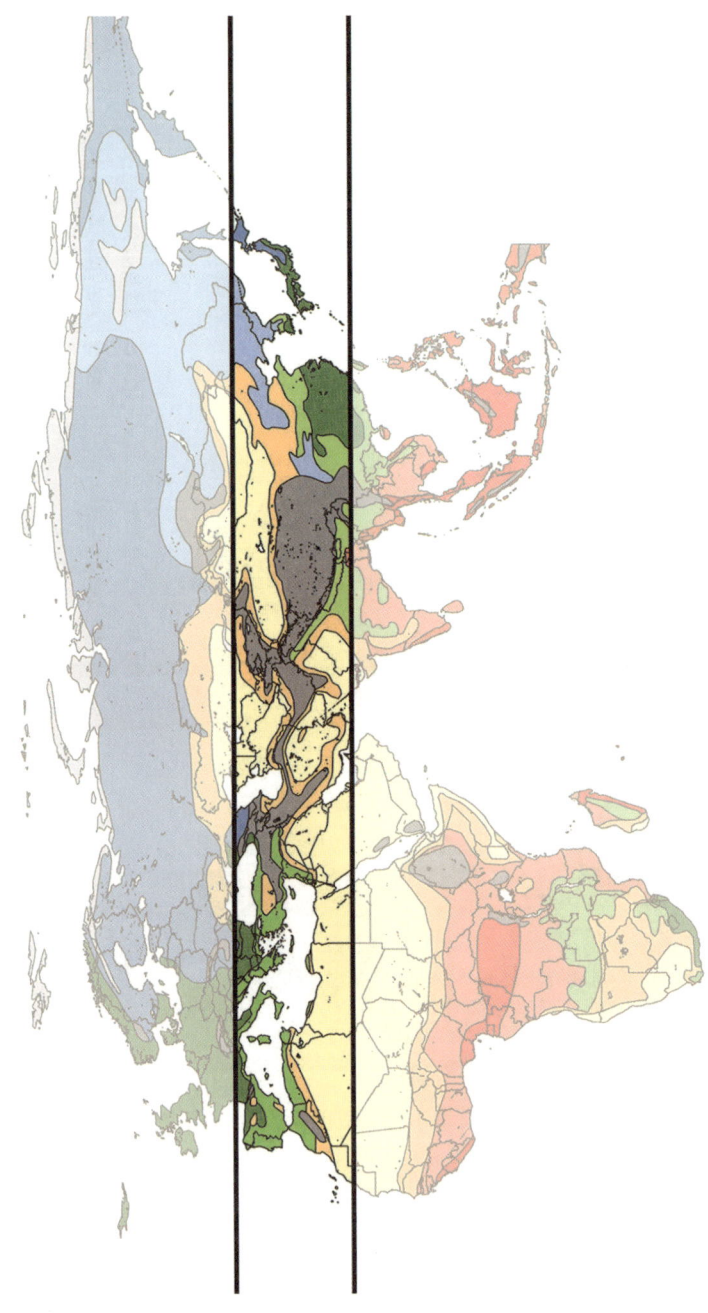

그림 3.2_행운의 위도와 기후 지역

그림 4.1_유라시아의 스텝

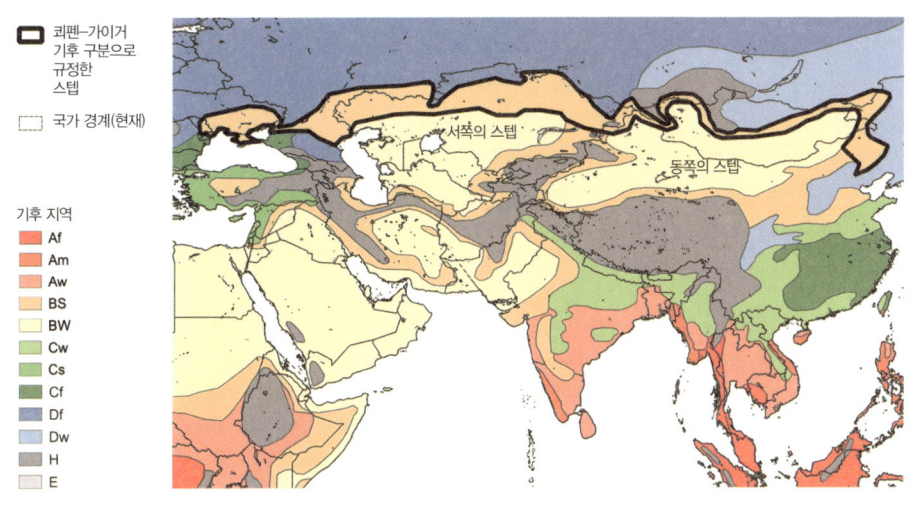

그림 4.6_행운의 위도와 고대의 도시 중심지들

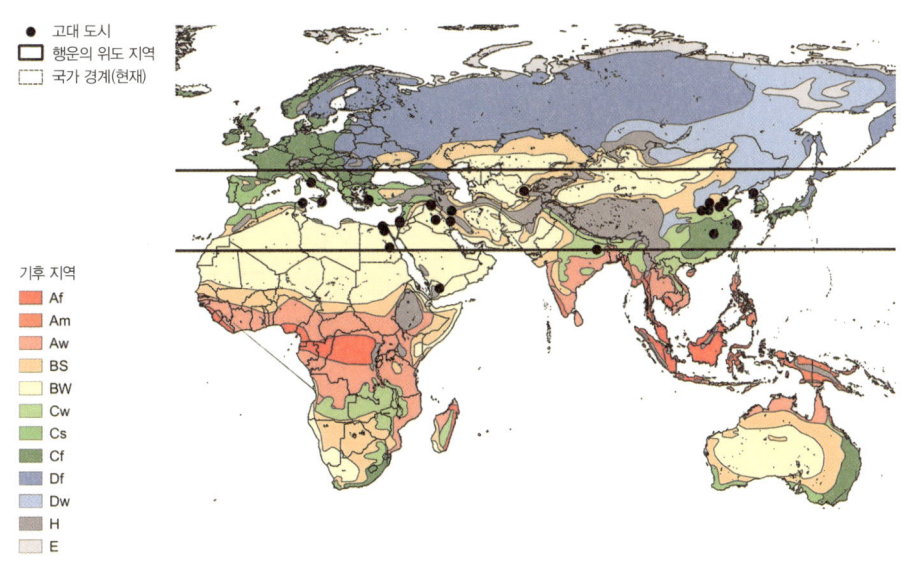

그림 5.1_신아시리아 제국(기원전 671)

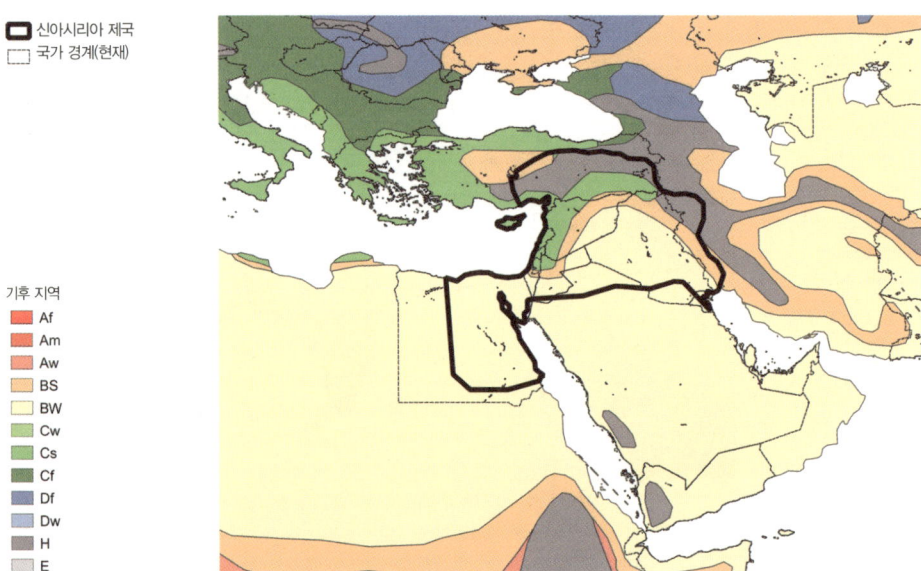

그림 5.2_알렉산드로스 제국(기원전 323)

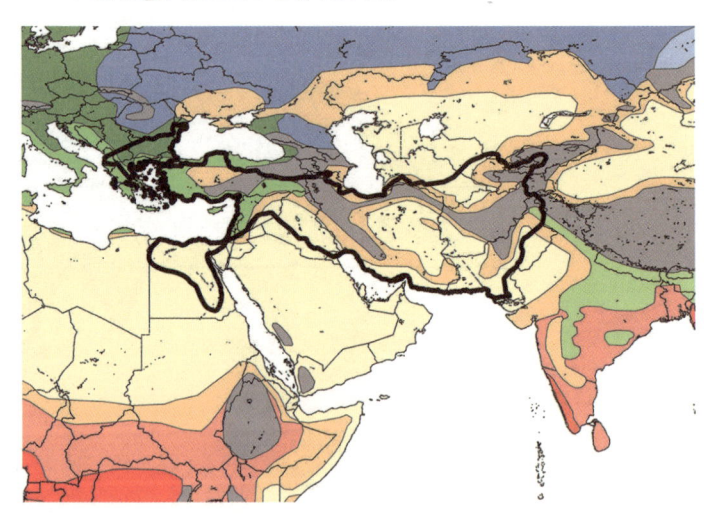

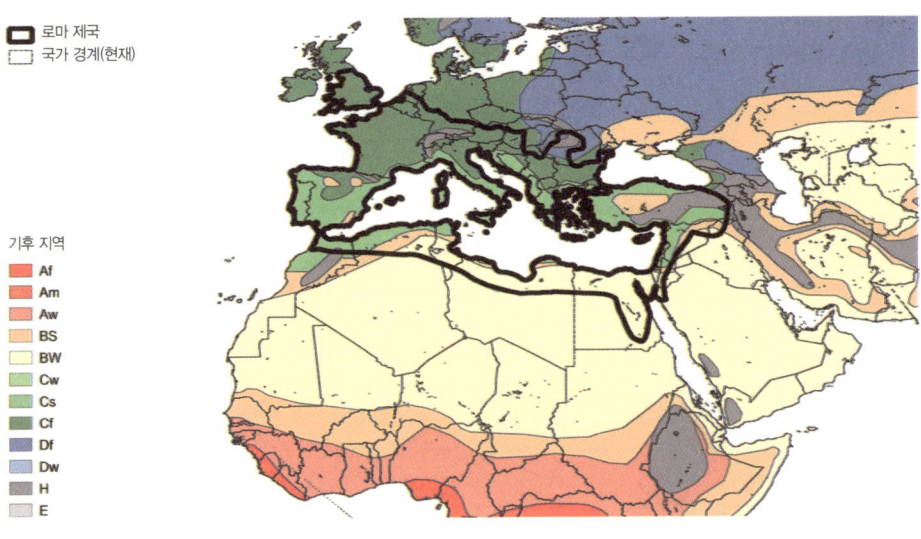

그림 5.3 로마 제국(서기 117)

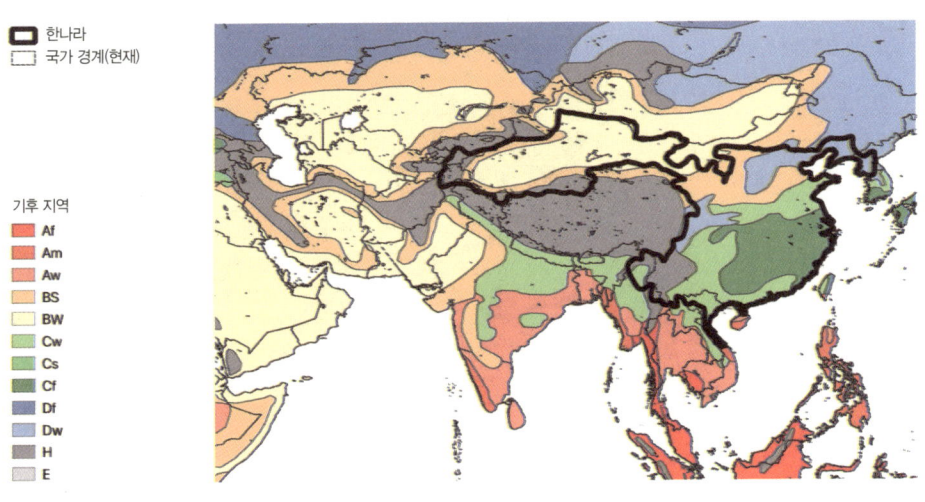

그림 5.4 한나라(서기 73)

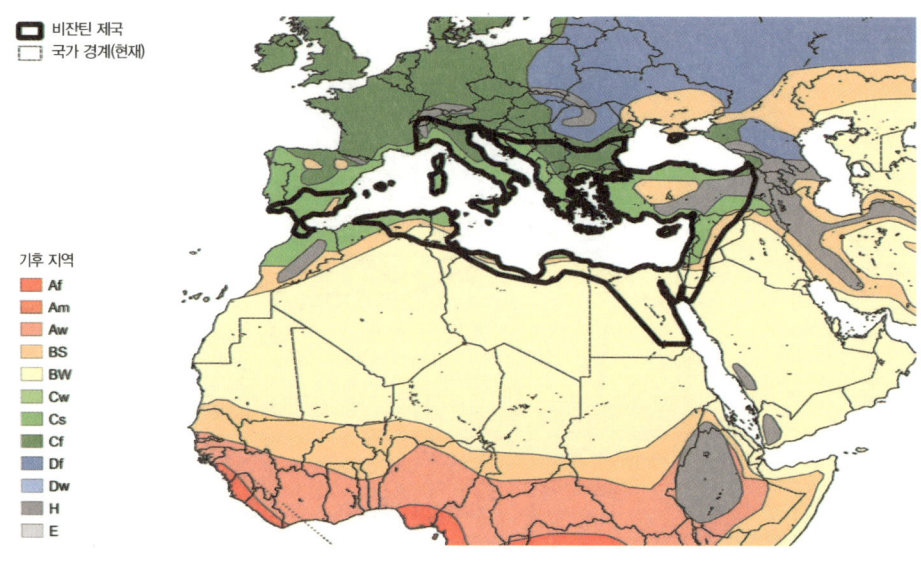

그림 5.7_비잔틴 제국(서기 555)

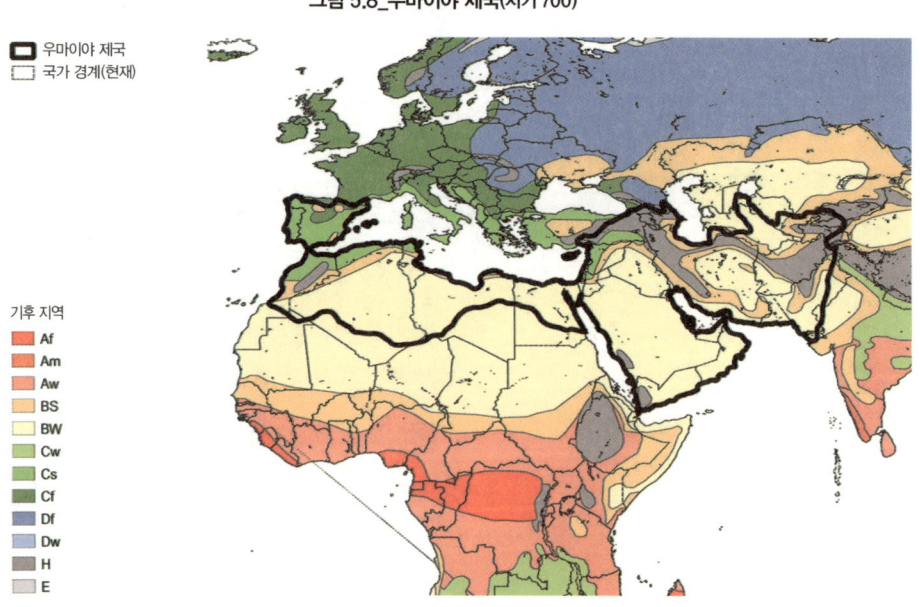

그림 5.8_우마이야 제국(서기 700)

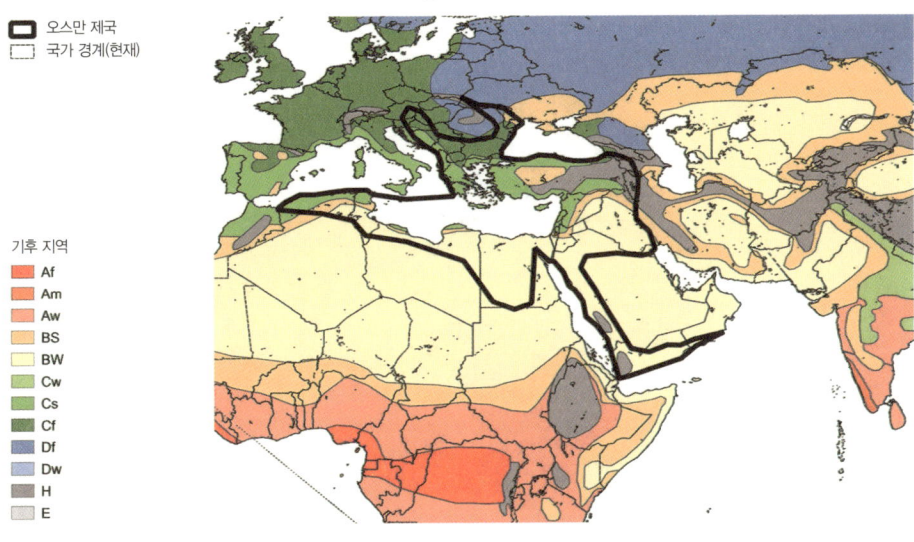

그림 5.9_오스만 제국(1566)

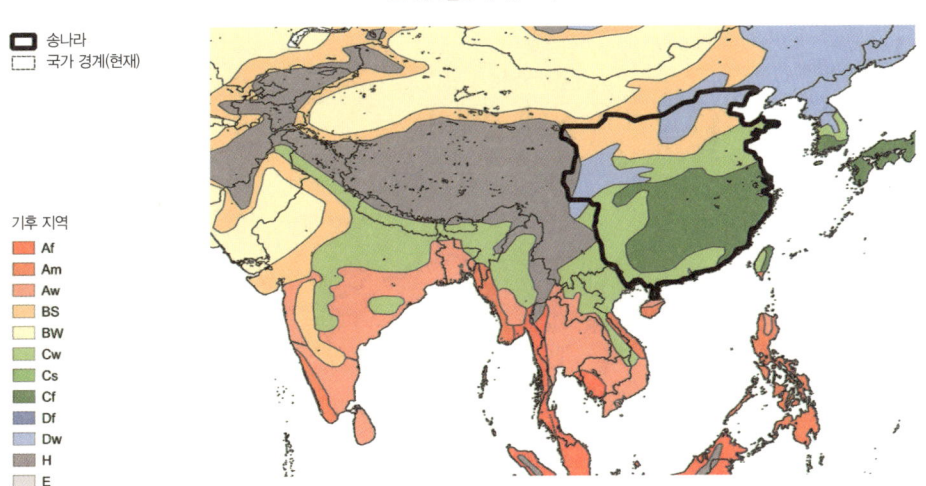

그림 5.10_송나라(1200)

그림 5.11_몽골 제국의 최대 판도(1259)

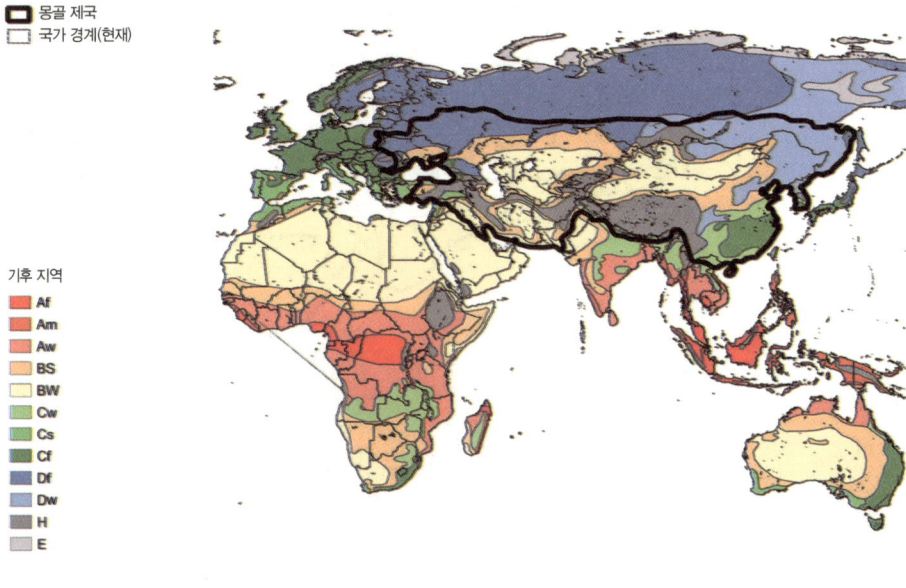

그림 5.12_티무르 제국(1400)

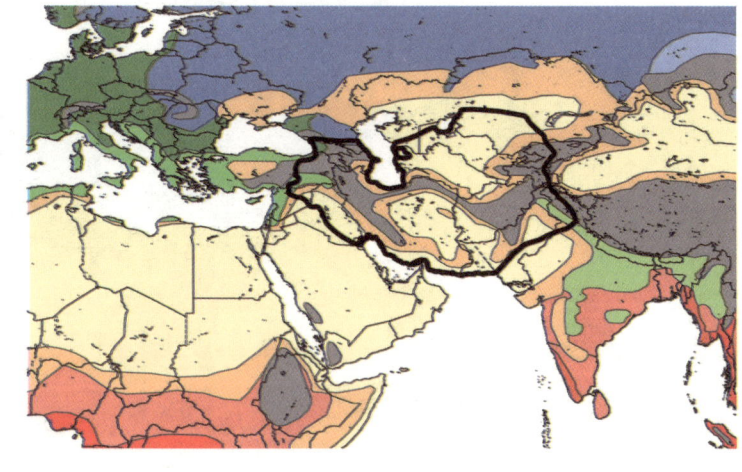

그림 6.6_세계 제국들과 선별된 국가들(1700)

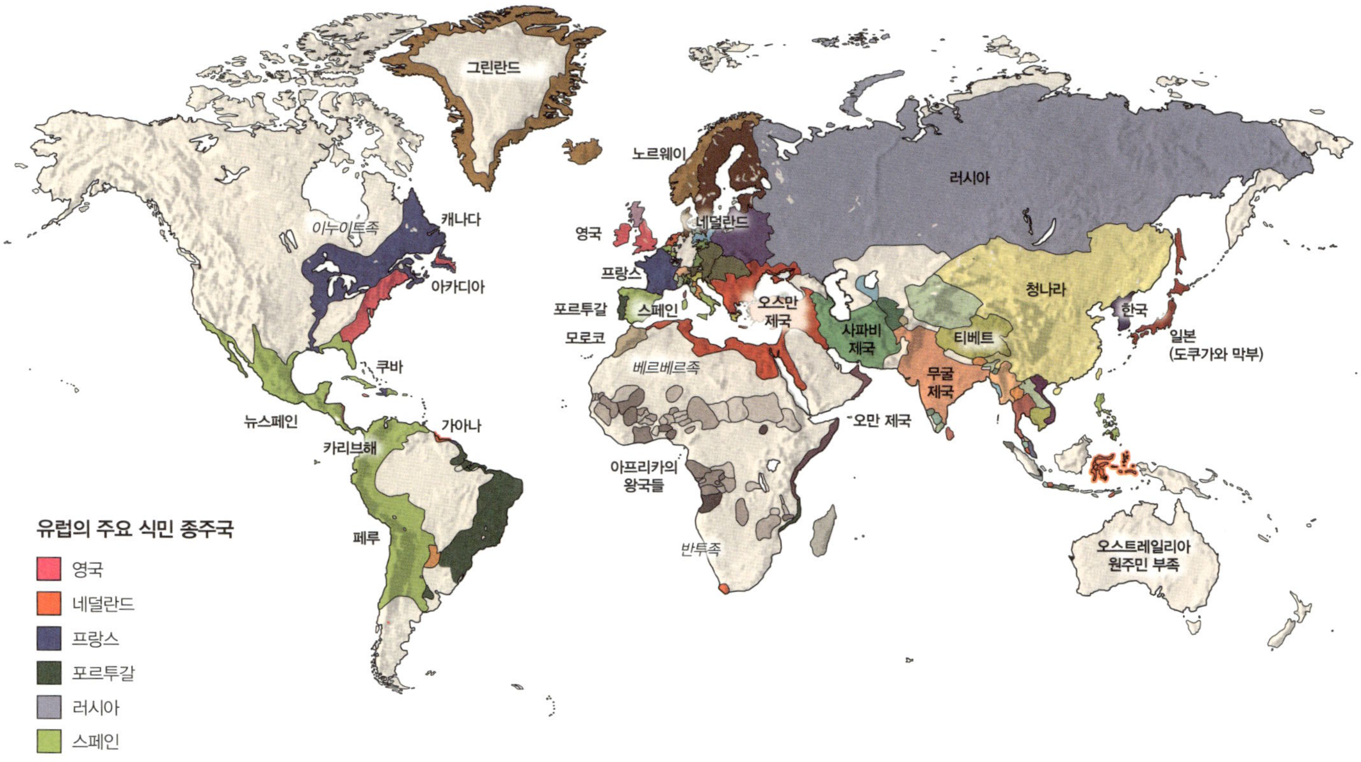

유럽의 주요 식민 종주국
- 영국
- 네덜란드
- 프랑스
- 포르투갈
- 러시아
- 스페인

주요 지역 및 국가:
- 러시아
- 청나라
- 일본 (도쿠가와 막부)
- 조선
- 티베트
- 무굴 제국
- 사파비 제국
- 오스만 제국
- 오만 제국
- 아프리카의 왕국들
- 반투족
- 베네베르칸
- 네덜란드
- 노르웨이
- 영국
- 프랑스
- 스페인
- 포르투갈
- 모로코
- 오스트레일리아 원주민 부족
- 그린란드
- 캐나다
- 아카디아
- 이로쿼이족
- 쿠바
- 가이아나
- 페루
- 카리브해
- 뉴스페인

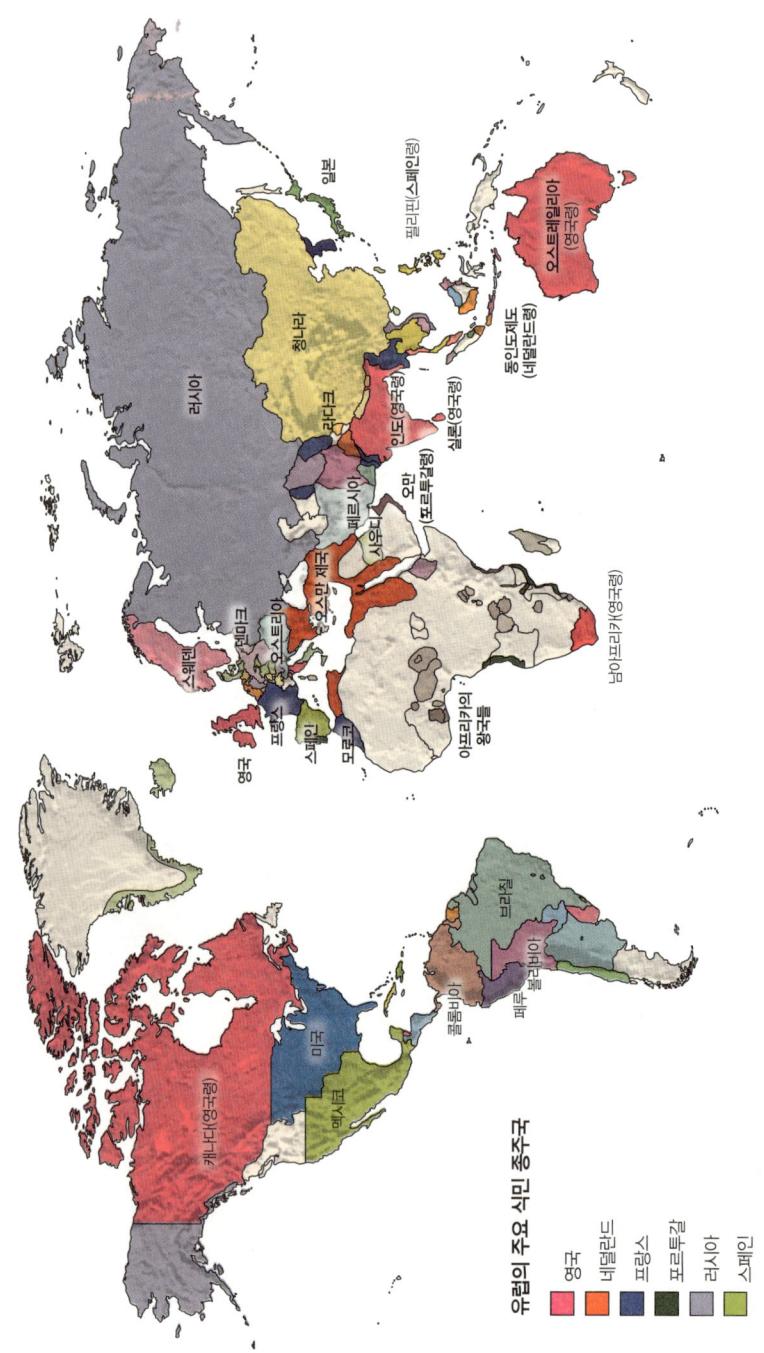

그림 6.8_세계 제국들과 선별된 국가들(1830)

그림 7.3_주요 국가들과 지역들의 경제적 분화(1820~1913)

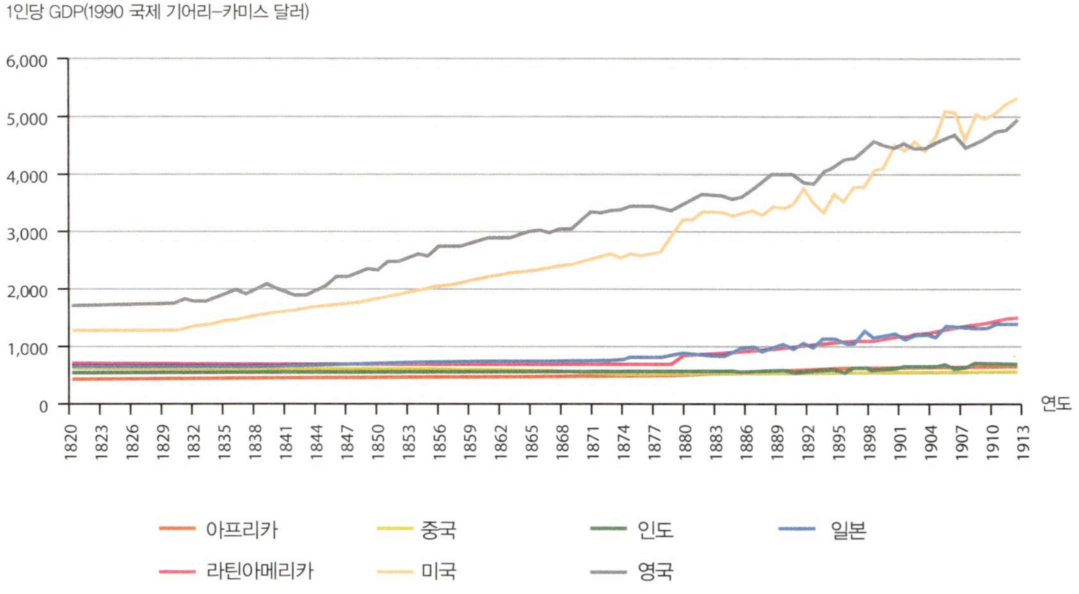

1인당 GDP(1990 국제 기어리-카미스 달러)

— 아프리카 — 중국 — 인도 — 일본
— 라틴아메리카 — 미국 — 영국

그림 7.5_유럽 제국들에 의해 분할된 아프리카(1913)

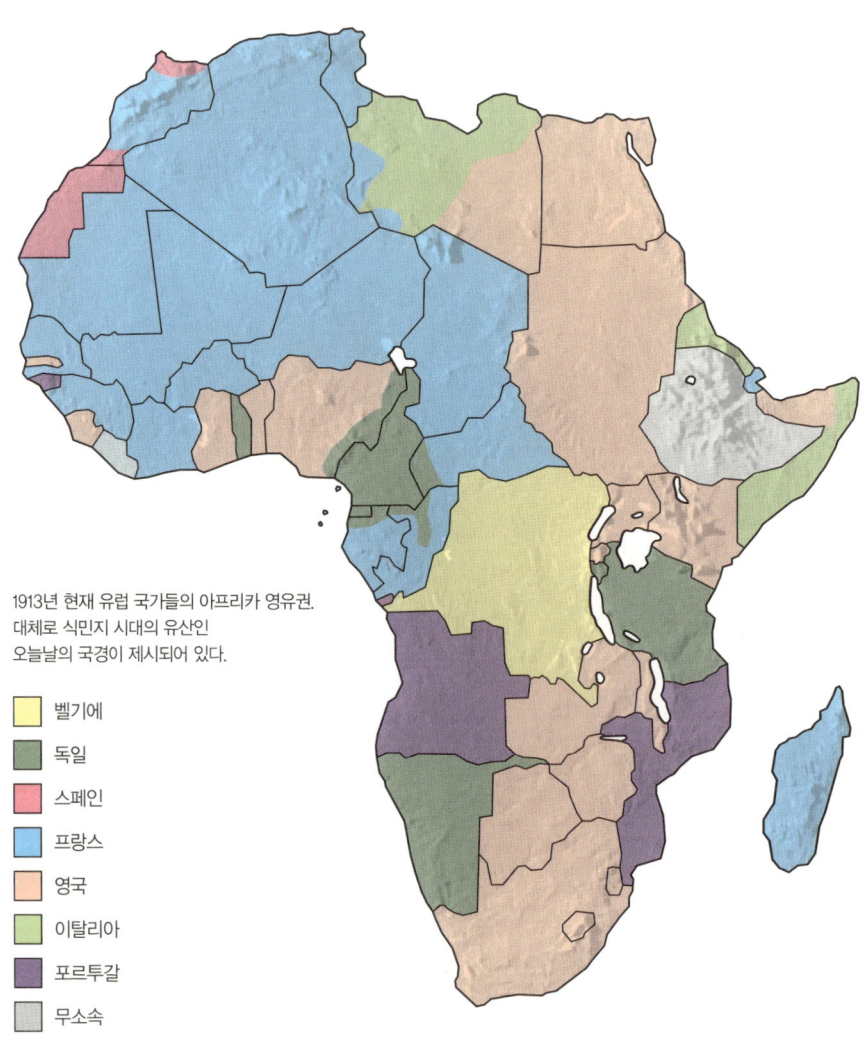

1913년 현재 유럽 국가들의 아프리카 영유권. 대체로 식민지 시대의 유산인 오늘날의 국경이 제시되어 있다.

- 벨기에
- 독일
- 스페인
- 프랑스
- 영국
- 이탈리아
- 포르투갈
- 무소속

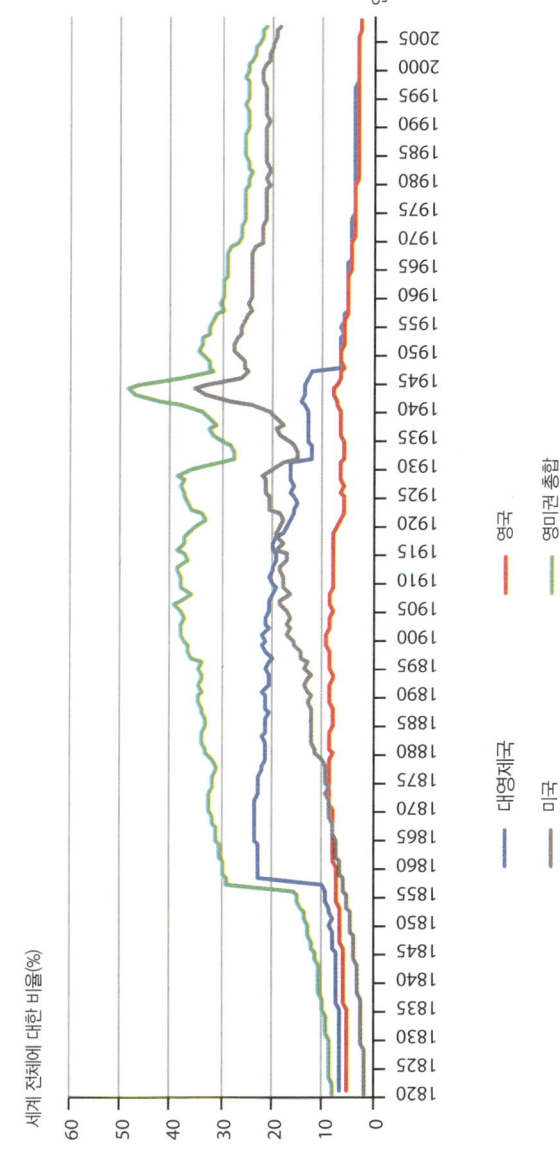

그림 7.6_영미권 경제 지배의 흥망성쇠(1820~2008)

339

그림 8.11_스모그(중국 광저우)

그림 8.12_케냐와 소말리아 국경 지역의 가뭄(2011)

그림 8.13_조류로 덮인 해안에서 수영하는 소년(중국 산동)

그림 8.14_6미터 해수면 상승으로 잠기게 될 지역들(붉은색)

그림 9.3_일대일로의 지도

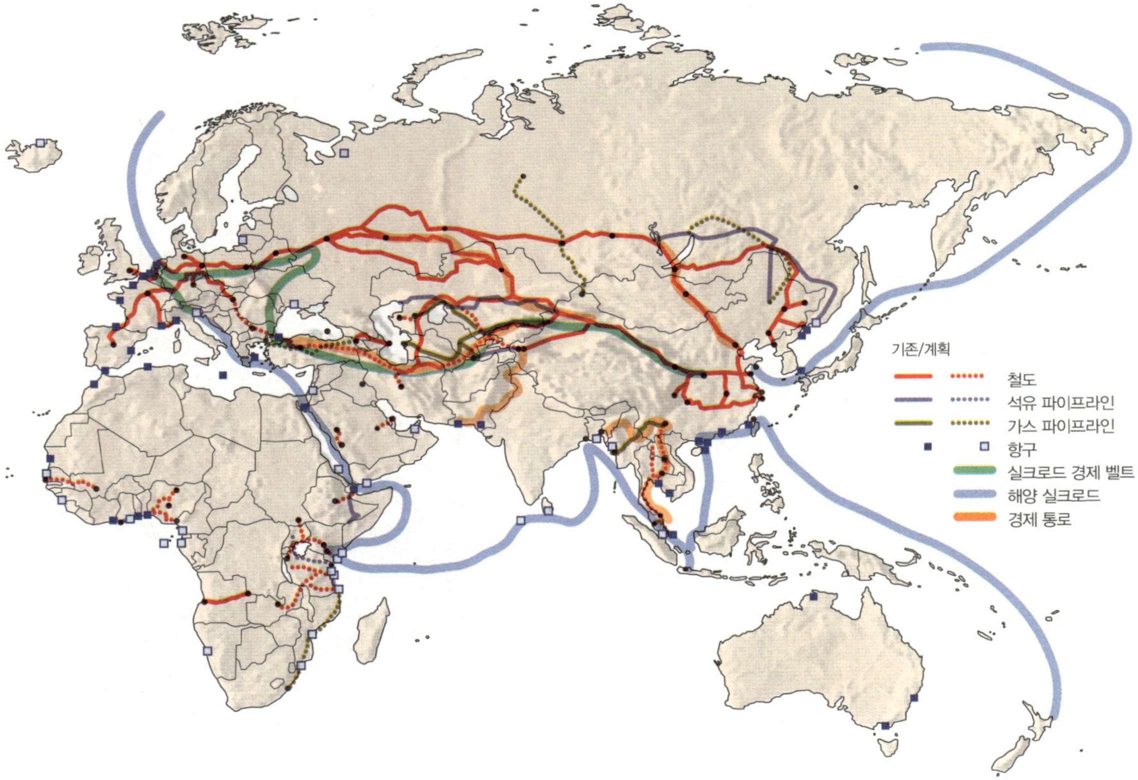

철도
석유 파이프라인
가스 파이프라인
항구
실크로드 경제 벨트
해양 실크로드
경제 통로

기존/계획

감사의 말

이 책의 출발점은 2017년 5월 옥스퍼드 지리환경대학의 고든 L. 클라크 교수의 주최로 진행했던 세 번의 강연이다. 내게 따뜻한 환대를 베풀어주고, 자극이 되는 환경을 만들어주고, 제시된 아이디어들에 대하여 유익한 피드백을 제공해준 클라크 교수와 동료 교수 그리고 학생들에게 감사드린다.

그 세 번의 강연을 단행본으로 바꾸는 과정에서 원고 작성에 전방위적 지원을 아끼지 않은 이스미니 에스리지에 대하여 특별히 감사드린다. 그녀는 원고 작성의 모든 단계에서 엄청난 추진력을 보여주었다. 그녀의 탁월한 지원이 없었더라면 이 책은 나오지 못했을 것이다. 그녀는 원고의 최종 마무리 단계에서 줄리아나 바텔스의 도움을 받았다.

UC 샌디에이고의 고든 맥코드 교수는 자신의 아이디어와 지혜를 나누어주었고 특히 그래픽 분석과 관련하여 소중한 지원을 해주었다. 물론 이 책에 남아 있을지도 모르는 모든 오류는 전적으로 나의 책임이다.

나는 컬럼비아대학 출판부가 다시 한 번 이 책을 출판하게 되어 흥분도 되면서 동시에 고마움을 느낀다. 대학 출판부는 세부사항을 꼼꼼히 점검하고, 편집상의 지원을 아끼지 않았으며, 집필 과정에서 꾸준히 나를 격려해주었는데, 그런 지원은 작가라면 누구나 바라는 것이다. 나는 특히 이 프로젝트에 대하여 엄청난 신임을 보여준 브리젯 플래너리-맥코이에게 감사하고 책을 준비하는 모든 과정에서 뛰어난 편집 지원을 해준 미즈 케일린 코브에게 감사드린다.

    나의 아내 소니아 삭스는 모든 면에서 나의 지적인 파트너이다. 그리고 언제나 그랬던 것처럼 이 책을 집필하는 데에도 꼭 필요한 사람이었다. 그녀의 지혜, 무한한 인내, 주제에 대한 깊은 관심에 감사드린다.

옮긴이의 글

　이 책은 세계적인 경제학자·평화주의자·환경운동가인 제프리 삭스 교수의 최신작 《The Ages of Globalization》(2020)을 완역한 것이다. 하버드대학과 컬럼비아대학의 교수를 지낸 삭스는 경제학을 가르치는 것 이외에도 가난의 종식, 핵 없는 세상, 지속 가능한 발전, 환경오염의 해결 등 우리 시대의 문명과 위기에 대하여 많은 예언적 처방을 내려온 행동가로 명성이 높다. 이 책은 삭스가 2017년 5월 옥스퍼드대학에서 세계의 지리 환경과 인류 문명의 상관관계에 대해서 연설했던 세 번의 강연을 엮어 단행본으로 펴낸 것이다. 이 책은 지리 환경을 강조하기 때문에 당연히 지구의 모습(펼쳐진 세계 전도)이 지속적으로 나온다. 이렇게 지구의 모습을 강조하는 것은 이 책이 지향하는 주제인 세계화가 곧 지구 전역을 대상으로 하는 것이기 때문이다.

　삭스는 먼저 문명의 발전을 지리, 기술, 제도의 3박자가 동시에 작용한 결과라고 진단한다. 가령 유럽인이 기술과 제도를 가지고 건너가기 이전에 아메리카는 그저 천연자원만 풍부한 거대한 땅에 지나지 않았다. 여기에 영국, 프랑스, 스페인, 포르투갈 등의 군사적 기술과 여러 문명의 이기利器 그리고 18세기 이후 산업혁명의 엄청난 추진력과 민주주의라는 정치적 제도가 수입되면서 아메리카는 오늘날 세계 최고의 패권국가로 발전했다. 삭스는 이 3박자의 관점에 입각하여 호모 사피엔스가 등장한 이후의 인류의 역사를 일곱 개의 세계화 시대로 요약한다.

이어 삭스는 일곱 번의 세계화가 진행되는 과정에는 연속적 발전과 단절적 발전의 두 가지 형태가 있음을 말한다. 가령 구석기 시대에서 신석기 시대로 넘어온 것은 연속적 발전이었으나, 해양 시대에서 산업 시대로 넘어온 것은 단절적 발전이라는 것이다. 구체적인 사례를 들어 보면 말을 가지고 마차를 만드는 것은 연속적 발전이나, 말을 아예 버리고 내연기관을 이용하여 승용차를 만드는 것은 단절적 발전이라는 것이다. 그러면서 삭스는 이 단절적 발전이 이루어질 때 세계는 많은 갈등을 겪었으며, 그리하여 엄청난 위기와 더 나아가 전쟁을 겪게 되었다고 말한다. 20세기 전반기에 인류가 경험한 두 번의 세계대전은 그 구체적 사례이다.

삭스는 우리가 지금 살아가고 있는 21세기를 가리켜 디지털 시대라고 규정하고, 이 시대는 앞 시대인 산업 시대와는 전혀 다른 모습을 하고 있다고 진단한다. 삭스는 그 단적인 사례로 인공지능과 스마트 기계의 등장을 들고 있다. 사실 우리가 인공지능에 대하여 아주 친숙하게 알게 된 계기가 있었다. 그것은 2016년 3월에 인공지능 알파고가 우리나라의 바둑 기사 이세돌과 격돌하여 4대 1로 이긴 사례이다. 그런데 더 놀라운 것은 알파고마저도 인공지능 이야기의 극히 작은 부분이라는 것이다. 그런 점을 삭스는 이렇게 말한다.

"그 알파고마저도 (단 몇 시간의 자율학습으로 초보부터 바둑을 배운 컴퓨터) 차 세대 AI 시스템에게 완패했다. 또다시 수백 년에 걸친 전문적 연구와 경쟁이 몇 시간 동안 자율학습을 한 AI 컴퓨터에 완패당한 것이다. … 자율학습에서 AI 시스템은 자기 자신을 상대로 놀이를 하도록 훈련받는다. 예를 들어 수백만 건의 체스 게임 기록을 입력하고, 자율학습에서 기계가 거둔 승리와 패배를 기준으로 뉴런 네트워크의 가중치를 계속 업데이트하는 것이다. … 이런 방식으로 딥마인드가 개발한 고급 컴퓨터의 AI 시스템은 세계 최고의 체스 챔피언뿐만 아니라 예전의 AI 챔피언 컴퓨터마저도 간단히 물리칠 수 있다. 단 몇 시간의 타블라 라사 학습(처음부터 시작하는 자율학습)이 역사상 모든 체스 전문가들이 600년에 걸쳐 축적해온 체스 실력마저도 간단히 일축해버리는 것이다."(8장).

이런 인공지능과 스마트 기계의 개념은 사실 오래전부터 있던 것이다. 가장 가까운 것은 메리 셸리의 《프랑켄슈타인》(1818)이라는 소설에 나오는, 과학자가 만들어낸 인조인간이다. 이 괴물이 인간과 똑같은 대접을 받으려고 하면서 그 괴물 주위의 인간들에게는 불행과 죽음이 발생한다는 것이 소설의 개요이다. 이 괴물 이전에 유대교의 랍비들은 《구약성경》 시편 139편의 "당신 두 눈이 나의 골렘golem을 보셨습니다"라는 시행에서 골렘을 형체가 분명치 않은 인조인간의 원형으로 보았다. 그 후 많은 골렘의 전승이 생겨났는데, 가령 산헤드린의 탈무드 문장에는 이런 내용이 있다. 서기 4세기에 바빌론의 랍비인 라바는 진흙을 가지고 골렘을 만들어서 그것을 동료 랍비에게 보냈다. 그 랍비는 인조인간과 대화를 나누고자 했으나 한마디도 하지 못하는 것을 보고서 이렇게 말했다. "너는 마법사의 소생이로구나. 흙으로 돌아가라." 그러자 그 인조인간은 형체 없는 흙더미로 붕괴되었다. 또 다른 탈무드 문장은 이런 설명을 한다. 3세기에 두 명의 팔레스타인 랍비들이 《세페르 예치라Sefer Yetzirah(창조의 서)》의 도움으로, 안식일 전야마다 송아지를 창조하여 그것을 요리하여 저녁식사로 먹었다는 것이다.

또 다른 전승에 의하면 18세기 프라하에 살았던 랍비 뢰비는 골렘을 만들어내고서 그 피조물의 이마에 에멧emet(진실)이라는 말을 써넣었다. 그 덕분에 골렘은 생명을 얻어서 랍비의 일상적 잡일을 도왔다. 그러나 골렘은 나중에 랍비의 통제를 벗어나 제멋대로 행동하려고 했다. 그러자 랍비는 골렘의 이마 글자 emet 중 e를 떼어내어 met(죽음)로 처방함으로써 골렘을 다시 흙으로 돌아가게 했다. 이런 유대교의 전승에 힘입어 유대계 오스트리아 작가 구스타브 마이링크(1868~1932)는 환상소설 《골렘》(1915)을 쓰기도 했다. 프랑켄슈타인의 괴물이나 마이링크의 골렘은 앞으로 인류가 인류 자신보다 더 뛰어난 지적 능력을 가진 로봇을 만들 때, 그 로봇을 만드는 사람의 성실성(진실)과, 그 로봇을 대할 수 있는 수단(죽음)을 미리 강구해야 한다고 경고하는 좋은 교훈이다.

디지털 시대의 또 다른 위기는 강대국 간의 전쟁이다.

이 책에서도 인용된 그레이엄 앨리슨의 '투키디데스의 함정'이라는 개념은 그런 위기를 잘 설명한다. 고대 그리스의 신흥 강대국인 아테네가 기존의 패권국 스파르타의 자리를 빼앗으려고 하면서 벌어진 극심한 구조적 긴장을 가리켜 당시의 역사가가 '함정' 같은 상황이라고 말한 데서 이 용어가 나왔다. 21세기에 강대국 간의 전쟁이라고 하면 가장 주목되는 것은 미국과 중국의 대결이다. 그런데 이 두 강대국의 갈등은 우리나라에서 멀리 떨어진 어떤 지역에서 벌어지는 것이 아니라, 바로 우리의 코앞에서 벌어지는 현상이다. 우선 기술이나 시장의 전략

부문에서 미국과 중국의 결별이 시작되고, 우리나라 같은 동맹국에 둘 중 하나를 선택하라고 강요하는 상황이 올 것으로 예상된다.

이러한 징후는 이미 정보기술 첨단 분야에서 구체화했다. 2020년 8월 미국은 중국 통신업체 화웨이와 ZTE 등의 제품과 서비스를 이용하는 기업을 미 정부기관의 거래 금지 대상의 목록에 올렸다. 미국은 동맹국에도 중국 IT 기기 및 서비스를 금지시키려고 압박을 가하고 있다. 중국은 한국과 대만으로부터 반도체 수입을 급격히 늘리고 있고, 우리나라를 상대로 미중 갈등에서 노골적으로 중국 편을 들지 못한다면 최소한 중립이라도 지켜달라고 요구하고 있다. 앞으로 IT 분야는 미중 간의 최초의 전쟁터가 될 수 있고, 미국과 중국 양쪽에 깊은 이해관계를 갖고 있는 우리나라는 이런 미중 대립 속에서 어떻게 새로운 활력을 찾고 국가의 위상을 유지할 수 있을지 심각한 문제로 떠오르고 있다.

그리고 마지막으로 삭스가 진단하는 위험은 지구 환경과 관련된 위기이다.

대략 세 가지인데 첫째, 열을 흡수하는 온실가스를 대기 중에 대규모로 배출하여 생기는 지구온난화 현상, 둘째, 생물 다양성의 대규모 상실, 셋째, 대기·토양·민물·해양의 대규모 오염이 그것이다. 지금 이 순간 전 세계에서 산업 화학물질, 플라스틱, 생산과 소비 과정에서 적절히 재활용되지 않거나 감소되지 않는 다른 쓰레기들이 지구의 환경을 무차별 공격하고 있다. 게다가 2020년 현재 세계 인구는 77억이고 연간 7,500~8,000만 명 수준으로 증가하고 있다. 인구 증가는 기후, 물, 대기, 토양, 생물 다양성 등의 근본적 환경 과정에 위험할 정도로 영향을 미치고 있고 또한 세계의 기후, 생물 다양성, 물과 질소 순환의 지구

시스템 등을 계속 위협하고 있다. 그런데도 세계 인구는 2050년까지는 97억 명까지 늘어날 것으로 예상되므로, 이런 추세를 안정시켜야 하고 더 나아가 현재 진행되고 있는 대규모 환경오염을 반드시 종식시켜야 한다. 그렇게 하기 위해서는 재생 가능한 에너지, 지속 가능한 농업, 지상에서 나오는 폐기물을 안전하게 재활용하는 순환 경제로 빨리 전환해야 한다.

인류 문명이 발전하는 3대 요소 중 기술과 제도는 얼마든지 발전하거나 변경이 가능하지만, 77억 인구가 살고 있는 지구는 우주에서 단 하나뿐이고 일단 오염되면 더 이상 대체 가능한 행성이 없다. 화성 탐사가 시작되었다고는 하지만 그것이 실용화되는 것은 아직 먼 미래의 일이다. 환경오염과 관련해서는 아마존 습지에서 악어를 잡았는데 그 악어의 몸에서 동전이 300개나 나왔다는 이야기도 들려오고, 바다에는 사람들이 내버린 플라스틱 쓰레기가 처리되지 않아 영구히 둥둥 떠다닌다는 이야기도 나왔다. 세계 기후변화를 이대로 방치하면 2050년에 이르러 1억 4,000만 명에 달하는 피해자가 나오고, 2100년에 도달하면 북극의 얼음이 다 녹아버려 북극곰이 멸종할 것이라는 예측도 나온다. 그런 기상변화의 예고편인 양, 2020년 여름에 스페인 전역의 기온이 섭씨 42도까지 올라가는 등 유럽 일대는 폭염에 시달렸고, 중국에는 폭우가 쏟아졌고, 우리나라는 두 달 가까이 장마가 계속되었으며 폭풍이 무시로 불어오고 있다.

이런 기후변화, 강대국 간의 긴장, 인공지능 등 여러 가지 문제에 대하여 제프리 삭스는 전반적인 대응 방안을 제시한다. 그가 내놓은 방법은 어떤 구체적 사안에 대한 즉각적인 효과를 얻으려하는 것이 아니라 문제의 윤곽을 제시하고 그에 부합하게 해결 가능한 조치의 큰 틀을 제시하는 것이다. 그리하여 세계 평화와 지속 가능한 발전을 바라는 저자의 간절한 소망이 책의 갈피에서 그리고 행간의 이면에서 굽이굽이 파도치고 있다. 삭스는 이 책에서 진화생물학자 에드워드 윌슨의 다음과 같은 말을 두 번이나 인용하고 있다. "우리 인간은 석기시대의 정서, 중세의 제도, 신과 같은 기술을 가지고서 21세기에 들어섰다." 기술은 나날이 발전하는데 그 기술에 대응하는 인간의 정서는 여전히 감정적이라는 것이다. 다시 말해 기술의 발달이 가져온 위기에 직면하면 그 순간을 모면하기 위해 싸우거나 도망치거나 둘 중 하나의 방식이 아직도 자동적으로 튀어나온다는 것이다. 삭스는 문명의 위기를 그런 식으로 대처해서는 안 되고 모든 인류의 지혜를 모아 100년 뒤, 1000년 뒤를 내다보는 합리적이면서도 장기적인 대응을 해야 한다고 말한다.

삭스는 이 책을 자신의 막내 손녀딸 니나에게 헌정하면서 이런 소망을 말한다. "디지털 시대에 우리 가족의 막내로 태어난 니나에게. 평화, 번영, 지속 가능한 환경에 대한 우리의 열망과 희망을 담아서." 삭스는 미래 세대에 대한 희망을 손녀딸의 이름으로 대신 말하면서, 이 평화와 지속 가능성의 문제는 우리의 손녀, 손자 시대에까지 일관되게 추구되어야 할 문제임을 역설한다. 내가 못하면 내 아들이, 그리고 그 아들이 못하면 그 아들의 아들이 해내야 한다고 간절하게 말한다. 이러한 장기적 소망은 동양의 고사 중 우공이산愚公移山이나 화씨지벽和氏之璧을 생각나게 한다. 우공이나 화씨나 모두 자신의 말이 틀림없이 진실이라고 믿고 그것을 그대로 실천한 사람들이었는데, 나는 삭스의 책을 번역하면서 그런 진실함의 목소리를 여실하게 들을 수가 있었다. 나는 6년 전에 제프리 삭스의 저서 《존 F. 케네디의 위대한 협상》이라는 책을 번역하면서 삭스의 쉽고 간결한 문장에 깊은 인상을 받았는데, 이번에는 거기에 연륜과 통찰의 깊이마저 더해져서 더 큰 감동을 받았다. 21세기의 대전환이 시작되려는 디지털 시대의 초입에서 삭스는 미래를 내다보는 훌륭한 창문 하나를 제공하고 있다.

데이터 별첨

이 부분은 이 책에 들어 있는 각종 계산, 그래프, 지도, 그림 및 표의 주요 데이터 출처를 밝힌 것이다.

기후 지역

이 책에서 사용된 기후 분류 시스템은 쾨펜-가이거 기후 구분이다. 이 시스템은 온도와 강수량을 바탕으로 하는 5개의 주요 범주와, 등고선을 기반으로 하는 여섯 번째 범주(고지대)를 가지고, 세계 지역들을 분류하고 있다.

쾨펜-가이거 기후 구분의 개요

유형		기후 지역
A		열대 기후
	Af	열대 우림 기후
	Am	열대 몬순(계절풍) 기후
	As	사바나 기후(열대 여름 건조 기후)
	Aw	사바나 기후
B		건조 기후
	BS	스텝 기후
	BW	사막 기후
C		온대 기후
	Cs	지중해성 기후(여름 건조)
	Cw	온대 겨울 건조 기후
	Cf	온대 습윤 기후(연중 습윤)
D		냉대 기후
	Ds	고지 지중해성 기후(여름 건조)
	Dw	냉대 겨울 건조 기후
	Df	냉대 습윤 기후
E		한대 기후
	ET	툰드라 기후
	EF	빙설 기후
H		고산 기후

출처

Markus Kottek, Jürgen Grieser, Christoph Beck, Bruno Rudolf, and Franz Rubel, "World Map of the Köppen-Geiger climate classification updated," *Meteorologische Zeitschrift* 15, no.3(2006): 259-63. https://doi.org/10.1127/0941-2948/2006/0130.

이 책에서 사용된 GIS 기후 파일은 다음 자료에서 디지털화한 것이다.
climate zone map in A. Strahler, and A.H. Strahler. 1992. *Modern Physical Geography*, 4th de. New York: Wiley. 이 데이터는 아래의 사이트에서 찾아볼 수 있다.
https://sites.hks.harvard.edu/cid/ciddata/geog/gisdata.html.

Strahler와 Strahler의 지도는 다음에 바탕을 두고 있다.
R. Geiger and W.Pohl. 1954. Revision of the Köppen-Geiger *Klimakarte der Erde Erdkunde*, Vol. 8: 58-61.

기후는 시간의 경과에 따라 달라졌기 때문에 오늘날의 기후 지도를 수천 년 전의 조건에 투영한 것은 근사치에 불과할 뿐이다.

인구 데이터

- 역사적 인구 데이터: 대부분의 역사적 인구는 Kees Klein Goldewijk, Arthur Beusen, and Peter Janssen의 Study on HYDE 3.1 project 데이터에 의존하고 있다. 이 연구는 대략 기원전 1만 년인 충적세에서 서기 2000년까지 도시/농촌 인구의 수, 인구 밀도, 떨어져나간 소수(특별히 구축된 지역 포함) 등에 대하여 5분 단위의 경도/위도의 공간 기준으로 추계한 것이다. 세부사항은 다음에서 찾아볼 수 있다.
Kees Klein Goldewijk, Arthur Beusen, and Peter Janssen, "Long-Term Dynamic Modeling of Global Population and Built-up Area in a Spatially Explicit Way: HYDE 3.1," *Holocene* 20, no.4(2010): 565-73.https://doi.org/10.1177/095968360936587.

- 세계 인구, GDP, 1인당 GDP(서기 1~2008) : 역사적 경제 데이터는 매디슨 프로젝트 데이터베이스에 의존했다. 이 데이터베이스는 지난 10년 동안 수정되고 업데이트되

었으나, 나는 2010년 버전을 이용했다. 왜냐하면 그것이 국가별, 지역별, 연도별로 가장 포괄적인 정보를 제공하기 때문이다. 2010년 데이터세트는 작고한 경제사가 앵거스 매디슨 자신이 작성한 최후의 버전으로, 세계 인구, GDP, 1인당 GDP(서기 1~2008) 등을 포괄한다. 이 프로젝트에 대하여 추가 정보를 얻고자 하면 다음을 볼 것. Maddison Project Database, version 2010. Jutta Bolt, Robert Inklaar, Herman de Jong, and Jan Luiten van Zanden, "Rebasing 'Maddison': New Income Comparisons and the Shape of Long-Run Economic Development," Maddison Project Working paper 10.

- 그리드형 인구 데이터(2015) : 공간적으로 뚜렷하게 드러나는 2015 인구 데이터는 다음 출처에서 가져왔다.
Center for International Earth Science Information Network (CIESIN) Columbia University. 2016. Gridded Population of the World, Version 4(GPW v4): Population Count. Palisades, NY: NASA Socioeconomic Data and Applications Center(SEDAC). http://dx.doi.org/10.7927/H4X63JVC.

- 고대 도시들 데이터: 고대 도시들에 관한 데이터는 다음 자료에 의거했다.
Meredith Reba, Femke Reitsma, and karen C. Seto, "Spatializing 6,000 Years of Global Urbanization from 3700 BC to AD 2000," *Scientific Data* 3(2016):160034.
https://doi.org/10.1038/sdata.2016.34. 나는 이 소중한 데이터를 얻을 수 있게 해준 닥터 레바에게 감사드린다.

지도의 제작과 지리·공간 분석에 사용된 데이터

지도들은 다음 출처에서 나온 셰이프파일(shapefile)에 의존했다.

- 해안과 강의 경계: Natural Earth, naturalearthdata.com을 가지고 작성(나는 오늘날의 해안과 강의 경계를 고대 문명에 적용했다. 그동안 해안선이나 강의 흐름이 바뀌었으므로 이것은 근사치에 불과하다).
- 고대 제국/지역의 경계: worldmap.harvard.edu
- 그림 5.2 알렉산드로스 제국: http://awmc.unc.edu/awmc/map_data/shapefiles/cultural_data/political_shading/alexander_extent/

- 그림 5.3 로마 제국: https://worldmap.harvard.edu/goeserver/wfs?outputFormat=SHAPE-ZIP&service=WFS&request=GetFeature&format_options=charset3AUTF-8&typename=genode3Aroman_empire_117_ce_9sa&version=1.0.0
- 그림 5.5 한나라: https://worldmap.harvard.edu/goeserver/wfs?outputFormat=SHAPE-ZIP&service=WFS&request=GetFeature&format_options=charset3AUTF-8&typename=genode3Aeastern_han_dynasty_in_73_ce_lg4&version=1.0.0
- 그림 5.6 실크로드 지도: https://worldmap.harvard.edu/data/geonode:silk_road_8h3.
- 그림 5.8 우마이야 제국: https://worldmap.harvard.edu/goeserver/wfs?outputFormat=SHAPE-ZIP&service=WFS&request=GetFeature&format_options=charset3AUTF-8&typename=genode3Aymayyad_caliphate_6ds&version=1.0.0
- 그림 5.9 오스만 제국: https://worldmap.harvard.edu/goeserver/wfs?outputFormat=SHAPE-ZIP&service=WFS&request=GetFeature&format_options=charset3AUTF-8&typename=genode3Aottomans_4ra&version=1.0.0
- 그림 5.10 송나라: https://worldmapp.harvard.edu/goeserver/wfs?outputFormat=SHAPE-ZIP&service=WFS&request=GetFeature&format_options=charset3AUTF-8&typename=genode3Asongdynasty_moo&version=1.0.0
- 그림 5.12 티무르 제국: https://worldmapp.harvard.edu/goeserver/wfs?outputFormat=SHAPE-ZIP&service=WFS&request=GetFeature&format_options=charset3AUTF-8&typename=genode3Atimurid_empire_7so&version=1.0.0

표

나는 책의 전편을 통하여 일곱 개의 대륙 지역을 언급했는데, 아프리카(AF), 아시아(AS), 독립국가연합(CIS), 유럽연합(EU), 라틴아메리카(LA), 북아메리카(NA), 오세아니아(OC)이다. 분석을 위하여 독립국가연합은 유럽연합과 아시아로부터 분리했다. 그러나 표준적 지리 설명에서 독립국가연합은 이 두 대륙의 일부로 여겨지고 있다.
다음은 이 책에서 언급된 각종 계산 데이터를 보여주는 보충 도표들이다.

표 1.3a_해안 100킬로미터 이내의 토지와 인구 비율

대륙	해안 100킬로미터 이내의 토지 지역(%)	하천에서 100킬로미터 이내의 인구(%)			
		기원전 3000년	서기 100년	1400년	2015년
AF	9.7	36.8	37.8	25.9	25.2
AS	22.4	28.6	29.0	33.6	39.3
CIS	15.8	9.8	9.5	10.6	14.0
EU	51.3	56.1	52.0	45.0	50.6
LA	17.2	29.1	28.3	28.4	43.7
NA	29.5	26.8	31.4	41.4	49.4
OC	23.8	51.6	64.1	69.5	81.8
총계	20.0	32.4	32.6	32.8	38.0

표 1.3b_하천 20킬로미터 이내의 토지와 인구 비율

대륙	하천 20킬로미터 이내의 토지 지역(%)	하천에서 20킬로미터 이내의 인구(%)			
		기원전 3000년	서기 100년	1400년	2015년
AF	11.8	33.6	31.7	25.2	21.9
AS	17.9	29.5	29.6	32.2	28.6
CIS	18.9	35.0	31.6	34.2	38.7
EU	25.0	29.3	31.3	5.4	35.0
LA	17.0	27.3	26.3	26.3	21.4
NA	20.1	51.5	43.9	33.9	28.9
OC	4.3	13.3	11.9	11.1	8.9
유라시아 (AS+CIS+EU)	18.4	30.3	30.4	33.5	30.3
총계	16.3	30.1	29.9	31.1	27.7

표 1.3c_해안 20킬로미터 이내이거나 혹은 100킬로미터 이내의 토지와 인구 비율

대륙	하천 20킬로미터나 해안 100킬로미터 이내의 토지 지역(%)	하천 20킬로미터나 해안 100킬로미터의 이내의 인구(%)			
		기원전 3000년	서기 100년	1400년	2015년
AF	20.0	60.5	59.2	45.4	42.1
AS	36.4	52.6	53.0	58.6	59.8
CIS	33.2	43.0	39.5	42.5	48.8
EU	69.0	76.4	74.5	71.3	74.0
LA	32.3	51.6	50.0	50.0	57.3
NA	46.8	70.9	67.9	68.6	68.6
OC	27.0	60.5	70.8	75.3	84.4
총계	33.8	56.3	56.2	57.1	58.0

표 3.1_행운의 위도 내의 토지와 인구 비율(구세계)

대륙	행운의 위도 내의 토지 비율(%)	행운의 위도 내의 인구 비율(%)			
		기원전 3000년	서기 100년	1400년	2015년
AF	14.2	48.1	51.5	14.6	15.0
AS	57.8	73.3	70.6	63.1	56.8
CIS	10.1	49.1	47.6	27.9	32.2
EU	29.8	51.4	47.7	32.3	28.7
총계	28.1	65.7	63.8	49.2	45.4

그 외 표와 그림의 출처

- 그림 1.1: Kees Klein Goldewijk, Arthur Beusen, and Peter Janssen. "Long-Term Dynamic Modeling of Global Population and Built-up Area in a Spatially Explicit Way: Hyde 3.1." *The Holocene* 20, no. 4 (2010): 565–73.
- 그림 1.2: Kees Klein Goldewijk, Arthur Beusen, and Peter Janssen. "Long-Term Dynamic Modeling of Global Population and Built-up Area in a Spatially Explicit Way: Hyde 3.1." *The Holocene* 20, no. 4 (2010): 565–73.
- 그림 1.3: Angus Maddison. "Statistics on World Population, GDP and Per Capita GDP, 1–2008 AD." *Historical Statistics* 3 (2010): 1–36.
- 그림 1.6: Angus Maddison. "Statistics on World Population, GDP and Per Capita GDP, 1-2008 AD." *Historical Statistics* 3 (2010): 1–36.
- 그림 2.1: Brenna M. Henn, L. L. Cavalli-Sforza, and Marcus W. Feldman. "The Great Human Expansion." *Proceedings of the National Academy of Sciences* 109, no. 44 (2012): 17758–64. doi:10.1073/pnas.1212380109.
- 그림 3.1: Greger Larson, Dolores R. Piperno, Robin G. Allaby, Michael D. Purugganan, Leif Andersson, Manuel Arroyo-Kalin, Loukas Barton, et al. "Current Perspectives and the Future of Domestication Studies." *Proceedings of the National Academy of Sciences* 111, no. 17 (2014): 6139-46. doi: 10.1073/pnas.1323964111.
- 그림 4.2: Food and Agriculture Organization of the United Nations, 1998, G. Uilenberg, A field guide for The Diagnosis, Treatment and Prevention of African Animal Trypanosomosis, www.fao.org/3/X0413E/X0413E00.htm#TOC.

Reproduced with permission.
- 그림 4.3: Pernille Johansen Naundrup and Jens-Christian Svenning, "A Geographic Assessment of the Global Scope for Rewilding with Wild-Living Horses (Equus ferus)," PLoS ONE 10(7): https://doi.org/10.1371/journal.pone.0132359
- 그림 4.4: Pita Kelekna, *The Horse in Human History*, Cambridge University Press, 2009.
- 그림 4.5: Wolfgang Haak, Iosif Lazaridis, Nick Patterson, Nadin Rohland, Swapan Mallick, Bastien Llamas, Guido Brandt, *et al.* "Massive Migration from the Steppe Is a Source for Indo-European Languages in Europe." *bioRxiv* (2015): 013433. doi:10.1101/013433.
- 그림 6.7: Eltis & Richardson, ATLAS OF THE TRANSATLANTIC SLAVE TRADE (2010), Map 1 from accompanying web site, Overview of Slave Trade out of Africa, 1500–1900. Reproduced with the permission of Yale University Press.
- 그림 7.1: Wikimedia Commons contributors, "File:Maquina vapor Watt ETSIIM.jpg," Wikimedia Commons, the free media repository, https://commons.wikimedia.org/w/index.php?title=File:Maquina_vapor_Watt_ETSIIM.jpg&oldid=362051513
- 그림 7.2: Rolling 10-year return on the S&P 500 from Jan. 1814 to June 2019 (in % per year). Data from Datastream, Bloomberg, Helsinki Capital partners (illustration), Markku Wilenius.
- 그림 7.3: Angus Maddison. "Statistics on World Population, GDP and Per Capita GDP, 1-2008 AD." *Historical Statistics* 3 (2010): 1–36.
- 그림 7.4: "World Coal Deposits Map," mapsofworld.com. Reproduced with permission.
- 그림 7.5: Wikimedia Commons, https://commons.wikimedia.org/w/index.php?title=File:Colonial_Africa_1913_map.svg&oldid=367487165 (accessed October 27, 2019)
- 그림 7.6: Angus Maddison. "Statistics on World Population, GDP and Per Capita GDP, 1-2008 AD." *Historical Statistics* 3 (2010): 1–36.
- 그림 7.7: Map created using data from: Defense Manpower Data Center, "DoD Personnel, Workforce Reports & Publications," DMDC.osd.mil: USA.gov, 2019.
- 그림 7.8: Jutta Bolt, Robert Inklaar, Herman de Jong, and Jan Luiten van Zanden. "Rebasing 'Maddison': New Income Comparisons and the Shape

of Long-Run Economic Development." *GGDC Research Memorandum* 174 (2018).
- 그림 8.1: Wikipedia contributors."Transistor count Wikipedia, https://en.wikipedia.org/w/index.php?title=Transistor_count&oldid=923570554.
- 그림 8.2: "Mobile Phone Market Forecast - 2019." areppim: information, pure and simple, 2019, https://stats.areppim.com/stats/stats_mobilex2019.htm.
- 그림 8.5: IMF World Economic Outlook. Developed countries are the "Advanced Economies," and developing countries are the "Emerging market and developing countries." Data are for GDP per capita at 2011 international dollars.
- 그림 8.6: International Monetary Fund, World Economic Outlook Database, October 2019.
- 그림 8.7: International Monetary Fund. "China: Gross domestic product based on purchasingpower-parity (PPP) share of world total (Percent)", World Economic Outlook (April 2019).
- 그림 8.8: National Science Board. In *Science and Engineering Indicators 2018* Alexandria, VA: National Science Foundation, 2018.
- 그림 8.9: National Science Board. In *Science and Engineering Indicators 2018* Alexandria, VA: National Science Foundation, 2018.
- 그림 8.10: J. Lokrantz/Azote based on Will Steffen, Katherine Richardson, Johan Rockström, Sarah E. Cornell, Ingo Fetzer, Elena M. Bennett, Reinette Biggs, et al. "Planetary Boundaries: Guiding Human Development on a Changing Planet." *Science* 347, no. 6223 (2015): 1259855.
- 그림 8.11: Stefan Leitner. "Guangzhou," licensed under CC BY-NC-SA 2.0
- 그림 8.12: Sodexo USA, "IMG_0748.JPG," licensed under CC BY 2.0
- 그림 8.13: Photo: Reuters/China Daily
- 그림 8.14: NASA
- 그림 9.1: United Nations Department of Global Communications. "Sustainable Development Goals," 2019.
- 그림 9.2: United Nations, Department of Economic and Social Affairs, Population Division(2019). World Population Prospects 2019, Online Edition
- 그림 9.3: Map adapted from Mercator Institute for China Studies (MERICS), May 2018.

- 표 1.2: 저자가 HYDE와 CIESIN을 사용하여 계산한 것이다. 자세한 사항은 인구 데이터 부분을 참조할 것.
- 표 4.1: Data from Pita Kelekna, *The Horse in Human History*. Cambridge: Cambridge University Press, 2009
- 표 5.1: 저자가 HYDE를 사용하여 계산한 것이다. 자세한 사항은 인구 데이터 부분을 참조할 것.
- 표 6.1: Data from Alexander Koch, Chris Brierley, Mark M. Maslin, and Simon L. Lewis, "Earth System Impacts of the European Arrival and Great Dying in the Americas after 1492." *Science Direct* 207 (March 2019): 13–36
- 표 6.2: Author's calculations using HYDE and CIESIN data. See data appendix for details.
- 표 7.1: François Bourguignon and Christian Morrisson. "Inequality among World Citizens: 1820–992." American economic review 92, no. 4 (2002): 727–4; James C Riley. "Estimates of regional and global life expectancy, 1800–2001." Population and development review 31, no. 3 (2005): 537–43; Kees Klein Goldewijk, Arthur Beusen, and Peter Janssen. "Long-Term Dynamic Modeling of Global Population and Built-up Area in a Spatially Explicit Way: Hyde 3.1." *The Holocene* 20, no. 4 (2010): 565–73; Angus Maddison. "Statistics on World Population, GDP and Per Capita GDP, 1-2008 AD." *Historical Statistics* 3 (2010): 1–36.
- 표 7.2: E. A. Wrigley, *Energy and the English Industrial Revolution* (Cambridge University Press, 2010), 27, table 2.1.
- 표 7.3: Angus Maddison. "Statistics on World Population, GDP and Per Capita GDP, 1-2008 AD." *Historical Statistics* 3 (2010): 1–36.
- 표 7.4: UNESCO, *World Illiteracy at Mid-Century: A Statistical Study* (Paris: UNESCO, 1957), https://unesdoc.unesco.org/ark:/48223/pf0000002930; World Population Prospects: The 2019 Revision | United Nations Population Division, http://data.un.org/Data.aspx?d=PopDiv&f=variableID%3A68#PopDiv.
- 표 9.1: IMF World Economic Outlook, October 2019. Output share is the simple average of the share of national output measured in world output at U.S. dollars and at international dollars.
- 표 1.3a: 저자가 HYDE와 CIESIN을 사용하여 계산한 것. 자세한 사항은 다음 자료 참조할 것. Historical Population Data, Gridded Population Data for 2015, and

Data used in the Creation of Maps and Geospatial Analysis.
- 표 1.3b: 저자가 HYDE와 CIESIN을 사용하여 계산한 것. 자세한 사항은 다음 자료 참조할 것. Historical Population Data, Gridded Population Data for 2015, and Data used in the Creation of Maps and Geospatial Analysis.
- 표 1.3c: 저자가 HYDE와 CIESIN을 사용하여 계산한 것. 자세한 사항은 다음 자료 참조할 것. Historical Population Data, Gridded Population Data for 2015, and Data used in the Creation of Maps and Geospatial Analysis.
- 표 3.1: 저자가 HYDE와 CIESIN을 사용하여 계산한 것. 자세한 사항은 다음 자료 참조할 것. Historical Population Data, Gridded Population Data for 2015, and Data used in the Creation of Maps and Geospatial Analysis.

주

1장 세계화의 역사

1. 진화생물학의 관점에서 문화와 행태를 멋지게 분석한 책으로는 Edward O. Wilson, *The Social Conquest of Earth*(New York: Liveright, 2012)가 있다.
2. 19세기 후반의 여러 기근 사태에 대해서는 다음 자료를 참조할 것. Mike Davis, *Late Victorian Holocausts*(Brooklyn: Verso, 2001).
3. Kees Klein Goldewijk, Arthur Beusen, and Peter Janssen, "Long-Term Dynamic Modeling of Global Population and Built-up Area in a Spatially Explicit Way: HYDE 3.1," *Holocene* 20, no.4(2010): 565-73.
4. 극빈은 인간의 기본적 욕구(영양가 있는 식단, 안전한 물, 위생시설, 옷, 주거 등)가 확보되지 않는 박탈의 수준을 의미한다. 세계은행은 극빈을 측정하기 위한 수단을 정기적으로 내놓는다. 세계은행이 제시하는 현재의 빈곤선은 하루 1인당 소비가 1.9달러이거나 그 이하를 말한다. 이 수치는 구매력 동등 교환율(PPP, purchasing-power partiy)을 적용한 2011년 가격으로 측정한 것이다. 역사상의 빈곤을 연구하는 학문적 연구는 최근의 세계은행 데이터에 일치되는 각자의 빈곤선을 제시한다.
5. 채집자 공동체의 규모는 다음 자료를 참조할 것. Tobias Kordsmeyer, Pádraig Mac Carron, and R.I.M.Dunbar, "Sizes of Permanent Campsite Communities Reflect Constraints on Natural Human Communities," *Current Anthropology* 58, no.2(2117): 289-94.
6. 사실 교체 비율은 다음 세대의 치사 비율에 대응하기 위하여 여자 한 명당 아이 두 명을 약간 상회해야 한다.
7. 2018년에 대한 공식 미국 데이터는 https://www.bls.gov/emp/tables/employment-by-major-industry-sector.htm.에서 찾아볼 수 있다. 텍스트의 계산에서 내가 제3 부문에 "비(非)농업적 자영업자"를 추가한 것을 주목하라. 반올림을 하

며 총합계는 99.9가 된다.
8. David McGee and Peter B. deMenocal, "Climatic Changes and Cultural Responses During the African Humid Period Recorded in Multi-Proxy Data," in *Oxford Research Encyclopaedia of Climate Science*, 2017.
9. Jutta Bolt, Robert Inklaar, Herman de Jong, and Jan Luiten van Zanden, "Rebasing 'Maddison': New Income Comparisons and the Shape of Long-Run Economic Development," GGDC Research Memorandum 174, January 2018.
10. Adam Smith, *An Inquiry Into the Nature and Causes of the Wealth of Nations*[1776](New York: Random House, 1937).
11. 책 속에 제시된 이 데이터와 다른 데이터에 관한 추가 정보를 얻기 위해서는 책 뒤에 붙인 별첨 자료를 참조할 것.
12. 두 명의 저명 경제학자인 Ronald Findlay Kevin O'Rourke는 서기 1000년에서 2000년까지의 무역, 기술, 전쟁에 관한 박식한 글로벌 역사를 서술하고 있다.

2장 호모 사피엔스의 세계화

1. 구석기 시대는 호미닌이 처음 돌 도구를 사용한 때, 대략 330만 년 전에서 시작하여 홍적세의 끝 무렵인 빙하 시대의 말년, 대략 1만 1700년에 이르는 시기를 가리킨다. 구석기 시대는 대략 3개의 하부시대로 나뉘는데, 전기 구석기(대략 20만 년 전), 중기 구석기(20만 년 전에서 5만 년 전까지), 그리고 후기 구석기(5만 년 전에서 1만 1700년 전까지)가 그것이다. 현대인과 똑같이 생긴 인간의 출현은 상당한 논의와 불확실성의 대상이다. 유전자 증거를 사용한 최근의 간행물들은 현대인과 똑같은 인류가 생겨난 것이 대략 20만 년 전일 것이라고 추정하고 있다. F.K.F. Chan, A.Timmermann, B.F.Baldi, et al. "Human Origins in a Southern African Palaeo-Wetland and First Migrations." Nature 575(2019).
2. Edward O.Wilson, *Genesis: The Deep Origins of Societies*(New York:Liveright, 2019).
3. Israel Hershkovitz, Gerhard W.Weber, Rolf Quam, Mathieu Duval, Rainer Grün, Leslie Kinsley, et al., "The Earliest Modern Humans Outside Africa," Science 359, no.6374(2018): 456-59.
4. B.M.Henn, L.L.Cavlli-Sforza, and M.W.Feldman, "The Great Human Expansion," *Proceedings of the National Academy of Sciences* 109, no. 44(2012): 17758-64.

5. James F.O'Connell, Jim Allen, Martin A.J.Williams, Alan N.Williams, Chris S.M.Turney, Nigel A.Spooner, et al., "When Did Homo sapiens First Reach Southeast Asia and Sahul?", *Proceedings of the National Academy of Sciences* 115, no.34(2018): 8482-90.
6. 이 논의에 대한 최신 자료는 다음과 같다. Sander van der Kaars, Gifford H.Miller, Chris S.M.Turney, et al., "Human Rather Than Climate the Primary Cause of Pleistocene megafaunal Extinction in Australia," *Nature Communications* 8, January 20, 2017.
7. Pita Kelekna, "The Politico-Economic Impact of the Horse on Old World Cultures: An Overview," *Sino-Platonic Papers*, no.190(June 2009).
8. 높은 고도에 잘 적응하는 티베트의 유전자 변형은 데니소바인으로부터 온 듯하다. Emilia Huerta-Sanchez, Xin Jin, Rasmus Nielsen, et al., "Altitude Adatation in Tibetans Caused by Introgression of Denisovan-like DNA," *Nature* 512(2014), 194-197.
9. 이 논의의 개관에 대해서는 다음 자료를 볼 것. Ofer Bar-Yosef, "The Upper Paleolithic Revolution," *Annual Review of Anthropology* 31, no.(2002): 363-93.
10. 최근의 연구에 의하면 인간의 두뇌 구조는 중기 구석기에서 후기 구석기로 이행하면서 계속 진화해왔다. Simon Neubauer, Jean-Jacques Hublin, and Philipp Gunz, "The Evolution of Modern Human Brain Shape," *Science Advances* 4, no.1(2018).
11. 아시아에서 북아메리카로 이주한 시기와 방법에 대해서는 상당한 불확실성과 열띤 논쟁이 있다. 이주해온 시기와 이주의 파도의 회수가 불확실한 사항인데, 오늘날에는 새로 도착한 사람들이 육로로 왔느냐(이것이 오랫동안 추정되어온 루트이다) 혹은 해안선을 따라서 왔느냐를 두고서도 의문이 제기되었다. 최근의 증거에 의하여, 초창기 이주자들이 해안선을 따라서 수로를 이용했다는 주장도 나오고 있다. Loren G.Davis et al. "Late Upper Paleolithic occupation at Cooper's Ferry, Idaho, USA, ~16,000 years ago," *Science* 365, no.6456(2019): 891-897.
12. Martin Sikora, Andaine Seguin-Orlando, Vitor C.Sousa, Anders Albrechtsen, Thorfinn Korneliussen, Amy Ko, et al., "Ancient Genomes Show Social and Reproductive Behavior of Early Upper Paleolithic Foragers," *Science* 358, no. 6363(2017): 659-62.
13. H.Gintis, C.van Schaik, and C.Boehm, "Zoon Politikon: The Evolutionary Origins of Human Socio-Political Systems," *Behavioural Processes* 161(2019):17-30.

3장 농업의 세계화

1. Dolores R.Piperno, "A Model of Agricultural Origins," *Nature Human Behaviour* 2, no.7(2018):446-47.
2. 농업으로의 이행 동안에 생활수준과 보건이 변화한 현상에 대한 최근의 자료는 다음을 참조할 것. Alison A. Macintosh, Ron Pinhasi, and Jay T Stock, "Early Life Conditions and Physiological Stress Following the Transition to Farming in Central/Southeast Europe: Skeletal Growth Impairment and 6000 Years of Gradual Recovery," *PloS one* ii, no.2(2016):e0148468.
3. Kees Klein Goldwijik, Arthur Beusen, and Peter Janssen, "Long-Term Dynamic Modeling of Global Population and Built-up Area in a Spatially Explicit Way: HYDE3.1," *Holocene* 20, no.4(2010): 565-73.
4. David Reich, *Who We Are and How We Got Here* (New York: Random House, 2018), 100.
5. Reich, Who We Are and How We Got Here 113.
6. Jared Diamond, Guns, Germs, and Steel(New York: Norton, 1997), xx.
7. 이 초창기 충적토 문화의 지리적·정치적·사회적 특징에 대한 유명하고 영향력 높은 저서이다. Karl S. Wittfogel, *Oriental Despotism: a Comparative Study of Total Power* (New Haven, CT: Yale University Press, 1957). Wittfogel은 홍수와 관개를 관리하는 주요 공공사업의 필요 때문에 강력하면서도 때로는 전제적인 국가가 생겨나게 되었다고 주장했다. 이 이론은 많은 지지자들을 이끌어낸 반면에 너무 성급한 일반론이라는 비평도 상당하다.
8. 강의 흐름과 그 파급 효과의 장기적 패턴을 흥미롭게 다룬 저서이다. Mark G. Macklin and John Lewin, "The Rivers of Civilization," *Quaternary Science* Review 114(2015): 228-44.
9. Ian Morris, *Why the West Rules-For Now: The Patterns of History, and What They Reveal About the Future* (New York: Picador, 2011)을 참조할 것.
10. 구세계 행운의 위도 지역의 총 토지 면적은 2,340만 평방킬로미터이다. 이 면적을 대륙별로 나누면 다음과 같다. 아프리카 18.1퍼센트, 아시아 66.2퍼센트, 독립국가연합 9.4퍼센트, 유럽 6.4퍼센트. 행운의 위도의 기후와 인구에 대한 추가 데이터는 데이터 별첨의 자료를 참조할 것.

4장 말이 주도한 세계화

1. 당나귀의 순치에 대해서는 다음 자료를 참조할 것. Stine Rossel, Fiona Marshall, Joris Peters, Tom Pilgram, Matthew D. Adams, and David O'Connor, "Domestication of the Donkey: Timing, Processes, and Indicators," *Proceedings of the National Academy of Sciences* 105, no.10(2008): 3715-20.
단봉낙타의 순치에 대해서는 다음 자료 참조. Ludovic Orlando, "Back to the Roots and Routes of Dromedarey Domestications," *Proceedings of the National Academy of Sciences* 113, no.24(2016): 6588-90.; Faisal Almathen, Pauline Charruau, Elmira Mohandesan, Joram M. Mwacharo, Pablo Orozco-terWengel, Daniel Pitt, Abdussamad, et al., "Ancient and Modoern DNA Reveal Dynamics of Domestication and Cross-Continental Dispersal of Dromedary," *Proceedings of the National Academy of Sciences* 113, no.24(2016): 6707-12.; Barat ali Zarei Yam and Morteza Khomeiri, "Introduction to Camel Origin, History, Raising, Characteristics, and Wool, Hair and Skin:A Review," *Research Journal of Agriculture and Environmental Management* 4, no.11(2015): 496-508.
남아메리카 낙타류에 대해서는 다음의 자료 참조. Juan C. Marin Romina Rivera, Valeria Varas, Jorge Cortes, Ana Agapito, Ana Chero, et.al., "Genetic Variation in Coat Colour Genes MCiR and ASIP Provides Insights Into Domestication and Management of South American Camelids," *Frontiers in Genetics* 9(2018): 487
2. Peter Mitchell, "Why the Donkey Did Not Go South: Disease as a Constraint on the Spread of Equus Asinus into Southern Africa," *African Archaeological Review* 34, no.1(2017):21-41.
3. Jack M. Broughton and Elie M. Weitzel, "Population Reconstructions for Humans and Megafauna Suggest Mixed Causes for North American Pleistocene Extinctions," *Nature Communications* 9, no.1(2018):5441.
4. Rossel et al., "Domestication of the Donkey."
5. Pita Kelekna, *The Horse in Human History* (Cambridge: Cambridge University Press, 2009), xx.
6. Ralph W. Brauer, "The Camel and Its Role in Shaping Mideastern Nomad Societies," *Comparative Civilizations Review* 28, no.28(1993):47.
7. Kelekna, *The Horse in Human History*, 45-49.

8. David Reich, *Who We Are and How We Got Here*(New York: Random House, 2018), 120.
9. Meredith Reba, Femke Reitsma, and karen C. Seto, "Spatializing 6,000 Years of Global Urbanization from 3700 BC to AD 2000," *Scientific Data* 3(2016):160034.

5장 정치의 세계화

1. Karl Jaspers, *The Origin and Goal of History*(London: Routledge, 1953).
2. Violet Moller, *The Map of Knowledge: A Thousand-Year History of How Classical Ideas Were Lost and Found*(New York: Doubleday, 2019), 61.
3. L. Carrington Goodrich, *A Short History of the Chinese People*(New York: Courier, 2002), 390.
4. Pita Kelekna, *The Horse in Human History*(Cambridge: Cambridge University Press, 2009), 390.
5. Dieter Kuhn, *The Age of Confucian Rule*(Cambridge: Havard University Press, 2009), 29.
6. Neil Pederson, Amy E. Hessl, Nachin Baatarbileg, Kevin J. Anchukaitis, and Nicola Di Cosmo, "Pluvials, Droughts, The Mongol Empire, and Modern Mongolia," *Proceedings of the National Academy of Sciences* 111, no.12(2014): 4375-79.
7. Kees Klein Goldewijk, Arthur Beusen, and Peter Janssen, "Long-Term Dynamic Modeling of Global Population and Built-up Area in a Spatially Explict Way: HYDE 3.1," *Holocene* 20, no.4(2010): 565-73.

6장 제국주의의 세계화

1. 이 항해에 대한 훌륭한 자료이다. Louise Levathes, *When China Ruled the Seas: The Treasure Fleet of the Dragone Throne, 1405-1433*(New York: Simon and Shuster, 1994).
2. Adam Smith, *An Inquiry Into the Nature and Causes of the Wealth of Nations*[1776](New York: Random House, 1937).

3. Alfred W. Crosby, *Germs, Seeds and Animals: Studies in Ecological History* (New York: Routledge, 1953).
4. 보다 최근의 논의 사항을 위해서는 다음의 자료를 참조할 것. Nathan Nunn and Nancy Qian, "The Columbian Exchange: A History of Disease, Food, and Ideas," *Journal of Economic Perspectives* 24, no.2 (2010): 163-88.
5. Alexander koch, Chris Brierley, Mark M. Maslin, and Simon L. Lewis, "Earth System Impacts of the European Arrival and Great Dying in the Americas After 1492," *Quaternary Science Reviews* 207 (2019): 13-36, https://doi.org/10.1016/j.quascirev.2018.12.004.
6. 보다 정보가 풍부한 최근의 역사에 대해서는 다음의 자료를 참조할 것. John W. O'Malley, *The Jesuits: A History from Ignatius to the Present* (Lanham, MD: Rowman & Littlefield, 2014).
7. 가장 최근에 나온 동인도회사에 대한 역사서는 그 제목이 모든 것을 말해주고 있다. William Dalrymple, *The Anarchy: The East India Company, Corporate Violence, and the Pillage of an Empire* (New York: Bloomsbury, 2019).
8. Alfred Thayer Mahan, *The Influence of Sea Power Upon History, 1660-1783* (Boston: Little, Brown, 1890).
9. Joyce Chepkemoi, "Largest Empires in Human History by Land Areas," *World Atlas*, May 11, 2017, https://www.worldatlas.com/articles/largest-empires-in-human-history-by-land-area.html.
10. Kees Klein Goldewijk, Arthur Beusen, and Peter Janssen, "Long-Term Dynamic Modeling of Global Population and Built-up Area in a Spatially Explict Way: HYDE 3.1," *Holocene* 20, no.4 (2010): 565-73.
11. Sven Beckert, *Empire of Cotton: A Global History* (New York: Knopf, 2014), 85.
12. Beckert, *Empire of Cotton*, 105.
13. Smith, *Wealth of Nations*.

7장 기술과 전쟁의 세계화

1. 1950년 이래 세계 각국의 인구, 수명, 도시화, 연령 구조를 다룬 가장 권위 있는 인구 추세 데이터는 유엔 인구국(局)에서 나온 것인데 다음에서 찾아볼 수 있다. https://www.org/en/development/desa/population/publications/database/index.asp. 1980년 이후의 국가와 세계의 소득에 대한 데이터는 IMF의 세계 경제 전

망 데이터베이스에서 찾아볼 수 있다. https://www.imf.org/external/pubs/ft/weo/2019/01/weodata/index.aspx.
2. 증기 기관을 포함하여 기술 발전에 역점을 두면서 집필된 영국 산업혁명 역사서는 다음과 같은 고전적인 연구서가 있다. David Landes, *Unbound Prometheus: Technological Change and Industrial Development in Western Europe from 1750 to the Present*,(Cambridge: Cambridge University Press, 1969).
3. Jutta Bolt, Robert Inklaar, Herman de Jong, and Jan Luiten van Zanden, "Rebasing 'Maddison': New Income Comparisons and the Shape of Long-Run Economic Development," GGDC Research Memorandum 174, January 2018.
4. E.A.Wrigley, *Energy and the English Industrial Revolution*(Cambridge University Press, 2010).
5. GPT와 경제 성장에 대한 이론적 탐구를 수행한 개척자적 저서. Bresnahan and Trajtenberg(1995)와 Helpman(1998).
6. Martin Weitzman, "Recombinant Growth," *Quarterly Journal of Economics* 113, no.2,(May 1998): 331-60.
7. Markku Wilenius and Sofi Kurki, "Surfing the Sixth Wave: Exploring the Next 40 Years of Global Change," in *6th Wave and Systemic Innovation for Finland: Success Factor for the Years 2010-2050 Project*. University of Turku: Finland Futures Research Centre, 2012.
8. Klaus Schwab, *The Fourth Industrial Revolution*(Geneva: World Economic Forum, 2016).
9. Prasannan Parthasarathi, *Why Europe Grew Rich and Asia Did Not: Global Economic Divergence, 1600-1850*(Cambridge: Cambridge University Press, 2011), 131.
10. 1950년경의 인도와 다른 나라들의 문맹률 추계에 대한 저서. Statistical Division of UNESCO, World Illiteracy Mid-Century: A Statistical Study"(1957). 기대수명에 대해서는 다음 자료를 참조할 것. the data of the UN Population Division, https://population.un.org/wwp/Download/Standard/Mortality/.
11. 다음 자료를 참조할 것. John Iliffe, *Africans: The History of Continent*,(New York: Cambridge University Press, 1995), 198-99.
12. Bolt et al., "Rebasing 'Maddison'".
13. John Maynard Keynes, *The Economic Consequences of the Peace*[1919](Jersey City, N.J.: Start kindle Edition, 2014).
14. Keynes, *The Economic Consequences of the Peace*.

15. David Vine, *Base Nation: How U.S. Military Bases Abroad Harm America and the World*(New York: Metropolitan Books, 2015); Nick Turse, "U.S. Military Says It Has a 'Light footprint' in Africa," *The Intercept*, December 1, 2018. https://theintercept.com/2018/12/01/u-s-military-says-it-has-a-light-footprint-in-africa-these-documents-show-a-vast-network-of-bases/.
16. Defense Manpower Data Center, "DoD Personnel, Workforce Reports & Publications," DMDC.osd.mil: USA.gov.2019.
17. 세계은행이 가장 최근에 내놓은 추계는 1990년에 18억 5,000만 명이던 극빈자가 2015년에는 736만 명으로 떨어졌다는 것이다. "Poverty: Overview," https://www.worldbank.org/en/topic/poverty/overview, accessed November 11, 2019.

8장 불평등의 세계화

1. World Economic Forum, "How Much Data is Generated Each Day?," April 17, 2019. https://www.weforum.org/agenda/2019/04/how-much-data-is-generated-each-day-cf4bddf29f/.
2. 관련 데이터는 2019년 11월 20일 다음 소스에서 온 것임.
Facebook log-ons, "The Top 20 Valuable Facebook Statistics--Updated November 2019," https://zephoria.com/top-15-valuable-facebook-statistics/; Google searches, https://www.internetlivesat.com/google-search-statistics/; YouTubevideos, Omnicore, "YouTube bythe Numbers:Stats, Demographics & Fun Facts," September 5, 2019, https:www.omnicoreagency.com/youtube-statistics/;Internet users, Internet World Stats, "Top 20 Countries in Internet Users vs. Rest of the World--June 30, 2019," https://www.internetworldstats.com/top20.htm; Swift settlements, swift.com, "The SWIFT-CLS Partnership in FX Reduces Risk and Adds Liquidity," April 4, 2019, https://www.swift.com/news-events/news/the-swift-cls-partnership-in-fx-reduces-risk-and-adds-liquidity.
3. 다음 자료를 참고할 것. David Silver, Thomas Hubert, Julian Schrittwieser, Ioannis Antonoglou, Matthew Lai, and Arthur Guez, et.al., "Mastering Chess and Shogi by Self-Play with a General Reinforcement Learning Algorithm," *arXiv.org*(2017).

4. Jeffrey D. Sachs, *The End of Poverty: Economic Possibilities of Our Time*(New York, Penguin, 2006).
5. World Bank, *Poverty and Shared Prosperity 2018: Piecing Together the Poverty Puzzle*(Washington, D.C.: World Bank, 2018), http://documents.worldbank.org/curated/en/10445154220252048/Poverty-and-Shared-Prosperity-2018-Piecing-Together-the-Poverty-Puzzle.
6. 세계은행은 이런 보고를 내놓았다. 중국은 농촌의 가난에 대한 국가적 정의(2010년 가격으로 1인당 농촌 인구의 순수익을 연간 2,200위안으로 규정)에 의거하여 가난을 종식시키는 과정으로 가고 있다. 다음 자료 참고. https://www.worldbank.org/en/country/china/overview, accessed November 15, 2019.
7. 데이터는 IMF 세계 경제 전망 데이터베이스(2019년 10월)에서 나오는 중국의 상시 가격 GDP에 의거한 것임.
8. 관련 데이터는 다음 자료에서 나온 것임. World Intellectual Property Corporation, "World Intellectual Property Report 2018", https://www.wipo.int/export/sites/www/pressroom/en/documents/pr_2018_816_annexes.pdf#annexi.
9. 다음 자료 참조할 것. the report of the Intergovernmental Science-Policy Platform on Biodiversity and Ecosystem Services(IPBES), 2019, https://ipbes.net/system/tdf/ipbes_7_10_add.1_en_1.pdf?file=1&type=node&id=35329.
10. 이 방정식의 지적 역사에 대해서는 다음 자료 참조할 것. Marian R. Chertow, "The IPAT Equation and Its Variants," *Journal of Industrial Ecology* 4, no.4(2000), 13-29.
11. 다음 자료 참조. Graham Allison, *Destined for War: Can America and China Escape Thucydides Trap?*(New York, Houghton Mifflin Harcourt, 2017).

9장 21세기 세계화를 위한 조언

1. World Commission on Environment and Development, *Our Common Future*(Oxford: Oxford University Press, 1987).
2. SDG 랭킹은 다음 자료에서 찾아볼 수 있다. Jeffrey Sachs, Guido Schmidt-Traub, Christian Kroll, Guillaume Lafortune, and Grayson Fuller, *Sustainable Development Report 2019: Transformations to Achieve the Sustainable Development Goals*(New York: Bertelsmann Stiftung and Sustainable Development Solutions Network[SDSN], 2019).

3. 생활 만족 랭킹은 2019년 세계 행복 보고서에서 발견할 수 있다. John f. Helliwell, Richard Layard, and Jeffrey D. Sachs, *The UN World Happiness Report 2019* (New York: SDSN, 2019).
4. 2019년, 트럼프 대통령은 미국은 파리기후협정으로부터 탈퇴하겠다는 의도를 선언했으나 UNFCC에서 탈퇴하겠다는 말은 하지 않았다.
5. Mark Mazower, *Governing the World: The History of an Idea, 1815 to the Present*(New York: Penguin, 2013).
6. Pope Francis, *Laudato si'*(Vatican City: Vatican Press, 2015), sec.23.
7. Immanuel Kant, P*erpetual Peace: A Philosophical Sketch*[1795](Cambridge: Cambridge University Press, 1970).
8. G.M.Gilbert, interview with Hermann Goering, April 18, 1946, in *Nuremberg Diary*(New York: Farrar, Strauss, 1947), 278.
9. John F. Kennedy, "Commencement Address at American University," Washington, D.C., June 10, 1963. https://www.jfklibrary.org/archives/other-resources/john-f-kennedy-speeches/american-university-19630610.

더 읽어야 할 책들

1장 세계화의 역사

Davis, Mike. *Late Victorian Holocausts: El Nino Famines and the Making of the Third World*. Brooklyn: Verso, 2001.
Diamond, Jared. *Guns, Germs, and Steel*. New York: Norton, 1997.
재레드 다이아몬드의 책은 간결함과 통찰력이 돋보이는 명저인데, 커다란 발견의 즐거움을 안겨준다. 그는 자연지리가 우리의 세계를 형성하는 데 엄청난 역할을 했음을 멋지게 설명한다.

Tobias Kordsmeyer, Padraig Mac Carron, and R.I.M.Dunbar, "Sizes of Permanent Campsite Communities Reflect Constraints on Natural Human Communities," *Current Anthropology* 58, no.2(2117): 289-94.
Ian Morris, *Why the West Rules-For Now: The Patterns of History, and What They Reveal About the Future*(New York: Picador, 2011)
이언 모리스는 지난 수천 년에 걸쳐서 문명이 형성되어 오는 과정에서 지리, 기술, 지정학 사이의 상호작용을 아주 매력적이면서도 도발적으로 설명한다.

Edward O. Wilson, *The Social Conquest of Earth*(New York: Liveright, 2012).

2장 호모 사피엔스의 세계화

Davis, Loren G., David B. Madsen, Lorena Becerra-Valdivia, Thomas Higham, David A. Sisson, and Sarah M. Skinner. "Late Upper Paleolithic Occupation at Cooper's Ferry, Idaho, USA, ~16,000 Years Ago." *Science* 365 (2019): 891-97.
van der Kaars, Sander, Gifford H. Miller, Chris S. M. Turney, Ellyn J. Cook, Dirk Nurnberg, Joachim Schonfeld, *et. al*. "Humans Rather than Climate the

Primary Cause of Pleistocene Megafaunal Extinction in Australia." *Nature Communications* 8, no. 14142 (2017). https://doi.org/10.1038/ncomms14142.

Ofer Bar-Yosef, "The Upper Paleolithic Revolution," *Annual Review of Anthropology* 31, no.(2002): 363-93. https://doi.org/10.1146/annurev.anthro.31.040402.085416.

David Reich, *Who We Are and How We Got Here*(New York: Random House, 2018).
데이비드 라이크는 선사 시대의 인류 인구와 그들의 이주 역사를 파헤치는 게놈학 혁명의 지도자이다. 그는 매력적인 과학적 사실을 제시하며 최근의 발견사항들을 알려준다.

Edward O.Wilson, *Genesis: The Deep Origins of Societies*(New York:Liveright, 2019).
윌슨은 세계 최고의 진화생물학자이다. 우리 시대의 다윈이라 할 만하다. 인간의 행위를 형성하는 문제와 관련하여, 인간의 본성, 지식의 신축성, 문화와 유전학의 상호작용 등에 대하여 많은 근본적인 아이디어들을 제시한 선구자이다.

3장 농업의 세계화

Mark G. Macklin and John Lewin, "The Rivers of Civilization," *Quaternary Science Review* 114(2015): 228-44.

Ian Morris, *Why the West Rules–For Now: The Patterns of History, and What They Reveal About the Future*(New York: Picador, 2011).

Pulleyblank, EG. "Karl S. Wittfogel, Oriental Despotism: a Comparative Study of Total Power. New Haven: Yale University Press ; London: Oxford University Press, 1957,60s." *Bulletin of the School of Oriental and African Studies* 21, no.3(1958): 657-60.

Robinson, Andrew. *The Story of Writing*.London:Thames & Hudson, 2007.
앤드루 로빈슨의 이야기는 "기원전 3천년의 인터넷"을 이해하는 데 도움을 준다. 다시 말해 초창기 문자체계의 획기적인 기술에 대해서 설명하면서 그것이 유라시아 전역에서 어떻게 문명의 부상에 근본적 역할을 했는지 밝힌다.

Smith, Richard L. *Premodern Trade in World History*. New York: Routledge, 2009.
리처드 스미스는 인류의 선사 시대에 장거리 교역이 어떤 역할을 했고 그 수단은 무엇이며 또 인간 사회를 어떻게 형성했는지 그 방식을 자세히 설명한다.

4장 말이 주도한 세계화

Cunliffe, Barry. *By Steppe, Desert, and Ocean*. Oxford: Oxford University Press, 2015.
배리 컨리프는 초창기 역사를 형성하는 데 있어서 (스텝, 사막, 해양의 정착촌들과 같은) 인간의 생물군계(biomes)가 상호작용하는 방식에 대하여 멋진 설명을 해준다.

Pita Kelekna, *The Horse in Human History* (Cambridge: Cambridge University Press, 2009).
피타 켈레크나는 초창기 역사에서 말이 어떤 역할을 했는지에 대하여 포괄적이면서도 권위 있는 연구서를 내놓았다. 또 초창기 남북아메리카에서 순치된 말이 없어서 그 지역들의 문명이 낙후된 경위도 설명한다.

Peter Mitchell, "Why the Donkey Did Not Go South: Disease as a Constraint on the Spread of Equus Asinus into Southern Africa," *African Archaeological Review* 34, no.1 (2017): 21-41. https://doi.org/10.1007/s10437-017-9245-3.

5장 정치의 세계화

Beard, Mary. *SPQR: A History of Ancient Rome*. New York: Norton, 2015.
저명한 고전학자인 메리 비어드는 로마 제국의 부상에 대하여 신선하고 생생하고 매혹적인 이야기를 들려준다. 로마사는 서구의 역사와 지난 2500년간 사상의 역사를 이해하려면 반드시 알아야 할 역사이다.

Harris, W.V. *Roman Power: A Thousand Years of Empire*. Cambridge: Cambridge university Press, 2016.
해리스는 그리스 로마 세계를 전공한 현대의 위대한 역사가들 중 한 사람이다. 그는 로마 제국의 흥망과 성쇠에 대하여 아주 전문가답고 자세하고 통찰력 깊은 이야기를 들려준다. 특히 정치, 인구, 군사적 기술, 문화 사이의 상호작용을 아주 생생하게 논의하고 있다.

Frankopan, Peter. *The Silk Roads: A New History of the World*. New York: Knopf, 2017.

피터 프랭코판은 실크로드와 세계사 속의 스텝 제국들에 대하여 아주 멋지게 설명하고 있다.

Moller, Violet. *The Map of Knowledge: A Thousand-Year History of How Classical Ideas Were Lost and Found*(New York: Doubleday, 2019).
바이올렛 몰러는 고대 그리스와 로마에 대한 지식이 아랍, 비잔틴, 알모하드, 베네치아 등 무수한 문명을 통하여 현대 세계에 전파된 과정을 예리하게 추적하고 있다.

6장 제국주의의 세계화

Beckert, Sven. *Empire of Cotton: A Global History*(New York: Knopf, 2014).
스벤 베커트는 세계 최초로 해양 산업과 초창기 근대 자본주의의 강력한 국가들, 탐욕, 제국, 그 제국을 형성한 노예무역 등에 대하여 독창적이고 매력적인 역사서를 펴냈다.

Dalrymple, William. *The Anarchy: The East India Company, Corporate Violence, and the Pillage of an Empire*(New York: Bloomsbury, 2019).
Hugill, Peter J. *World Trade Since 1431: Geography, Technology, and Capitalism.* Baltimore: John Hopkins University Press, 1993.
피터 휴길은 해군 기술, 자연지리, 글로벌 상업 제도 사이의 상호작용에 대하여 아주 명쾌한 설명을 하고 있다.

Levathes, Louise. *When China Ruled the Seas: The Treasure Fleet of the Dragon Throne, 1405-1433*(New York: Simon and Shuster, 1994).
Mann, Charles C. *1491: New Revelations of the Americas Before Columbus.* New York: Knopf, 2005
Mann, Charles C. *1493: Uncovering the New World Columbus Created.* New York: Random House, 2011.
찰스 맨의 책들은 콜럼버스가 유럽에서 아메리카로 가는 해로(海路)를 발견한 것이 온 세상에 가져온 엄청난 변화를 명석하게 설명한다. 애덤 스미스는 이 해로의 발견이 인류 역사상 가장 중요한 사건들 중 하나라고 말했다. 찰스 맨의 책들은 애덤 스미스의 평가를 더욱 깊이 있게 이해하도록 해준다.

Parthasarathi, Prasannan. *Why Europe Grew Rich and Asia Did Not: Global Economic Divergence, 1600-1850*(Cambridge: Cambridge University Press, 2011).

프라사난 파르타사라티는 인도의 관점에 입각하여 대영제국을 살펴보는 소중한 자료를 제공한다. 서구가 흥기(興起)한 것은 결코 불가피한 사실도 아니고 공정한 것도 아니었다. 영국은 보호주의와 무력을 통하여 근대 초기에 인도가 누렸던 직물 생산의 우위를 무력화했다.

7장 기술과 전쟁의 세계화

Landes, David. *Unbound Prometheus: Technological Change and Industrial Development in Western Europe from 1750 to the Present*,(Cambridge: Cambridge University Press, 1969).

Pollard, Sidney. Peaceful Conquest:The Industrialization of Europe 1760-1970. Oxford: Oxford University Press, 1981.

시드니 폴라드는 와트의 증기기관과 다른 영국 기술들이 발명된 후 2세기 동안에 유럽 전역에 산업화 과정이 서쪽에서 동쪽으로 확산해나간 과정을 멋지게 묘사하고 있다. 이 책은 유럽의 각국에서 또 유럽 전역에서 지리, 기술, 정치가 상호작용하는 과정을 재미있게 풀이하고 있다.

Wrigley, E. A. *Energy and the English Industrial Revolution* (Cambridge University Press, 2010).

E. A. 리글리는 석탄이 세계 경제의 모든 측면을 변화시킨 과정을 상세하게 밝히는 탁월한 역사학자이다. 인류는 석탄 덕분에 "유기적 경제"의 구속으로부터 해방될 수 있었다. 이 책은 그 과정을 해석한 탁월한 역사서이다.

8장 불평등의 세계화

Allison, Graham. *Destined for War: Can America and China Escape Thucydides Trap?*(New York, Houghton Mifflin Harcourt, 2017).

Chertow, Marian. "The IPAT Equation and Its Variants," *Journal of Industrial Ecology* 4, no.4(2000), 13-29.

Sachs, Jeffrey D. *The Age of Sustainable Development*. New York: Columbia University Press, 2015.

나는 내 책을 인용했다. 이 책은 우리의 시대를 획기적 기술과 심화하는 생태·사회적 위기 사이의 상호작용으로 보려는 많은 독창적 사업들의 교훈을 종합했기 때문이다.

9장 21세기 세계화를 위한 조언

Sachs, Jeffrey D. *A New Foreign Policy: Beyond American Exceptionalism*. New York: Columbia University Press, 2018.
우리가 현재 직면하고 있는 글로벌 위기를 다루고 있는 뛰어난 책들은 많이 있다. 다들 지정학적 긴장(노화, 도시화, 대규모 이주 등)이 생태적, 인구통계적 도전과 결합하여 심각한 위기 상황이라고 지적한다. 나는 이 책에서 미국인들에게 이렇게 호소했다. 미국은 21세에 들어와서 "미국 우선주의"를 지향해서는 안 되고, 그보다는 글로벌 협력, 법의 지배, 유엔 헌장에 의거하여 모든 국가의 안전 보장 등을 주된 목표로 삼아야 한다고 주장했다.

참고문헌

- Allison, Graham. *Destined for War: Can America and China Escape Thucydides's Trap?* New York: Houghton Mifflin Harcourt, 2017.
- Almathen, Faisal, Pauline Charruau, Elmira Mohandesan, Joram M. Mwacharo, Pablo Orozco-terWengel, Daniel Pitt, Abdussamad M. Abdussamad, et al. "Ancient and Modern DNA Reveal Dynamics of Domestication and Cross-Continental Dispersal of the Dromedary." *Proceedings of the National Academy of Sciences* 113, no. 24 (2016): 6707–12. https://doi.org/10.1073/pnas.1519508113.
- Andrade, Tony. *The Gunpowder Age: China, Military Innovation, and the Rise of the West in World History.* New Jersey: Princeton University Press, 2017.
- Barros Damgaard, Peter de, Rui Martiniano, Jack Kamm, J. Víctor Moreno-Mayar, Guus Kroonen, Michaël Peyrot, Gojko Barjamovic, et al. "The First Horse Herders and the Impact of Early Bronze Age Steppe Expansions into Asia." *Science* 360, no. 6396 (2018): eaar7711. https://doi.org/10.1126/science.aar7711.
- Bar-Yosef, Ofer. "The Upper Paleolithic Revolution." *Annual Review of Anthropology* 31, no. 1 (2002): 363–93. https://doi.org/10.1146/annurev.anthro.31.040402.085416.
- Beard, Mary. *SPQR: A History of Ancient Rome.* New York: Norton, 2015.
- Beckert, Sven. *Empire of Cotton: A Global History.* New York: Knopf, 2014.
- Benitez-Burraco, A. "Commentary: Ancient Genomes Show Social and ReproductiveBehavior of early Upper Paleolithic Foragers." *Frontiers in Psychology* 8, no. 2247 (2017). https://doi.org/10.3389/fpsyg.2017.02247.
- Bolt, J., R. Inklaar, H. de Jong, and J. L. van Zanden. "Rebasing 'Maddison': New Income Comparisons and the Shape of Long-Run Economic Development."

GGDC Research Memorandum 174 (2018).
- Bouckaert, R., P. Lemey, M. Dunn, S. J. Greenhill, A. V. Alekseyenko, A. J. Drummond, R. D. Gray, M. A. Suchard, and Q. D. Atkinson. "Mapping the Origins and Expansion of the Indo-European Language Family." *Science* 337, no. 6097 (2012): 957–60. https://doi.org/10.1126/science.1219669.
- Bourguignon, François and Christian Morrisson. "Inequality Among World Citizens: 1820–1992." *American Economic Review* 92, no. 4 (2002): 727–44.
- Brauer, Ralph W. "The Camel and Its Role in Shaping Mideastern Nomad Societies." *Comparative Civilizations Review* 28, no. 28 (1993): 47.
- Bresnahan, Timothy F., and Manuel Trajtenberg. "General Purpose Technologies 'Engines of growth'?." *Journal of Econometrics* 65, no. 1 (1995): 83–108.
- Broughton, Jack M. and Elic M. Weitzel. "Population Reconstructions for Humans and Megafauna Suggest Mixed Causes for North American Pleistocene Extinctions." *Nature Communications* 9, no. 1 (2018): 5441.
- Browning, Sharon R., Brian L. Browning, Ying Zhou, Serena Tucci, and Joshua M. Akey. "Analysis of Human Sequence Data Reveals Two Pulses of Archaic Denisovan Admixture." *Cell* 173, no. 1 (2018): 53–61. https://doi.org/10.1016/j.cell.2018.02.031.
- Bulliet, Richard. *The Camel and the Wheel*. Cambridge, MA: Harvard University Press, 1975.
- Carter, William, Ramesh Shrestha, and Juan Fernandez-Diaz. "Estimating Ancient Populations by Aerial Survey." *American Scientist* 107, no. 1 (2019): 30. https://doi.org/10.1511/2019.107.1.30.
- Chan, Eva K.F., Axel Timmermann, Benedetta F. Baldi, Andy E. Moore, Ruth J. Lyons, Sun-Seon Lee, et al. "Human Origins in a Southern African Palaeo-Wetland and First Migrations." *Nature* 575 (2019): 185–89.
- Chan, K. S. "Foreign Trade, Commercial Policies and the Political Economy of the Song and Ming Dynasties of China." *Australian Economic History Review* 48, no. 1 (2008): 68–90.
- Chepkemoi, Joyce. "Largest Empires in Human History by Land Area." worldatlas.com May 11, 2017. Accessed July 27, 2019. https://www.worldatlas.com/articles/largest-empires-in-human-history-by-land-area.html.
- Cieslak, Michael, Melanie Pruvost, Norbert Benecke, Michael Hofreiter,

Arturo Morales, Monika Reissmann, and Arne Ludwig. "Origin and History of Mitochondrial DNA Lineages in Domestic Horses." *PLoS ONE* 5, no. 12 (2010): e15311. https://doi.org/10.1371/journal.pone.0015311.
- Comin, Diego, William Easterly, and Erick Gong. "Was the Wealth of Nations Determined in 1000 BC?" *American Economic Journal: Macroeconomics* 2, no. 3 (2010): 65–97.
- Crosby, A.W. *Germs, Seeds and Animals: Studies in Ecological History: Studies in Ecological History.* New York: Routledge, 2015.
- Cunliffe, Barry. *By Steppe, Desert, and Ocean.* Oxford: Oxford University Press, 2015.
- Dalrymple, William. *The Anarchy: The East India Company, Corporate Violence, and the Pillage of an Empire.* New York: Bloomsbury, 2019.
- Davis, Loren G., David B. Madsen, Lorena Becerra-Valdivia, Thomas Higham, David A. Sisson, and Sarah M. Skinner. "Late Upper Paleolithic Occupation at Cooper's Ferry, Idaho, USA, ~16,000 Years Ago." *Science* 365 (2019): 891–97.
- Davis, Mike. *Late Victorian Holocausts: El Niño Famines and the Making of the Third World.* New York: Verso, 2000.
- Defense Manpower Data Center. "DoD Personnel, Workforce Reports & Publications." DMDC.osd.mil: USA.gov, 2019.
- Defense Manpower Data Center, "DoD Personnel, Workforce Reports & Publications," DMDC.osd.mil: USA.gov, 2019. der Erde Erdkunde, Vol. 8: 58–1.
- Diamond, Jared. *Guns, Germs, and Steel.* New York: Norton, 1997.
- Dow, Gregory K., and Clyde G. Reed. "The Origins of Sedentism: Climate, Population, and Technology." *Journal of Economic Behavior & Organization* 119 (2015): 56–71. https://doi.org/10.1016/j.jebo.2015.07.007.
- d'Errico, F., and C. B. Stringer. "Evolution, Revolution or Saltation Scenario for the Emergence of Modern Cultures?" *Philosophical Transactions of the Royal Society B: Biological Sciences* 366, no. 1567 (2011): 1060–69. https://doi.org/10.1098/rstb.2010.0340.
- Eltis, David, and David Richardson. *Atlas of The Transatlantic Slave Trade.* New Haven, CT: Yale University Press. Map 1 from accompanying web site, Overview of Slave Trade out of Africa, 1500–1900. Reproduced with the permission of Yale University Press.
- Everson, S. ed. *Aristotle: The Politics and the Constitution of Athens.* Cambridge:

Cambridge University Press, 1996.
- Fernihough, Alan, and Kevin HjortshØj O'Rourke. *Coal and the European Industrial Revolution*. No. w19802. National Bureau of Economic Research, 2014.
- Findlay, Ronald, and Kevin H. O'Rourke. *Power and Plenty: Trade, War, and the World Economy in the Second Millennium*. Princeton, NJ: Princeton University Press, 2009.
- Food and Agriculture Organization of the United Nations, 1998, G. Uilenberg, A Field Guide for the Diagnosis, Treatment and Prevention of African Animal Trypanosomosis. www.fao.org/3/X0413E/X0413E00.htm#TOC. Reproduced with permission.
- Francis. *Laudato Si'*. Washington DC: United States Conference of Catholic Bishops, 2015.
- Frankopan, Peter. *The Silk Roads: A New History of the World*. New York: Knopf, 2015.
- Geiger, R. and W. Pohl. 1954. Revision of the Köppen-Geiger *Klimakarte der Erde*. Darmstadt: Justus Perthes.
- Gibbs, Kevin, and Peter Jordan. "A Comparative Perspective on the 'Western' and 'Eastern' Neolithics of Eurasia: Ceramics, Agriculture and Sedentism." *Quaternary International* 419 (2016): 27–35. https://doi.org/10.1016/j.quaint.2016.01.069.
- Gifford-Gonzalez, Diane, and Olivier Hanotte. "Domesticating Animals in Africa: Implications of Genetic and Archaeological Findings." *Journal of World Prehistory* 24, no. 1 (2011): 1–23. https://doi.org/10.1007/s10963-010-9042-2.
- Gilbert, G.M. Interview with Hermann Goering. April 18, 1946, in *Nuremberg Diary* (New York: Farrar, Strauss, 1947), 278.
- Gilpin, William, Marcus W. Feldman, and Kenichi Aoki. "An Ecocultural Model Predicts Neanderthal Extinction Through Competition with Modern Humans." *Proceedings of the National Academy of Sciences* 113, no. 8 (2016): 2134–39. https://doi.org/10.1073/pnas.1524861113.
- Gintis, H., C. van Schaik, and C. Boehm. "Zoon Politikon: The Evolutionary Origins of Human Socio-Political Systems." *Behavioural Processes* 161 (2019): 17–30.
- Goldfield, Anna E., Ross Booton, and John M. Marston. "Modeling the

Role of Fire and Cooking in the Competitive Exclusion of Neanderthals." *Journal of Human Evolution* 124 (2018): 91–104. https://doi.org/10.1016/j.jhevol.2018.07.006.

- Goodrich, Luther Carrington. *A Short History of the Chinese People*. New York: Courier, 2002.
- Guilmartin, John. "Military Technology." *Encyclopædia Britannica*. 2019. https://www.britannica.com/technology/military-technology.
- Gregory, Michael D., J. Shane Kippenhan, Daniel P. Eisenberg, Philip D. Kohn, Dwight Dickinson, Venkata S. Mattay, Qiang Chen, Daniel R. Weinberger, Ziad S. Saad, and Karen F. Berman. "Neanderthal-Derived Genetic Variation Shapes Modern Human Cranium and Brain." *Scientific Reports* 7, no. 1 (2017): 6308. https://doi.org/10.1038/s41598-017-06587-0.
- Haak, Wolfgang, Iosif Lazaridis, Nick Patterson, Nadin Rohland, Swapan Mallick, Bastien Llamas, Guido Brandt, et al. "Massive Migration from the Steppe Is a Source for Indo-European Languages in Europe." *bioRxiv* (2015): 013433. doi:10.1101/013433.
- Hare, Brian. "Survival of the Friendliest: *Homo Sapiens* Evolved via Selection for Prosociality." *Annual Review of Psychology* 68, no. 1 (2017): 155–86. https://doi.org/10.1146/annurev-psych-010416-044201.
- Harris, W. V. *Roman Power: A Thousand Years of Empire*. Cambridge: Cambridge University Press, 2016.
- Helliwell, John F., Richard Layard, and Jeffrey D. Sachs, eds. *The UN World Happiness Report 2019*. New York: Sustainable Development Solutions Network: 2019.
- Helpman, Elhanan, ed. *General Purpose Technologies and Economic Growth*. Cambridge, MA: MIT Press, 1998.
- Henn, B. M., L. L. Cavalli-Sforza, and M. W. Feldman. "The Great Human Expansion." *Proceedings of the National Academy of Sciences* 109, no. 44 (2012): 17758–64.
- Hershkovitz, Israel, Gerhard W. Weber, Rolf Quam, Mathieu Duval, Rainer Grun, Leslie Kinsley, Avner Ayalon, et al. "The Earliest Modern Humans Outside Africa." *Science* 359, no. 6374 (2018): 456–59.
- Hoffman, Phillip. *Why Did Europe Conquer the World?* Princeton, NJ: Princeton University Press, 2017.

- Hofmanová, Zuzana, Susanne Kreutzer, Garrett Hellenthal, Christian Sell, Yoan Diekmann, David Díez-del-Molino, Lucy van Dorp, et al. "Early Farmers from Across Europe Directly Descended from Neolithic Aegeans." *Proceedings of the National Academy of Sciences* 113, no. 25 (2016): 6886-91. https://doi.org/10.1073/pnas.1523951113.
- Huerta-Sanchez, Emilia, Xin Jin, Asan, Zhuoma Bianba, Benjamin M. Peter, and Nicolas Vinckenbosch, et. al. "Altitude Adaptation in Tibetans Caused by Introgression of Denisovan-Like DNA." *Nature* 512 (2014).
- Hugill, P. J. *World Trade Since 1431: Geography, Technology, and Capitalism*. Baltimore: Johns Hopkins University Press, 1995.
- Iliffe, John. *Africans: The History of a Continent*. New York: Cambridge University Press, 1995.
- International Monetary Fund, World Economic Outlook Database, October 2019.
- International Monetary Fund. "China: Gross domestic product based on purchasing-powerparity(PPP) share of world total (Percent)." World Economic Outlook (April 2019).
- Jandora, J. W. "Developments in Islamic Warfare: The Early Conquests." *Studia Islamica*, no. 64 (1986): 101. https://doi.org/10.2307/1596048.
- Jaspers, Karl. *The Origin and Goal of History*. London: Routledge, 1953. Reprint, New York: Routledge, 2010.
- Kant, Immanuel. *Perpetual Peace: A Philosophical Sketch*. Cambridge: Cambridge University Press, 1970.
- Kelekna, Pita. *The Horse in Human History*. Cambridge: Cambridge University Press, 2009.
- ———. "The Politico-Economic Impact of the Horse on Old World Cultures." *Sino-Platonic Papers* 190 (2009).
- Kennedy, John F. "Commencement Address at American University." Washington DC, June 10, 1963.
- Keynes, John Maynard. *The Economic Consequences of Peace*. London: Routledge, 2017.
- Kirby, Richard Shelton. *Engineering in History*. Mineola, NY: Dover, 1990.
- Klein Goldewijk, Kees, Arthur Beusen, and Peter Janssen. "Long-Term Dynamic Modeling of Global Population and Built-up Area in a Spatially

Explicit Way: HYDE 3.1." *The Holocene* 20, no. 4 (2010): 565–73. https://doi.org/10.1177/0959683609356587.

- Knoppers, Gary, and Bernard M. Levinson. *The Pentateuch as Torah: New Models for Understanding Its Promulgation and Acceptance*. Winona Lake, IN: Eisenbrauns, 2007.
- Ko, Kwang Hyun. "Hominin Interbreeding and the Evolution of Human Variation." *Journal of Biological Research-Thessaloniki* 23, no. 1 (2016): 17. https://doi.org/10.1186/s40709-016-0054-7.
- Koch, Alexander, Chris Brierley, Mark M. Maslin, and Simon L. Lewis. "Earth System Impacts of the European Arrival and Great Dying in the Americas after 1492." *Quaternary Science Reviews* 207 (2019): 13–36. https://doi.org/10.1016/j.quascirev.2018.12.004.
- Kordsmeyer, Tobias L., Pádraig Mac Carron, and R. I. M. Dunbar. "Sizes of Permanent Campsite Communities Reflect Constraints on Natural Human Communities." *Current Anthropology* 58, no. 2 (2017.): 289–94.
- Kottek, Marküs, Jürgen Grieser, Christoph Beck, Bruno Rudolf, and Franz Rubel. "World Map of the Köppen-Geiger climate classification updated." *Meteorologische Zeitschrift* 15, no. 3 (2006): 259–63. https://doi.org/10.1127/0941-2948/2006/0130.
- Kuhn, Dieter. *The Age of Confucian Rule*. Cambridge, MA: Harvard University Press, 2009.
- Lane, Kevin. "Through the Looking Glass: Re-Assessing the Role of Agro-Pastoralism in the North-Central Andean Highlands." *World Archaeology* 38, no. 3 (2006): 493–510. https://doi.org/10.1080/00438240600813806.
- Landes, David. *The Unbound Prometheus: Technological Change and Industrial Development in Western Europe from 1750 to the Present*. Cambridge: Cambridge University Press, 1969.
- Larson, Greger, Dolores R. Piperno, Robin G. Allaby, Michael D. Purugganan, Lief Andersson, Manuel Arroyo-Kalin, Loukas Barton, et al. "Current Perspectives and the Future of Domestication Studies." *Proceedings of the National Academy of Sciences* 111, no. 17 (2014): 6139–46. doi: 10.1073/pnas.1323964111.
- Levathes, Louise. *When China Ruled the Seas: The Treasure Fleet of the Dragon Throne, 1405–1433*. New York: Simon and Shuster, 1994.

- Lokrantz, J./Azote based on Will Steffen, Katherine Richardson, Johan Rockstrom, Sarah E. Cornell, Ingo Fetzer, Elena M. Bennett, Reinette Biggs, et al. "Planetary Boundaries: Guiding Human Development on a Changing Planet." *Science* 347, no. 6223 (2015): 1259855.
- Macintosh, Alison A, Ron Pinhasi, and Jay T Stock. "Early Life Conditions and Physiological Stress Following the Transition to Farming in Central/Southeast Europe: Skeletal Growth Impairment and 6000 Years of Gradual Recovery." *PloS one* 11, no. 2 (2016): e0148468.
- Macklin, Mark G, and John Lewin. "The Rivers of Civilization." *Quaternary Science Reviews* 114 (2015): 228–44.
- Maddison Project Database, version 2010. Bolt, Jutta, Robert Inklaar, Herman de Jong, and Jan Luiten van Zanden (2010). "Rebasing 'Maddison': New Income Comparisons and the Shape of Long-Run Economic Development." Maddison Project Working Paper 10.
- Maddison, Angus. "Statistics on World Population, GDP and Per Capita GDP, 1–008 AD." *Historical Statistics* 3 (2010): 1–36.
- Mahan, Alfred Thayer. *The Influence of Sea Power Upon History, 1660–1783.* Boston: Little, Brown, 1890.
- Malthus, Thomas Robert. *An Essay on the Principle of Population.* Edinburgh and London: Ballantyne and Company, 1872.
- Mandeville, Bernard. *The Grumbling Hive: or, knaves Turn'd Honest.* 1705.
- Mann, Charles C. *1491: New Revelations of the Americas Before Columbus.* New York: Knopf, 2005.
- "Mobile Phone Market Forecast – 2019." areppim: information, pure and simple, 2019, https://stats.areppim.com/stats/stats_mobilex2019.htm
- ———. *1493: Uncovering the New World Columbus Created.* New York: Random House, 2011.
- Marín, Juan C., Romina Rivera, Valeria Varas, Jorge Cortés, Ana Agapito, Ana Chero, Alexandra Chávez, Warren E. Johnson, and Pablo Orozco-terWengel. "Genetic Variation in Coat Colour Genes MC1R and ASIP Provides Insights into Domestication and Management of South American Camelids." *Frontiers in Genetics* 9 (2018): 487. https://doi.org/10.3389/fgene.2018.00487.
- Martinón-Torres, María, Xiujie Wu, José María Bermúdez de Castro, Song Xing, and Wu Liu. "Homo Sapiens in the Eastern Asian Late Pleistocene." *Current*

Anthropology 58, no. S17 (2017): 434–48. https://doi.org/10.1086/694449.
- Mazower, Mark. *Governing the World: The History of an Idea, 1815 to the Present*. New York: Penguin, 2013.
- McGee, David, and Peter B. deMenocal. "Climatic Changes and Cultural Responses During the African Humid Period Recorded in Multi-Proxy Data." In *Oxford Research Encyclopedia of Climate Science*, ed. Matthew C. Nisbet, Shirley S. Ho, Ezra Markowitz, Saffron O'Neill, Mike S. Schafer, and Jagadish Thaker. Oxford: Oxford University Press, 2017.
- Metcalf, Jessica L., Chris Turney, Ross Barnett, Fabiana Martin, Sarah C. Bray, Julia T. Vilstrup, Ludovic Orlando, et al. "Synergistic Roles of Climate Warming and Human Occupation in Patagonian Megafaunal Extinctions During the Last Deglaciation." *Science Advances* 2, no. 6 (2016): e1501682. https://doi.org/10.1126/sciadv.1501682.
- Mitchell, Peter. "Why the Donkey Did Not Go South: Disease as a Constraint on the Spread of Equus Asinus into Southern Africa." *African Archaeological Review* 34, no. 1 (2017): 21–41. https://doi.org/10.1007/s10437-017-9245-3.
- Moller, Violet. *The Map of Knowledge: A Thousand-Year History of How Classical Ideas Were Lost and Found*. New York: Doubleday, 2019.
- Morris, E. "From Horse Power to Horsepower." 2007. https://www.accessmagazine.org/wp-content/uploads/sites/7/2016/07/Access-30-02-Horse-Power.pdf.
- Morris, Ian. *Why the West Rules—for Now: The Patterns of History, and What They Reveal About the Future*. New York: Picador, 2011.
- Naish, Darren. "Domestic Horses of Africa." *Scientific American Blog Network*. 2015. https://blogs.scientificamerican.com/tetrapod-zoology/domestic-horses-of-africa/.
- National Science Board. Science and Engineering Indicators 2018. Alexandria, VA: National Science Foundation, 2018.
- Naundrup, Pernille Johansen, and Jens-Christian Svenning. "A Geographic Assessment of the Global Scope for Rewilding with Wild-Living Horses (Equus Ferus)." Ed. Marco Festa-Bianchet. *PLoS ONE* 10, no. 7 (2015): e0132359. https://doi.org/10.1371/journal.pone.0132359.
- Neubauer, Simon, Jean-Jacques Hublin, and Philipp Gunz. "The Evolution of Modern Human Brain Shape." *Science Advances* 4, no. 1 (2018): eaao5961.

https://doi.org/10.1126/sciadv.aao5961.
- Northrup, David. "Globalization and the Great Convergence: Rethinking World History in the Long Term." *Journal of World History* 16, no. 3 (2005): 249–67. https://doi.org/10.1353/jwh.2006.0010.
- Norwich, John Julius. *A Short History of Byzantium*. New York: Vintage, 1999.
- Nunn, Nathan, and Nancy Qian. "The Columbian Exchange: A History of Disease, Food, and Ideas." *Journal of Economic Perspectives* 24, no. 2 (2010): 163–88.
- O'Connell, James F., Jim Allen, Martin A. J. Williams, Alan N. Williams, Chris S. M. Turney, Nigel A. Spooner, Johan Kamminga, Graham Brown, and Alan Cooper. "When Did Homo Sapiens First Reach Southeast Asia and Sahul?" *Proceedings of the National Academy of Sciences* 115, no. 34 (2018): 8482–90.
- O'Malley, John W. *The Jesuits: A History from Ignatius to the Present*. Lanham, MD: Rowman & Littlefield, 2014.
- Orlando, Ludovic. "Back to the Roots and Routes of Dromedary Domestication." *Proceedings of the National Academy of Sciences* 113, no. 24 (2016): 6588–90. https://doi.org/10.1073/pnas.1606340113.
- Paine, Lincoln. *The Sea and Civilization: A Maritime History of the World*. New York: Knopf, 2013.
- Parthasarathi, Prasannan. *Why Europe Grew Rich and Asia Did Not: Global Economic Divergence, 1600–1850*. Cambridge: Cambridge University Press, 2011.
- Pederson, N., A. E. Hessl, N. Baatarbileg, K. J. Anchukaitis, and N. Di Cosmo. "Pluvials, Droughts, the Mongol Empire, and Modern Mongolia." *Proceedings of the National Academy of Sciences* 111, no. 12 (2014): 4375–79. https://doi.org/10.1073/pnas.1318677111.
- Piperno, Dolores R. "A Model of Agricultural Origins." *Nature Human Behaviour* 2, no. 7 (2018): 446–47. https://doi.org/10.1038/s41562-018-0390-8.
- Pollard, Sidney. *Peaceful Conquest: The Industrialization of Europe 1760–1970*. Oxford: Oxford University Press, 1981.
- Pulleyblank, EG. "Karl S. Wittfogel: Oriental Despotism: A Comparative Study of Total Power" (review). *Bulletin of the School of Oriental and African Studies* 21, no. 3 (1958): 657–60.

- Reba, Meredith, Femke Reitsma, and Karen C. Seto. "Spatializing 6,000 Years of Global Urbanization from 3700 BC to AD 2000." *Scientific Data* 3 (2016): 160034. https://doi.org/10.1038/sdata.2016.34.
- Reich, David. *Who We Are and How We Got Here*. New York: Random House, 2018.
- Riley, James C. "Estimates of regional and global life expectancy, 1800–001." *Population and Development Review* 31, no. 3 (2005): 537–43.
- Rito, Teresa, Daniel Vieira, Marina Silva, Eduardo Conde-Sousa, Luísa Pereira, Paul Mellars, Martin B. Richards, and Pedro Soares. "A Dispersal of Homo Sapiens from Southern to Eastern Africa Immediately Preceded the Out-of-Africa Migration." *Scientific Reports* 9, no. 1 (2019): 4728. https://doi.org/10.1038/s41598-019-41176-3.
- Robinson, Andrew. *The Story of Writing. London:* Thames & Hudson, 2007.
- Rossel, Stine, Fiona Marshall, Joris Peters, Tom Pilgram, Matthew D. Adams, and David O'Connor. "Domestication of the Donkey: Timing, Processes, and Indicators." *Proceedings of the National Academy of Sciences* 105, no. 10 (2008): 3715–20. https://doi.org/10.1073/pnas.0709692105.
- Sachs, Jeffrey. *The End of Poverty*. New York: Penguin, 2006.
- ———. *The Age of Sustainable Development*. New York: Columbia University Press, 2014.
- ———. *A New Foreign Policy: Beyond American Exceptionalism*. New York: Columbia University Press, 2018.
- Sachs, Jeffrey, Guido Schmidt-Traub, Christian Kroll, Guillaume Lafortune, and Grayson Fuller. S*ustainable Development Report 2019: Transformations to Achieve the Sustainable Development Goals*. (New York: Bertelsmann Stiftung and Sustainable Development Solutions Network [SDSN]: 2019).
- Schlebusch, Carina M., Helena Malmstrom, Torsten Gunther, Per Sjödin, Alexandra Coutinho, Hanna Edlund, Arielle R. Munters, et al. "Southern African Ancient Genomes Estimate Modern Human Divergence to 350,000 to 260,000 Years Ago." *Science* 358, no. 6363 (2017): 652–55. https://doi.org/10.1126/science.aao6266.
- Schwab, Klaus. *The Fourth Industrial Revolution*. New York: Crown Business, 2016.
- Sikora, Martin, Andaine Seguin-Orlando, Vitor C. Sousa, Anders Albrechtsen,

Thorfinn Korneliussen, Amy Ko, Simon Rasmussen, et al. "Ancient Genomes Show Social and Reproductive Behavior of Early Upper Paleolithic Foragers." *Science* 358, no. 6363 (2017): 659-62.
* Silver, David, Thomas Hubert, Julian Schrittwieser, Ioannis Antonoglou, Matthew Lai, and Arthur Guez *et.al.* "Mastering Chess and Shogi by Self-Play with a General Reinforcement Learning Algorithm." *arXiv.org* (2017), https://arxiv.org/abs/1712.01815.
* Smith, Adam. *The Wealth of Nations* [1776]. (1937).
* Smith, Richard. *Premodern Trade in World History*. New York: Routledge, 2008.
* Spickler, AR. *African Animal Trypanosomiasis: Nagana, Tsetse Disease, Tsetse Fly Disease, African Animal Trypanosomosis*. Iowa State University (The Center for Food Security and Public Health: 2018).
* Stahl, P. W. "Animal Domestication in South America." In *The Handbook of South American Archaeology*, 121-30. New York: Springer, 2008.
* Stringer, Chris. "Evolution: What Makes a Modern Human." *Nature* 485, no. 7396 (2012): 33.
* Surovell, Todd A., Spencer R. Pelton, Richard Anderson-Sprecher, and Adam D. Myers. "Test of Martin's Overkill Hypothesis Using Radiocarbon Dates on Extinct Megafauna." *Proceedings of the National Academy of Sciences* 113, no. 4 (2016): 886-91. https://doi.org/10.1073/pnas.1504020112.
* Thayer Mahan, Alfred. *"The Influence of Sea Power upon History."* 1900.
* Thucydides. *The History of the Peloponnesian War*. Trans. Richard Crawley, rev. Donald Lateiner. New York: Barnes and Noble Classic, 2006.
* Troncoso, Victor Alonso. "The Hellenistic gymnasium and the pleasure of 'paideia.'" *Symbolae Philogorum Posnaniensium* 19 (2009): 71-84.
* Turse, Nick. "U.S. Military Says It Has a 'Light Footprint' in Africa. These Documents Show a Vast Network of Bases." *The Intercept*, December 1, 2018.
* UNESCO, Statistical Division *World Illiteracy Mid-Century: A Statistical Study*. Paris: UNESCO, 1957.
* United Nations, Department of Economic and Social Affairs, Population Division (2019). World Population Prospects 2019, Online Edition.
* U.S. Bureau of Labor Statistics. "Table 2.1 Employment by Major Industry Sector." Office of Occupational Statistics and Employment Projections, 2019.

- van der Kaars, Sander, Gifford H. Miller, Chris S. M. Turney, Ellyn J. Cook, Dirk Nurnberg, Joachim Schonfeld, A. Peter Kershaw, and Scott J. Lehman. "Humans Rather than Climate the Primary Cause of Pleistocene Megafaunal Extinction in Australia." *Nature Communications* 8, no. 14142 (2017). https://doi.org/10.1038/ncomms14142.
- Vine, David. *Base Nation: How US Military Bases Abroad Harm America and the World*. New York: Metropolitan Books, 2015.
- Violatti, Cristian. "Indus Valley Civilization." In *Ancient History Encyclopedia*, 2013. https://www.ancient.eu/Indus_Valley_Civilization/.
- Weitzman, Martin. "Recombinant Growth." *Quarterly Journal of Economics* 113, no. 2 (May 1998): 331–60.
- Wilenius, Markku, and Sofi Kurki. "Surfing the Sixth Wave: Exploring the Next 40 Years of Global Change." In *6th Wave and Systemic Innovation for Finland: Success Factor for the Years 2010–2050 Project*. University of Turku: Finland Futures Research Centre, 2012.
- Wilson, Edward O. *Genesis: The Deep Origin of Societies*. New York: Norton, 2018.
- Wittfogel, Karl S. *Oriental Despotism: a Comparative Study of Total Power*. New Haven, CT: Yale University Press, 1957.
- ———. *The Social Conquest* of Earth. New York: Liveright, 2012.
- World Bank. "Poverty: Overview." 2019, accessed November 11, 2019, 2019, https://www.worldbank.org/en/topic/poverty/overview.
- World Bank, Poverty and Shared Prosperity 2018: Piecing Together the Poverty Puzzle (Washington, D.C.: World Bank, 2018), http://documents.worldbank.org/curated/en/104451542202552048/Poverty-and-Shared-Prosperity-2018-Piecing-Together-the-Poverty-Puzzle.
- World Economic Forum. "How Much Data is Generated Each Day?," April 17, 2019, https://www.weforum.org/agenda/2019/04/how-much-data-is-generated-each-day-cf4bddf29f/.
- World Intellectual Property Corporation, "World Intellectual Property Report 2018," https://www.wipo.int/export/sites/www/pressroom/en/documents/pr_2018_816_annexes.pdf#annex1.
- ———. "Poverty and Shared Prosperity 2018: Piecing Together the Poverty Puzzle." Washington,DC: World Bank, 2018.

- ——. "The World Bank in China: Overview." 2019, accessed November 15, 2019, https://www.worldbank.org/en/country/china/overview.
- World Commission on Environment and Development. *Our Common Future*. Oxford:Oxford University Press, 1987.
- Wrigley, E. A. *Energy and the English Industrial Revolution*. Cambridge: Cambridge University Press, 2013.
- Yam, Barat ali Zarei, and Morteza Khomeiri. "Introduction to Camel Origin, History,Raising, Characteristics, and Wool, Hair and Skin: A Review." *Research Journal of Agriculture and Environmental Management* 4, no. 11 (2015): 496 – 508.

찾아보기

30년 전쟁 53, 224, 245, 246
7년 전쟁 183, 199, 234
9년 전쟁 198, 199

《국가》 132
《국부론》 201, 204, 210, 300, 301
《군주론》 174
《니코마코스 윤리학》 137
《로마제국 쇠망사》 210
《우신예찬》 174
《유토피아》 174
《총, 균, 쇠》 94
《평화의 경제적 결과》 244, 248

ㄱ

갈릴레이, 갈릴레오 174, 216~218
개발도상국 257, 259, 260, 277~279, 316
개인재 310~312
검치호랑이 76, 107
공공재 253, 310~314
관세 및 무역에 관한 일반 협정(GATT) 252
구텐베르크, 요하네스 153, 173, 211
국제통화기금 252, 278, 280
그리스-페르시아 전쟁 134
글로벌 자본주의 176, 195, 196, 197, 204
기후변화에 관한 유엔기본협약 312
기후변화 18, 44, 53, 76, 77, 265, 292, 301, 302, 304,
305, 311~313, 350

ㄴ

나폴레옹 전쟁 200, 208, 224, 315
낙타 94, 95, 105~107, 111, 113, 114, 149, 367
내연기관 31, 51, 219, 223, 225, 230, 346
네안데르탈인 29, 72, 74, 77, 78, 83, 298
노예무역 191~193, 377
노예무역업자 169, 175, 194, 196
뉴커먼, 토머스 212, 225
뉴턴, 아이작 174, 211, 217, 218

ㄷ

다가마, 바스코 13, 160, 164, 166, 167
다빈치, 레오나르도 216
다이아몬드, 재레드 94, 374
단봉낙타 105, 106, 111, 113
담배 168, 176, 177, 193, 194, 228
당나귀 33, 57, 94~96, 100, 101, 105, 106, 108~110,
114~116, 122, 367
대영제국 14, 29, 32, 41, 67, 182, 183, 210, 230, 242,
243, 245, 261, 294, 339, 378
덩샤오핑 280
데 라스 카사스, 바르톨로메 191
데니소바인 29, 72, 74, 77, 78, 298, 365
도쿠가와 막부 175, 237, 238, 335

독립국가연합 62, 63, 183, 184, 314, 356, 366
동인도제도 177, 180, 201~203, 336
동인도회사 176, 177, 180, 181, 188, 189, 195, 219, 230, 234, 235, 369
드레이크, 프랜시스 180, 188
등짐 동물 106, 110, 111, 113, 114, 120
디아스, 바르톨로메우 164
디오클레티아누스 138, 148
디지털 혁명 259, 265~268, 270, 276, 289

ㄹ

러시아 제국 62, 184, 185, 248
러일전쟁 239
로마 제국 31, 40, 59, 60, 94, 128, 132, 137, 138, 140, 141, 143~151, 158, 165, 205, 331, 356, 356
로욜라, 이그나티우스 데 175
루스, 헨리 250, 251
루스벨트, 프랭클린 249, 250
루이 14세 175, 198
루터, 마르틴 174
리글리, E. A. 213, 214, 378
리우 회의 301, 302

ㅁ

마라타 제국 234, 235
마오쩌둥 233
마이크로프로세서 268, 269
마자르족 120, 148
마키아벨리, 니콜라 174, 322
말라리아 14~16, 52, 56~58, 98, 99, 136, 169, 193, 240

매독 169
매듭무늬 토기 112, 117, 118
매디슨, 앵거스 36, 38, 54, 55, 225, 228, 237, 242, 258, 354, 355
맨더빌, 버나드 186, 187
맬서스, 토머스 로버트 43~45
머핸, 알프레드 182, 183
메소포타미아 30, 65, 95, 96, 100, 110, 118, 120~123, 132, 133, 136
메이지 유신 238, 280
명나라 156, 161~163, 175, 220
명예혁명 198, 217
모리스, 이언 97, 374
목면 45, 176, 177, 193~196, 219, 228, 235, 236, 252
몰러, 바이올렛 139, 377
몽골 제국 40, 126, 146, 154~156, 183, 334
무굴 제국 175, 182, 234, 335
무어, 고든 268, 269, 273
문자체계 56, 91, 96, 97, 99, 100, 121, 122, 127, 129, 131, 375
문화대혁명 233
밀 41, 56~58, 93, 94, 142, 145, 151, 168

ㅂ

바빌론 112, 121, 133, 136, 347
바이오매스 63, 293
바이트 알 히크마(지혜의 집) 139
반도체 250, 267, 349
반파시스트 동맹 315
베르사유 조약 246~248
베링기아 육교 160, 167
베이컨, 프랜시스 174, 217

베커트, 스벤 195, 196, 377
베트남 141, 143, 161, 254, 255
벨 연구소 267, 270
보이지 않는 손 186, 241
볼셰비키 혁명 185, 248
부분적 핵실험 금지 조약 324
부시, 버니바 250
부처 126, 128
브룬트란드, 할렘 301, 302
비옥한 초승달 지역 88, 94, 115, 120, 121, 123
비잔틴 제국 94, 148~151, 165, 328
빅토리아 여왕 241
빙하 시대 29, 52, 53, 55, 78, 88

ㅅ
사라고사 조약 179, 181
사파비 제국 182, 335
사회적 민주주의 302, 303
산업혁명 50, 101, 217, 220, 221, 284, 346, 370
삼각무역 194
상형문자 33, 91, 96, 100, 121, 131
생분해성 쓰레기 305
생물 다양성 42, 44, 50, 51, 265, 285, 301, 302, 305, 311, 349, 350
섀넌, 클로드 267
서인도제도 193, 197, 202, 203
석탄 33, 45, 49~51, 63, 100, 101, 211~215, 219, 220, 226, 227, 229, 231, 238, 251, 378
설탕 177, 193~195, 197, 228
설형문자 91, 96, 100, 121, 396
세계보건기구 18, 252
세계은행 252, 275, 363, 371, 372

세계인권선언 316
세이버리, 토머스 211, 212
세포이 항쟁 235
셀주크족 120, 150, 151
소련 64, 67, 249, 251, 253, 260, 315~317, 324
송나라 146, 151~154, 158, 171, 217, 220, 333, 356
수렵채집자 28, 34, 37, 76, 83, 89, 91, 92, 107, 109, 117, 298
수차 33, 63, 143, 214, 236
스미스, 애덤 13, 61, 163, 186, 201, 203, 204, 210, 300, 301, 375, 377
스텝 51, 58, 65, 92, 94, 104~106, 109, 110, 112, 113, 116~120, 141, 142, 144, 147~149, 153, 154, 157, 163, 184, 294, 298, 327, 329
신경 네트워크 274
신국제경제질서(NIEO) 316
신아시리아 121, 123, 132, 133, 330
신코나 나무 14, 240
실크로드 58, 147, 156, 165, 342, 356, 377
쌍봉낙타 111, 113
쑨원 233

ㅇ
아나톨리아 92, 117~119, 123, 132, 133, 136, 146, 150
아리스토텔레스 126, 128, 134, 135, 137, 139, 322
아시리아 30, 64, 96, 121, 123, 126, 132, 133, 330
아우렐리우스, 마르쿠스 147
아이젠하워, 드와이트 305
아카디아(제국) 96, 121, 131, 335
아케메네스 30, 112, 121, 129, 132~135, 137
아퀴나스, 토머스 139
아테네 112, 134, 138

아편전쟁 231~223
안전보장이사회(유엔) 316, 318, 319
알 만수르, 압둘라 이븐 무하마드 138
알렉산더 6세 179, 181
알렉산드로스 64, 65, 120, 132, 135~137, 146, 330, 355
알파고 274, 346
알파카 94, 95, 106, 108, 111, 114
압바스(칼리프) 왕조 138, 149, 158
앨리슨, 그레이엄 294, 348
야금술 56, 91, 93, 97, 99, 100, 115, 116, 122, 143, 153
야생 말 28, 76, 77, 94, 107, 109, 110, 115
야스퍼스, 카를 128, 129
암나야 문명 117
암나야 부족 94, 117
에우다이모니아 137, 322
엔코미엔다 190
엘리자베스 1세 188, 189
오고타이(대칸) 154
오렌지 공 윌리엄 198, 217
오스만(제국) 94, 140, 146, 151, 165, 182, 197, 245, 248, 332, 335, 336, 356
옥수수 14, 41, 57, 88, 93, 167, 168
온실가스 285, 290~293, 349
와트, 제임스 49, 50, 210~214, 216~218, 220~222, 378
우르바누스 2세 151
우마이야 34, 146, 149, 332, 356
원나라 143, 156
웨스트민스터법 242
윌레니우스, 마르쿠 223
윌스, 에드워드 O. 73, 79, 266, 325, 351, 375
윌슨, 우드로 247, 315

유기적 경제 213, 215, 216, 220, 378
유대교 122, 126, 128, 129, 138, 320, 347, 348
유엔 18, 252, 253, 255, 260, 277, 299~303, 307, 308, 312~319, 321
이븐 루시드 139
이븐 시나 139
이사벨라 여왕 165, 178
이산화탄소 52, 170, 171, 285, 293
이에야스, 도쿠가와 237
이집트 52, 65, 88, 95, 96, 100, 155, 110, 113, 120~123, 131~133, 135, 137, 140, 165, 192, 200, 242
인공신경 네트워크 271~273
인공지능(AI) 33, 33, 223, 260, 271, 273~275, 285, 287, 346, 347, 350
인도-유럽어족 언어 98, 118, 119
인쇄소 173, 175
인쇄술 173
일대일로 313, 314, 342

ㅈ

자본주의 33, 83, 152, 176, 186, 188, 195, 196, 197, 204, 217, 227, 239, 283, 286, 309, 377
장제스 233
정화 161~164
제1차 세계대전 66, 243, 244, 246~248, 252, 286, 315
제2차 세계대전 18, 41, 54, 229, 230, 233, 243, 246, 249, 250, 252, 253, 255, 258, 260, 261, 267, 277, 280, 305, 315, 316
제국주의 14, 15, 40, 180, 186, 187, 200, 232, 237, 238, 240, 241, 248, 253, 256, 262, 298

제임스 2세 198
제지술 139, 143
조로아스터교 128, 129
종교개혁 174, 180
중화인민공화국 158, 233
증기기관 32, 33, 49~51, 63, 66, 196, 211~214, 219~225, 252, 290
지속 가능한 발전 목표 309
진시황 141
진토닉 14, 241

콘스탄티누스 11세 165
콜럼버스 교환 8, 116, 167~169
콜럼버스, 크리스토퍼 165, 166, 167, 169, 170, 178, 377
쾨펜-가이거 기후 구분 56, 140, 327, 329, 353
쿠바 미사일 위기 324
쿤, 디터 152
크로스비, 앨프레드 167
클레오파트라 137
키니네 14, 52, 240, 241
키루스(대왕) 132, 133

ㅊ

처칠, 윈스턴 249
천연가스 33, 63, 214, 229
천연두 14, 168, 169
청나라 182, 231~233, 335, 336
청동기 시대 30, 100, 115
체체파리 106, 107, 240
축의 시대 128
충적세 76, 86~88, 109, 115, 160, 167, 354
칭기즈칸 154, 156
카리브해 160, 168, 180, 190, 191, 193~196, 199, 200, 254, 319, 335
카보베르데제도 178, 179, 181
카스파로프, 가리 273, 274
칸트, 이마누엘 314, 321~323
케네디, 존 F. 306, 307, 320, 324, 352
케인스, 존 메이너드 244, 248
켈레크나, 피타 116, 143, 376
코페르니쿠스, 니콜라우스 174, 217
콘드라티예프 파도 221, 223~225
콘스탄티노플 140, 148, 151, 165, 171, 173

ㅌ

타블라 라사 학습(빈 서판 학습) 274, 275, 347
탈라소크라시 130
태평천국의 난 232
털매머드 76
텔루로크라시 130
토르데시야스 조약 179, 181
투르크족 150, 154, 156, 173
투키디데스 134, 348
튜링, 앨런 266, 267, 270, 274
트라야누스 황제 138, 140
트랜지스터 267~269
특허협력조약(PCT) 284
티무르 제국 66, 100, 146, 156, 183, 334, 356

ㅍ

파르타사라티, 프라사난 235, 378
파르티아(제국) 144, 145
파리기후협정 312, 373

팍스 몽골리카 155
패킷 교환 268
페니키아 96, 129~133
페르디난드 165, 178
펠로폰네소스 전쟁 134
포르투갈 66, 93, 163~165, 167, 175, 177~182, 188,
　191, 193, 194, 199~201, 335, 336, 338, 345
폰 노이만, 존 267
폴로, 마르코 155, 164
프란치스코 교황 319, 320
프랑스 혁명 200
프린치프, 가브릴로 246
프톨레마이오스 왕국 132, 137, 140
플라톤 126, 128, 132, 134, 135

히틀러, 아돌프 246, 248, 249
힌두교 128, 320, 321

ㅎ

하이드 3.1 프로젝트 36, 91, 184
한나라 31, 100, 141, 142, 147
합스부르크 246~248
행운의 위도 97~101, 104, 120, 123, 133, 140, 144,
　145, 147, 153, 154, 157, 328, 329, 358, 366
헤로도토스 64, 134
헬레니즘 64, 128, 136, 137, 140
호모 사피엔스 29, 72~74, 77, 78, 298, 325, 346
홍적세 77, 78, 80, 86, 108, 109, 364
화석연료 32, 63, 100, 214, 219, 265, 285, 290, 293,
　308
화약 33, 65, 66, 152, 153, 171, 172, 211
화웨이 283, 349
환경적·사회적·행정적(ESG) 투자 306
훈족 120, 148, 154
흑사병 12, 14, 155

Philos 007

제프리 삭스
지리 기술 제도

1판 1쇄 발행 2021년 8월 20일
1판 6쇄 발행 2025년 2월 6일

지은이 제프리 삭스
옮긴이 이종인
펴낸이 김영곤
펴낸곳 (주)북이십일 아르테

편집 김지영 최윤지
기획위원 장미희
마케팅 남정한 나은경 최명열 한경화 권채영
영업 변유경 한충희 장철용 강경남 황성진 김도연
해외기획 최연순 소은선 홍희정
제작팀 이영민 권경민

출판등록 2000년 5월 6일 제406-2003-061호
주소 (10881) 경기도 파주시 회동길 201(문발동)
대표전화 031-955-2100 팩스 031-955-2151 이메일 book21@book21.co.kr

(주)북이십일 경계를 허무는 콘텐츠 리더

북이십일 채널에서 도서 정보와 다양한 영상자료, 이벤트를 만나세요!
인스타그램 instagram.com/21_arte 페이스북 facebook.com/21arte
　　　　　instagram.com/jiinpill21　　　　　facebook.com/jiinpill21
포스트　　post.naver.com/staubin　　홈페이지 arte.book21.com
　　　　　post.naver.com/21c_editors　　　 book21.com

ISBN 978-89-509-9586-7 03900

· 책값은 뒤표지에 있습니다.
· 이 책 내용의 일부 또는 전부를 재사용하려면 반드시 (주)북이십일의 동의를 얻어야 합니다.
· 잘못 만들어진 책은 구입하신 서점에서 교환해드립니다.